How to Build The Reality Zero Energy House

エネルギー価格高騰に備える

ゼロエネルギー住宅のつくり方 最新版

西方里見

X-Knowledge

はじめに

私のゼロエネルギー住宅づくりの原点は、1970年代のオイルショックをきっかけとした省エネルギーへの気運と、その技術を元にした暖かい住まいへの要望だった。当時は住宅の省エネ技術である「高断熱・高気密」の開発・実践が始まった頃であり、それまでの家づくりになかった「熱の流れや水蒸気の流れを性能＝数値で理解し、表現する」ことが可能になった。私もこの技術を自身の家づくりに積極的に取り入れていった。

それから約50年経った現在も、省エネへの気運は変わっていない。それどころか、地球温暖化の問題やそれを原因とする異常気象、国内外のさまざまなエネルギー問題などによって気運はさらに高まっている。これを受けて、省エネ基準はようやく義務化へと進み始め、品確法の断熱等級も国際レベルの高い基準が設けられた。

私が設計する住宅も、品確法の断熱等級7・6といった最上位レベルの断熱性能が標準となり、太陽光発電、地中熱ヒートポンプなどを設置して日常生活で使用するエネルギーをすべて賄うゼロエネ住宅が当たり前になっている。また、太陽熱などの自然エネルギーを活用することで、燃費を削減する工夫も行っている。今後は燃費だけではなく、家づくりのライフサイクル全体（資源採取―原料生産―製品生産―流通・消費―廃棄・リサイクル）のLCAやLCCMへと進んでいくだろう。

今までは私のような一部の先進的な設計事務所や工務店、住宅メーカーが細々とつくり続けてきたゼロエネ住宅であったが、近年は太陽光発電設備の価格が下がってきていることもあり、実現のハードルが低くなってきている。また、ウクライナ・ショックによって電気や石油などのエネルギー価格が高騰していることや、相次ぐ地震などの災害への恐怖心や対策への意識の高まりもあって、世間のゼロエネ住宅へのニーズもさらに高まっている。ゼロエネになっているかは別にしても、目に見えて太陽光発電パネルを載せた住宅が増えてきている。

ただし、ゼロエネを太陽光発電だけに頼るのは適切ではない。太陽光発電は「設備」である限り故障することもあるし、雨や曇りの日が続けばあまり発電しない。ゼロエネの基本は住宅の「高断熱・高気密」化であり、断熱性能を上げて、太陽熱を効果的に取り入れることでできるだけ小さなエネルギーで生活できる（無暖房でもある程度生活できる）ようにしたうえで、コンパクトな太陽光発電パネルを設置すべきである。そのためには、単なる建物の高断熱化だけでなく、日照や熱移動のシミュレーションなどを行いながら、慎重に設計することが求められる。

本書は「建築知識ビルダーズNo.9」の特集をベースに2013年にムック化した「プロとして恥をかかないためのゼロエネルギー住宅のつくり方」の2度目の改訂版になる。初版から10年を経過したが、その間にZEHや省エネ基準の改正、品確法の改正などが進み、設備や工法のみならず設計手法も劇的に進化した。省エネ基準の義務化も間近に控えている。本書ではそれらの動きを可能な限り反映した。

ウクライナ戦争はまだ終わりそうにないし、エネルギー高騰もまだまだ続くだろう。ゼロエネ住宅のニーズがさらに高まるだけでなく、キワモノのように見られていたオフグリッドや地域エネルギーのネットワークなどが注目される時代はすぐそこまで来ている。本書が次世代の家づくりの一助になれば幸いである。

西方里見

CONTENTS

デザイン　マツダオフィス
DTP　シンプル
印刷　シナノ書籍印刷

1

ゼロエネ住宅の基礎知識

ゼロエネルギー住宅とはどういうものなのだろうか。
どうすれば家で使う光熱費などのエネルギーが「ゼロ」になるのか。
ここではゼロエネ住宅を知るうえで欠かせない基礎知識として、
高断熱高気密住宅やZEH住宅、パッシブハウスなどの説明のほか、
目安となるUA値0.30の住宅や設計の考え方を解説する。

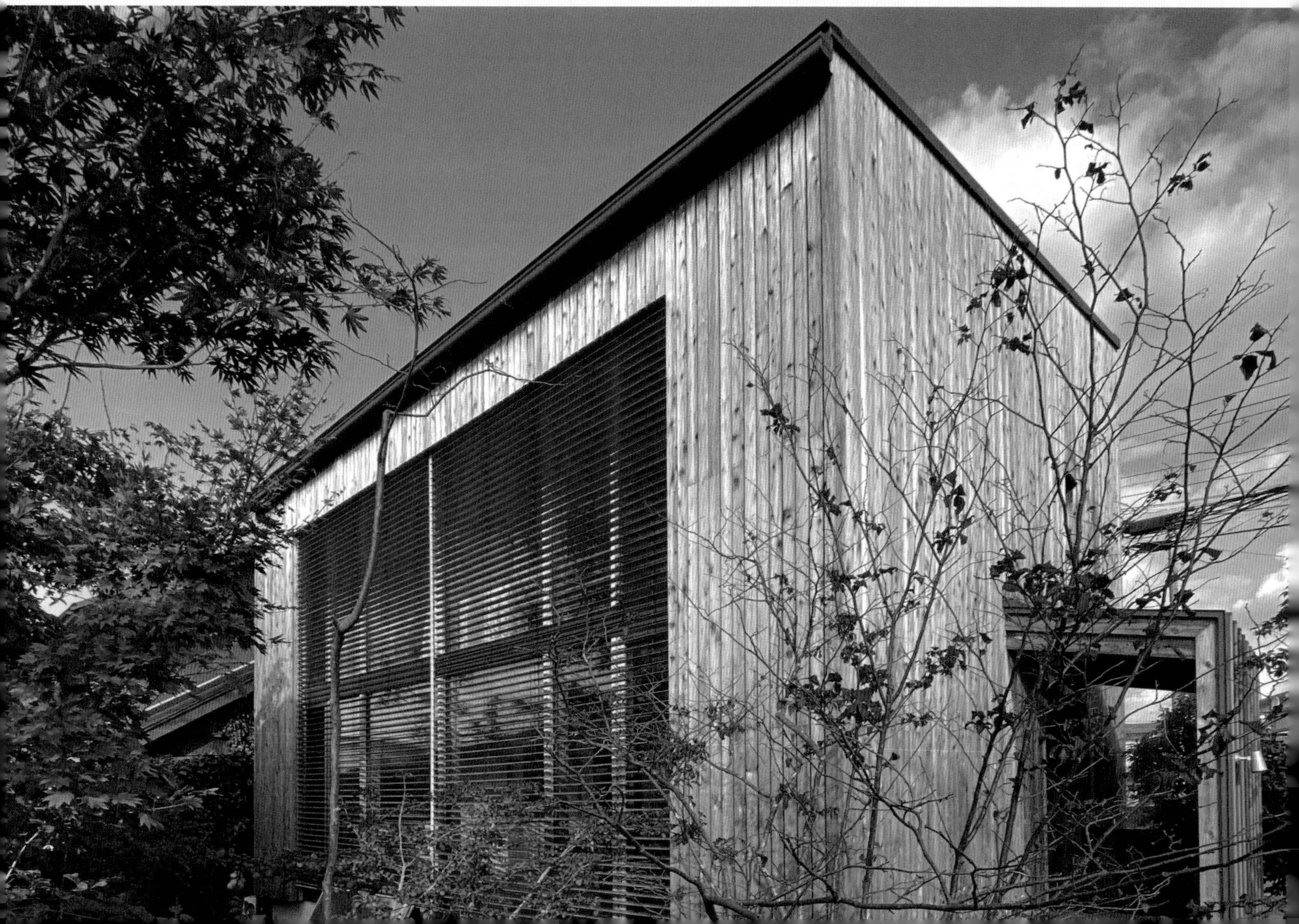

ゼロエネルギー住宅はどういうものか

ゼロエネルギー住宅の基本的な考え方

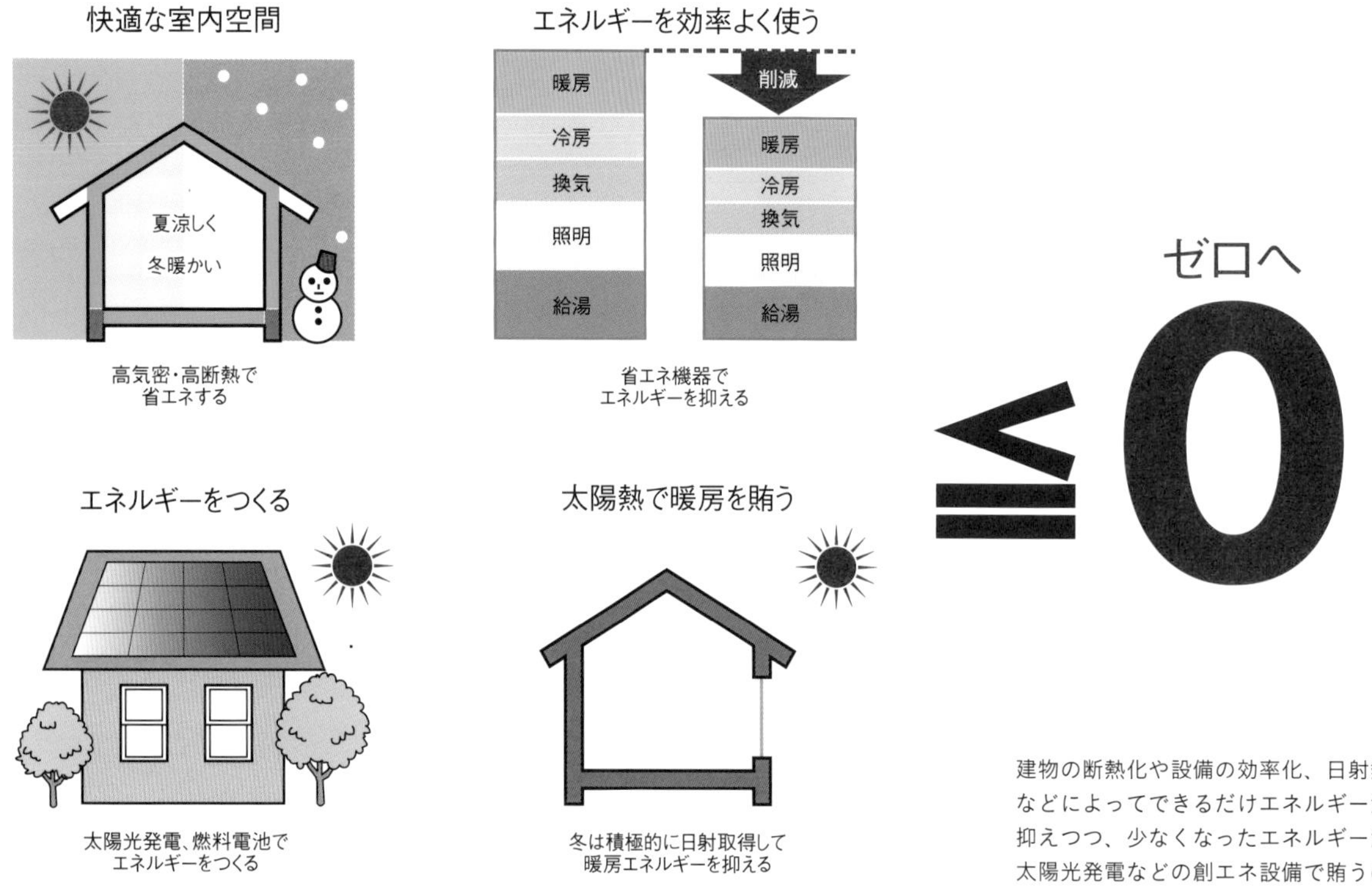
快適な室内空間
夏涼しく
冬暖かい
高気密・高断熱で
省エネする
エネルギーを効率よく使う
暖房
冷房
換気
照明
給湯
削減
暖房
冷房
換気
照明
給湯
省エネ機器で
エネルギーを抑える
エネルギーをつくる
太陽光発電、燃料電池で
エネルギーをつくる
太陽熱で暖房を賄う
冬は積極的に日射取得して
暖房エネルギーを抑える
ゼロへ
≦0

建物の断熱化や設備の効率化、日射熱取得などによってできるだけエネルギー消費を抑えつつ、少なくなったエネルギー消費を太陽光発電などの創エネ設備で賄うのが基本的な考え方だ。

オフグリッド住宅の仕組み

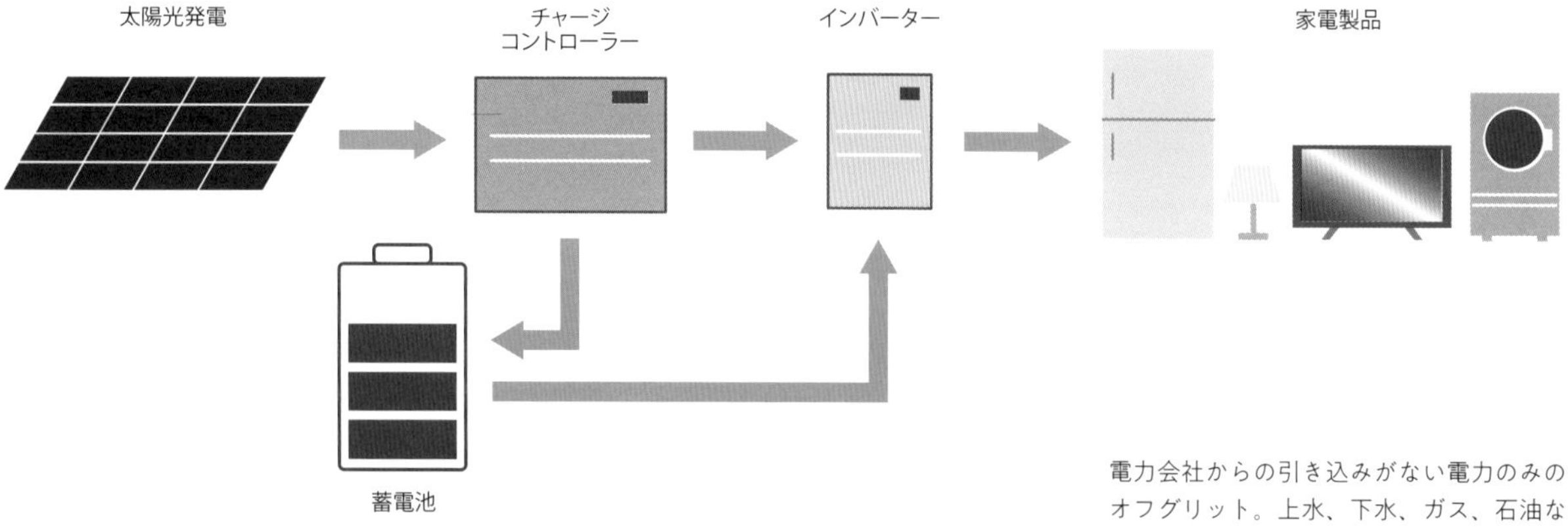
太陽光発電
チャージ
コントローラー
インバーター
家電製品
蓄電池

電力会社からの引き込みがない電力のみのオフグリット。上水、下水、ガス、石油などは除く。躯体性能を上げるとともに、消費エネルギーを最小にし、太陽光発電などの創エネルギーで収支をゼロ以上にする。

本のタイトルにもあるように、「ゼロエネ住宅」「ゼロエネルギー住宅」という言葉がよく使われているが、もちろん「エネルギーがゼロな住宅」という意味ではない。人間が生活していくうえでエネルギーを使わないことはほぼ不可能だ。一般的にゼロエネルギー住宅と呼ばれる住宅は、太陽光や太陽熱、バイオマスや地中熱などを利用してエネルギーを創り、生活に使用するエネルギーを賄う、つまり創エネルギーと消費エネルギーの収支がプラスマイナスゼロになる住宅をいい、この本でもそれを前提に話を進める。

ゼロエネルギー住宅とほぼ同じ技術を使いながら、より創エネ性能が高く設定されているのが、エネルギー収支がプラスになる「プラスエネルギー住宅」で、国内外に多数の事例がある。ほかにゼロエネルギー住宅の要素に加えて、公共の電気・ガスなどの公共のライフラインに依存しないで、自給自足でエネルギーを完結させる「オフグリット住宅」、国が定めたゼロエネルギー仕様である「ZEH（ゼッチ＝ネット・ゼロ・エネルギー・ハウス）」、設備に頼らず太

ゼロエネルギー住宅の種類

分類・種類		概要
全資源オフグリット住宅		エネルギー（電気、ガス、石油ほか）、水道、下水が自己完結
エネルギーオフグリット住宅		エネルギー（電気ほか）が自己完結
エネルギーネットワーク住宅	プラスエネルギー住宅	家電を含むエネルギーの収支がプラス
	ZEH	家電を含まないエネルギーを創エネで賄うなど
	Nearly ZEH	家電を含まないエネルギーの75％以上100％未満を創エネで賄うなど
ZEH	ZEH	国の基準。詳細は上に記載
	Nearly ZEH	国の基準。詳細は上に記載
	ZEH Oriented	国の基準。家電を含まないエネルギーの20％以上を創エネで賄うなど
	ZEH＋	国の基準。ZEHの上位でより高い断熱性能、高度な設備が求められる
パッシブハウス		エネルギー消費などについて高度な基準をもつ高性能住宅
無暖房住宅		暖房エネルギーを必要としない

陽熱を生かして部屋を温める「無暖房住宅」などがある。ただし、いずれも「ゼロエネルギー」を謳っているものの、収支の対象となる消費エネルギーについては、家電を含む場合と含まない場合がある。

また、ドイツのパッシブハウス研究所が定めた基準によって建設されるパッシブハウスは、非常に高い断熱性能をもっており、条件次第ではゼロエネルギーを達成しやすい。したがって、広義にはゼロエネルギーに当てはめてもよいだろう。

ゼロエネルギー住宅は創エネルギーと消費エネルギーの収支がプラスマイナスゼロであるが、一般的な大きさの住宅で屋根に太陽光発電などを設置してゼロエネルギーにするには、現行省エネ基準を大幅に上回る断熱性能は必要である。

無暖房住宅（スイス・チューリッヒ郊外の無暖房コンクリート住宅）

スイス・チューリッヒ郊外の無暖房コンクリート住宅の外観。日射取得のために南壁の全面がガラス窓。ガラス窓の半分は室内側がコンクリート壁で日射取得した熱を蓄熱する

外側と室内側の2枚のガラスの間に透明なハニカムボードが挟まれている。これにより太陽高度が高くなる夏の日射を遮蔽することができる

無暖房住宅（スエーデン・ヨーテボリの木造テラスハウス）

スエーデン・ヨーテボリの木造テラスハウスの外観。外壁の面積が大きい戸建住宅でなく、外壁の面積が少ないテラスハウスとすることで、室内の熱が逃げる量を減らしている

簡素な内装と空間の居間。断熱材の厚さは天井が500㎜（U値0.08W／㎡K）、外壁が400㎜（U値0.10W／㎡K）、床が250㎜（U値0.09W／㎡K）である。窓は木製サッシでガラスはLow-Eクリプトンガス入りトリプル（Uw値0.85W／㎡K）である。南面の窓には日射遮蔽の外付シェードが設置されている

ゼロエネルギー住宅を構成する4つの要素

ゼロエネ住宅の4原則

原則1
再生可能エネルギーを使用すること

・再生可能エネルギーを活用し、消費エネルギーをゼロに近づける。またはプラスエネルギーにする
・太陽光発電、地中熱、バイオマスを利用する
・地域エネルギーを活用する

原則2
長持ちすること

・構造信頼性
・雨漏り、内部結露を起こさない
・シロアリにやられない
・火災に強い

原則3
冷暖房負荷をゼロに近づけること

・断熱性能を高める
・太陽熱を最大限に利用する
・自然光を利用する
・高効率のエアコン、換気システムを採用する

原則4
照明・給湯エネルギーを減らすこと

・昼光利用を積極的に行う
・LED照明の利用
・太陽熱給湯機、地熱ヒートポンプの利用
・待機電源を切りやすくする工夫

「ゼロエネルギー住宅」の定義はまだ確立されとはいえないが、私は上に掲げた4つの原則を重視し、実践している。根底にあるのは「建築物理」の考え方である。重力や熱、水蒸気などが建築に与える影響を理解し、それらをコントロールすることで、前述した4原則の達成が可能になる。

各原則の要素は相互に関連している。再生可能材料である木材を主構造とする木造住宅を長もちさせる。そのためには木を腐らせてはいけない。そして冷暖房負荷を削減する。そのためには高断熱化が必要だ。これらを同時に成立させるには水蒸気理論にもとづく防露技術が必要になる。

この防露技術が確立された意味は大きい。200㎜厚、300㎜厚の断熱が可能になったことで、大きな開口部で積極的に取得する日射が、エネルギーとしての重要性を増した。このように躯体性能の冷房・暖房負荷をゼロに近づけ、さらに太陽光発電などの再生可能エネルギーをつくることで消費エネルギーをゼロもしくはゼロ以上のプラスエネルギーにする「ゼロエネルギー住宅」ができる。

エコデザインの原則

原則	目的	ポイント
再生可能エネルギーの使用	再生可能エネルギーを利用もしくはつくり出す設備を積極的に利用する	・太陽光発電、太陽熱給湯、地中熱ヒートポンプ、バイオマス（薪・ペレットストーブ）など
	地域エネルギーを活用する	・地域で太陽光発電や風力などの再生可能エネルギー設備をもち、地域内のエネルギー消費量を賄う
生産・居住・修繕・解体時のエネルギーを減らす	生産エネルギーの少ない資材を使う	・資源循環性をもつ木材などを構造のみならず、仕上げ・下地などに多用する
	建物の長寿命化を図る	・耐震等級3を達成するなど耐震性の向上 ・雨漏り・結露を防ぐ工法、材料、納まりの採用と施工精度の向上 ・耐蟻性の高い材料や適切な防蟻剤の選択はもちろん、点検しやすい床下空間とする ・燃えにくい材料を選択するとともに、防火仕様（省令準耐火など）の採用も検討する
	修繕・解体しやすくする	・長期にわたって交換や補修が可能な材料・工法を選ぶ ・容易に解体、分別、焼却または再利用できるような材料を優先して使用する
冷暖房負荷をゼロに近づける	断熱性能を高める	・熱損失を重視し、U_A値0.30以下を目指す ・夏の2階や小屋裏の冷房負荷を減らすために屋根断熱を強化する ・ファサードラタンや反射率の高い白色系の外装材の使用などによって外壁の日射熱を遮断し、外壁の温度上昇を抑える ・熱交換換気システムを使用して、換気による熱損失抑える
	太陽熱を最大限に利用する	・南面の開口部は大きくし、日射取得と熱損失のバランスがよい窓を使用する ・蓄熱が期待できる基礎の仕様にする（底盤下の断熱敷込みなど） ・夏は熱が入りこまないよう、外付けブラインドや庇などで日射遮蔽を行う
	適切な冷暖房システムを使用	・高効率のエアコン1台（＋補助エアコン）で冷暖房を行う
	有効な通風で室内の熱を逃がす	・夏の夜や早朝、中間期（春・秋）の通風計画を考えて、室内の熱を排熱しやすくする
照明・給湯・家電のエネルギーを減らす	昼光エネルギーを積極的に利用する	・南面の大きな開口部、ハイサイドライトなどに加え、外付けブラインドのライトシェルフ的な利用も検討する
	LED照明の利用	・主照明や常夜灯などの電気消費量が多い明かりにはLEDを用いる
	太陽熱給湯機の利用	・太陽熱給湯機は、重量物である貯水槽は地上に設置するタイプを選択し、エコジョーズなどと連携して使用する
	太陽光発電対応エコキュートの利用	・太陽熱発電と空気熱源ヒートポンプ給湯を組み合わせたシステムを導入する
	給湯は地中熱ヒートポンプの利用	・日射量が少ない寒冷地では特に有効である
	待機電源のカット	・待機電源を切りやすいように中間スイッチを設けるか、分電盤のレイアウトを整理する

どうして断熱・気密住宅がいいのか?

高断熱高気密にはいろいろなメリットがある

快適さ

しっかりと断熱・気密化された住宅では、
どの部屋でも同じような室温になり、
床と天井付近の温度差も小さくなる。
つまり、家中がいつでも、どこでも快適だ。

省エネルギー

世界水準の省エネルギーが実現できるので、
今までの暖房費と同じくらいか
1/2〜1/3の負担で、
全室が暖かくまた涼しくなる。

健康的

断熱・気密化された住宅は、
温度変化が少ない快適な室内環境が得られるほか、
計画換気によって室内の空気を常に清浄に
保つことができ、健康的な住まいに変身する。

耐久性

基準に従って正しく施工された住宅では、
壁体内の結露を防ぐことで構造部材の腐食を防ぎ、
材料を長もちさせる。

部屋の移動中に起こるヒートショックによる脳卒中

温度差の大きい住宅

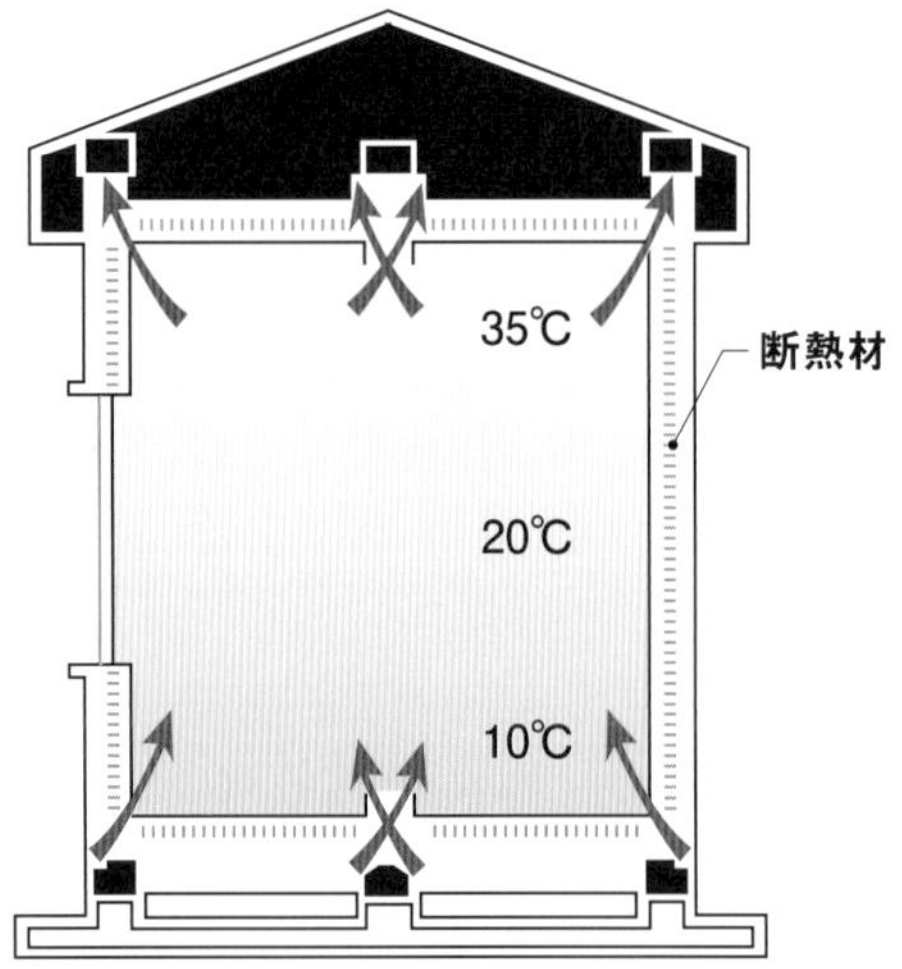

35℃
20℃
10℃
断熱材

今までの住宅は、断熱性能も低いうえに隙間も多い。そのため、暖められ上昇した空気が、上部の隙間から逃げてしまい、一方で、床下から冷たい外気が入ってくるため、暖房していても常に寒く、効率も極めて悪い

温度差の小さい住宅

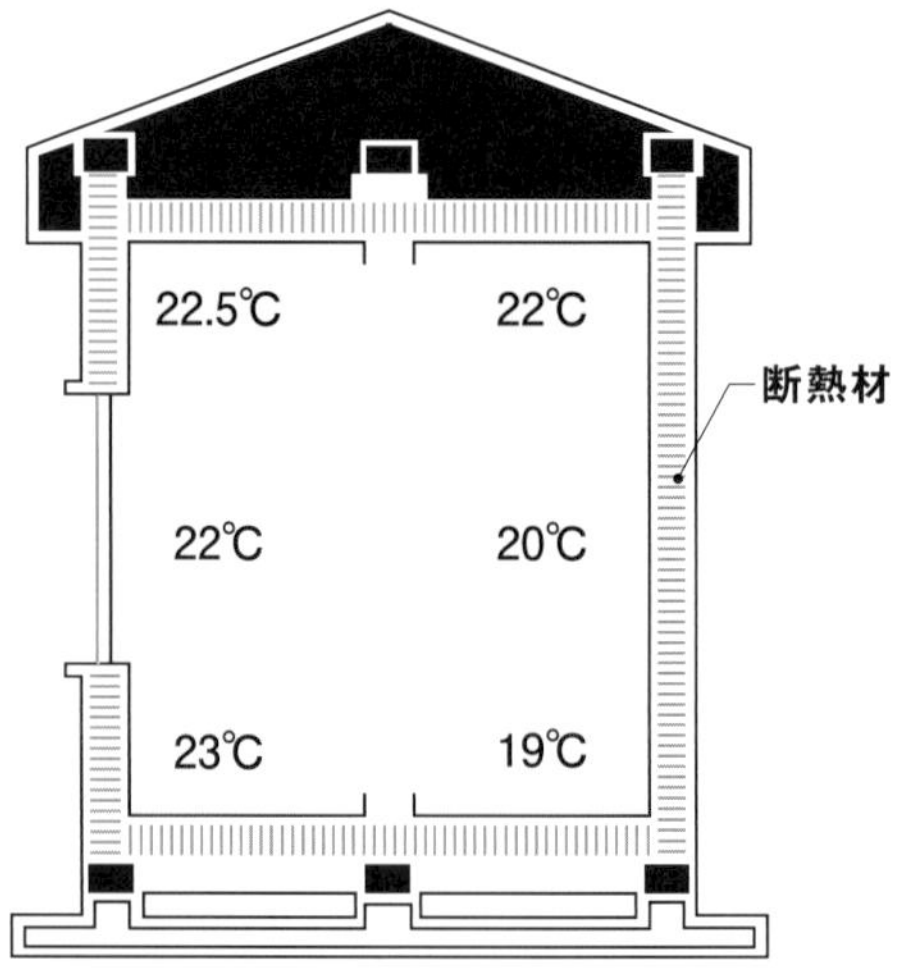

22.5℃
22℃
22℃
20℃
23℃
19℃
断熱材

高断熱・高気密住宅は、暖房によって暖められた熱が逃げにくく、家中を均等に暖めてくれる。また、熱が逃げにくいため、高い温度で暖房を運転し続ける必要がなく、暖房効率も極めてよい

ゼロエネ住宅は高断熱・高気密住宅であることが望ましい。では、高断熱・高気密住宅の目的とは何だろうか。それは人と環境に負荷の少ない家をつくることだ。人への負荷を少なくするためには、冬に暖かく、夏に涼しく、結露しない(ダニ、カビを発生させない)快適で健康な家でなければならない。また、環境への負荷を少なくするためには、保温性や耐久性に優れた家であることが重要だ。これらを実現するものとして高断熱・高気密化は不可欠な技術であり、必要な性能を得るためには、材料や工法の選択において柔軟かつ慎重に考えなければならない。

高断熱・高気密住宅の目的であり、メリットでもある、人と環境に負荷の少ない家というのはどういうものか具体的に考えてみよう。

まず、高断熱・高気密化によって、冷暖房エネルギーを節約でき、二酸化炭素排出量の削減、化石燃料使用量削減、原発抑制などの面で環境への負荷が低減できる。たとえば、東京や大阪など含む6地域で現行の省エネ基準から断熱等級6に変更することで、冷暖房エネルギーが半分程度まで削減でき、

脳卒中の死亡率がぐんと下がる北海道の高断熱住宅

脳卒中死亡率の気温に対する回帰直線

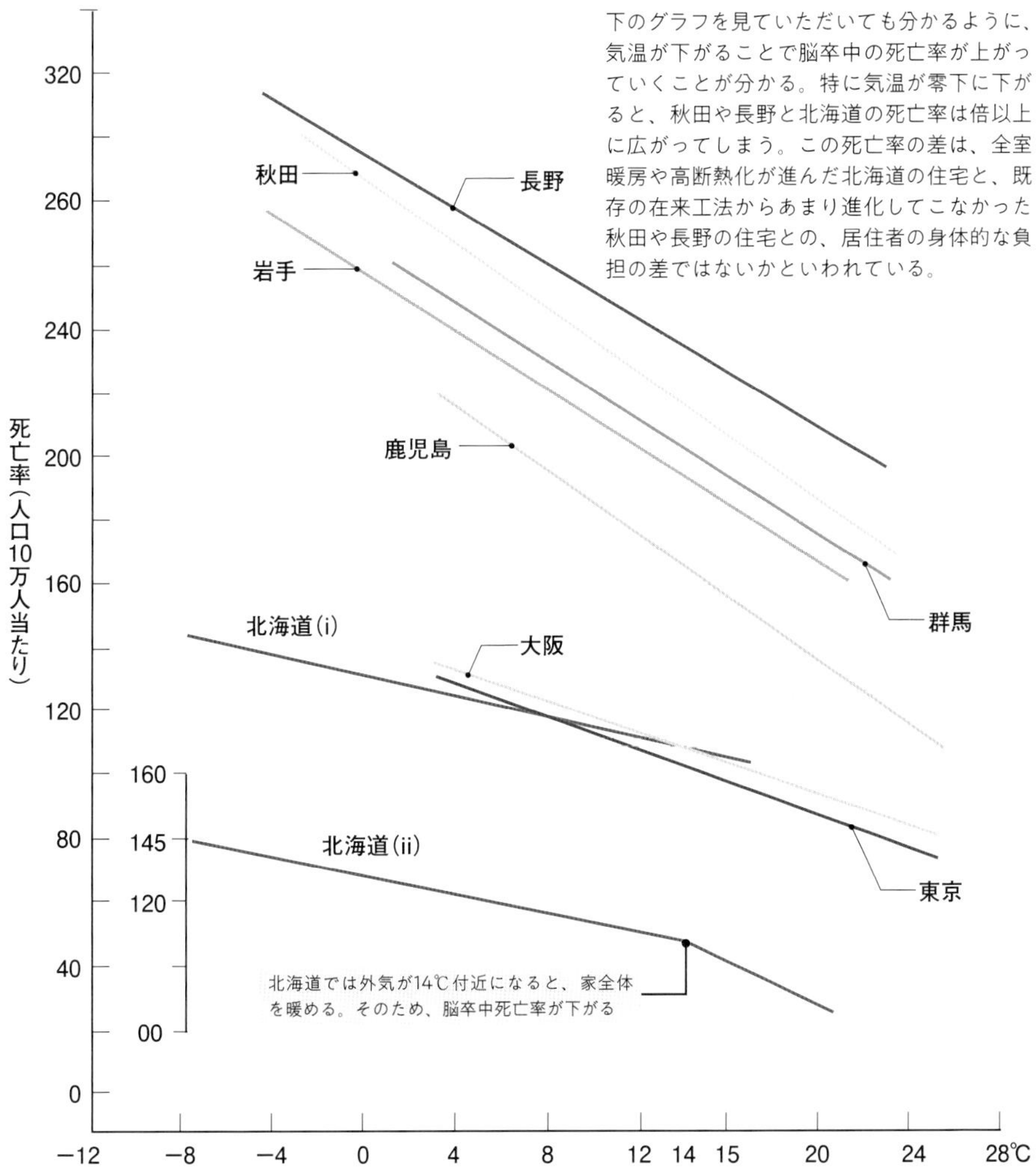

下のグラフを見ていただいても分かるように、気温が下がることで脳卒中の死亡率が上がっていくことが分かる。特に気温が零下に下がると、秋田や長野と北海道の死亡率は倍以上に広がってしまう。この死亡率の差は、全室暖房や高断熱化が進んだ北海道の住宅と、既存の在来工法からあまり進化してこなかった秋田や長野の住宅との、居住者の身体的な負担の差ではないかといわれている。
死亡率(人口10万人当たり)
320
260
240
200
160
120
80
40
0
160
145
120
00
秋田
長野
岩手
鹿児島
群馬
北海道(i)
大阪
北海道(ii)
東京
北海道では外気が14℃付近になると、家全体を暖める。そのため、脳卒中死亡率が下がる
−12
−8
−4
0
4
8
12
14
15
20
24
28℃

出典：「衣服と住まいの健康学」（三浦豊彦ほか著、大修館書店刊）

電気、灯油、ガスの使用量はもちろん、発電に伴う化石燃料の使用量や原発の稼働を抑制できる。

また、高断熱・高気密化によって、保温性が向上し、冬であれば暖房期や太陽熱で温められた暖かい室温が、夏であればエアコンで冷やされた冷たい室温が維持され、さらに部屋や家の隅々の温度が均質化されるため、かなり快適だ。

この温度の均質化は、身体の健康にも貢献する。室内の激しい温度差は、脳卒中や心臓病、神経痛、リュウマチなどの要因になっているといわれているが、これらの発生を抑制できる。特に脳卒中は、本来は寒冷地であればあるほど暖房している部屋としてない部屋で温度差が生まれ死亡率が上昇するのだが、寒冷地である北海道は全国に先んじて断熱・気密住宅が普及しているため、死亡率はかなり下がっている。

高断熱・高気密化は家を長持ちさせる。家の断熱性能を高めることで、結露の発生を抑えられるのだが、特に壁の内側などに発生する内部結露の抑制することで腐朽菌の増殖を抑え、構造上重要な柱や土台などが腐るのを防ぐのだ。

空気に含まれる水蒸気の量（バケツの大きさ）は湿度によって変わる

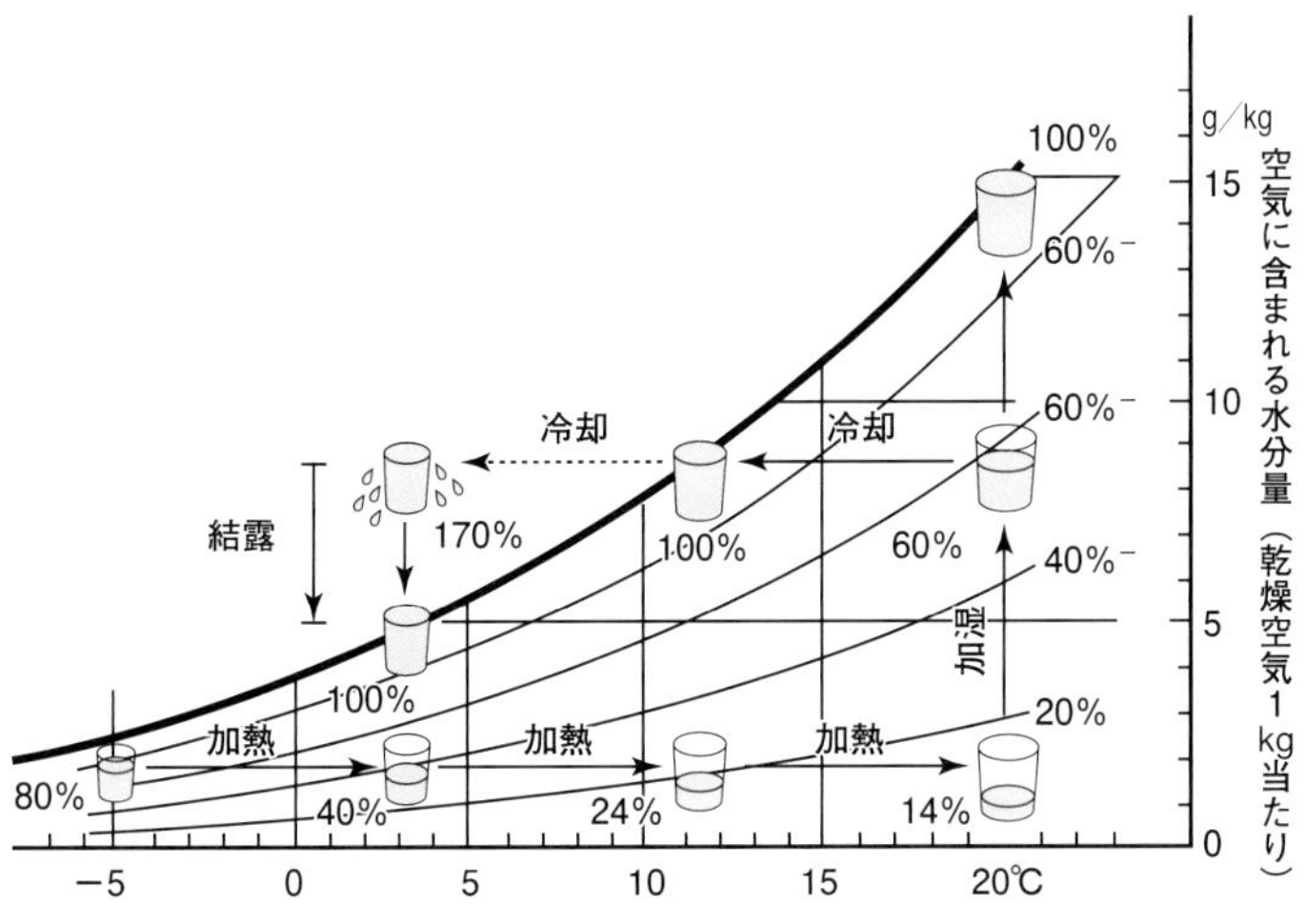

g/kg
空気に含まれる水分量（乾燥空気1kg当たり）
100%
60%
60%
40%
20%
冷却
冷却
結露
170%
100%
60%
100%
加湿
加熱
加熱
加熱
80%
40%
24%
14%
15
10
5
0
−5
0
5
10
15
20℃

出典：（財）北海道指導センター発行「気密化住宅の換気」

部屋の移動によるヒートショック

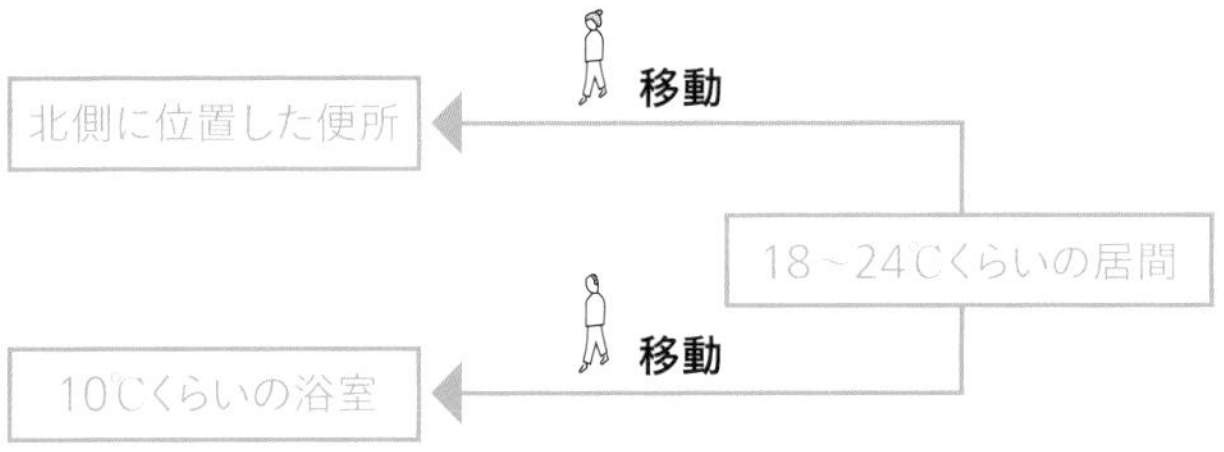

移動
北側に位置した便所
18～24℃くらいの居間
移動
10℃くらいの浴室

出典：「人と住宅の健康読本」（シャノン発行）

湿気とダニ発生の関係

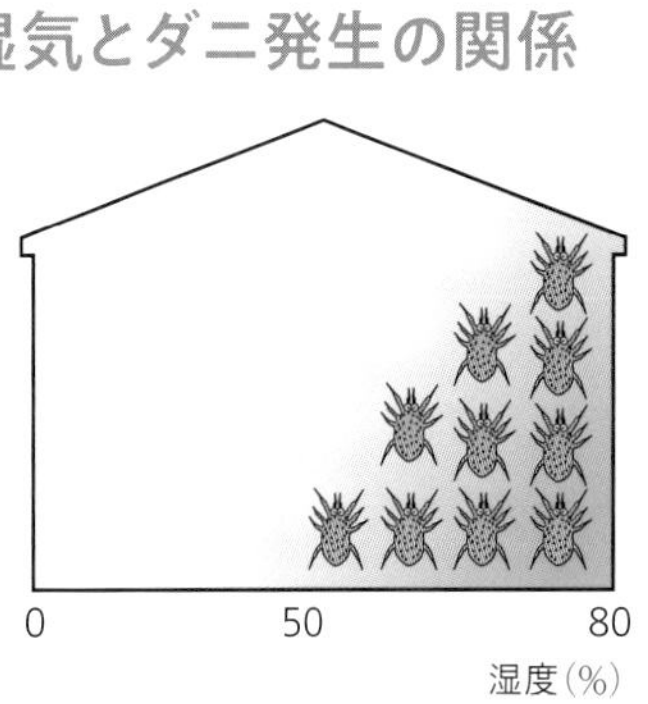

0
50
80
湿度（%）

湿度の上昇とともにダニの発生が増えていることが明らかになっている。

出典：「建築設計資料集成・1・環境」（日本建築学会編・丸善刊）

ZEHは真のゼロエネ住宅なのか

ZEHについてもう少し詳しく説明しよう。ZEHとは、住まいの断熱性・省エネ性能を上げつつ太陽光発電などでエネルギーをつくることで、年間の一次消費エネルギー量の収支をプラスマイナス「ゼロ」にする住宅のこと。エネルギー基本計画（平成30年7月閣議決定）で、2030年までに新築住宅の平均でZEHの実現を目指している。また、ZEHの普及を促進するために補助金制度が紐づけられており、予算の上限があり先着順ではあるが最大140万円／戸が支給されるようになっている。

ZEHの仕組み

断熱性能の高い家とエネルギー効率の高い設備機器で省エネを進め、さらに家でエネルギーを創り出し、使用エネルギー分を補うことで、エネルギーの収支をプラスマイナスゼロにする。

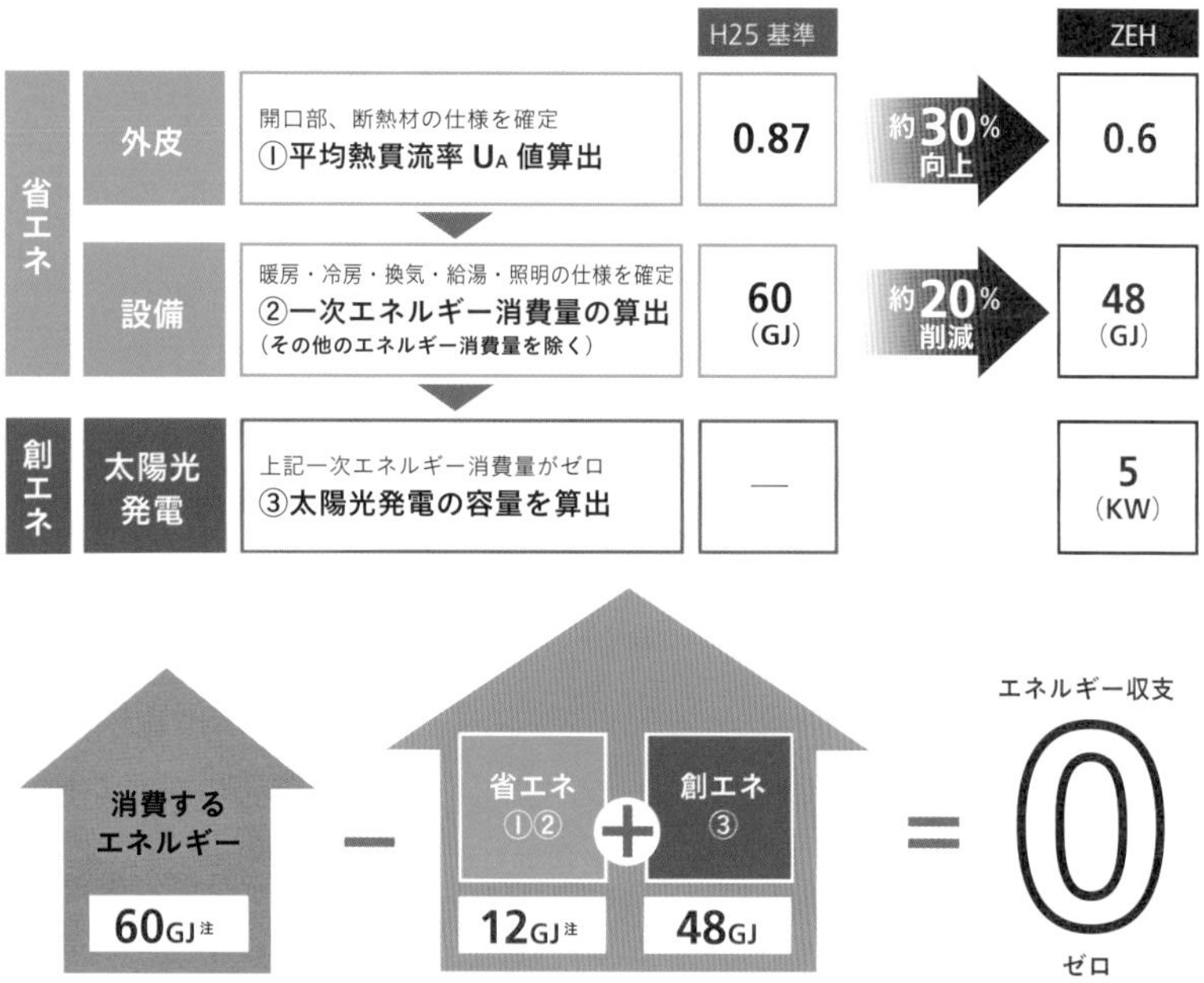
H25基準
ZEH
省エネ
外皮
開口部、断熱材の仕様を確定
①平均熱貫流率 U_A 値算出
0.87
約30%向上
0.6
設備
暖房・冷房・換気・給湯・照明の仕様を確定
②一次エネルギー消費量の算出
（その他のエネルギー消費量を除く）
60（GJ）
約20%削減
48（GJ）
創エネ
太陽光発電
上記一次エネルギー消費量がゼロ
③太陽光発電の容量を算出
—
5（KW）
消費するエネルギー
60GJ注
省エネ ①②
創エネ ③
12GJ注
48GJ
エネルギー収支
0
ゼロ

注：平成25年省エネ基準の6地域（東京など）で算定した例にもとづく
「平成25年省エネルギー基準に準拠した算定・判断の方法及び解説（II住宅）」などを元に独自に編集したもの

また、ZEHは変更省エネ基準より若干厳しい U_A 値の基準や、基準一次エネルギー消費量からの20%以上の削減が求められているが、条件が厳しい立地でもZEHが達成できるように寒冷地向けに条件を緩和したNearly ZEH、都市部狭小地向けに条件を緩和したZEH Orientedなども設けられ、補助金制度の対象となっている。一方で、上位の基準としてZEH+も設けられている。

ZEHのメリットは、高い断熱性能や高効率設備の利用により、月々の光熱費を安く抑えることだ。さらに、太陽光発電等の創エネについて売電を行った場合は収入を得ることができる。また、室温を一定に保ちやすいので、夏は涼しく、冬は暖かいなど快適で、急激な温度変化によるヒートショックによる心筋梗塞等の事故を防ぐ効果もある。

台風や地震等、災害の発生に伴う停電時においても、太陽光発電や蓄電池を活用すれば電気が使うことができ、非常時でも安心な生活を送ることができる。そして、前述したように適切に申請を行えば補助金制度を利用することも可能だ。

ZEHの現状と問題点

政府による補助金制度のもと、強力に普及を進めているZEHだが、問題点がないというわけではない。

まず、何といっても強化外皮基準が低く、常時運転の全室暖房などの快適な居住環境を得ながらゼロエネルギーにするには太陽光発電のより多くの発電量や暖冷房などの設備が重装備にならざるを得ないということだ。これは、ZEHの外皮性能基準が現行省エネ基準、もっと言えばその元となっている次世代省エネ基準を基本としているためだ。

省エネ基準は北海道などの寒冷地は北海道の高断熱住宅のスタンダードとされた仕様がそのまま反映されているが、本州、とりわけ4地域（南東北）〜7地域（南九州）は、断熱性能がかなり抑えられた仕様となってしまったため、当時から常時運転の全室暖房を行うには不足する性能であった。そのため、エアコンを部屋ごとにつけたり消したりして日々節約しながら過ごすようにしないと、3kWなどの一般的な容量の太陽光発電システムを導入しただけではゼロエネルギーにならないのだ。

もう1つの問題は、基準一次エネルギー消費量に家電の一次エネルギーを取り込んでいないことだ。一次エネルギーにおいて、家電の比率は現行省エネ基準で20%程度、さらに性能の高いQ1.0住宅レベルで40%もあり、これを無視しては一次エネルギー「ゼロ」とはとても言えない。多くのZEH住宅は「60〜80%エネルギー消費住宅」だと言っているようなものだ。もちろん、世界中の「ゼロエネ」と称される住宅の多くは、一次エネルギーに家電を含んだうえで、ゼロエネルギーを目指している。

つまり、実際の一次エネルギーにはほど遠い、まやかしの「一次エネルギー」を、躯体の断熱性能は上げずにそのまま家の外部にエネルギーを垂れ流しながら、大型の太陽光発電システムなど過大な設備に頼ってまかなう。現状のZEHは実際のゼロエネルギー住宅=省エネルギー住宅とはかけ離れた、かなりいびつなものとなっているのだ。

ZEHの種類

	定義	適合条件（すべての要件を満たす）
ZEH	外皮の高断熱化および高効率な省エネルギー設備を備え、再生可能エネルギー等により年間の一次エネルギー消費量が正味ゼロまたはマイナスの住宅地域エネルギーを活用する	①ZEH強化外皮基準（地域区分1〜8地域の平成28年省エネルギー基準（ηAC値、気密・防露性能の確保等の留意事項）を満たしたうえで、U_A値[W／㎡K] 1・2地域：0.40相当以下、3地域：0.50相当以下、4〜7地域：0.60相当以下） ②再生可能エネルギー等を除き、基準一次エネルギー消費量から 20%以上の一次エネルギー消費量削減 ③再生可能エネルギーを導入（容量不問） ④再生可能エネルギー等を加えて、基準一次エネルギー消費量から100%以上の一次エネルギー消費量削減
Nearly ZEH	『ZEH』を見据えた先進住宅として、外皮の高断熱化および高効率な省エネルギー設備を備え、再生可能エネルギー等により年間の一次エネルギー消費量をゼロに近づけた住宅	①ZEH強化外皮基準（地域区分1~8地域の平成28年省エネルギー基準（ηAC値、気密・防露性能の確保等の留意事項）を満たしたうえで、U_A値[W／㎡K] 1・2地域:0.40相当以下、3地域：0.50相当以下、4~7地域：0.60相当以下） ②再生可能エネルギー等を除き、基準一次エネルギー消費量から20%以上の一次エネルギー消費量削減 ③再生可能エネルギーを導入（容量不問） ④再生可能エネルギー等を加えて、基準一次エネルギー消費量から75%以上 100%未満の一次エネルギー消費量削減
ZEH Oriented	『ZEH』を指向した先進的な住宅として、外皮の高断熱化および高効率な 省エネルギー設備を備えた住宅（都市部狭小地［※］に建築された住宅に限る）	①ZEH強化外皮基準（地域区分1〜8地域の平成 28 年省エネルギー基準（ηAC値、気密・防露性能の確保等の留意事項）を満たしたうえで、U_A値[W／㎡K] 1・2地域：0.40相当以下、3地域：0.50相当以下、4〜7地域：0.60相当以下） ②再生可能エネルギー等を除き、基準一次エネルギー消費量から20%以上の一次エネルギー消費量削減
ZEH+	再生可能エネルギーを除き、25％以上の一次エネルギー消費を削減。創るエネルギー量が一次エネルギー消費量よりも100％以上多い省エネを達成した住宅	ZEHの要件に加えて、次の3つのうちから2つの措置を求める。 ・外皮性能のさらなる強化 ・高度エネルギーマネジメント（HEMSなど） ・電気自動車への充電 ただし、基準一次エネルギー消費量、設計一次エネルギー消費量の対象は暖冷房、換気、給湯、照明とする。また、計算方法は、平成28年省エネルギー基準で定められている計算方法に従うものとする。なお、法改正等に伴い計算方法の見直しが行われた場合には、最新の省エネルギー基準に準拠した計算方法に従うこととする。 また、再生可能エネルギー等によるエネルギー供給量の対象は敷地内（オンサイト）に限定し、自家消費分に加え、売電分も対象に含める。ただし、エネルギー自立の観点から、再生可能エネルギーは全量買取ではなく、余剰電力の買取とすべきである。また、再生可能エネルギーを貯めて発電時間以外にも使えるよう、蓄電池の活用が望まれる。

※：都市部狭小地とは、北側斜線制限の対象となる用途地域（第一種及び第二種低層住居専用地域ならびに第一種および第二種中高層住居専用地域）等であって、敷地面積が 85 m^2未満である土地。ただし、住宅が平屋建て の場合は除く

真のゼロエネ住宅に求められる断熱性能

住宅の主要な断熱基準

品確法 断熱等級	西方設計 断熱仕様	その他基準		省エネ基準地域区分(W/㎡K)						
				1地域	2地域	3地域	4地域	5地域	6地域	7地域
等級4		現行省エネ基準	Q値	1.6	1.6	1.9	2.4	2.7	2.7	2.7
			U_A値	0.46	0.46	0.56	0.75	0.87	0.87	0.87
等級5		ZEH基準 HEAT20 G1	Q値	1.3	1.3	1.45	1.6	1.7	1.9	1.9
			U_A値	0.4	0.4	0.5	0.6	0.6	0.6	0.6
等級6	標準下限	Q1.0住宅レベル1 HEAT20 G2	Q値	1.15	1.15	1.15	1.15	1.6	1.6	1.6
			U_A値	0.28	0.28	0.28	0.4	0.46	0.46	0.46
等級6.5	標準	Q1.0住宅レベル2	Q値	1.0	1.0	1.0	1.2	1.2	1.2	1.2
			U_A値	0.24	0.24	0.24	0.3	0.3	0.3	0.3
等級7	推奨	Q1.0住宅レベル3 HEAT20 G3	Q値	0.8	0.8	0.8	0.9	1.05	1.05	1.05
			U_A値	0.2	0.2	0.2	0.23	0.26	0.26	0.26
		Q1.0住宅レベル4								
		パッシブハウス								

表は品確法の住宅性能表示の断熱等級4〜7、西方設計の断熱仕様、その他基準を並べて掲載し、その性能の違いを明らかにしたもの。国内の基準の大半は、断熱等級4〜7の断熱等級と近い数値であることが分かる。

断熱等級と室温環境、暖房負荷

品確法 断熱等級	冬期間の室温温度環境		暖房負荷削減率
	最低の 体感温度	15℃未満 となる場合	
等級4	約8℃を 下回らない	25〜30%	現行省エネ基準 同等
等級5	約10℃を 下回らない	15〜20%	省エネ基準より 30%削減
等級6	約13℃を 下回らない	8〜15%	省エネ基準より 50%削減
等級7	約15℃を 下回らない	2〜3%	省エネ基準より 70%削減

各断熱等級を最低の体感温度、15℃未満となる場合、暖房負荷軽減率で説明している。

Q1.0住宅と暖房負荷

基準	暖房負荷 (省エネ基準比較)
省エネ基準	100
準Q1.0住宅	60%以下
Q1.0住宅レベル1	50%以下
Q1.0住宅レベル2	40%以下
Q1.0住宅レベル3	30%以下
Q1.0住宅レベル4	20%以下

Q1.0住宅の5つの各レベルを[暖房負荷/省エネ基準]で説明する。

真の意味でゼロエネルギーを目指すのであれば、太陽光発電を載せる前に、現行の省エネ基準以上に躯体の断熱性能を上げることが必要だ。私は、快適な冷暖房環境を維持しながら5kWなどの一般的な容量の太陽光発電システムでゼロエネルギーを達成するには、強化外皮基準は少なくとも「2020年を見据えた住宅の高断熱化技術開発委員会(HEAT20)」が公表している「HEAT20 G2」水準は必須と考える。

この基準は上の表を見てもらっても分かるように、現行省エネ基準、さらにはZEH基準を上回る断熱性能が求められている。しかし、全室冷暖房により快適な室内環境を維持しながら太陽光発電システムを始めとする創エネ・省エネ設備の負担を減らすには、それ以上の性能を目指すべきだと考える。

推奨したいのは、新木造技術研究協議会(新住協)が発表している住宅性能基準であるQ1.0住宅レベル2の性能だ。たとえば、東京・名古屋・大阪などの大都市圏を含む現行省エネ基準の6地域において、3kWの太陽光発電システムでZEHつまり家電を含まない一次消費エネルギー量を賄うには、Q1.0住宅レベル1の性能が求められる。これはU_A値0・46W/㎡K、Q値1.6W/㎡Kという性能で、断熱等級6やHEAT20G2のU_A値0・46W/㎡Kと同じ。具体的には屋根は高性能グラスウール16K210㎜厚、壁は高性能グラスウール16K105㎜厚、サッシは樹脂サッシ+アルゴンガス入りLow-Eペアガラス（例：YKKAP「APW330」）として、熱交換換気システムを導入する。

そして、同様の条件で真のZEH、つまり家電を含む一次消費エネルギー量を「ゼロエネ」とするには、Q1.0住宅レベル2の性能の5kWの太陽光発電システムが必要になる。

Q1.0住宅レベル2は、U_A値0・30W/㎡K、Q値1.2W/㎡Kという性能で、断熱等級6と7、HEAT20G2とG3の中間くらいか。具体的には屋根は高性能グラスウール16K300㎜厚、壁は高性能グラスウール16K200㎜厚、サッシは樹脂サッシ+アルゴンガス入りLow-Eトリプルガラス（例：YKKAP「APW430」）として、熱交換換気システムを導入する。

このレベルの躯体の断熱性能を確保することで、家電を取り込んだ一次エネルギーを、5kW程度の太陽光発電モジュールで達成可能な47354MJ程度の太陽光発電で賄うことができる。これを新住協などでは「Real ZEH」と呼び、不完全なゼロエネであるZEHの上位概念とし、まずはここを目指していきたい。

なお、アメリカではZEHは太陽光発電が必須ではなく、一次エネルギーを50％程度減らせば国の補助金や助成対象となる「ZEH READY」というものが存在する。「まずは躯体の断熱性能を上げる」ということに重点を置いた施策であり、本来はこのようなかたちのゼロエネルギー住宅が望ましい。

なお、西方設計ではこれまで6地域の標準下限仕様をU_A値0・46W/㎡Kとしている。Q1.0住宅レベル2からはやや性能は下がるが、壁は高性能グラスウール105㎜厚、屋根・天井は同210㎜厚、窓はLow-Eペアガラス+樹脂サッシ、換気は第1種熱交換換気であり、外壁の付加断熱もなく、難しい工法や納まりは存在しないため、その分コストも80万~90万円/坪に抑えられる。もちろん、この性能で家電を含む一次エネルギーをまかない場合、太陽光発電は5kW程度のモジュールの設置が求められるが、屋根に設置可能な大きさだ。また、後で述べるが日射取得を積極的に行うことで、太陽光発電の容量を抑えることも可能である。

また、西方設計では推奨仕様としてU_A値0・26W/㎡Kを設置している。これは断熱等級7かつQ1.0住宅レベル3程度の性能であり、仕様が壁は210㎜厚、屋根・天井は315㎜厚、窓はLow-Eトリプルガラス+高性能樹脂（木製）サッシ、換気は高性能の第1種熱交換換気となる。付加断熱は必須となり、コストも90万~100万円/坪と等級6から8万~10万円/坪のアップになるが、日射取得を積極的に行えば、太陽光発電は3kW程度に抑えることも可能だ。また、壁の表面温度が6地域の厳冬期であっても20℃を下回らず、無暖房の状態の室温を18℃に維持できる。

Real ZEH

冬の日射が極めて少ない秋田県能代市にありながら家電の一次エネルギー消費量を含んだReal ZEHである。屋根は高性能グラスウール24K厚さ400㎜、外壁は同じく厚さ360㎜、窓は超高性能アルミサッシ地窓の枠がUf値0.85W/㎡K、ガラスはスーパーパッシブガラス3の熱貫流率Ug0.75W/㎡K日射侵入率G値0.69。換気は自然換気。U_A値0.27W/㎡K、Q値1.02W/㎡K、暖房負荷20kWh/㎡

一次エネルギー計算結果

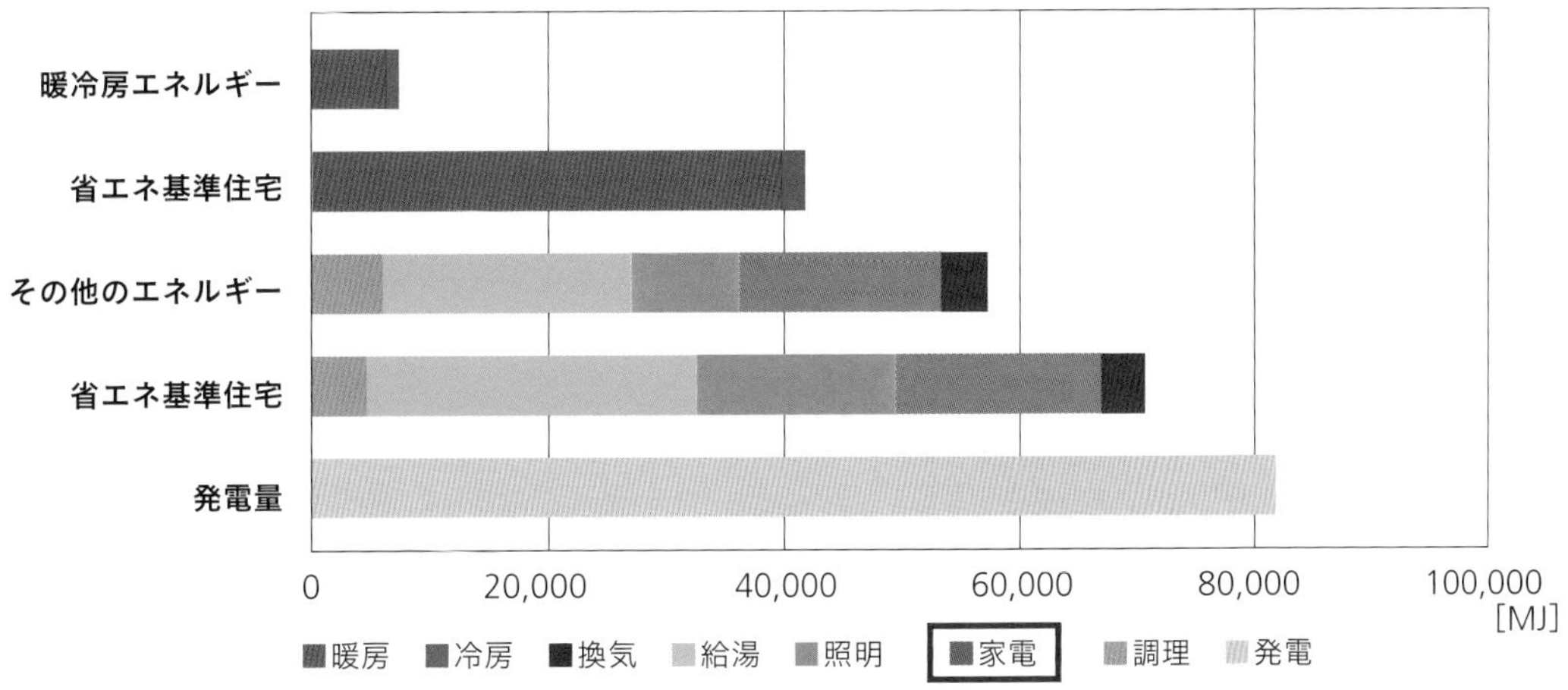

暖冷房エネルギー
省エネ基準住宅
その他のエネルギー
省エネ基準住宅
発電量
0
20,000
40,000
60,000
80,000
100,000
[MJ]
暖房
冷房
換気
給湯
照明
家電
調理
発電

住宅の省エネ性能

0
20,000
100,000
150,000
200,000
[MJ]
低炭素
省エネ基準
発電
計算結果

どうしてU_A値0・30が必要なのか

建築躯体による究極の省エネは、冷暖房負荷をゼロにすることである。そのためには高断熱化し、熱損失を抑える必要がある。では、どの程度の性能が必要なのだろうか。6地域を例に考えてみる。

図1を参考に考えると、一番室温が低い午前7時における自然温度差（外気温と無暖房状態での室温の差）が、10℃を超える性能の住宅だと、就寝時まで20℃の室温を保てるということが推測できる。

そして図2から、東京における自然温度差が10℃となる性能を探ると、U_A値0・30・Q値1.2という数値が導き出せる。これが温暖地における目標値になりそうだ。

図4から分かるように、温暖地に建つU_A値0・30・Q値1.2の住宅においては、ある性能をもった開口部であれば、窓を大きくとればとるほど自然温度差が向上する。さらに図5から分かるように、8割近い熱量を日射と室内発生熱で得ることが可能なのである。U_A値0・30・Q値1.2を達成することで、日射取得のメリットがぐっと増すのである。

6地域におけるU_A値0.30（Q値1.2）住宅のランニングコスト

エコ住宅の標準下限スペック

U_A値=0.30W／㎡K、自然温度差10.27℃

仕様

【屋 根】 高性能グラスウール210㎜厚
【 壁 】 高性能グラスウール210㎜厚
【 窓 】 南面：樹脂サッシ＋アルゴンガス入りLow-Eトリプルガラス
【換 気】 国産DC熱交換換気システム
【大窓・中窓】 ハニカムサーモスクリーン

暖房エネルギー消費量

【通常モード】
3.8kWh／㎡a（120㎡ =152kW =COP3エアコン暖房 = ひと冬約4,560円の電気代）
【省エネモード（18℃設定。就寝時は温度を下げる）】
0.8kWh／㎡a（120㎡ =30kW = COP3エアコン暖房 = ひと冬約900円の電気代）
※ QPEXによる計算

推奨スペック ▶ U_A値=0.26W／㎡K、自然温度差13.5°C

仕様

【屋 根】 高性能グラスウール315㎜厚
【 壁 】 高性能グラスウール210㎜厚
【 窓 】 高性能木製サッシ＋アルゴンガス入りLow-Eトリプルガラス
【換 気】 高性能DC熱交換換気システム
【大窓・中窓】 ハニカムサーモスクリーン

暖房エネルギー消費量

【通常モード】
1.1kWh／㎡a（120㎡ = 44kWh = COP3エアコン暖房 = ひと冬約1,300円の電気代）
【省エネモード（18℃設定。就寝時は温度を下げる）】
0kWh／㎡a（120㎡ = 0kW = COP3エアコン暖房 = ひと冬約0円の電気代）
※ QPEXによる計算

図2 地域別にみた住宅熱損失係数と自然温度差の関係

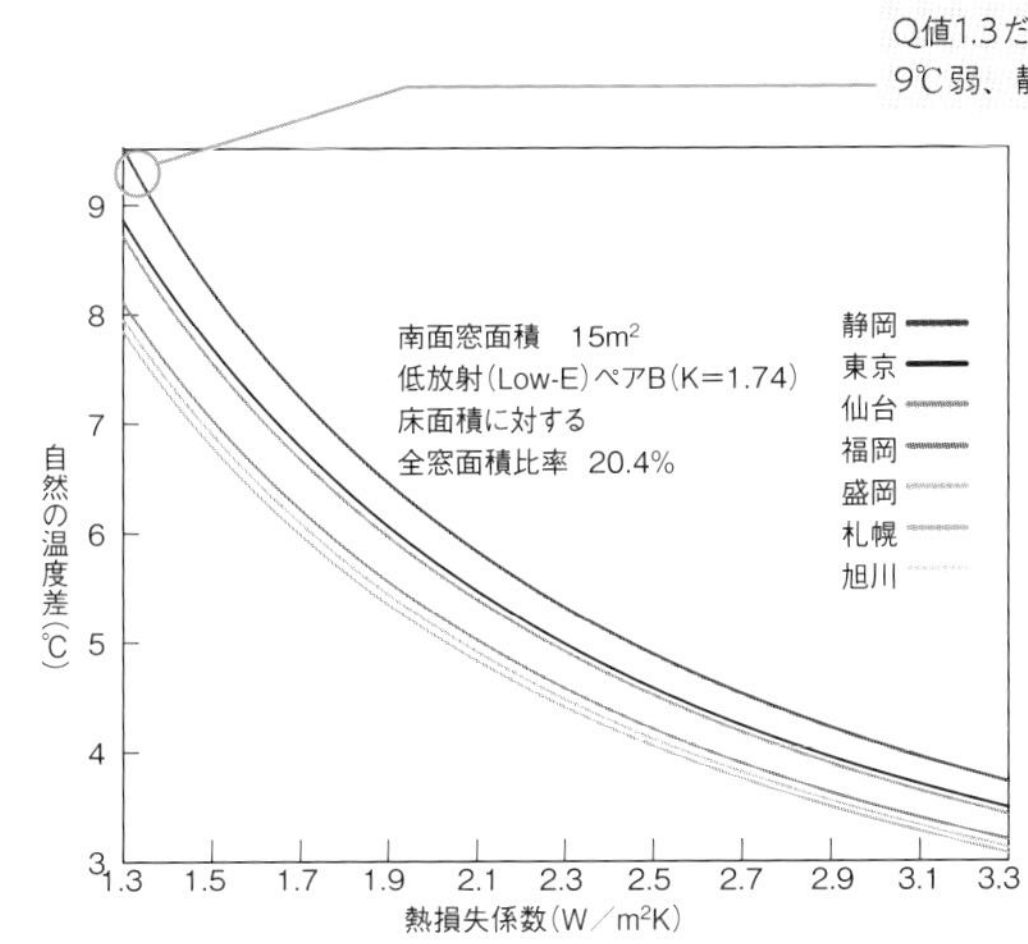

Q値1.3だと東京で自然温度差が
9℃弱、静岡で10℃弱になる
南面窓面積 15m²
低放射（Low-E）ペアB（K=1.74）
床面積に対する
全窓面積比率 20.4%
静岡
東京
仙台
福岡
盛岡
札幌
旭川
自然の温度差（℃）
熱損失係数（W／m²K）

平28年省エネ基準の熱損失係数Q値＝2.7W／㎡Kにおける自然温度差は約4℃。Q値＝1.5W／㎡Kでは約8℃、Q値＝1.9W／㎡Kでは約6℃、Q値＝1.3W／㎡Kでは約9℃。自然温度差が10℃あれば、図1から判断して、夕方から就寝まで暖房しないときの自然室温が約19℃になり、無暖房住宅の領域に近づく

$$\Delta Tn = \frac{Ir + Hin}{Q \times S}$$

ΔTn：自然温度差（K）、Ir：日射取得熱量（W）、Hin：室内発生熱（W）、Q:熱損失係数（W／㎡K）、S：住宅の延床面積（㎡）

図1 自然室温の改善

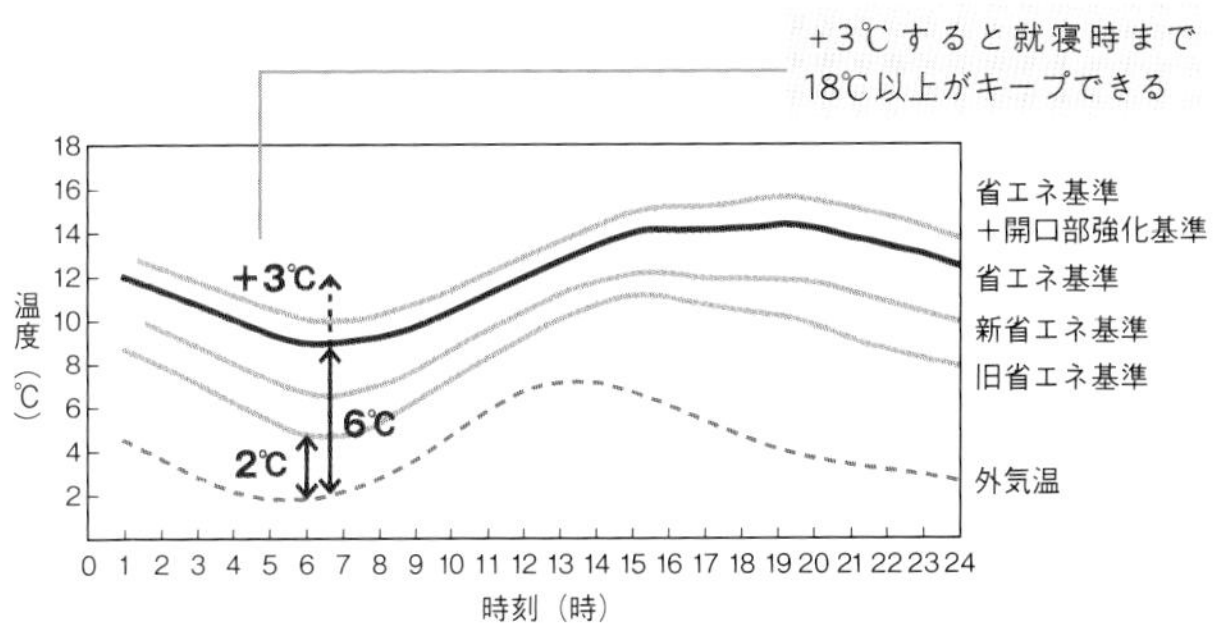

＋3℃すると就寝時まで
18℃以上がキープできる
+3℃
6℃
2℃
省エネ基準
＋開口部強化基準
省エネ基準
新省エネ基準
旧省エネ基準
外気温
温度（℃）
時刻（時）

午前の自然温度差6℃を3℃アップし9℃にすれば、夕方から就寝まで自然室温が18℃になる。

自然温度差が5℃アップすれば、夕方から就寝まで自然室温が20℃で無暖房住宅になる

※ 自然室温とは暖房しない状態での室温のこと

図4 自然温度差と窓面積の影響

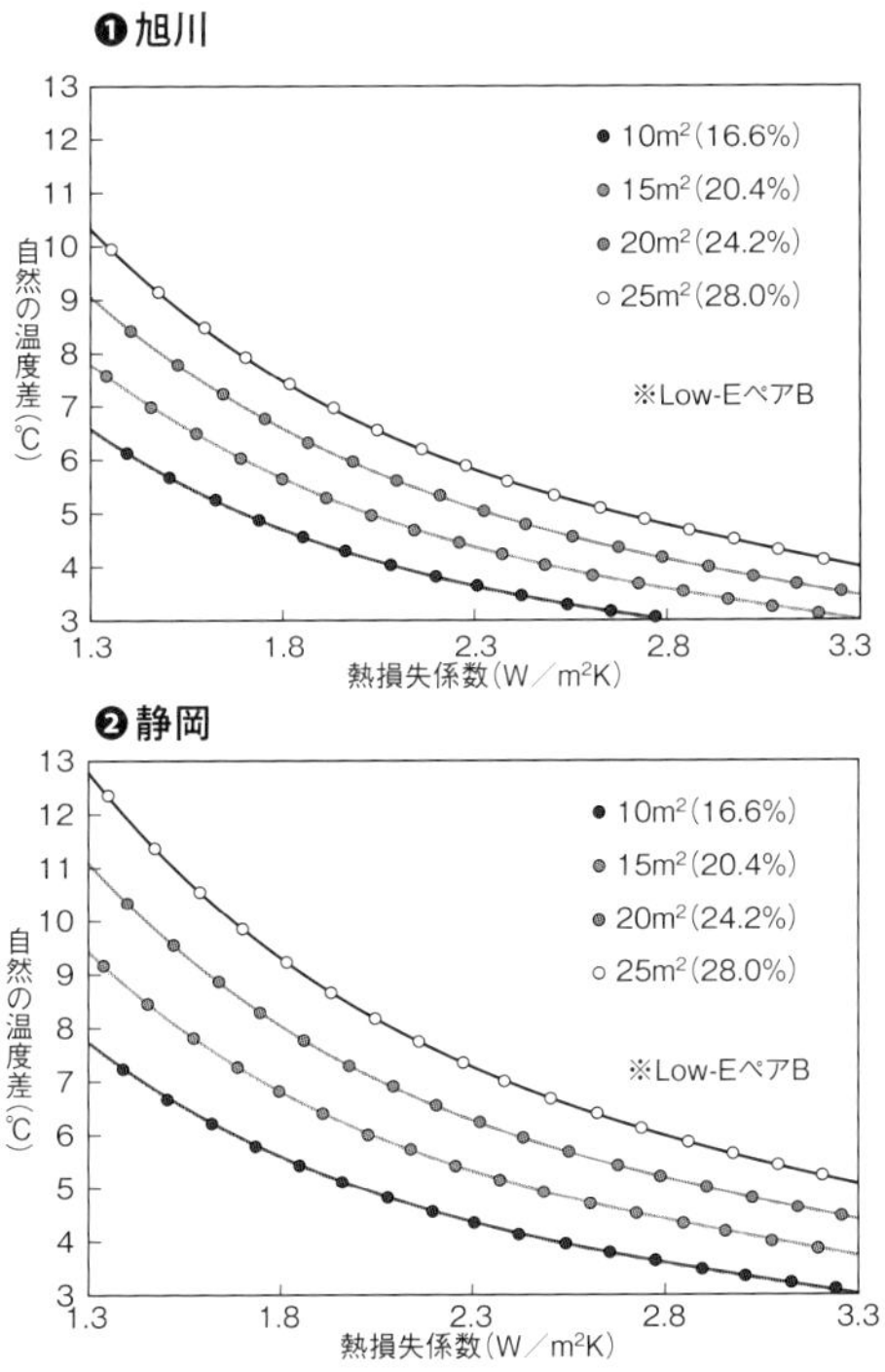

❶旭川
10m²（16.6%）
15m²（20.4%）
20m²（24.2%）
25m²（28.0%）
※Low-EペアB
自然の温度差（℃）
熱損失係数（W／m²K）
❷静岡
10m²（16.6%）
15m²（20.4%）
20m²（24.2%）
25m²（28.0%）
※Low-EペアB
自然の温度差（℃）
熱損失係数（W／m²K）

日射取得熱を大きくするには、窓を広くしつつ熱損失を少なくすればよい。つまり、日射取得熱を大きくし、自然温度差を大きくすれば暖房負荷は極めて小さくなる。静岡を例にQ値=1.3W／㎡Kのポイントでみると、窓面積が小さい10㎡で自然温度差＝7.8℃、大きな25㎡で自然温度差＝13.0℃となる。後者の場合、外気温が5℃のときは自然室温が18℃になり、無暖房に近い環境が得られる

図3 地域別 室温20°C維持に必要な各熱量の割合

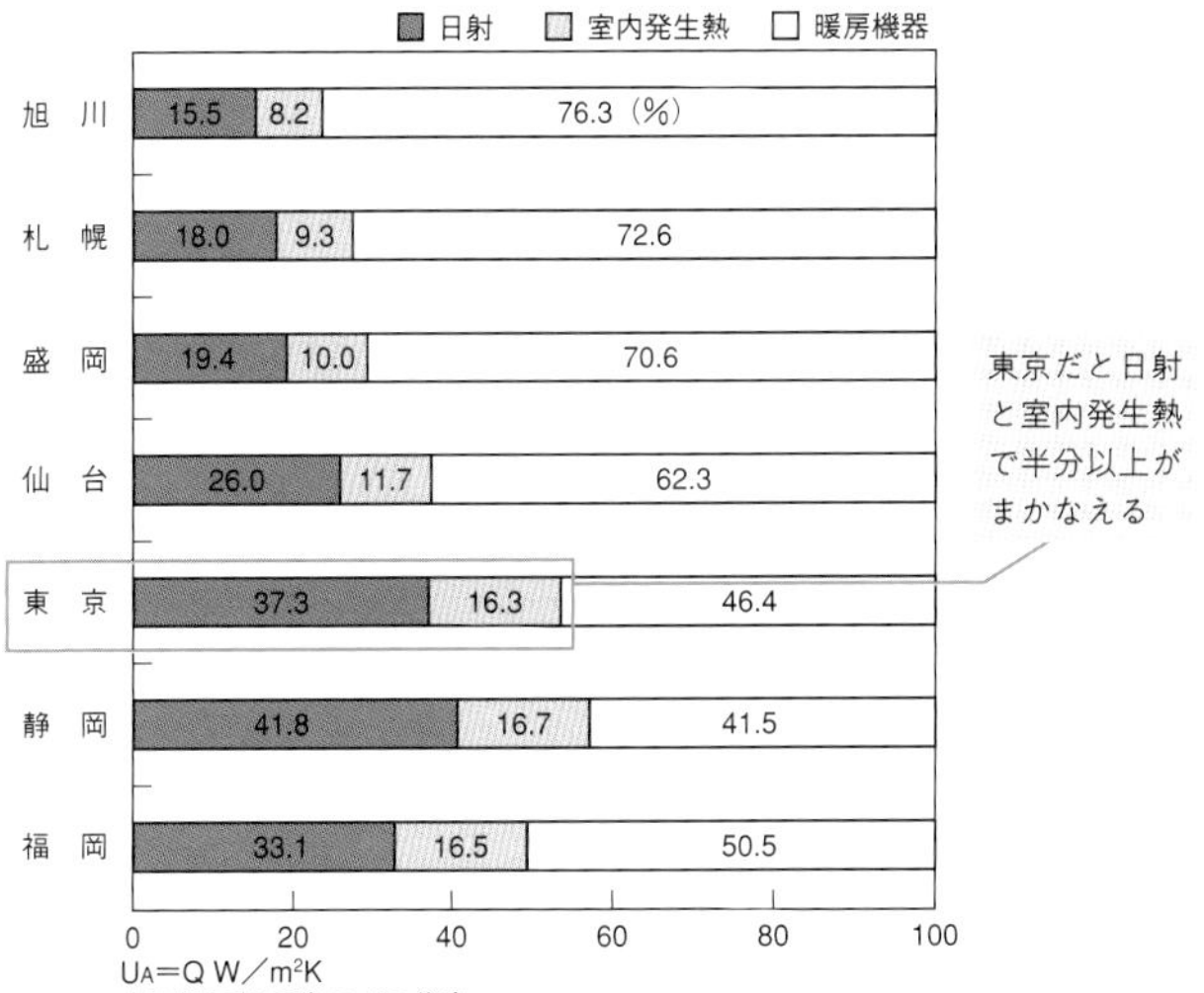

日射
室内発生熱
暖房機器
旭川 15.5 8.2 76.3（%）
札幌 18.0 9.3 72.6
盛岡 19.4 10.0 70.6
仙台 26.0 11.7 62.3
東京 37.3 16.3 46.4
静岡 41.8 16.7 41.5
福岡 33.1 16.5 50.5
東京だと日射と室内発生熱で半分以上がまかなえる

UA=Q W／m²K
南面開口部面積15m²の住宅
室温20℃を維持するために必要な各熱量の割合を示している

暖房に要するエネルギーは、暖房負荷から日射取得熱と生活排熱（室内発生熱）が差し引かれた量。温暖な地域にいくほど暖房機器に頼る熱量が少ない。5地域では、省エネと省CO_2に日射の利用が果たす役割は大きい

図5 Q値別 室温20°C維持に必要な各熱量の割合

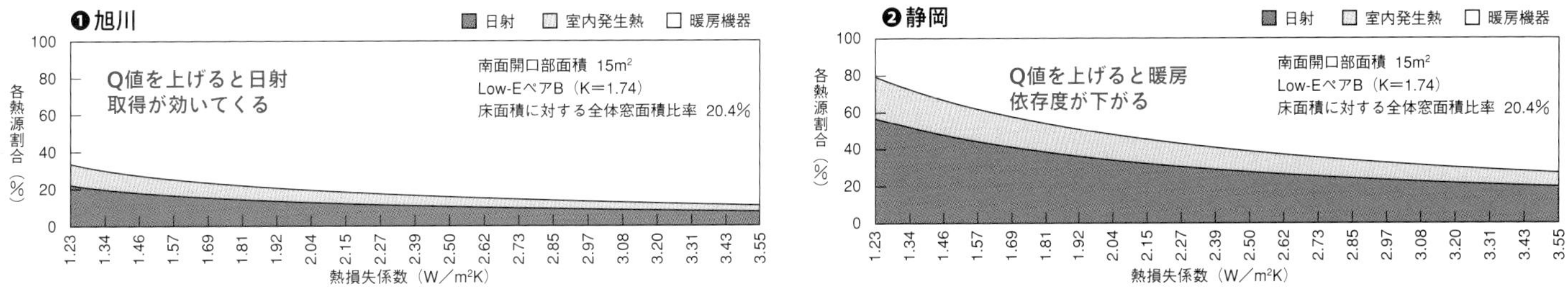

❶旭川
日射
室内発生熱
暖房機器
Q値を上げると日射
取得が効いてくる
南面開口部面積 15m²
Low-EペアB （K=1.74）
床面積に対する全体窓面積比率 20.4%
各熱源割合（%）
熱損失係数 （W／m²K）
❷静岡
日射
室内発生熱
暖房機器
Q値を上げると暖房
依存度が下がる
南面開口部面積 15m²
Low-EペアB （K=1.74）
床面積に対する全体窓面積比率 20.4%
各熱源割合（%）
熱損失係数 （W／m²K）

1地域の旭川ではQ値=1.23W／㎡Kでも自然温度差（生活排熱＋日射取得熱）の効果は30%強。5地域の温暖地の静岡で同じQ値=1.23W／㎡Kでは80%を占める（暖房機器に頼る割合は20%）。南面の窓を大きくすればさらに暖房量が減る。5地域では断熱化によるランニングコストと快適性の改善効果は極めて大きい

出典：図1 鈴木大隆（北方建築総合研究所） 建築知識2009年07月号
図2～5 本間義規（岩手県立大学盛岡短期大学部）建築知識2003年01月号

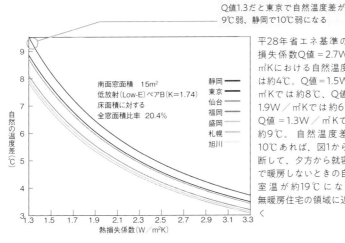

U_A値0・30とはどのような住宅か

6地域・U_A値0.30の家は開放的で、光熱費が安く、ストレスフリー

—西落合の家に見るU_A値0.30・Q値0.98の住宅の実際—

光熱費がとにかく安い家になる

暖房期間が短く、家庭用12畳用のエアコンでほぼ全館を暖房できるので、暖房代がとにかく安い。写真の「西落合の家」で、年間の電気代が135,000円程度ですんでいる

床下暖房は収納と組み合わせるのが、メンテナンス的にもインテリアとしても適している。このようにあけた状態でリモコンを操作する

床下暖房の暖気を取り込むためのガラリ。大きな開口部の前に設けるのが鉄則

大きな空間でも暖房効率がよい

吹き抜けなどの天井高さのある空間でも、温度ムラがほとんどなくなる。大きな空間をつくっても光熱費の心配はしなくてよい

夏期よりも中間期のオーバーヒート対策が大切

夏季の日射は高度があり、軒の出や庇などで切りやすい。西側の窓を最小限にしたうえで、遮熱型LOW-Eガラスとすだれ、外付けブラインドなどを組み合わせれば、日射の影響を最小限にできる。秋と冬は高度が低いので、ある程度は日射が入り込み、オーバーヒートする日もある。電動の排熱窓を設けると効果が高い。仮にオーバーヒートをしても窓を開けてから2、3分で快適な温度に下がる

ハイサイドライトは昼光照明や中間期の排熱などに役立つ。アクティブに開け閉めが必要になるので電動がお勧め

ワンルームのような家の使い方になる

厳冬期以外では無暖房でも暖かく、暖房時もエアコン1台の床下暖房のみで家全体が1～2℃の室温差の範囲で温められる。したがって部屋を仕切る建具は開いていることが多い。2月でも晴れの日の昼ごろは室温20℃を超え

和室からLDKを見る。襖や引戸を開けると、ひとつながりの空間になる

低温で暖房できるので冬期に乾燥しにくい

建物内の温度ムラが極めて少なく、床・壁・天井の表面温度と空気温度の差が少ないので、低温で暖房できる。そのぶん空気中に水蒸気を多く含むことができるので、乾燥しにくくなる。全熱回収型の熱交換機を用いれば、より乾燥防止の方向に働く

2階は屋根断熱を生かした傾斜天井。大きな気積のワンルーム空間となっている

夏でも小屋裏で就寝できる

屋根断熱がしっかりしているので、小屋裏の空間も十分に使える温度環境に納まる。「西落合の家」では寝室として、夏期でも使用されている

屋根に高性能グラスウール24Kを300㎜充填しているので、夏でも就寝場所にすることができる

撮影：廣瀬育子

窓の大きい開放的な家になる

U_A値0.30以下の住宅においては、U値2.3以上のスペックにすれば、窓は大きくとったほうが太陽熱による暖房負荷が減らせる。従来の家以上に開放的な家にすることができる

大きな開口部で幅2間と1間半の2.4mの天井の高さまである掃き出し戸

夏もエアコン1台で冷房できる

空間がつながっていれば、一番高いところにあるエアコン1台で隅々まで冷房される。多くのエリアでは吹き出し口から距離があるので、気流感を感じることが非常に少ない。省エネかつ非常に快適な環境を得ることができる

個室には小型エアコンでも能力が高すぎるので、共用のエアコンの吹き出し口付近にダクトを設置し、冷風を子供部屋に「おすそ分け」している

夏でも洞窟のような涼しさ

高さ2.4mの大きな掃き出し戸は冬に日射を多く取り入れるが、夏は2mのバルコニーや庇で日射遮蔽を行う。横殴りの東日や西日は外付けブラインドで日射遮蔽を行う。住まい手は「洞窟のような涼しさ」と表現している

アルミクラッド木製サッシU値＝0.85W/m^{2}K。ArLow-Eトリプル

梅雨はエアコンの除湿で快適に過ごす

2階のファミリールームに設置された冷房用エアコン。冷房は外気温が35℃を超えたときに我慢をすることなく使う。また、梅雨の湿度が高く不快な時期は、弱冷房で除湿を行う。室内の洗濯物も乾燥し、室内は心地よい

冷房は2階のファミリールームのエアコンでする

温暖地での目標、U_A値0・30（Q値0・98）の性能をもつ住宅の温熱環境を、実例を紹介しながら解説する。事例は東京・新宿区に建つ「西落合の家」（西方設計）である。全熱交換機不使用であればQ値1.3程度で、C値は0.4。暖房は床下エアコン、冷房は家庭用エアコンである。

冬は文句なく暖かい。真冬でも、好天なら無暖房で昼の室温が20℃を超える。高性能住宅では日射取得の効果がすぐに出るのだ。日没後は暖房が必要になるものの、5人家族の2世帯住宅で、冬の光熱費が2万3千円／月程度（ガス＋電気）で収まっている。

真冬以外の暖房は不要だが、中間期にはオーバーヒート対策が必要だ。この時期は太陽高度が低いので、夏期よりも日射遮蔽が難しい。遮熱型ガラスの採用に加え、外付けブラインドの利用がベストである。

もう1つの対策がハイサイドライトなどによる排熱窓だ。さらに排熱窓と対になる、空気の取入れ口となる窓の配置や開閉方式の選択も大切だ。ちなみに、暑いと感じて窓を開けると、2〜3分で快適な温度に下がる。

夏は屋根断熱が効果を上げており、建て主は真夏でも小屋裏で就寝している。涼をとるためのエアコンは、各階に1台で済んでいる。

遮熱を考慮し、軒はしっかり出す

屋根断熱がしっかりしているので、小屋裏は夏でも就寝部屋に使える環境となっている

せいの高い垂木が必要になるので、工夫が必要。2×12材を使うと汎用性が高い

斜線にかかる場合は断熱ラインの処理に工夫が必要

外壁面を断熱ラインとすることで、軒先は断熱材を充填せずに細く納めている

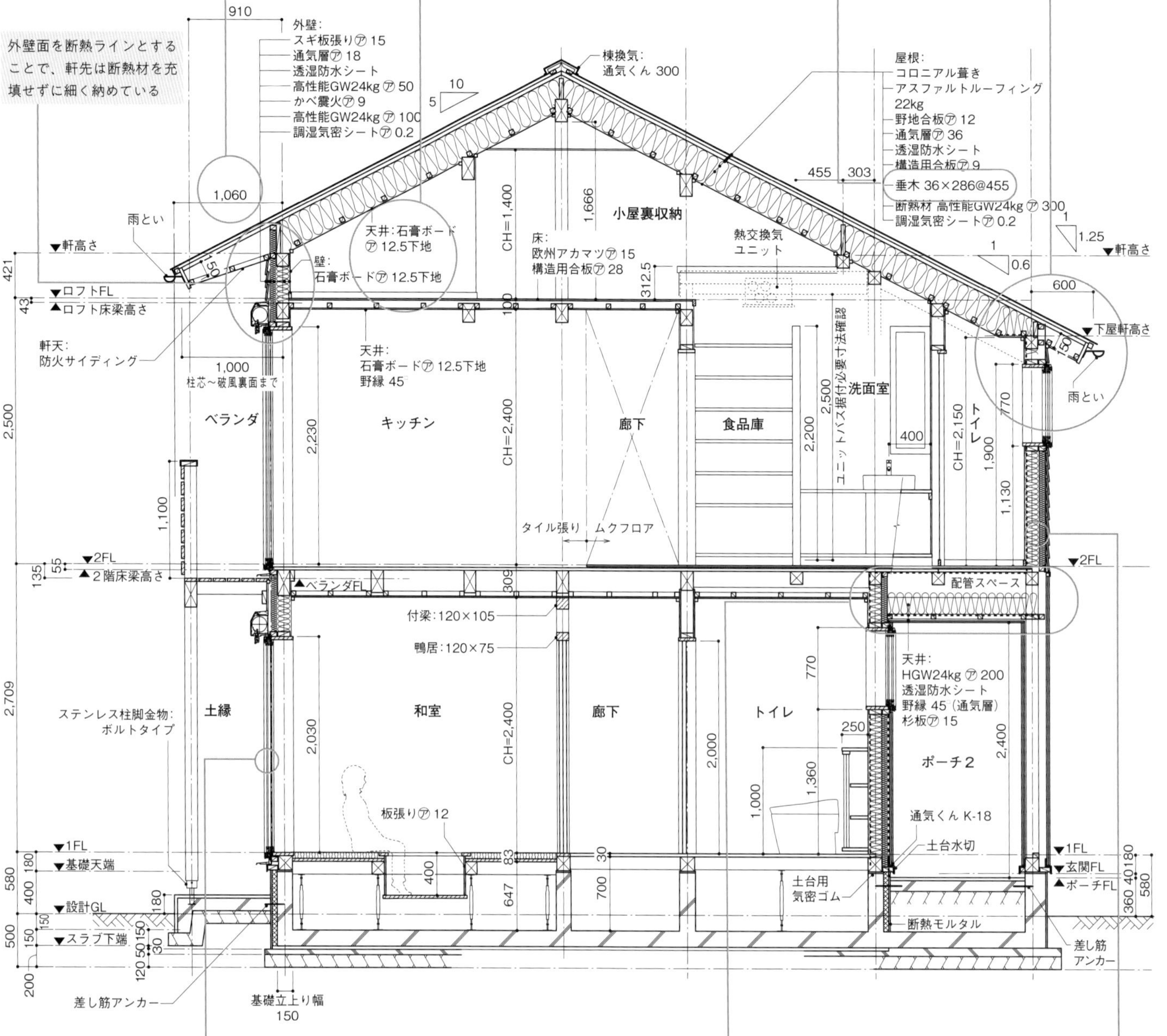

910
外壁:
スギ板張り㋐15
通気層㋐18
透湿防水シート
高性能GW24kg ㋐50
かべ震火㋐9
高性能GW24kg ㋐100
調湿気密シート㋐0.2
棟換気:
通気くん 300
10
5
屋根:
コロニアル葺き
アスファルトルーフィング22kg
野地合板㋐12
通気層㋐36
透湿防水シート
構造用合板㋐9
垂木 36×286@455
断熱材 高性能GW24kg ㋐300
調湿気密シート㋐0.2
455
303
1,060
雨とい
▼軒高さ
▼ロフトFL
▲ロフト床梁高さ
天井:石膏ボード㋐12.5下地
壁:
石膏ボード㋐12.5下地
CH=1,400
1,666
小屋裏収納
床:
欧州アカマツ㋐15
構造用合板㋐28
熱交換気ユニット
312.5
100
1
1.25
1
0.6
600
▼軒高さ
▼下屋軒高さ
雨とい
軒天:
防火サイディング
1,000
柱芯～破風裏面まで
天井:
石膏ボード㋐12.5下地
野縁45
ベランダ
キッチン
2,230
CH=2,400
廊下
食品庫
2,200
2,500
ユニットバス据付必要寸法確認
洗面室
400
CH=2,150
トイレ
770
1,900
1,130
1,100
タイル張り
ムクフロア
▼2FL
▲2階床梁高さ
▲ベランダFL
309
▼2FL
配管スペース
付梁:120×105
鴨居:120×75
天井:
HGW24kg ㋐200
透湿防水シート
野縁45(通気層)
杉板㋐15
ステンレス柱脚金物:
ボルトタイプ
土縁
和室
2,030
CH=2,400
廊下
トイレ
770
2,000
250
1,360
1,000
ポーチ2
2,400
板張り㋐12
通気くん K-18
土台水切
▼1FL
▼基礎天端
▼設計GL
▼スラブ下端
83
30
400
647
700
土台用
気密ゴム
▼1FL
▼玄関FL
▲ポーチFL
断熱モルタル
差し筋
アンカー
差し筋アンカー
基礎立上り幅
150
421
43
2,500
55
135
2,709
180
580
400
180
500
150
150
150
50
30
120
200
360
40
180
580

冬の日射取得が効果的に効いてくるので、コストの許す範囲で窓は極力大きくする

オーバーハングした部分の断熱処理。熱橋が生じないように断熱材でしっかり外気と縁を切っていく

躯体の外側に高性能グラスウール24K50㎜厚で付加断熱している。費用対効果の高い方法

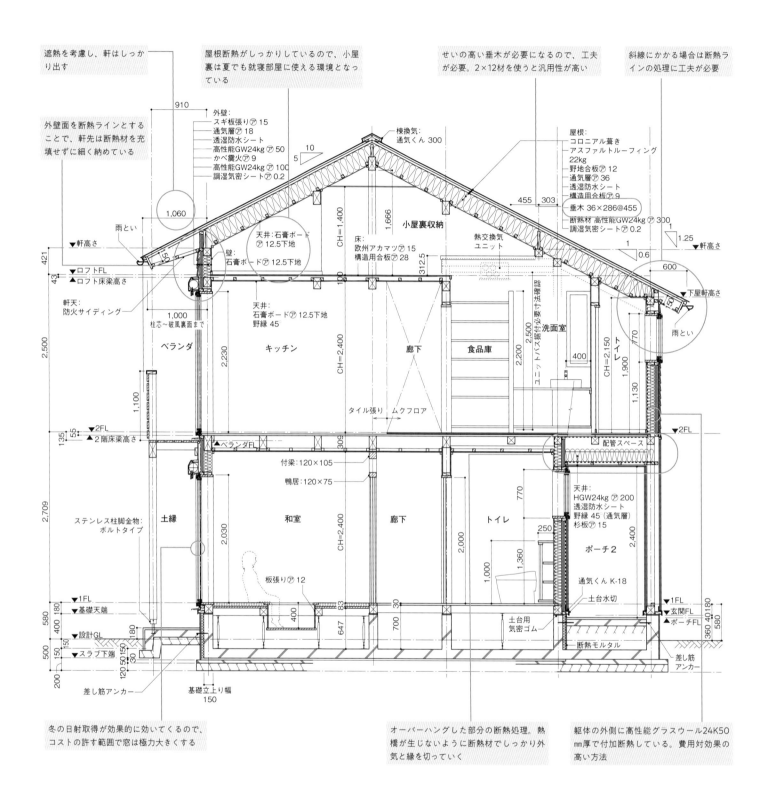

夏8月2日の室内・外気温度

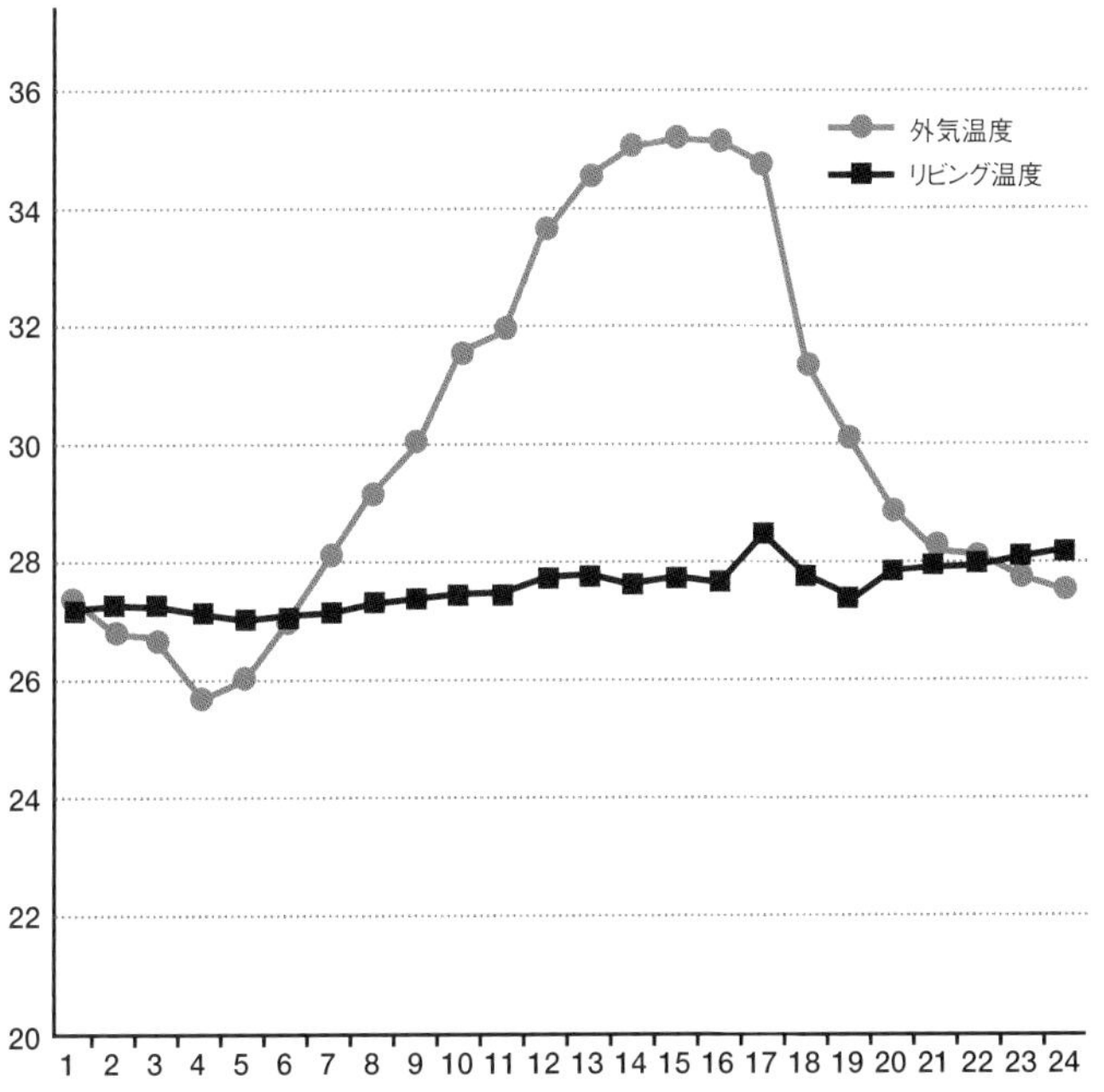

Q値:0.61W／m^2K、C値:0.15㎠／m^2。
夏の外気温は夜は27°C 前後、午前4 時に若干の26°C まで下がり、4時から日射で上がり始め、15・16時がピーク35°Cで猛烈に暑い。その後は日射が弱くなるとともに外気温が下がり、22時で28°Cまで下がる。室温は、・真夜中の1時から11時まで約27°C。真夜中の1時から11時まで27°C前後。その後の日中も27.7°C前後で28°Cになっていない。21時に28°Cになり、24時まで約28°Cである。17 時に28.5°Cになっているのは窓を開けたのだろう。朝の4時過ぎに日射が入り、普通の家は暑くなり始めるが、J- パッシブハウスさいたまは外付けブラインドで日射遮蔽をしているので室温が朝から日中も上がらない。日中の外気温が30°C～35°Cだが、室温は一日を通し27～ 28°Cで涼しい。日中はエアコンを使うが冷房の電気代はピーク時の7月8月で約2,300円／月と極めて少ない。

冬2月19日の室内・外気温度

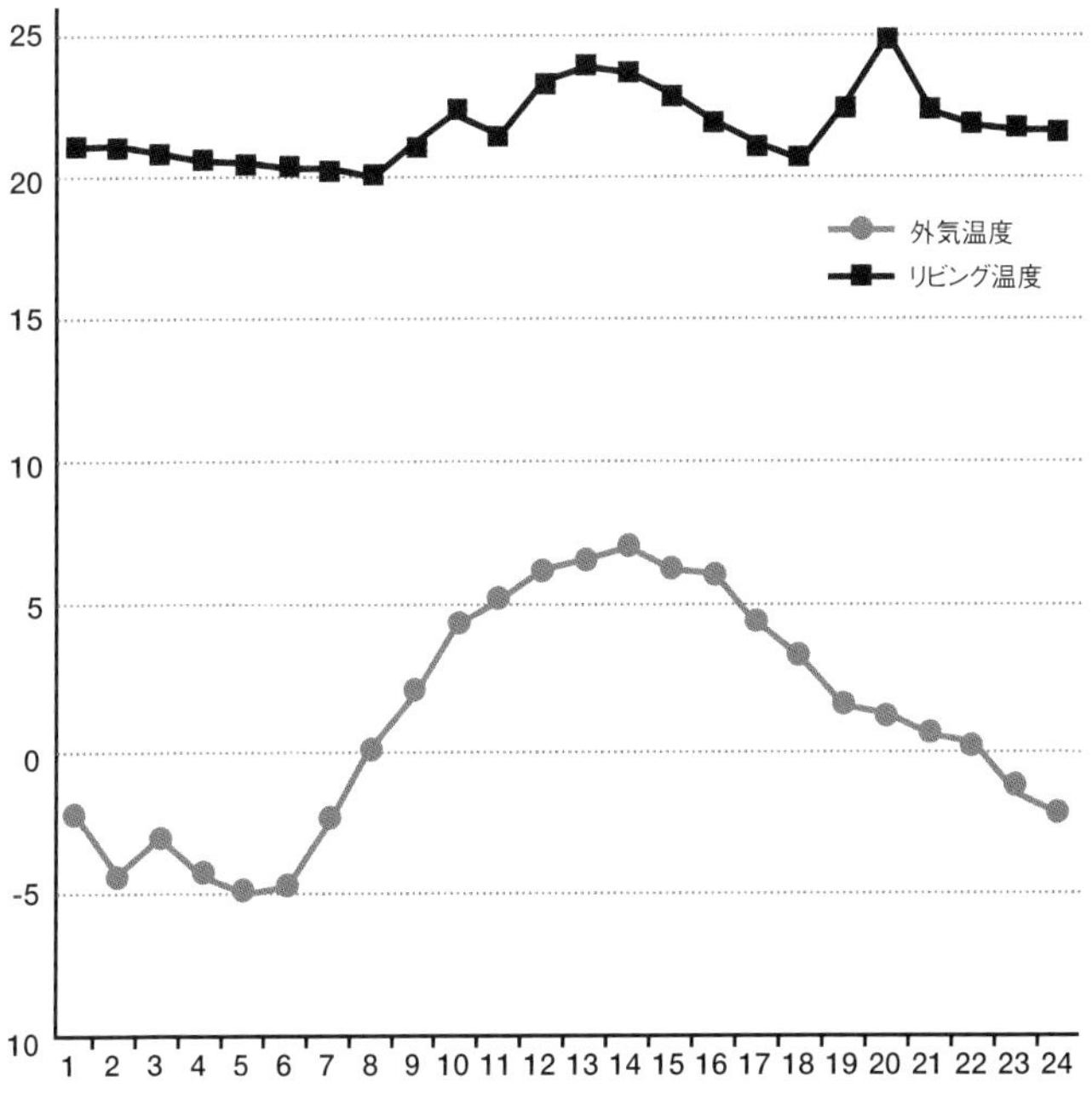

Q値:0.61W／m^2K、C値:0.15㎠／m^2。
冬の外気温は朝で－5°Cまで下がり、昼過ぎは6 ～ 7°Cである。6時から日射で上がり始め、14 時がピークで7°C。その後は日射が弱くなるとともに外気温が下がり、24 時で－2° C まで下がる。
室温は、真夜中から朝の1～8 時まで21～20°C、6時から日射が入るが室温が上がり始めるのは8 時からで2 時間のタイムラグがある。13時がピークで24°C。その後は18時まで下がるが21°C。日が照れば暖房がいらない。室温が22°C を超えれば暑い。J- パッシブハウスさいたまには外付けブラインドが夏対策で設置されているが、外気温が5°C ～ 7°C の真冬でも日射遮蔽が必要である。
18時には暖房が入り20時がピークで25°C、ここで暖房が止まり22°C 前後で、24時までこの状態が続く。11時に室内の温度が2°Cほど下がったのは窓を開けたからであろう。

夏8月2日の室内・外気湿度

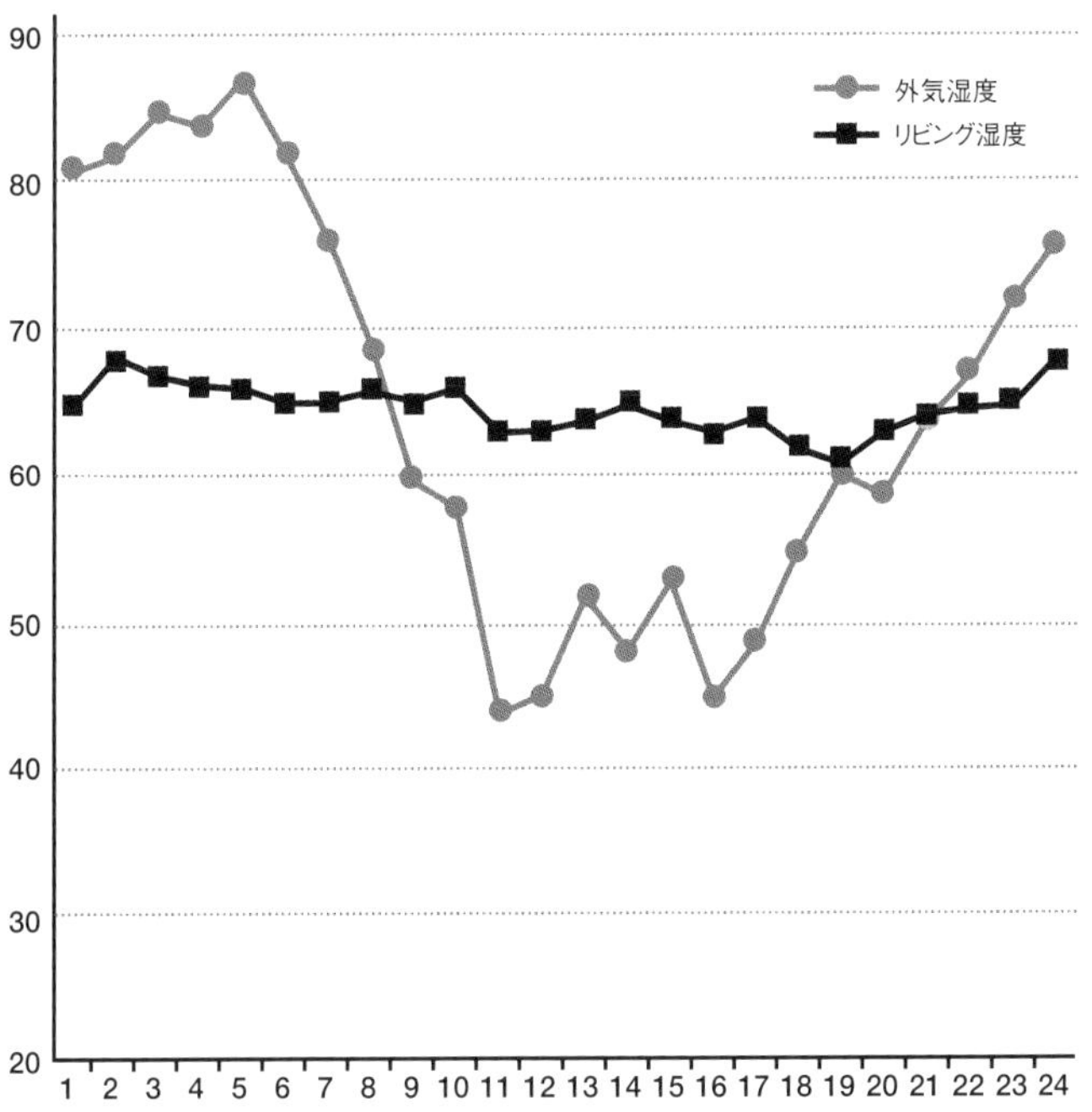

夏の外気相対湿度は、夜が70 ～ 80%。日中は50%前後。室内相対湿度は、65%前後で安定している。室内絶対湿度は、15g 前後。(15g=27° C・65%)

冬2月19日の室内・外気湿度

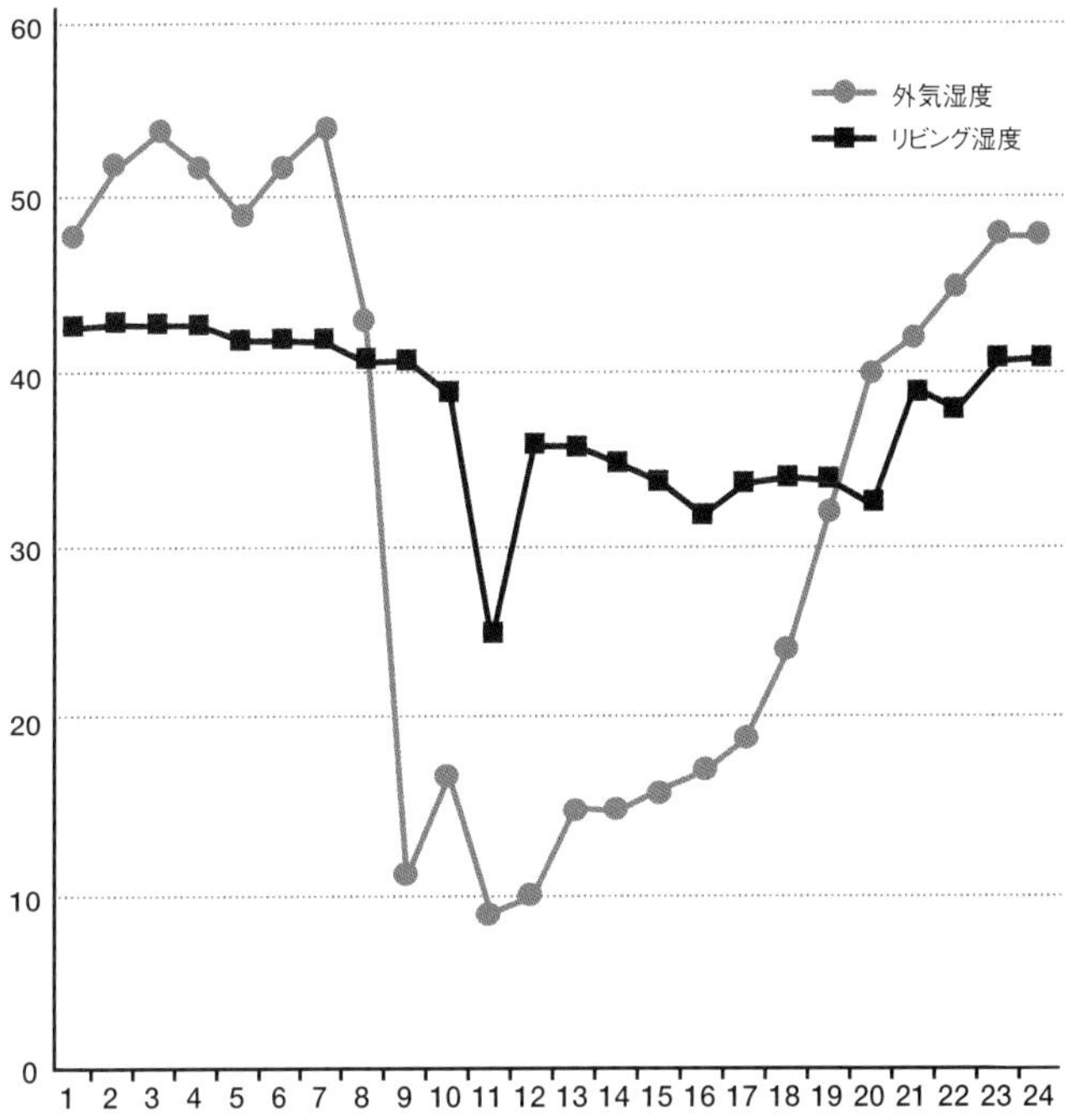

冬の相対湿度は、夜が40%前後、就寝中の深夜は43%前後、日射で室温が22℃を超えた日中は35%前後である。その時の室外は10～15%である。11時に室内の相対湿度が急に下がったのは窓を開けたからであろう。

U_A値0.30を実現する断熱仕様

表1 U_A値を上げる手法の費用対効果

	同等の性能基準	U_A値（W／㎡K）	Q値（W／㎡K）	改善幅（Q値＝W／㎡K）	概算増額費用（万円）	U_A値（0.1）当たり単価（万円）
基準とする仕様 屋根：グラスウール105㎜ 外壁：グラスウール105㎜ 窓：アルミ樹脂複合窓＋ペアガラス	H4基準	0.87	2.7			
屋根：グラスウール200㎜ 窓：複合サッシ＋ペアガラスに変更		0.75	2.4	0.3	83	27
窓：樹脂サッシ＋ペアガラスに変更	ZEH基準	0.6	2.07	0.4	30	7.5
外壁：グラスウール150㎜に変更	断熱等級5	0.56	1.9	0.1	25	25
窓：Low-Eペアガラスに変更	断熱等級6	0.48	1.7	0.2	20	10
屋根：グラスウール210㎜に変更		0.36	1.5	0.2	25	12.5
熱交換換気システムに変更		0.34	1.3	0.2	40	20
熱交換換気システム（回収率85%）に変更		0.28	1.15	0.15	60	40
屋根：グラスウール315㎜に変更 窓：Low-Eトリプルガラスに変更	断熱等級7	0.26	1.05	1	100	100
窓：高性能サッシ（UW値0.85）に変更		0.23	0.9	1	150	150

作成：松尾和也
（建築知識2012年3月号掲載を改変）

付加断熱は、U_A値を上げるという点では、開口部についで費用対効果が高く、また、性能アップという点でも、熱交換換気システムについで効果が高い。付加断熱は、U_A値0.30前後を達成するうえで欠かせない手法であるといえる

温暖地の実務者にとってU_A値0・30は過剰に映るようだが、実際は汎用技術の組み合わせで達成できる。

まずはC値を1.0以下にして、熱損失を抑える。この数値はタイベック気密で達成できる水準であり、西方氏が指導している温暖地の工務店は簡単にクリアした。

次に窓の仕様を上げる。樹脂サッシ＋Low-Eペアガラス（U_W値2・33）に変更するだけで、U_A値はぐっと改善する。U_W値1.5程度の樹脂サッシを用いればさらに下がる。

次は壁の付加断熱である。安価な高性能グラスウールなら40坪程度の家で30万円程度だ。熱橋も解消でき、費用対効果は抜群だ。付加断熱をものにすると、要求スペックが高くなっても対応が容易である。

屋根断熱は高性能グラスウール24K210㎜が基本となるが、高さ210㎜の垂木の入手がネックだ。2×10材の利用が現実的だろう。技術的に容易なのは桁上断熱だ。この場合はブローイングなので、350㎜以上にするのも容易である。

図1 U_A値0.30を実現する標準仕様

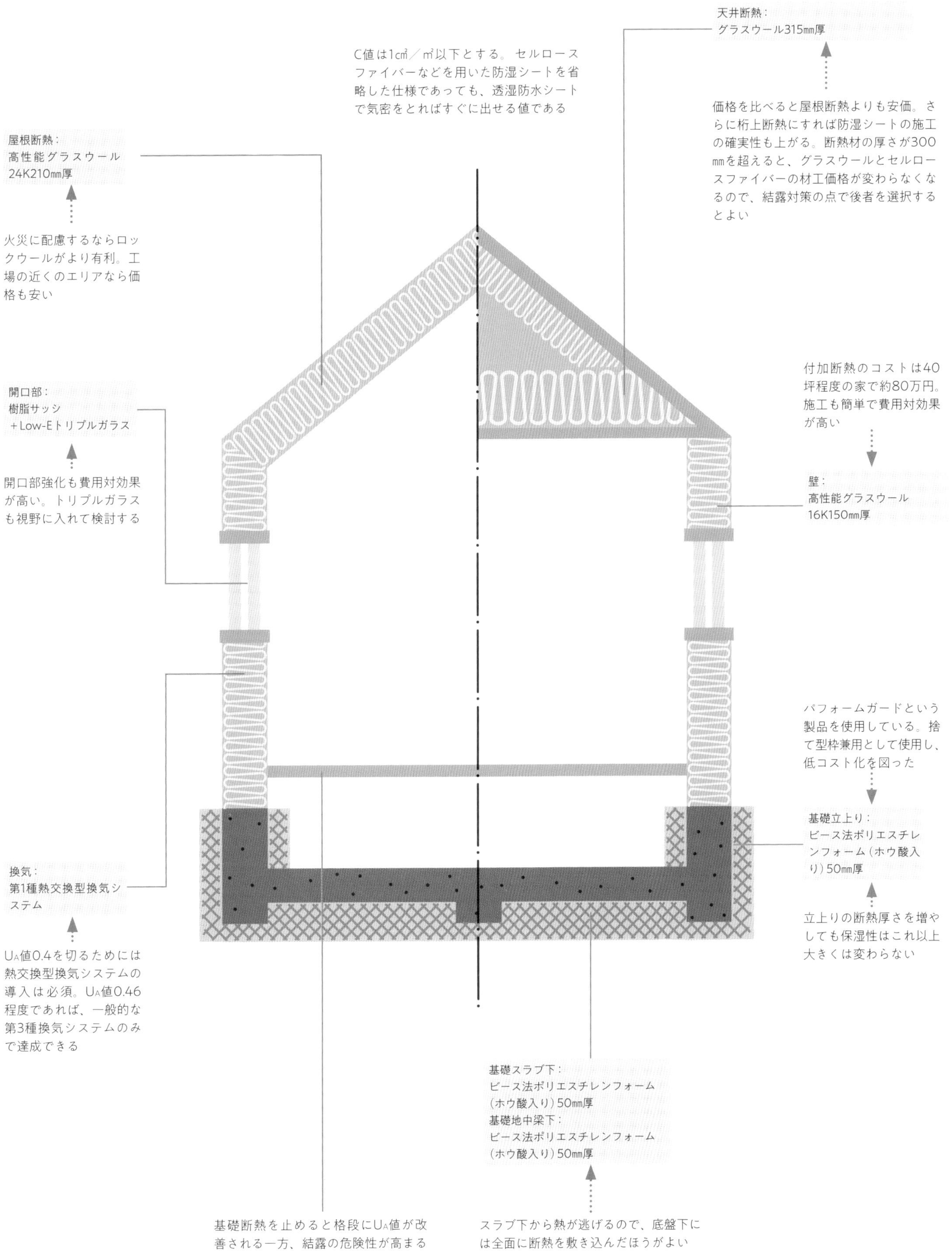
C値は1㎠／㎡以下とする。セルロースファイバーなどを用いた防湿シートを省略した仕様であっても、透湿防水シートで気密をとればすぐに出せる値である
天井断熱：
グラスウール315㎜厚
価格を比べると屋根断熱よりも安価。さらに桁上断熱にすれば防湿シートの施工の確実性も上がる。断熱材の厚さが300㎜を超えると、グラスウールとセルロースファイバーの材工価格が変わらなくなるので、結露対策の点で後者を選択するとよい
屋根断熱：
高性能グラスウール
24K210㎜厚
火災に配慮するならロックウールがより有利。工場の近くのエリアなら価格も安い
開口部：
樹脂サッシ
＋Low-Eトリプルガラス
開口部強化も費用対効果が高い。トリプルガラスも視野に入れて検討する
付加断熱のコストは40坪程度の家で約80万円。施工も簡単で費用対効果が高い
壁：
高性能グラスウール
16K150㎜厚
パフォームガードという製品を使用している。捨て型枠兼用として使用し、低コスト化を図った
基礎立上り：
ビース法ポリエスチレンフォーム（ホウ酸入り）50㎜厚
立上りの断熱厚さを増やしても保湿性はこれ以上大きくは変わらない
換気：
第1種熱交換型換気システム
U_A値0.4を切るためには熱交換型換気システムの導入は必須。U_A値0.46程度であれば、一般的な第3種換気システムのみで達成できる
基礎スラブ下：
ビース法ポリエスチレンフォーム（ホウ酸入り）50㎜厚
基礎地中梁下：
ビース法ポリエスチレンフォーム（ホウ酸入り）50㎜厚
基礎断熱を止めると格段にU_A値が改善される一方、結露の危険性が高まる
スラブ下から熱が逃げるので、底盤下には全面に断熱を敷き込んだほうがよい

温暖地域ではゼロエネ住宅はカンタンだ

日本の温暖地域の住宅はどうするべきか？

省エネ基準の地域区分で東京、名古屋、大阪などが含まれる6地域のような、暖房する日数（暖房日）が少なく、一方で日射量が豊富な地域では、U_A値や暖房エネルギー消費量でどの程度の性能が適切なのだろうか。ここではそのことについて考えてみよう。

現行省エネ基準は、「木造戸建住宅の仕様基準ガイドブック」に断熱材の厚みが示されているが、これをベースに施工性を加味した仕様（屋根：高性能グラスウール185㎜厚、外壁：高性能グラスウール90㎜厚、基礎立上り：ビーズ法ポリスチレンフォーム50㎜厚、窓：断熱アルミサッシ＋ペアガラス）を熱計算ソフト「QPEX」で、「早見表」の断熱性能としたモデル（図の40坪タイプ）を熱計算すると、U_A値0・72W／㎡K（Q値2・25W／㎡K）となる。

この性能は、省エネ住宅の地域区分の5・6地域の省エネ基準のU_A値0・87W／㎡K（Q値2.7W／㎡K）を楽にクリアし、実質的に20～25％ほど性能が高くなる。

また、暖房エネルギー消費量は現行省エネ基準の各地域の暖房度日や日射量によって違うので、ここでは首都圏の代表として埼玉県所沢市で計算すると、45・8kW／㎡になる。同じプランの住宅を5・6地域のU_A値0・87W／㎡K（Q値2.7W／㎡K）の仕様で熱計算すると、暖房エネルギー消費量は66・0kW／㎡となり、その消費量の差は45・8：66・0＝1：1.4にもなる。同じ5・6地域の基準を用いながら、非常に大きな差が生まれるのだ。微妙な断熱性能の差が、暖房エネルギー消費量にいかに大きく影響するといえる。

温暖地域なら ほぼ無暖房住宅も可能

もちろん、この仕様ではパッシブハウスの目標値である暖房エネルギー消費量15・0kW／㎡以下にまだまだ遠いうえに、ゼロエネ住宅のレベルにもまったくもって届いていない。

そこで、ゼロエネ住宅を考えるのであれば、高性能グラスウール16Kを用い、屋根が315㎜厚、壁が210㎜厚、窓はガス入りLow-Eトリプルガラス＋高性能木製サッシ、換気は熱交換型の第1種換気設備（熱効率75％）としてはどうだろう。U_A値が0・26W／㎡K（Q値1・05㎡K）までアップし、暖房負荷が61kWh／㎡、暖房エネルギー消費量が44kWh／㎡、ひと冬の電気代が1320円になる。

もちろん、Q1.0住宅レベル3を凌ぐこの暖房エネルギーについては、5地域以西の冬の日射取得量が多いという特徴が反映されている。ドイツや日本の北部地域では冬の日射取得量が少ないため、このような数値を得ることはできない。

なお、断熱仕様は屋根や壁の断熱材は通常より厚いが、付加断熱や天井断熱とすることで、無理なくつくることができる。

この性能の住宅をエアコンで床下暖房すると、冬期のエアコンのCOP値（エネルギー効率の数値）を3.0と控えめにみても、暖房エネルギー消費量は全館暖房で

40坪モデルを使った早見表とU_A値数値の断熱性能の違い

同じ省エネルギー基準でも、早見表とU_A値数値では断熱性能は大きく異なる。たとえば下図にあるような延べ床面積40坪の住宅でシミュレーションを行った場合、早見表では、高性能グラスウール16Kとし、屋根185㎜、壁90㎜、窓は断熱アルミサッシ＋ペアガラスであるのに対し、U_A値では、グラスウール10K屋根100㎜、壁90㎜、窓はアルミサッシ＋シングルガラスでも5地域の基準をクリアできるのだ。

南側立面

東側立面

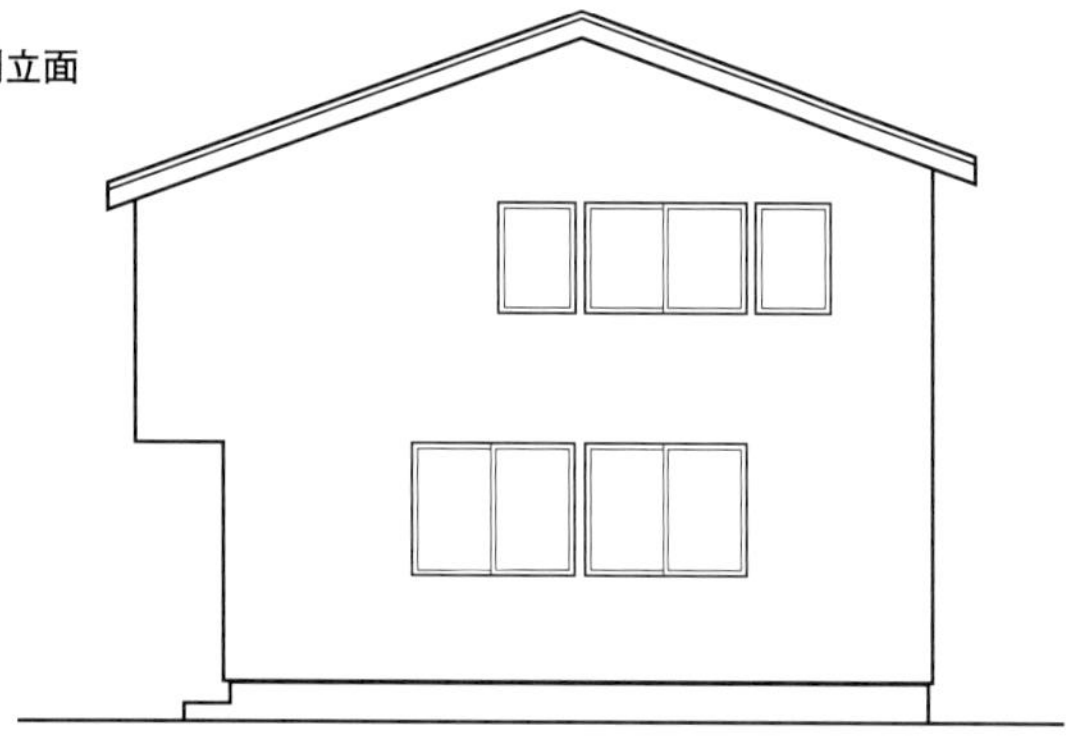

温暖地の効果的な住宅高性能化手法

手法	詳細
省電力な熱交換換気システム換気設備を使う	省エネ基準以上の性能の住宅になってくると、換気で失われる熱の割合が大きくなる。室内外の温度差が20℃の場合、換気で失われる熱損失係数はおおよそ0.3 W／㎡k。つまり、Q 1.0住宅をつくるには、この換気で失われる熱量を減らす必要があるわけだ。熱回収率50％の熱交換換気システムならひと冬の灯油使用料に換算して約150ℓ、熱回収率70％なら同約210ℓ、熱回収率90％なら同約270ℓもの熱が回収できる。また、熱交換換気システムの導入費用（設備費＋施工費）は、熱回収率60％の換気システムで約40万円、熱回収率90％で約60 万円である。熱交換換気システムは国内外に数多くの製品があるが、日本製の直流（DC）モーターの製品は施工が簡単で比較的安価な設備なため、費用対効果が大きい。
窓の断熱性能を上げ、南と東西の窓からの日射は冬に利用し夏に遮熱する	5・6 地域では樹脂サッシ（PVC）枠のアルゴンガス入りLow-E ペアガラス、3・4 地域では樹脂サッシ枠か木枠のアルゴンガス入りLow-E トリプルガラスを使う。日射量が多い地域では日射取得量と換気負荷はおおよそ同じである。南面の窓を大きく、日射透過率がよいガラスで日射取得量を大きくし、室内側には断熱スクリーンを設け、夜や曇りの時に使用し熱損失を少なくする。夏は外付けブラインドや外付けシェードなどで日射の遮熱の工夫が必要である。
天井や壁などの断熱性能をできるだけ高める	断熱材は厚くしやすい天井や屋根から200㎜、300㎜と増やす。その次に外壁を厚さ50㎜、100㎜と付加断熱で増やす。また、南の大型窓には断熱ブラインドを取り付け、東西北の小型～中型窓にはアルゴンガス入りLow-E トリプルガラスの木製サッシを使う。
冬の太陽熱や夏の夜の冷気を蓄えられるように熱容量を大きくする	熱容量が大きければその分蓄熱量が大きくなり、室温の安定や冬の日射取得熱、夏の夜の冷気が蓄えられる。具体的には、日射取得熱は基礎断熱のコンクリート部分に蓄熱され、夜にその6 割程度が放熱されます。結果、暖房コストの削減にもつながる。

760kW／戸（5kW／㎡）、電気代は一冬約22800円と超格安になる。

なお、右頁のモデル住宅をパッシブハウスにすると、自然温度差13・73℃、暖房エネルギー消費量はパッシブハウスをはるかに超え、237kW／戸（1.5kW／㎡）となり、太陽光発電がなくても電気代はひと冬約7110円の「ほぼゼロエネ住宅」になる。

これは、断熱材を高性能グラスウール24Kとした場合、壁は220㎜厚、屋根は300㎜厚、基礎は、基礎立上り部分の両側に、押出し法ポリスチレンフォーム3種100㎜厚+50㎜厚、窓はアルゴンガス入りLow-Eトリプルガラス+木製サッシ、熱交換換気システム（熱効率90％）で達成できる。

温暖地では窓を大きくして太陽熱を生かす

5地域の日射量が多い所では、窓からの熱損失より窓から日射取得熱を得るほうが、暖房エネルギー消費量を少なくできるので、南面の開口部は大きくすることが省エネルギーにつながる。また、大きな開口とすることで通風が得ることができ、夏などは体感温度を下げ、涼しく過ごせる。

熱や通風、日射遮蔽などを効果的に行うには、網戸や日射遮蔽・調節の外付け簾や外付けブラインドなどが設置しやすい引違いの掃き出し窓とするのがよいだろう。

都市別真夏日等の日数比較

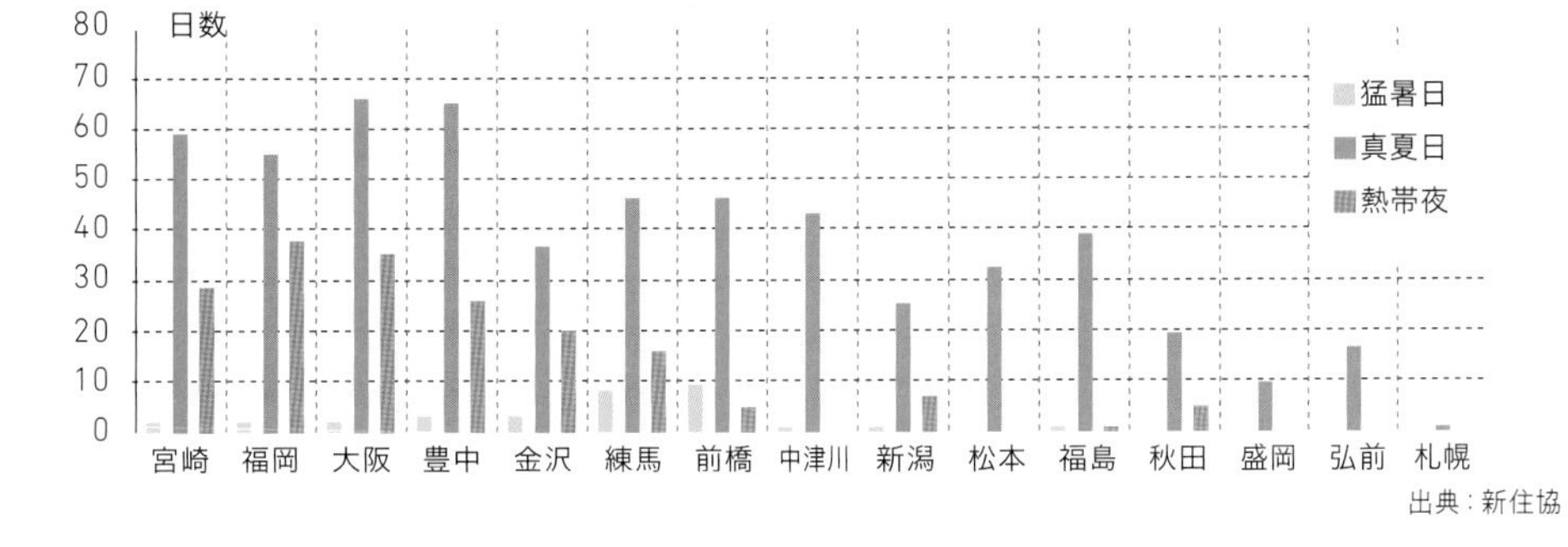

出典：新住協

ゼロエネの究極系パッシブハウス

エコハウスや高断熱・高気密住宅の最高峰といわれるのが、パッシブハウスである。最高峰ということは、「ゼロエネ」という視点に立っても、最適な住宅といえる。パッシブハウスとは、ドイツにあるパッシブハウス研究所の認定した住宅で、日本にも2010年にパッシブハウス・ジャパンが設立され、全国各地に認定住宅が建ちはじめている。

パッシブハウスの条件として下記の条件が挙げられる。

①器の性能としての年間暖冷房負荷がそれぞれ15kWh／㎡

②家電を含めた冷房、暖房、換気、除湿、照明、給湯に要する年間一次エネルギー消費量が120kWh／㎡以下

③気密性能として50パスカルの加圧・減圧時の漏気回数が気積0.6回以下（C値換算で0.2㎠／㎡）

そのほかに壁・屋根・床のU値0・10W／㎡K（高性能グラスウール16Kで300〜400㎜厚以上）、窓のU値：0・80W以下（クリプトンガス入りLow-Eトリプルガラス以上）、熱交換換気システム：熱交換率80％以上、最大暖房能力：10W／㎡以下、太陽熱利用と各種高効率ヒートポンプの利用なども要求される。

建物が同じ性能であっても、地域により暖冷房用の消費エネルギーが違うが、5地域（関東以西）では日射取得を大きくする工夫をしたとすると、Q値が1.0W／㎡Kを切る辺りが適切だと思われる。

目指すべきエコ先進国ドイツの建築の性能・基準

ドイツにおける省エネルギー建築の推移

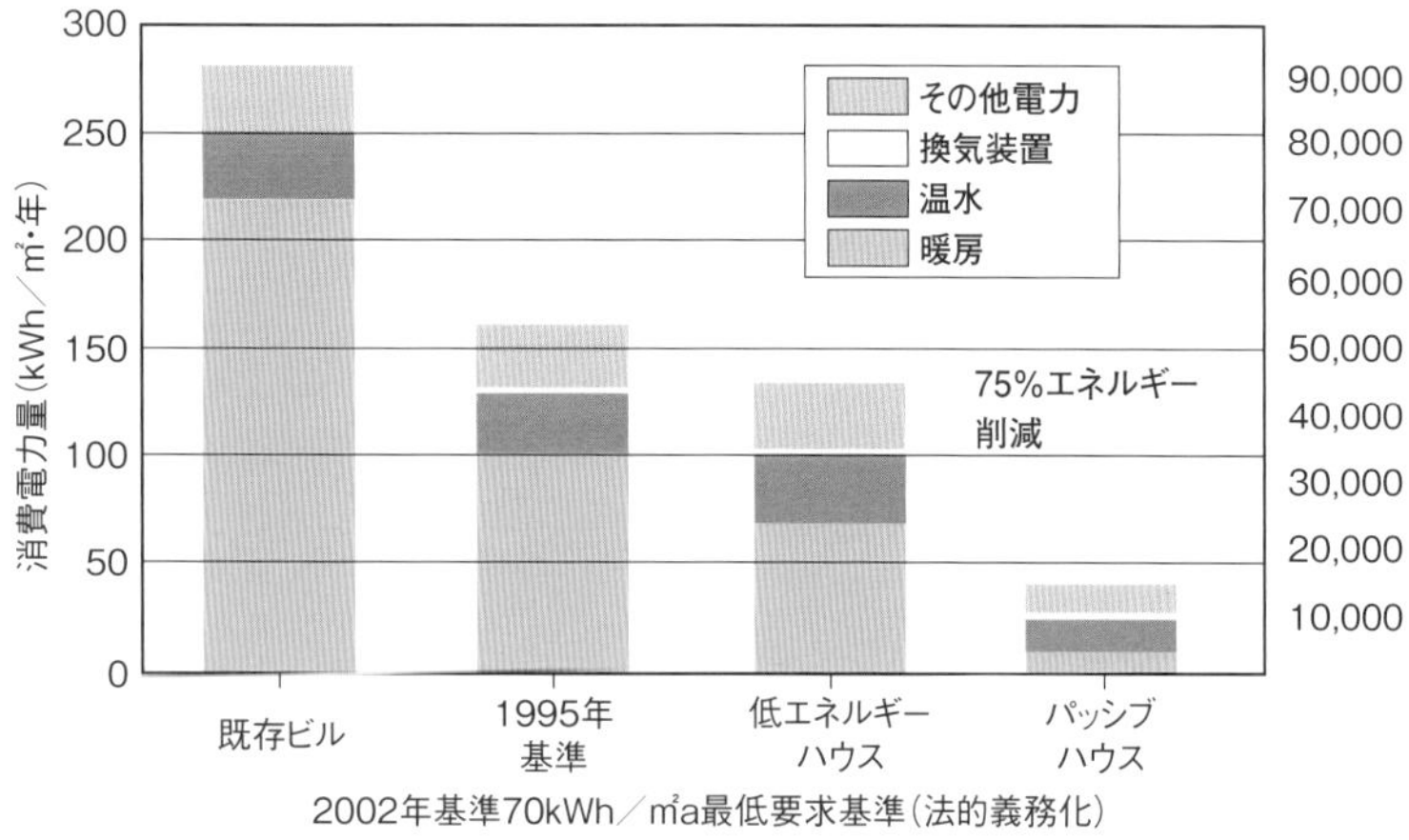

その他電力
換気装置
温水
暖房
消費電力量(kWh／㎡・年)
300
250
200
150
100
50
0
90,000
80,000
70,000
60,000
50,000
40,000
30,000
20,000
10,000
75%エネルギー削減
既存ビル
1995年基準
低エネルギーハウス
パッシブハウス
2002年基準70kWh／㎡a最低要求基準(法的義務化)

出典：パッシブハウス研究所

ドイツにおける省エネルギー建築の変遷

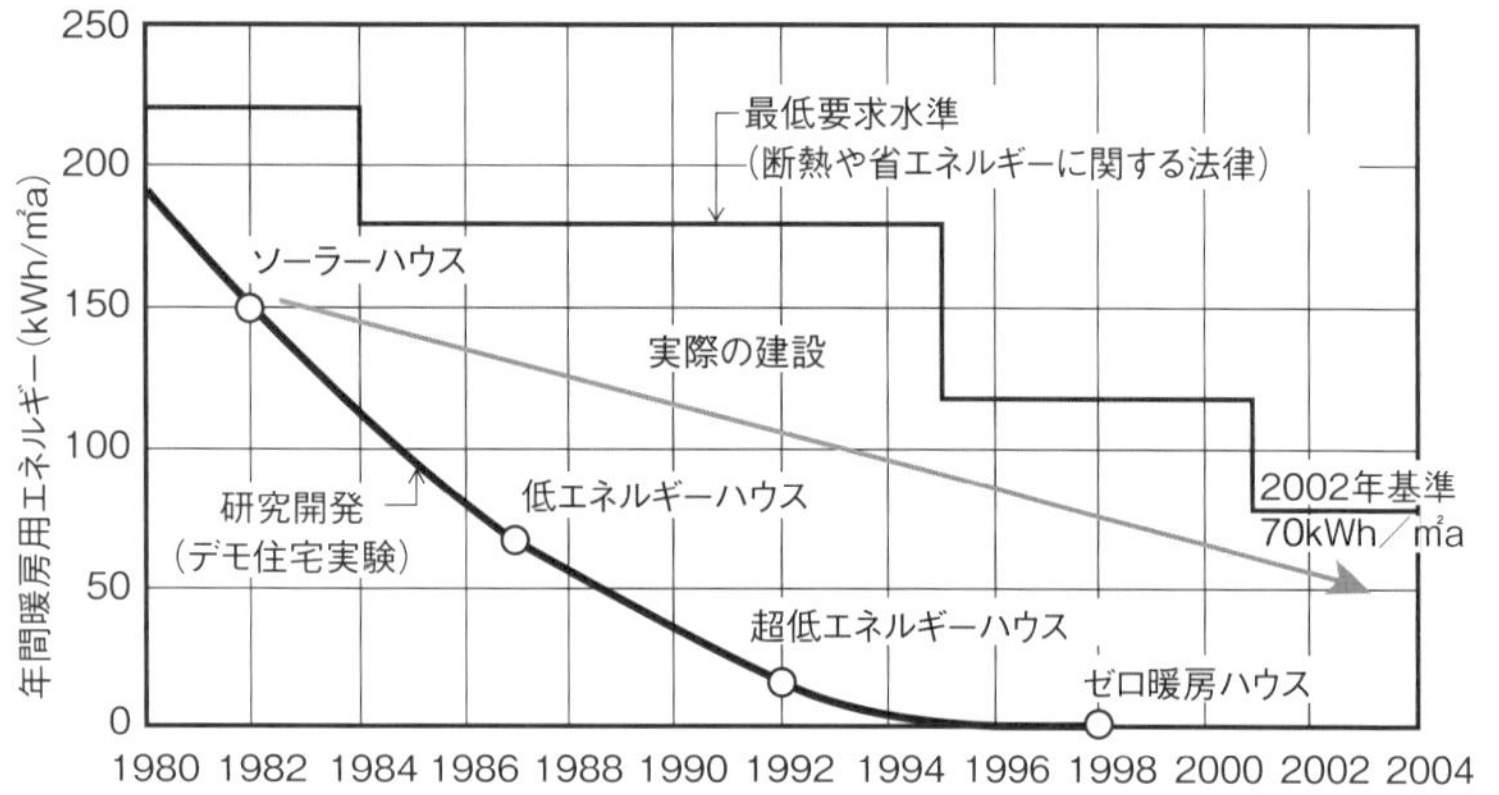

年間暖房用エネルギー(kWh/㎡a)
250
200
150
100
50
0
1980 1982 1984 1986 1988 1990 1992 1994 1996 1998 2000 2002 2004
最低要求水準
(断熱や省エネルギーに関する法律)
ソーラーハウス
実際の建設
研究開発
(デモ住宅実験)
低エネルギーハウス
超低エネルギーハウス
ゼロ暖房ハウス
2002年基準
70kWh／㎡a

ドイツでは環境に優しい住宅のエネルギー消費基準を下記の5段階に分類している
①低エネルギーハウス ②パッシブハウス ③ゼロ暖房エネルギーハウス
④ゼロエネルギーハウス ⑤プラスエネルギーハウス

出典：フラウンホーファー建築物理研究所

パッシブハウスより凄い高断熱住宅も

EUにはパッシブハウスのほかに、スイスではミネルギーハウスP（外壁・屋根・床のU値0.2W／㎡K以下＝高性能グラスウール約200㎜厚相当）、Q値が0.5kWh／㎡以下のゼロエネルギーハウス（熱交換換気システムに補助暖房として小さなヒーターを組み込む程度）、プラスエネルギーハウス（熱交換換気システムに補助暖房として小さなヒーターを組み込む程度＋余分なエネルギーを売れる）などがある。そしてこれらの超高断熱住宅の数は年々増え続けている。

・St. Gereons Hof

ドイツ・ケルン近郊に建つパッシブハウスタウンである。年間のエネルギー消費量は、13・2kWh／㎡。そのほか地熱利用や換気排熱ヒートポンプ給湯、太陽エネルギー利用の暖房・給湯システムなどを取り入れている。

・Widerin邸

オーストリア人の建築家エ・カフマン氏設計の枠組壁工法の戸建て住宅。温水は南面の外壁面の太陽光集熱板と、居間にあるペレットストーブで賄う土壁は、蓄熱と湿度調整を兼ねる。

・ウメオの家

スウェーデン北部の郊外の分譲型住宅。バイオマスエネルギーによるお湯と電気の供給が行われている。住民はこの分譲地を購入した際に、バイオマスエネルギー施設の建設費用を負担しているため、温水と電気を使用する際の費用は無料。

・ストックホルム郊外の分譲の家

スウェーデンの首都ストックホルムの分譲型住宅。窓はアルゴンガス入りLow-Eトリプルガラス＋アルミクラッド木製サッシである。この分譲地域も、バイオマスエネルギーによる暖房と電気の供給が行われている。

St. Gereous Hof（ケルンのパッシブハウス）

片流れの超シンプルな外観。日射遮蔽ガラリ戸がアクセント

室内も質素な仕上げ

熱交換換気システムに組み込まれた排気熱利用ヒートポンプの暖房用ヒーターは通常のものよりも小さくて済む

地域、竣工日	ドイツ・ケルン市　2004年、2005年
Q値	推測0.60W／㎡K
暖房消費エネルギー	13.2Wh／㎡
断熱材（壁：付加断熱）	屋根：床U値＝0.10W／㎡Kセルロースファイバー400㎜ 壁：U値＝0.10W／㎡Kセルロースファイバー360㎜＋付加断熱：木繊維断熱材60㎜＝420㎜
開口部	U値＝0.78W／㎡K木製 Low-Eアルゴンガス入りトリプル
断熱戸	ハニカムサーモスクリーン
換気暖房給湯	熱交換換気システム＋換気排熱ヒートポンプ＋電熱線1kW200ℓタンク 暖房・給湯・換気のランニングコスト＝25～35ユーロ（4,000円～5,600円）

Widerin邸（パッシブハウス級）

四角い超シンプルな外観。ガラス面は大きな窓と太陽熱集熱給湯壁

大きなテラス戸の連窓。オーストリアやスイスでは日射量が多いので積極的に日射取得している

暖房と給湯のペレットストーブ。背後の壁は蓄熱するための土の版築壁

地域、訪問年	オーストリア・ブレゲンツ市　2006年3月
断熱材（壁：付加断熱）	天井：U値0.099W／㎡Kセルロースファイバー400㎜ 壁：U値0.124W／㎡Kセルロースファイバー240㎜＋内付加断熱：木繊維80㎜＝320㎜
開口部	U値＝0.78W／㎡K木製 Low-Eクリプトンガス入りトリプル
換気暖房給湯	温水熱源暖房兼用熱交換換気システム ペレット暖房給湯＋太陽熱給湯＋換気排熱回収

ウメオの家（パッシブハウス級）

スウェーデンの田舎の典型的なスタイルの外観

ユーティリティ、熱交換換気システムやヒートポンプが設置されている

ゴミ焼却やバイオマスの地域エネルギーセンターからの温水を地域水力発電の電気で高温にする設備

地域、竣工日	スウェーデン・ウメオ市　2005年9月
断熱材	天井：U値0.079W／㎡Kロックウール500㎜ 壁：U値0.159W／㎡Kロックウール250㎜
開口部	U値＝0.78W／㎡K木製 Low-Eアルゴンガス入りトリプル
換気暖房給湯	熱交換換気システム＋換気排熱回収ヒートポンプ＋電熱線 バイオマスエネルギーの地域暖房

ストックホルム郊外の分譲の家（パッシブハウス級）

都市近郊型のスタイルの外観

合理的な基礎の工法と施工

熱交換換気システム、換気排熱回収ヒートポンプで温水をつくる

地域、訪問年	スウェーデン・ストックホルム市　2005年9月
U値	0.237W／㎡K
断熱材 （壁付加断熱）	天井：U値＝0.089W／㎡Kロックウール450㎜ 壁：U値＝0.189W／㎡Kロックウール＋付加断熱210㎜ 床：U値＝0.250W／㎡Kはビーズ法発泡ポリスチレンフォーム200㎜、100㎜
開口部	U値＝1.20W／㎡K木製 Low-Eアルゴンガス入りトリプル
換気暖房給湯	熱交換換気システム＋換気排熱回収ヒートポンプ＋電熱線 バイオマスエネルギーの地域暖房

2

ゼロエネ住宅の設計・施工の実践術

ゼロエネルギー住宅をつくる。一見して難しそうではあるが、実はそんなことはない。
基本的には生活に必要なエネルギーを減らすために、
断熱性能を向上させ、日射を上手にコントロールすればいい。
ここでは、ゼロエネ住宅の具体的な設計法や施工法について、
豊富な図面や写真、シミュレーションデータなどとともに解説する。

要点を知ればC値1.0は誰でも切れる

POINT 防湿気密工法はこんなに簡略化されている

U_A値0.30を目指すなら
漏気による熱損失を
抑える必要がある

耳付きグラスウールでも
確実な防湿層は
つくれる

温暖地でセルロース
ファイバーなら
タイベック気密でいける

図1 耳付きグラスウールを使いこなす

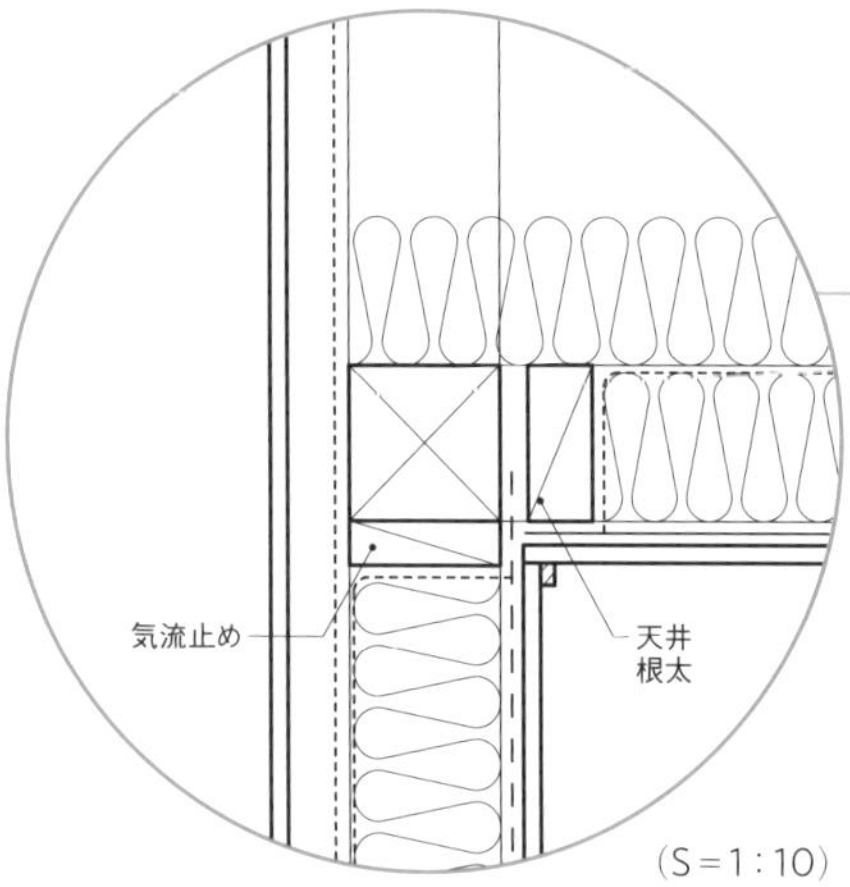

気流止め
天井
根太

(S=1:10)

この図では桁下天井断熱としているが、桁上断熱とすればさらに防湿気密層の確保が容易に(コストはやや上昇)

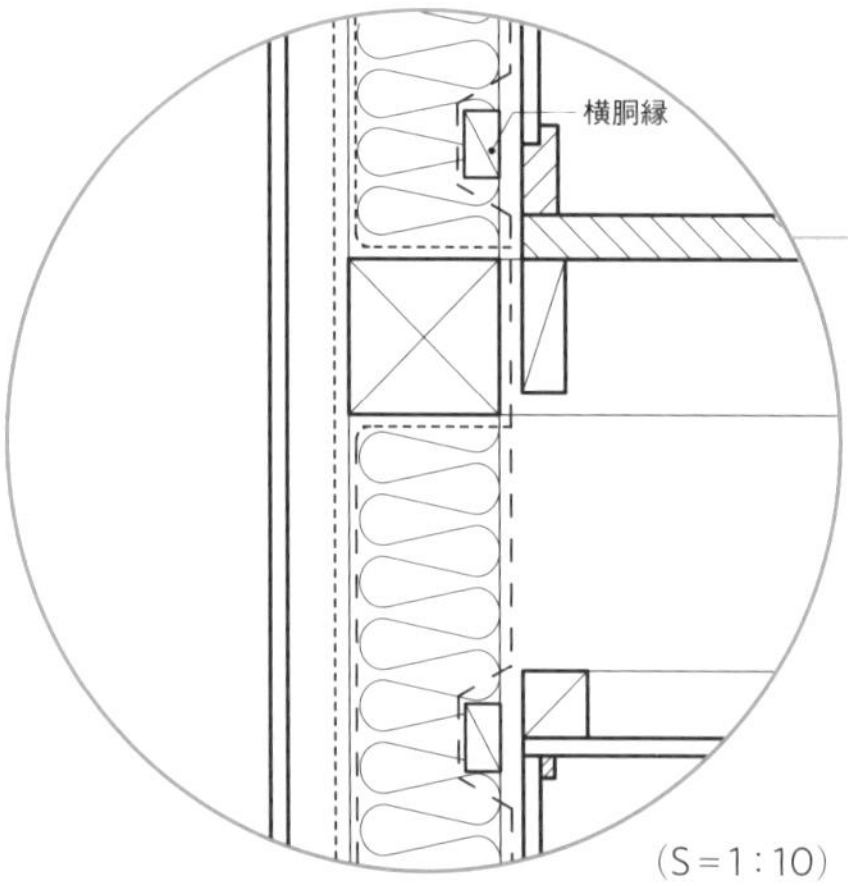

横胴縁

(S=1:10)

耳付きグラスウールの「耳」部分が連続するように、気流止めなどでしっかり押さえこむ

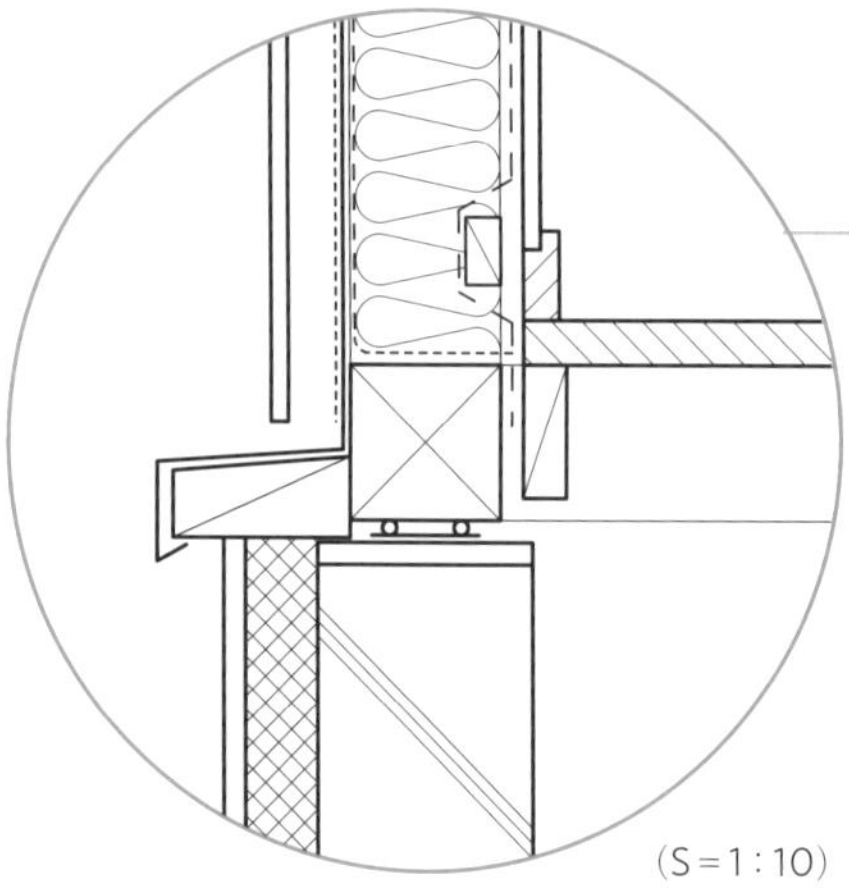

(S=1:10)

防湿気密シートの端部はしっかりと抑え込む。同様に水切の上から透湿防水シート張り、テープでしっかり押さえる

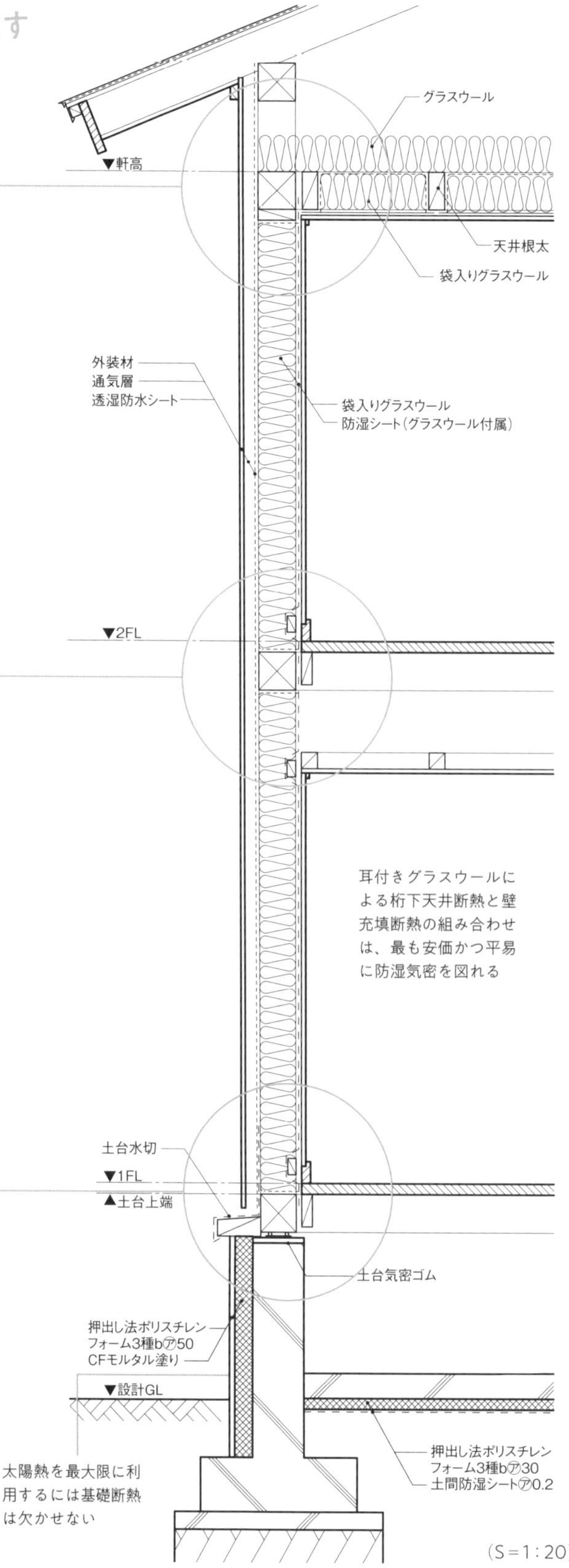

グラスウール
▼軒高
天井根太
袋入りグラスウール
外装材
通気層
透湿防水シート
袋入りグラスウール
防湿シート(グラスウール付属)
▼2FL
耳付きグラスウールによる桁下天井断熱と壁充填断熱の組み合わせは、最も安価かつ平易に防湿気密を図れる
土台水切
▼1FL
▲土台上端
土台気密ゴム
押出し法ポリスチレンフォーム3種b㋐50
CFモルタル塗り
▼設計GL
押出し法ポリスチレンフォーム3種b㋐30
土間防湿シート㋐0.2
太陽熱を最大限に利用するには基礎断熱は欠かせない

(S=1:20)

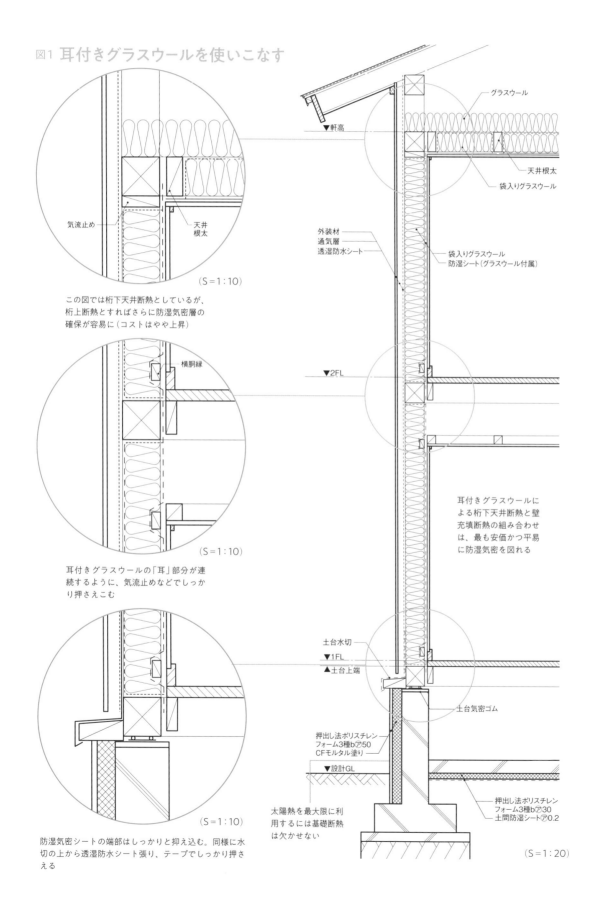

図2 気密を容易にする「ボード気密」

断熱材の外側に構造用合板などのボードを張り気密・透湿層とする工法。施工が比較的容易で、施工者の経験と研究者の理論から、防湿層が多少ラフに施工されていても充填されるグラスウールなどの断熱材が結露しないことが分かっている。

気密の方法1　　**気密の方法2**

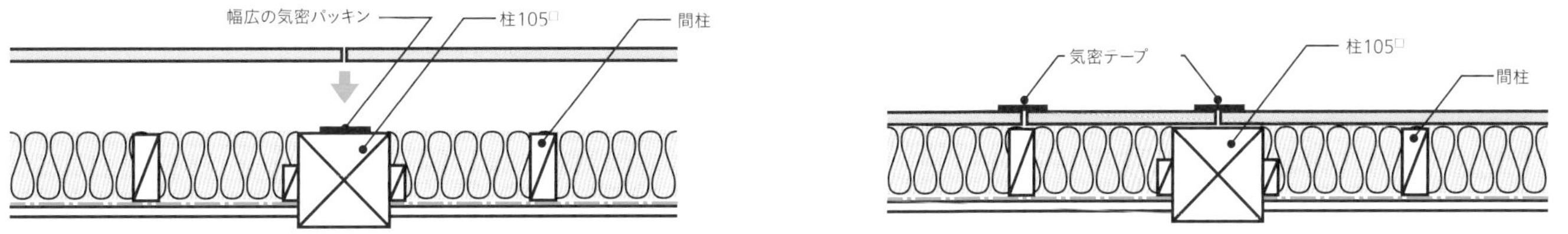
幅広の気密パッキン
柱105□
間柱
気密テープ
柱105□
間柱

ボード気密の際の気密化は、ボード同士の繋ぎ目に上から気密テープを貼る場合とボードが取り付けられる柱との接着面に気密パッキンを挟み込む方法がある。両方を施工している現場があるが、どちらか一方でよい。なお、エコハウスなどで気密性能をしっかりと確保したい場合は、構造用合板の裏側に気密パッキンを張りつけるなどの処理を行う。

図3 新在来工法（ボード気密工法）の断面（S＝1:10）

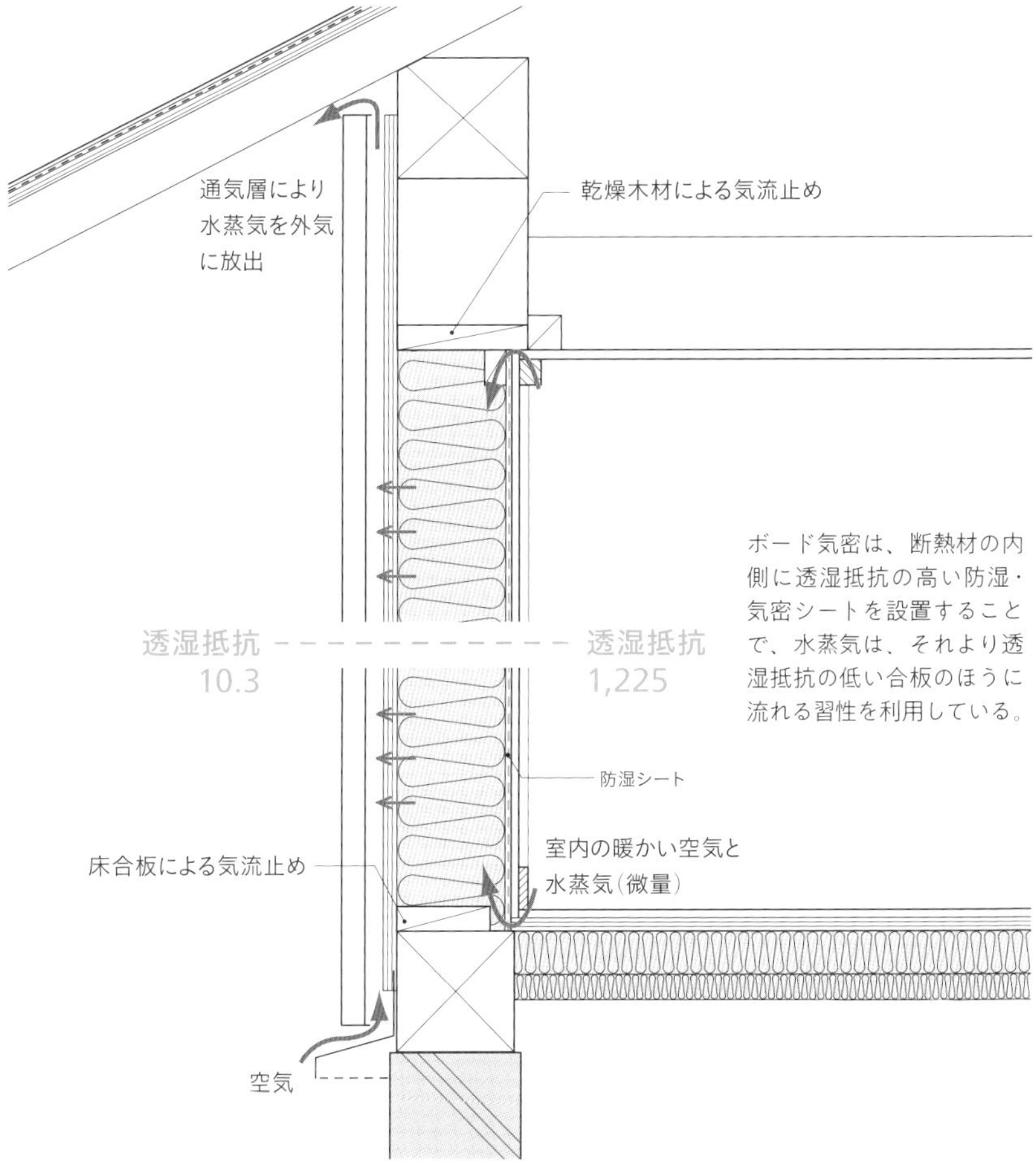
通気層により
水蒸気を外気
に放出
乾燥木材による気流止め
ボード気密は、断熱材の内
側に透湿抵抗の高い防湿・
気密シートを設置すること
で、水蒸気は、それより透
湿抵抗の低い合板のほうに
流れる習性を利用している。
透湿抵抗
10.3
透湿抵抗
1,225
防湿シート
室内の暖かい空気と
水蒸気（微量）
床合板による気流止め
空気

U_A値0・30を目指すのであれば、漏気による熱損失は最小限に抑えたい。漏気を抑える＝気密化するにはさまざまな方法があり、北海道や東北などの寒冷地では、ポリエチレンシートを壁や屋根、（床断熱の場合は）床に隙間なく張り回す方法が長年に渡って行われ、その技術が確立しているが、温暖地ではその見慣れない作業への抵抗が大工を中心に根強く、あまり普及していない。したがって、いくつかの簡便な工法が開発されている。

一般的に普及しているのが、耳付き（袋入り）グラスウールを使った気密工法だ。グラスウールの表面にポリエチレンフィルムが張り付けられており、はみ出した耳の部分を隣り合うグラスウールや壁下地に隙間なく取り付けることで、気密をとることができる。

ただし、タッカー留めやテープを貼る場所が多く、慣れてくればポリエチレンシートを張り回すほうが楽だという意見も多い。また、これはどちらの工法にもいえることだが、断熱施工の初心者にとっては、桁と梁や頭つなぎの防湿気密シート張り、コンセントボックス、設備配管などが防湿・気密層を貫通した個所の補修などが面倒という問題が存在する。

そこで、研究者などによって外壁の断熱・気密施工を簡略化した工法として、近年普及が進んでいるのが、ボード（合板）気密工法である。

ボード気密工法の一番の特色は、従来一つにまとめられていた気密層と防湿層を分離したこと。断熱材の外側に構造用合板などのボードを張って気密・透湿層とし、防湿層は断熱材内側の従来通りの気密・防湿層の位置にポリエチレンシートや袋入りグラスウールなどを施工する。ポリエチレンシートは気密層を担わないので、従来の防湿気密シート張りのように隙間をつくらないよう丁寧に施工する必要はない。また、耐力壁用途の構造用合板張りの施工と大きく違わないため、気密工事になれていない大工であっても比較的容易に気密工事を行うことができる。

POINT 基礎の高性能化が省エネのベース

耐震性を高めるために
地中梁方式とし、
内外基礎断熱とする

立ち上がりを省略し、
床下エアコンの温風が
行き渡るように配慮

基礎断熱なら床下結露はなし。
断熱材はホウ酸入り
防蟻性EPSに

基礎は耐震性と蓄熱を同時に追求する

耐震性と同時に木造の弱点である熱容量の不足を補う基礎のつくり方を、左頁に示す。基本は保温性を高めるために断熱材で基礎をくるむことだ。断熱材は地中梁をつくるための捨て型枠（アンコ）を兼用する。

もう1つのポイントが、立上りをなくして必要な個所にコラムを立てることである。これは床下エアコンに合わせた工夫である。温風が行き渡りやすくなることで、基礎はまんべんなく熱をたくわえる。

図1 意外に多い！木造住宅の基礎の蓄熱量割合

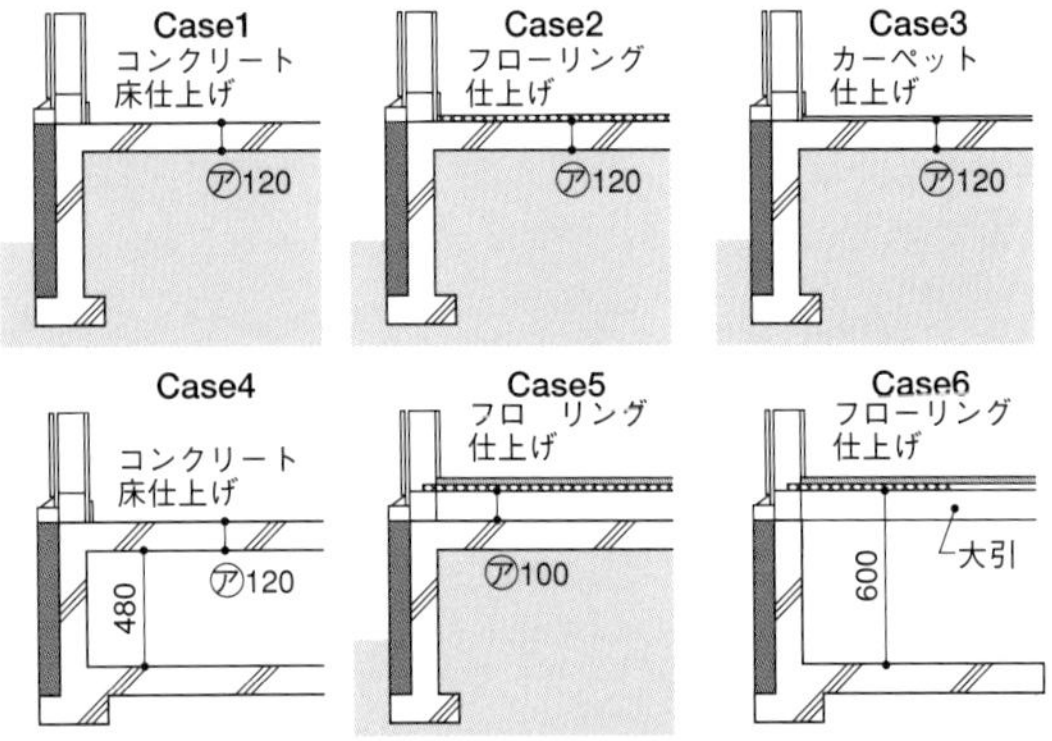

Case1
コンクリート
床仕上げ
㋐120
Case2
フローリング
仕上げ
㋐120
Case3
カーペット
仕上げ
㋐120
Case4
コンクリート
床仕上げ
480
㋐120
Case5
フローリング
仕上げ
㋐100
Case6
フローリング
仕上げ
600
大引

※Case1～6とも基礎外断熱（押出法ポリスチレンB類3種100㎜厚）

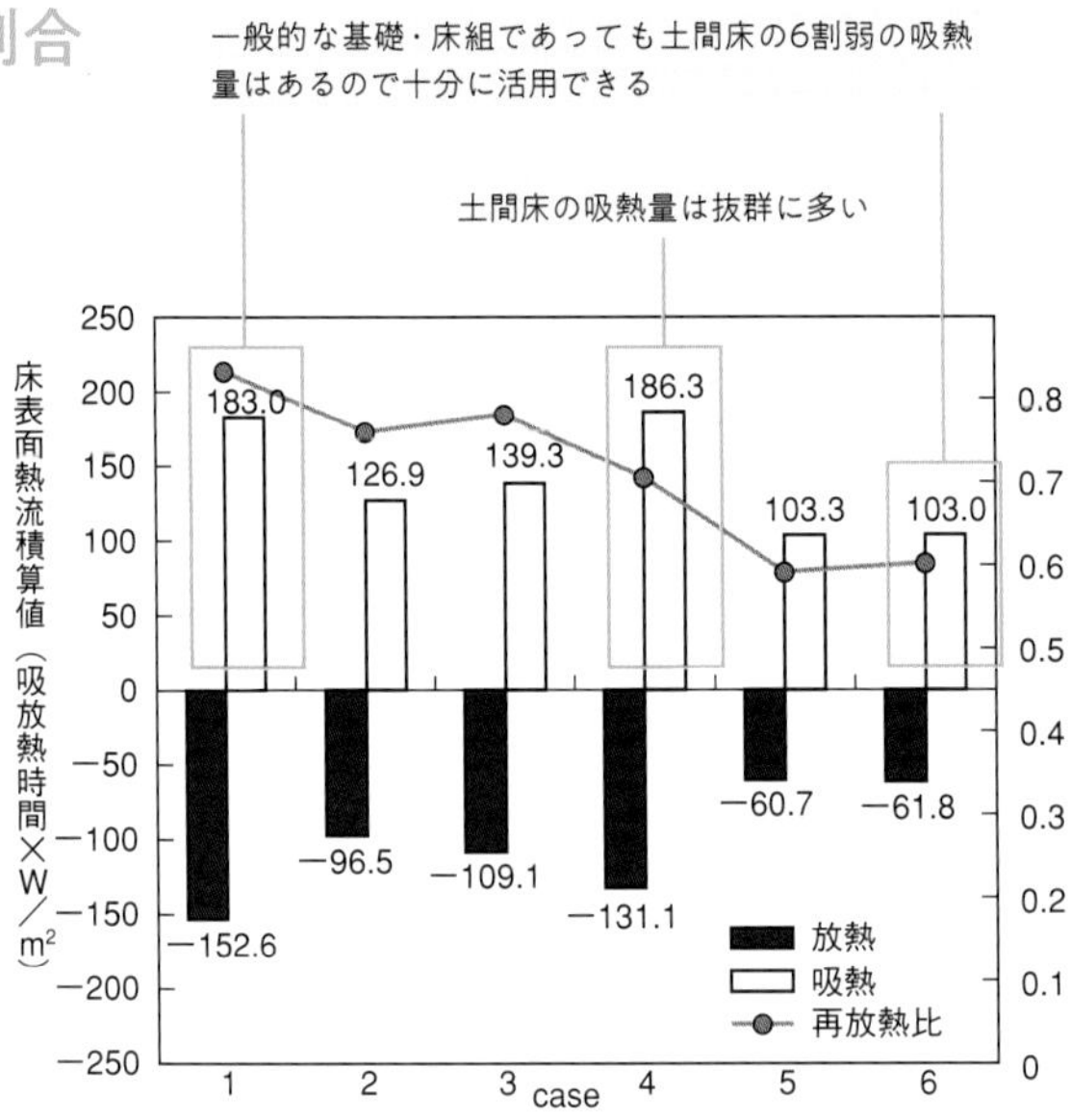

一般的な基礎・床組であっても土間床の6割弱の吸熱量はあるので十分に活用できる
土間床の吸熱量は抜群に多い
床表面熱流積算値（吸放熱時間×W／m²）
再放熱比（－）
183.0
126.9
139.3
186.3
103.3
103.0
−152.6
−96.5
−109.1
−131.1
−60.7
−61.8
放熱
吸熱
再放熱比
case

上図は基礎・床構法別の日射取得の際の蓄熱量（吸熱量）と放熱量の関係である。土間床（Case1、4）の蓄熱量（吸熱量）と比べると、Case6に代表される一般的な木造の基礎の蓄熱量（吸熱量）は当然少ないが、それでも吸熱量がCase1の60％、弱放熱量も40％と無視できない量である。基礎は床下暖房なども含めて積極的に利用すべきである

図2 基礎断熱vs床断熱 床下の結露のリスクは？

❶温度

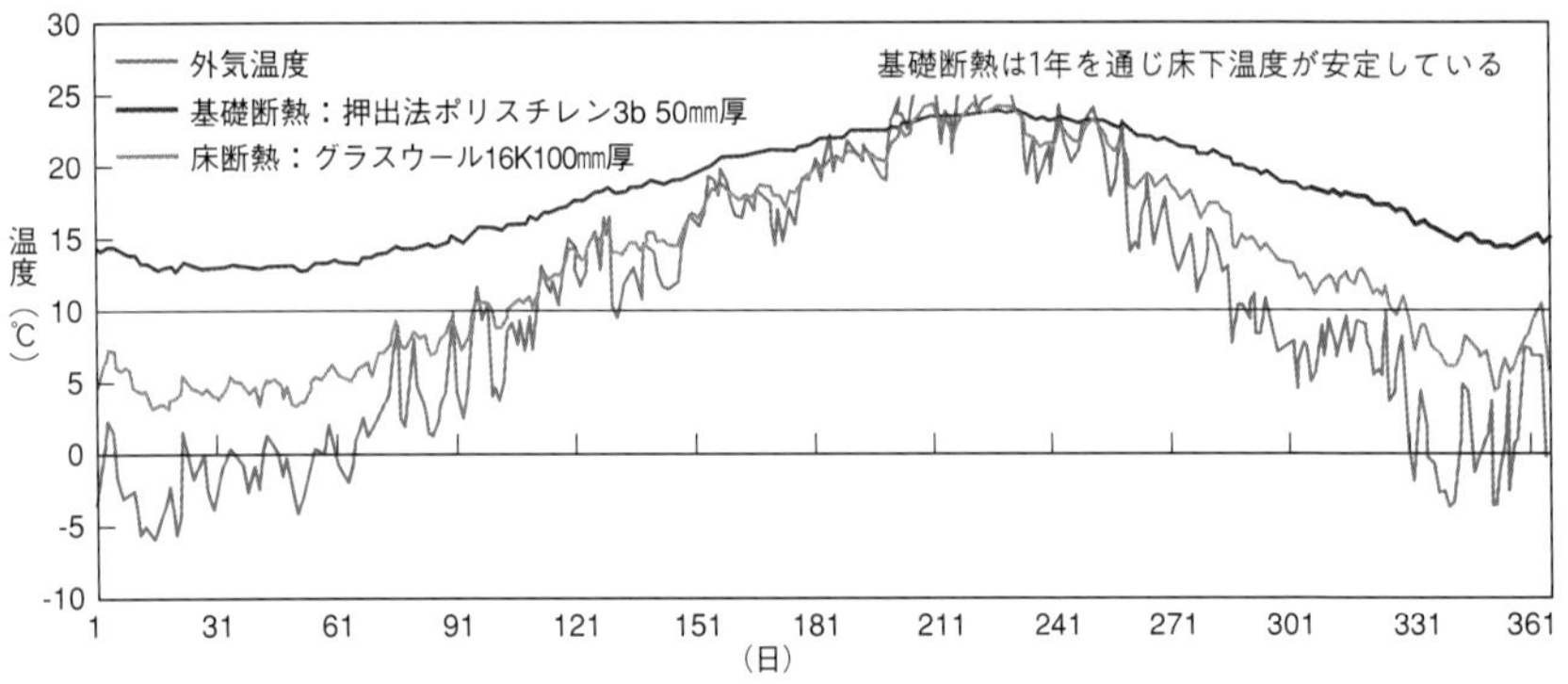

外気温度
基礎断熱：押出法ポリスチレン3b 50㎜厚
床断熱：グラスウール16K100㎜厚
基礎断熱は1年を通じ床下温度が安定している
温度（℃）
（日）

❷湿度

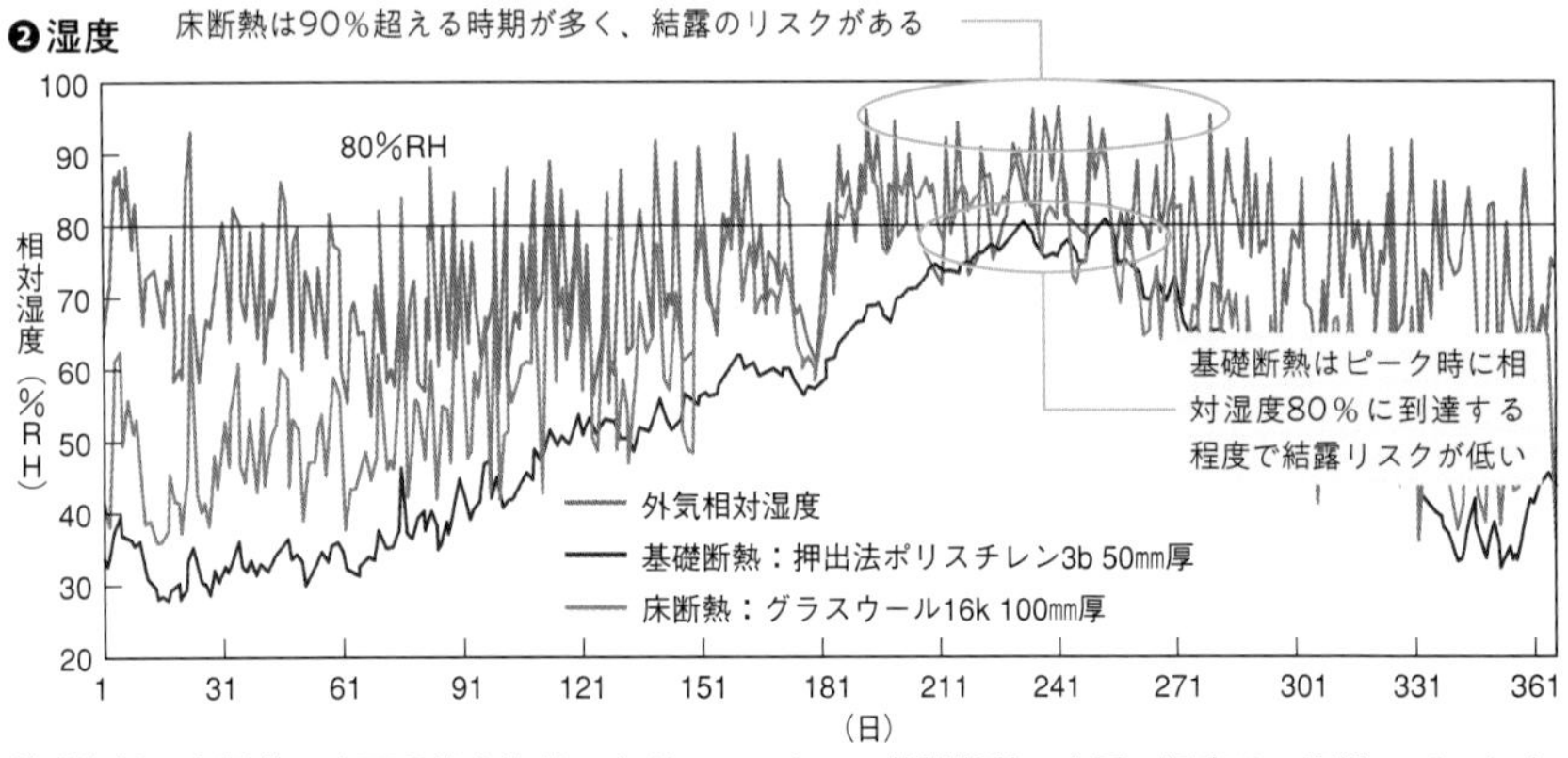

床断熱は90％超える時期が多く、結露のリスクがある
80%RH
相対湿度（%RH）
基礎断熱はピーク時に相対湿度80％に到達する程度で結露リスクが低い
外気相対湿度
基礎断熱：押出法ポリスチレン3b 50㎜厚
床断熱：グラスウール16k 100㎜厚
（日）

基礎断熱と床断熱の床下環境を比較したグラフである。基礎断熱の床下の温度は、夏場のピーク時で23℃、冬期は最低でも14℃と温度が安定している。また、床下の湿度は夏場のピーク時で相対湿度80％まで上昇するが、それ以上の持続はない。腐朽菌が繁殖するおそれが少ないといえる（ただしコンクリートが乾燥途中の初年度は要注意）。一方、床断熱の床下の湿度は大方が相対湿度85％以上、ピーク時は90％を超える。腐朽菌の発生が心配になる結果となっている

出典：図1～2 本間義規（岩手県立大学盛岡短期大学部）建築知識2003年01月号

蓄熱を最大活用する基礎のつくり方

1 根堀で地面を平坦に

2 砕石地業も平坦を維持

3 防湿シート引込み

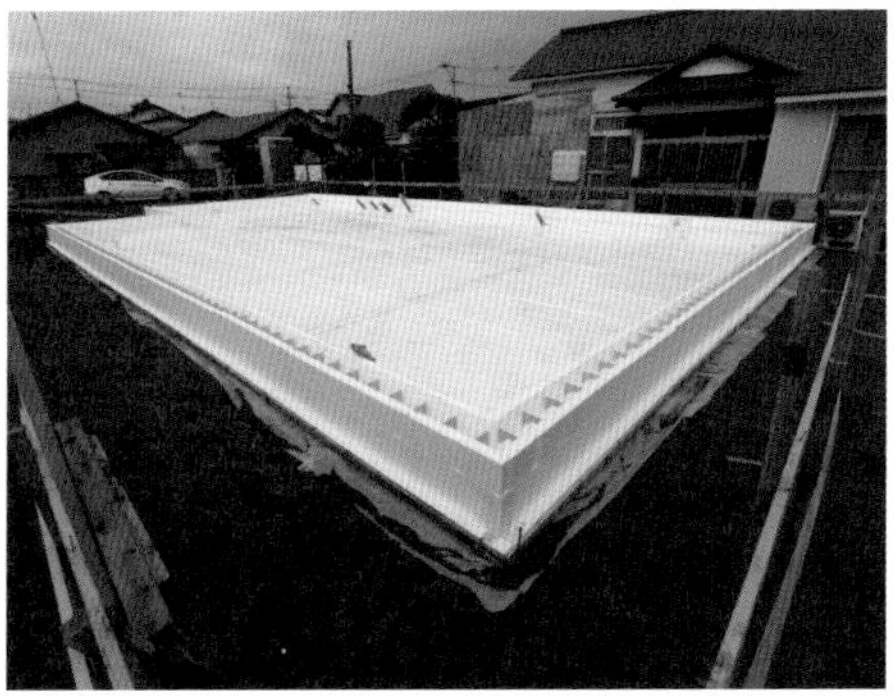

4 断熱型枠施工

5 配筋施工

6 コンクリート打ち込み·完成

POINT1

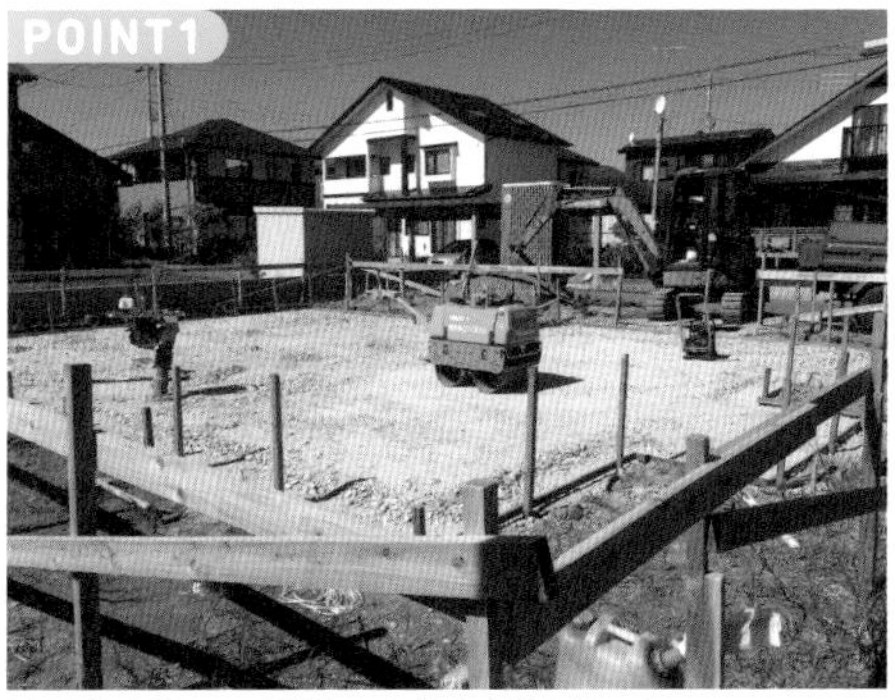

砕石敷き込み。平坦で十分な転圧ができる

POINT2

扁平地中梁。極めてシンプルに施工精度と施工性の向上を実現

POINT3

コラムの配筋。扁平地中の畳に配置し、耐圧版と一体の構造となる

基礎断面詳細図(S=1:20)

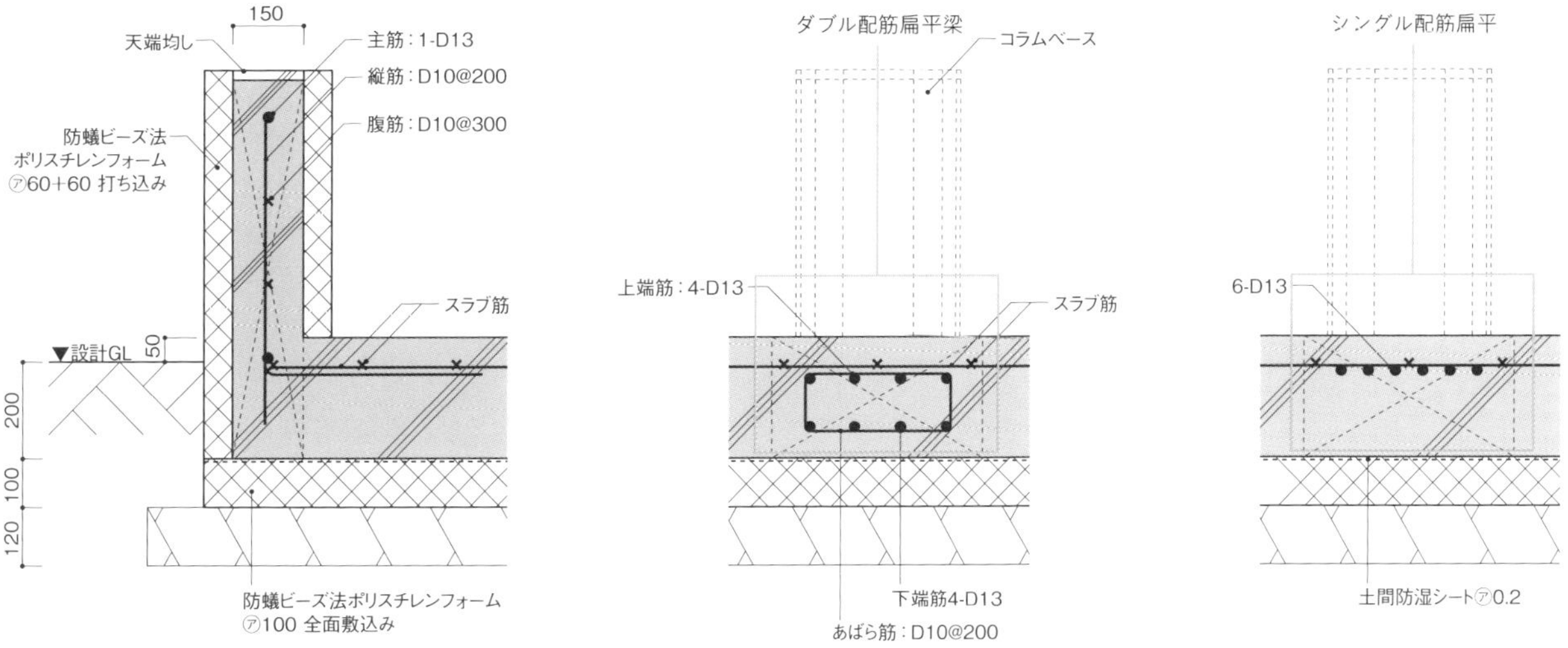
150
天端均し
主筋:1-D13
縦筋:D10@200
腹筋:D10@300
防蟻ビーズ法
ポリスチレンフォーム
㋐60+60 打ち込み
スラブ筋
▼設計GL
50
200
100
120
防蟻ビーズ法ポリスチレンフォーム
㋐100 全面敷込み
ダブル配筋扁平梁
コラムベース
上端筋:4-D13
スラブ筋
下端筋4-D13
あばら筋:D10@200
シングル配筋扁平
6-D13
土間防湿シート㋐0.2

基礎断熱は基礎を包み込むように

基礎断熱での悩みどころは断熱材の設置場所である。主に意見が分かれるのが、基礎底盤の全面敷設か外周部のみか、外周部立上りの内か外か、の2点である。これを2次元定常熱伝導の有限要素解析法アプリの「THERM」を使って、基礎周辺の温度分布と熱の流れをシミュレーションしてこの問題を解決してみる。

まずは基礎底盤の設置箇所についてシミュレーションしてみる。設定した断熱材の仕様は基礎底盤が防蟻剤入りビーズ法ポリスチレンフォーム50㎜厚、温熱環境は外気温：マイナス5℃、室温：21℃、床下温度25℃、地中温度：9℃。

底盤下の土中が10℃ほどであるため、断熱材を基礎底盤外周部のみ（立ち上がり外側に防蟻剤入りビーズ法ポリスチレンフォーム50㎜厚）とした場合は、地中の温度が20～23℃に上昇している（図❶）。これは断熱材のない基礎底盤部分から熱が逃げてしまっているためだ。一方、断熱材を基礎底盤の全面敷設（立ち上がり外側に防蟻剤入りビーズ法ポリスチレンフォーム100㎜厚）とした場合は、地中温度がほとんど変化していない（図❷）。床下の熱は地中に逃げておらず、そのまま家の内部や基礎底盤に保持されているのが分かる。

続いて、外周部立上りの設置箇所についてシミュレーションしてみる。設定した温度は同じで、断熱材（ビーズ法ポリスチレンフォーム50㎜厚）は基礎底盤の全面敷設としている。基礎立上りの外側に断熱材を施工した場合は、基礎コンクリート全体が20～23℃となり、床下の熱が蓄熱されていることが分かる（図❸）。基礎底盤と立上りの接点である隅角部の温度は20・2℃であり、結露の心配はない。基礎立上りの両面に断熱材を施工した場合は、基礎コンクリート底盤部分は15～23℃となっているものの、立上り部分は11～12℃と低く、内側の断熱材が基礎の蓄熱を妨げているのが分かる（図❹）。基礎底盤と立上りの接点である隅角部の温度は15・2℃であり、床下の温度より若干低いものの結露の心配はない。基礎立上りの内側に断熱材を施工した場合は、基礎コンクリート底盤部分は10～22℃となっているものの、立上り部分はマイナス25～1℃と低く、内側の断熱材の表面温度は15℃前後で、結露のおそれは少ない（図❺）。基礎底盤と立上りの接点である隅角部の温度は10℃前後で結露のおそれがある。

この結果を踏まえると、熱損失の点においても、基礎コンクリートの蓄熱性を生かす点において、基礎を包むように断熱材を施工するのが望ましいということが分かる。

図1 基礎底盤の断熱材は、外周部のみか全面か

基礎底盤の設置箇所についてシミュレーションしてみる。設定した断熱材の仕様は基礎底盤が防蟻剤入りビーズ法ポリスチレンフォーム50㎜厚、温熱環境は外気温：マイナス5℃、室温：21℃、床下温度25℃、地中温度：9℃。

❶基礎底盤外周部のみ

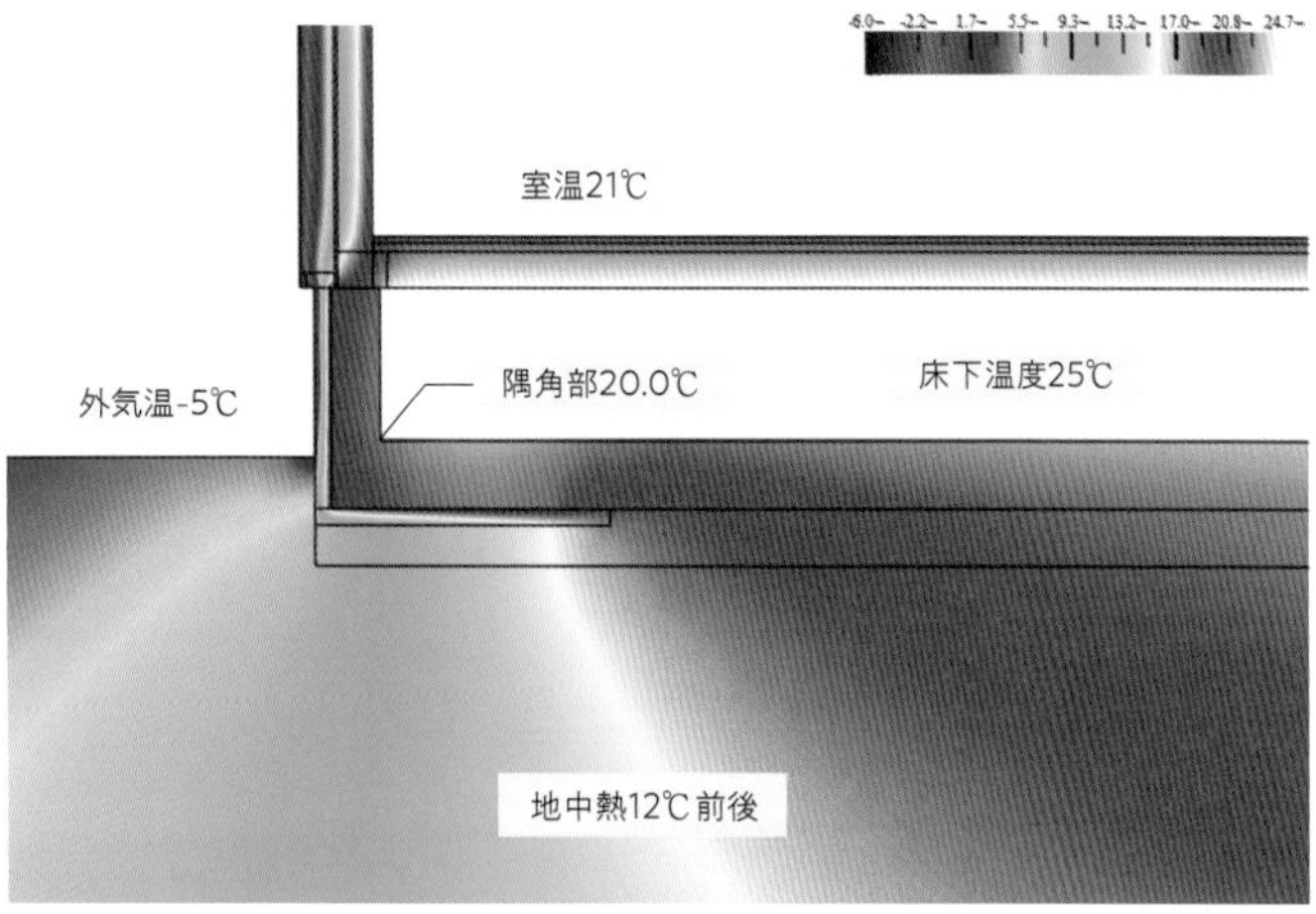

-6.0~ -2.2~ 1.7~ 5.5~ 9.3~ 13.2~ 17.0~ 20.8~ 24.7~
室温21℃
外気温-5℃
隅角部20.0℃
床下温度25℃
地中熱12℃前後

底盤下の土中が10℃ほどであるため、断熱材を基礎底盤外周部のみ（立上り外側に防蟻剤入りビーズ法ポリスチレンフォーム50㎜厚）とした場合は、地中の温度が20～23℃に上昇している。これは断熱材のない基礎底盤部分から熱が逃げてしまっていることを表している。

❷基礎底盤の全面敷設

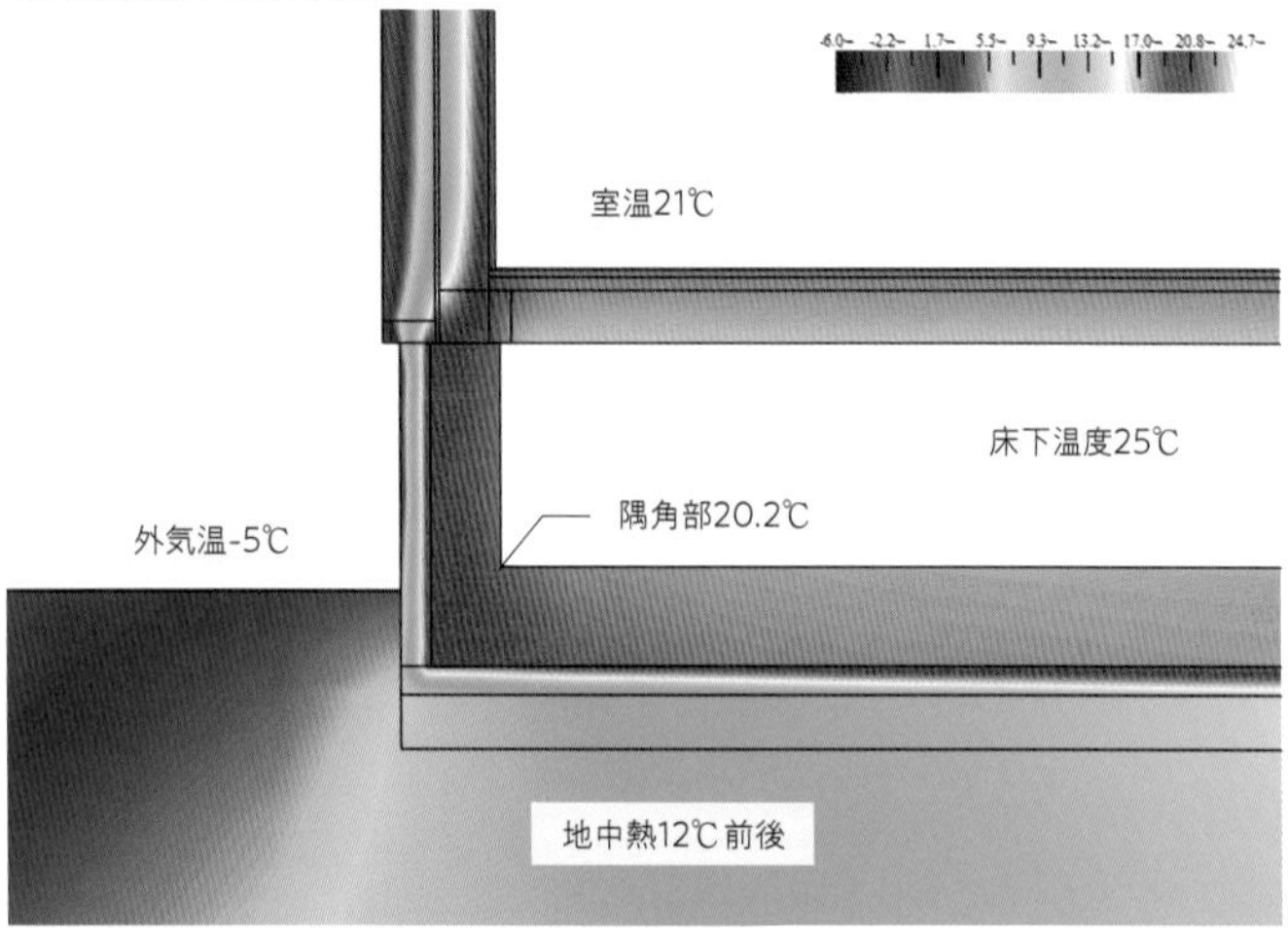

-6.0~ -2.2~ 1.7~ 5.5~ 9.3~ 13.2~ 17.0~ 20.8~ 24.7~
室温21℃
床下温度25℃
外気温-5℃
隅角部20.2℃
地中熱12℃前後

断熱材を基礎底盤の全面敷設（立上り外側に防蟻剤入りビーズ法ポリスチレンフォーム100㎜厚）とした場合は、地中温度がほとんど変化していない。床下の熱は地中に逃げておらず、そのまま家の内部や基礎底盤に保持されているのが分かる。

図2 基礎立上りの断熱材は、内側か外側か両方か

外周部立上りの設置箇所についてシミュレーションしてみる。設定した断熱材の仕様は基礎底盤が防蟻剤入りビーズ法ポリスチレンフォーム50㎜厚、温熱環境は外気温：マイナス5℃、室温：21℃、床下温度25℃、地中温度：9℃。

❸立上りの外側

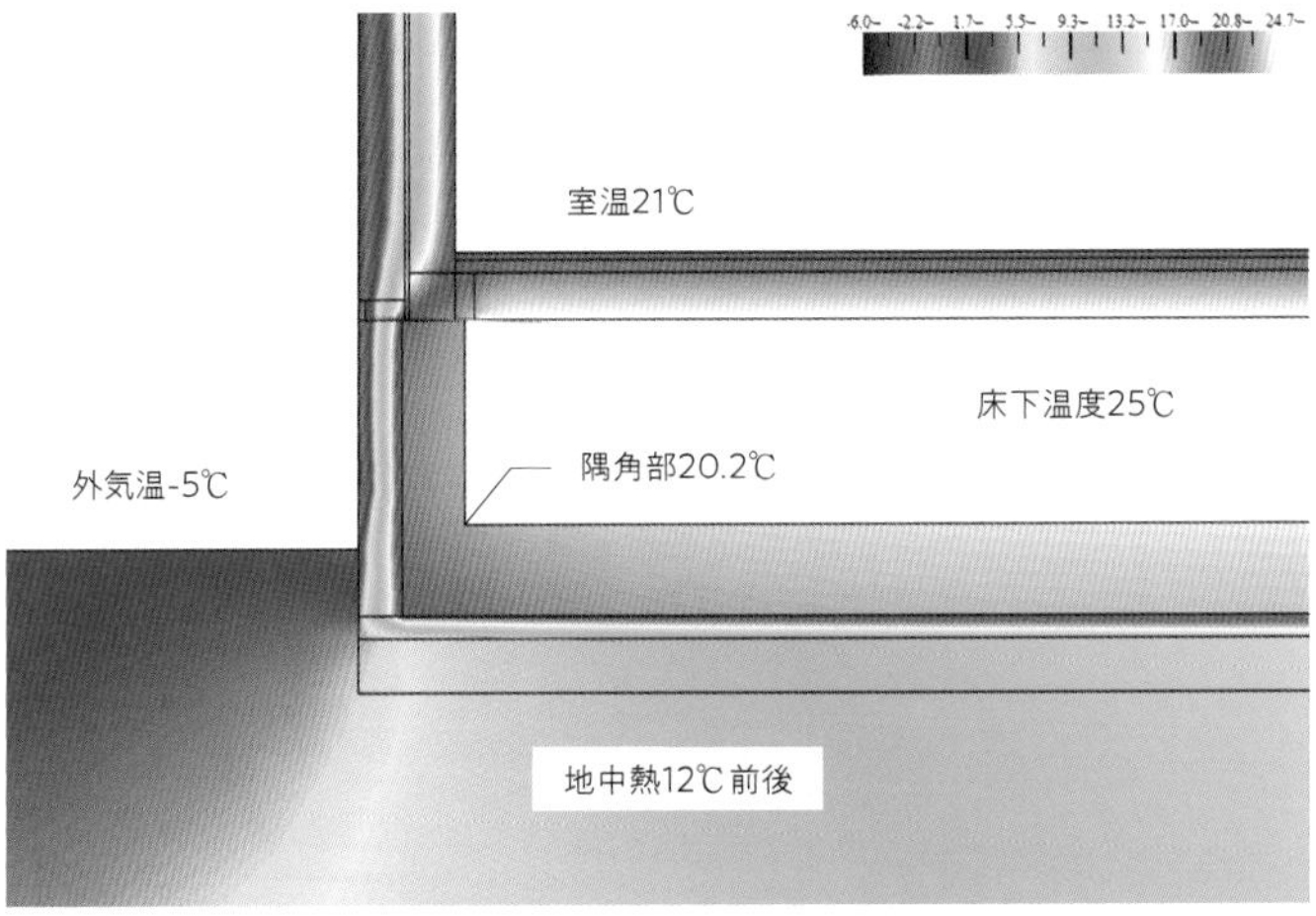
-6.0~ -2.2~ 1.7~ 5.5~ 9.3~ 13.2~ 17.0~ 20.8~ 24.7~
室温21℃
床下温度25℃
外気温-5℃
隅角部20.2℃
地中熱12℃前後

基礎立上りの外側にビーズ法ポリスチレンフォーム100㎜厚を施工した場合は、基礎コンクリート全体が20～24℃となり、床下の熱が蓄熱されていることが分かる。基礎底盤と立上りの接点である隅角部の温度は20.2℃であり、結露の心配はない。

❹立上りの両面

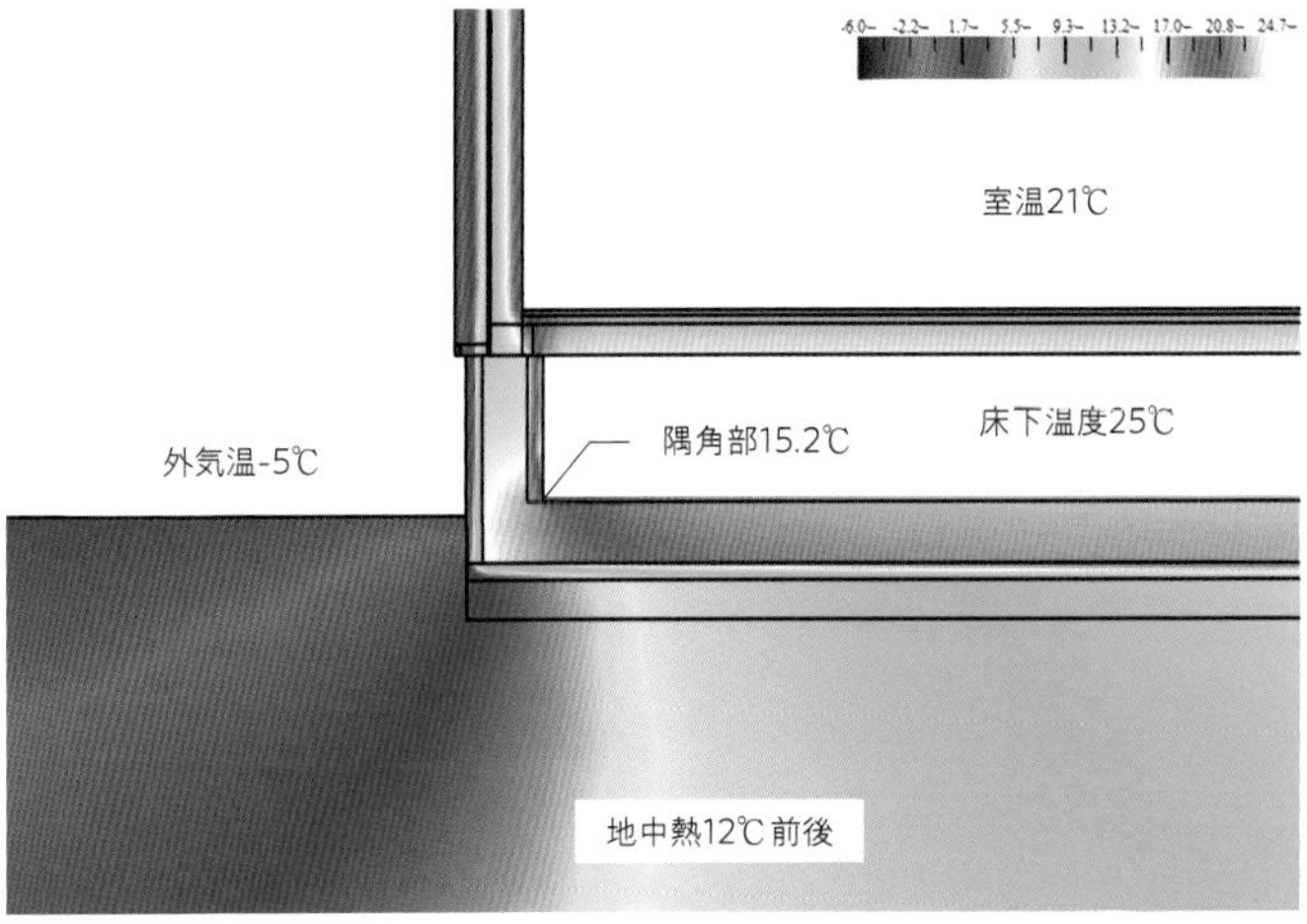
-6.0~ -2.2~ 1.7~ 5.5~ 9.3~ 13.2~ 17.0~ 20.8~ 24.7~
室温21℃
外気温-5℃
隅角部15.2℃
床下温度25℃
地中熱12℃前後

基礎立上りの両面にビーズ法ポリスチレンフォーム50㎜厚を施工した場合は、基礎コンクリート底盤部分は20～23℃となっているものの、立上り部分は13～15℃と低く、内側の断熱材が基礎の蓄熱を妨げているのが分かる。基礎底盤と立上りの接点である隅角部の温度は15.2℃であり、床下の温度より若干低いものの結露の心配はない。

❺立上りの内側

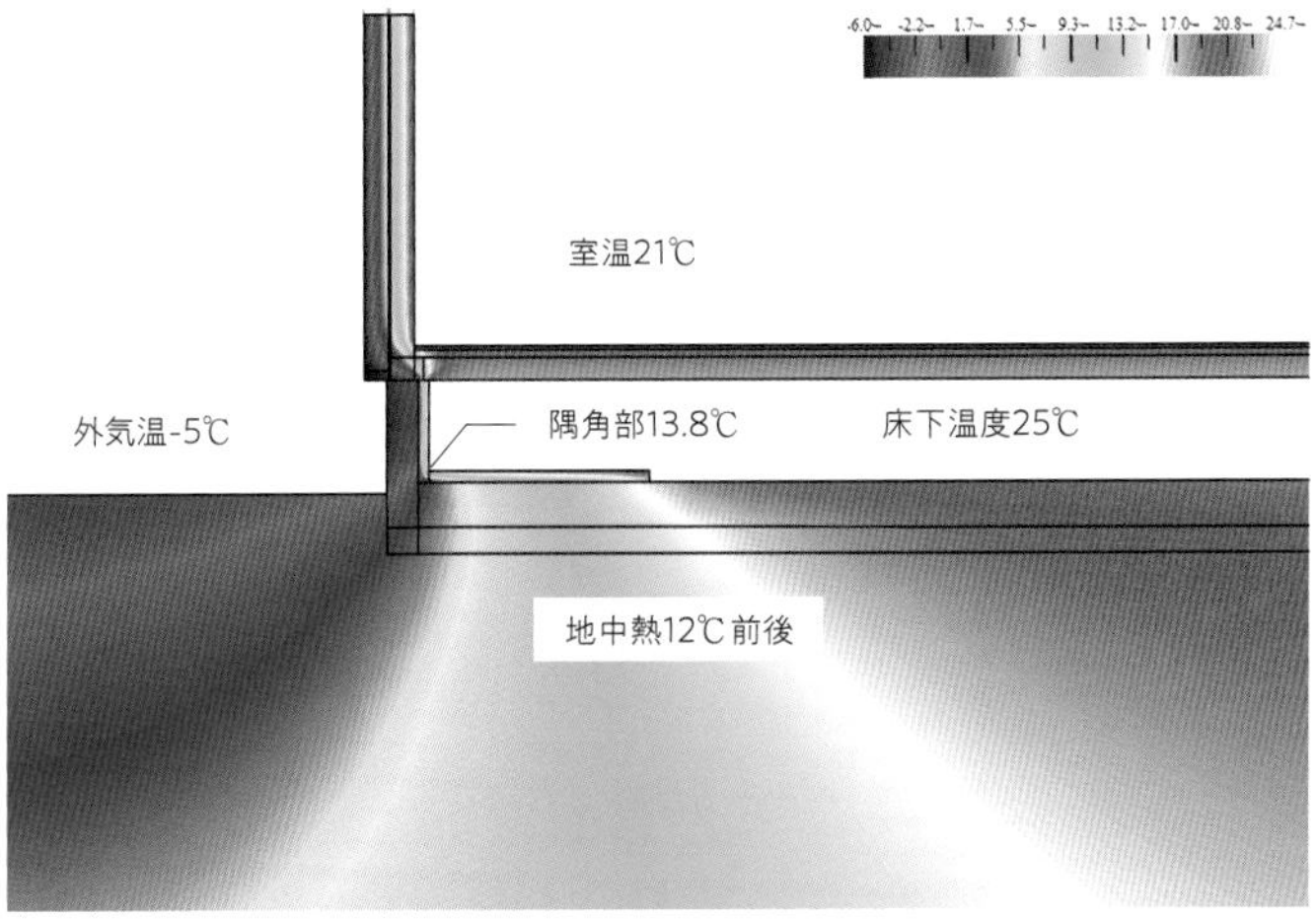
-6.0~ -2.2~ 1.7~ 5.5~ 9.3~ 13.2~ 17.0~ 20.8~ 24.7~
室温21℃
外気温-5℃
隅角部13.8℃
床下温度25℃
地中熱12℃前後

基礎立上りの内側にビーズ法ポリスチレンフォーム50㎜厚を施工した場合は、基礎コンクリート底盤部分は18℃となっているものの、立上り部分は2～－2℃と低く、断熱材の内側の表面温度は14℃前後である。基礎底盤と立上りの接点である隅角部の温度は13.8℃であり、結露のおそれがある。

❻夏の基礎周辺の温度分布

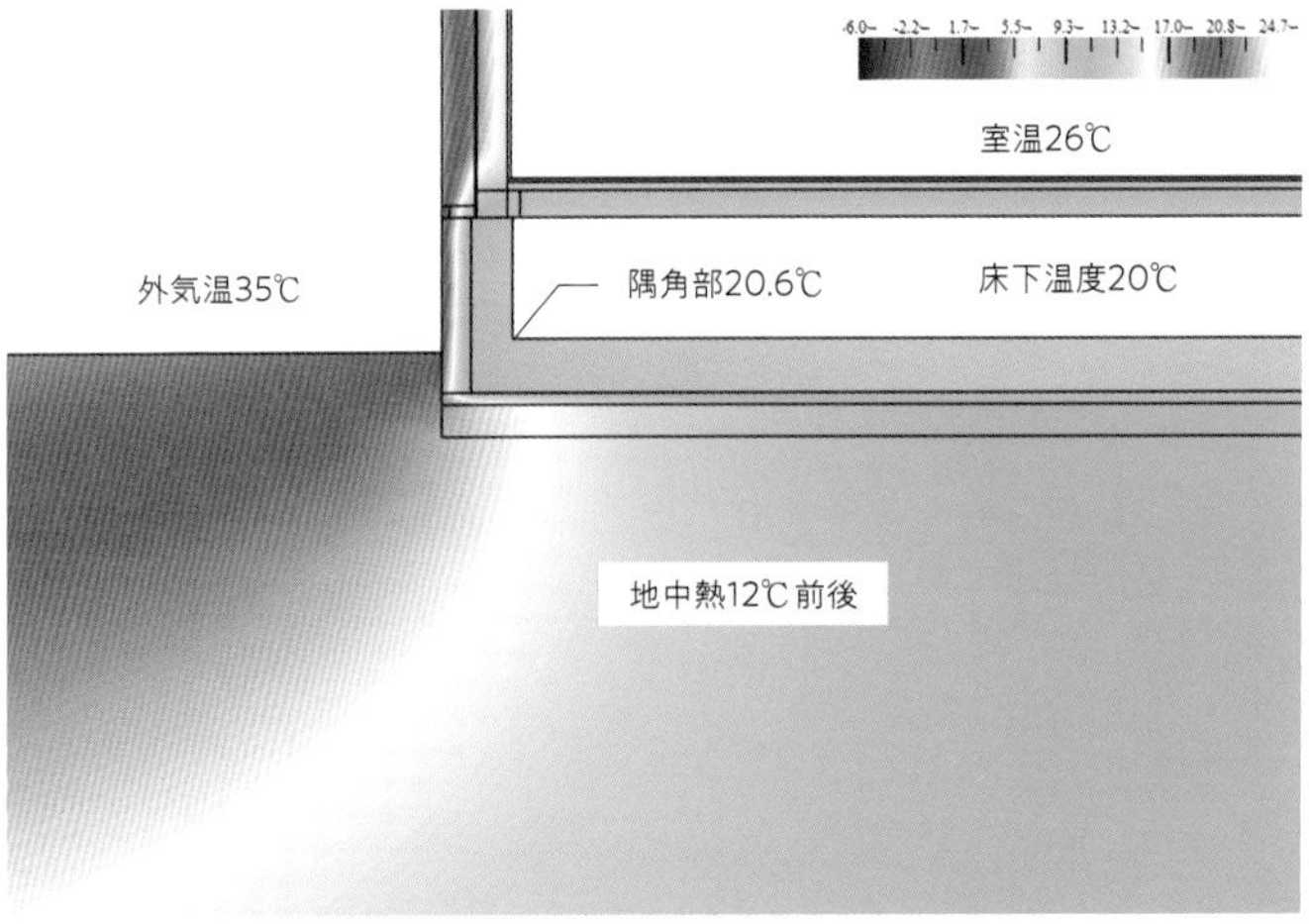
-6.0~ -2.2~ 1.7~ 5.5~ 9.3~ 13.2~ 17.0~ 20.8~ 24.7~
室温26℃
外気温35℃
隅角部20.6℃
床下温度20℃
地中熱12℃前後

基礎立上りの外側にビーズ法ポリスチレンフォーム100㎜厚を施工した場合の夏の基礎の温度分布。10～12℃の冷地熱を利用したため、冷房負荷を少なくなっている。各地域に適合した断熱厚さが必要になる。

❼パッシブハウスにみる基礎底盤下断熱の厚さ

むつ市：冬型200㎜
佐倉市：冬型・夏型75㎜
都城市：夏型なし+周囲のみ30㎜

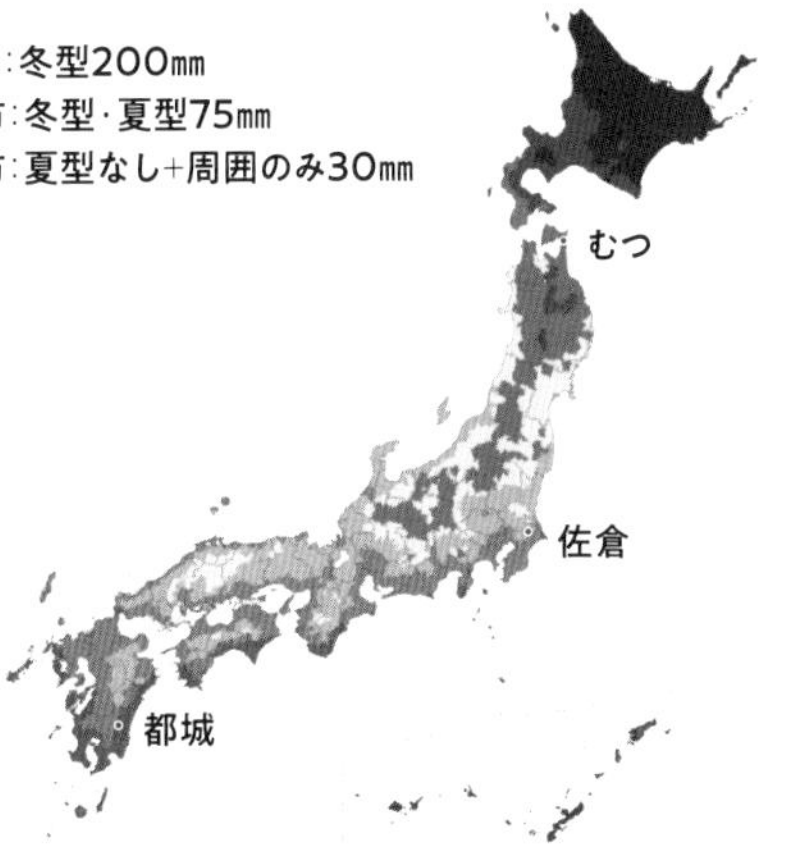
むつ
佐倉
都城

冷地熱を利用するには温暖地～寒冷地の気温変化の特性の合わせて底盤下の断熱材の厚さを変える必要がある

夏に関しては、図❻のように地盤の冷地熱を利用すると冷房負荷が少なくなる。井戸水のように夏冷たく冬暖かい。その夏の冷たさを利用する。床下空間はエアコンなどで冷房することなしに20℃前後あり、床の表面温度も24℃前後で冷輻射面になり、エアコンの冷房負荷が少なくなる。地中冷地熱を効果的に使うには、各地域にあった底盤下の断熱材の厚さの調整が必要である。夏は底盤下の断熱材がないほうがよいが、冬は必要であるので冷暖房の負荷から底盤下の断熱材の厚さをシミュレーションで決める。

図❼のように都城市で夏冬を通して断熱材がない方が冷暖房の負荷が少ない。寒冷地のむつ市では断熱材の厚さが200㎜必要になる。中間の佐倉市では75㎜が適切である。

桁上断熱は気密化が容易でローコスト

POINT 桁上断熱はこれからの基本中の基本技術

U_A値0.30を目指すなら屋根・天井の断熱強化必須

屋根断熱は勾配天井が魅力だが大きな垂木をはじめ未経験なことが多い

天井断熱はローコストだが、防湿気密工事に慣れがないと不安

桁上断熱なら防湿気密工事が簡便でコストも天井断熱とほぼ同じ

U_A値0.30を目指すなら、屋根または天井の断熱強化が不可欠だ。空間の有効利用を図るなら屋根断熱は魅力だが、せいの大きな垂木の入手がハードルとなる。一方、天井断熱はブローイングの厚みを増せばよいだけなので、取り組みやすい。ただしダウンライトや設備貫通部分などの気密処理に慣れていないと、天井断熱は煩雑に感じられることもある。

そうした点でお勧めなのが、桁上断熱である。これは図のように天井裏において断熱層と設備を配置する層を分ける方法である。これにより天井断熱の気密処理の課題は解決される。

設備貫通部分などの気密処理に慣れた工務店であれば、桁上に張った合板を天井の下地とすることで、さらに省力化できる。最も簡易なのは、左頁で紹介した耳付きグラスウールを用いて防湿層を形成する方法である。

図1 基本の桁上断熱工法（S＝1:20）

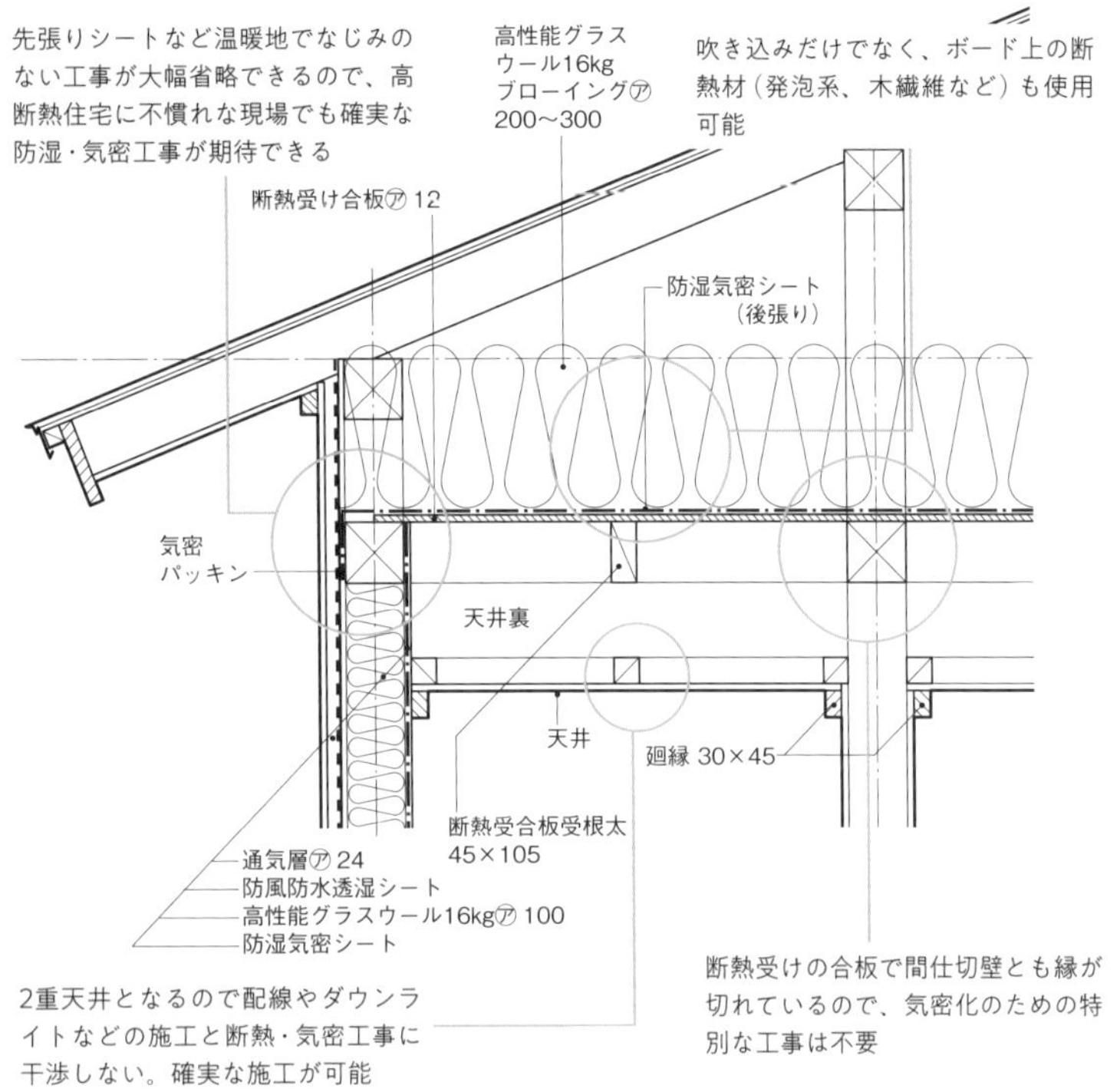

先張りシートなど温暖地でなじみのない工事が大幅省略できるので、高断熱住宅に不慣れな現場でも確実な防湿・気密工事が期待できる
高性能グラスウール16kg ブローイング㋐200〜300
吹き込みだけでなく、ボード上の断熱材（発泡系、木繊維など）も使用可能
断熱受け合板㋐12
防湿気密シート（後張り）
気密パッキン
天井裏
天井
廻縁 30×45
断熱受合板受根太 45×105
通気層㋐24
防風防水透湿シート
高性能グラスウール16kg㋐100
防湿気密シート
2重天井となるので配線やダウンライトなどの施工と断熱・気密工事に干渉しない。確実な施工が可能
断熱受けの合板で間仕切壁とも縁が切れているので、気密化のための特別な工事は不要

図2 より簡略化した桁上断熱（S＝1:20）

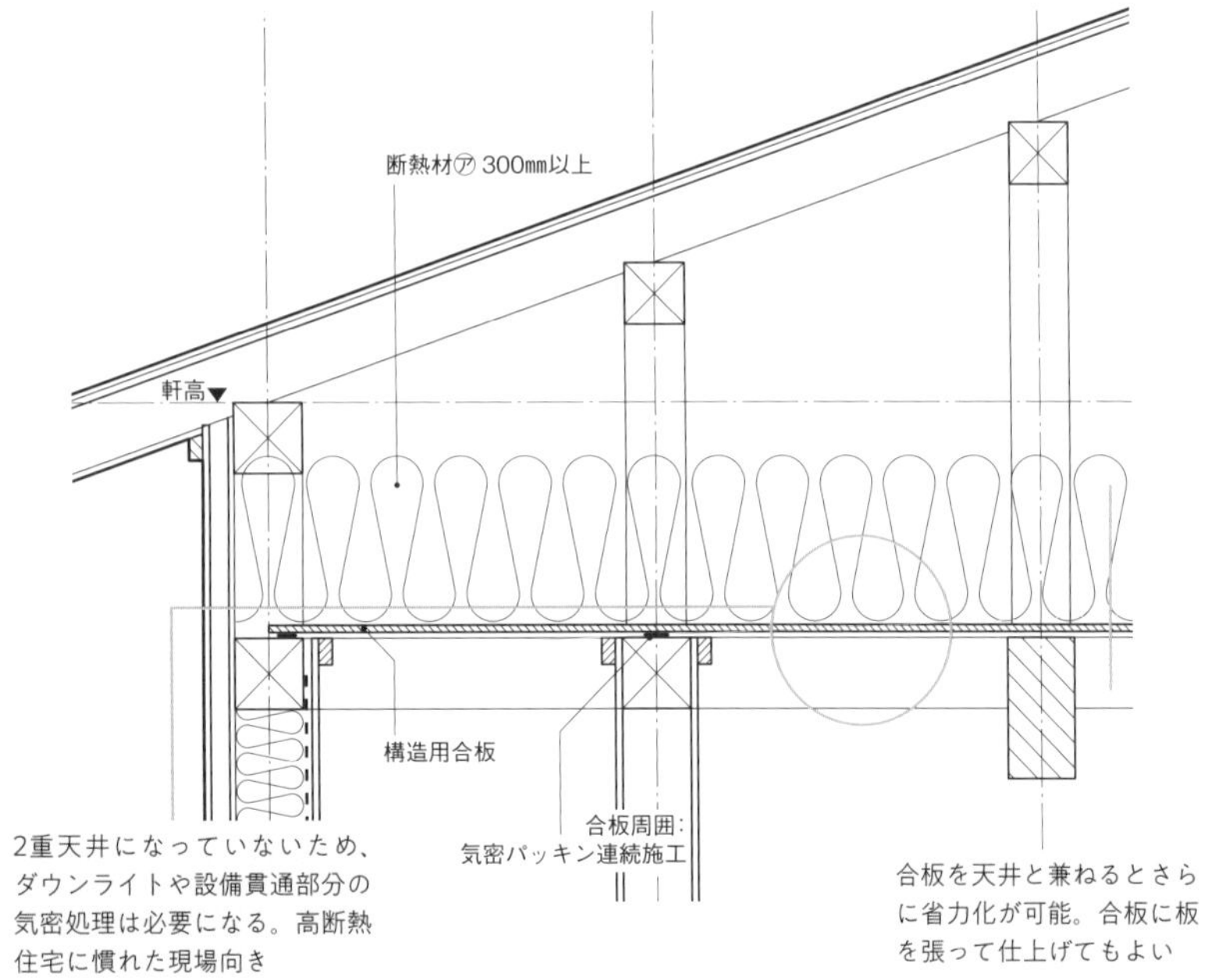

断熱材㋐300㎜以上
軒高▼
構造用合板
合板周囲：気密パッキン連続施工
2重天井になっていないため、ダウンライトや設備貫通部分の気密処理は必要になる。高断熱住宅に慣れた現場向き
合板を天井と兼ねるとさらに省力化が可能。合板に板を張って仕上げてもよい

図3 耳付きグラスウールを用いた簡略化工法（S=1:20）

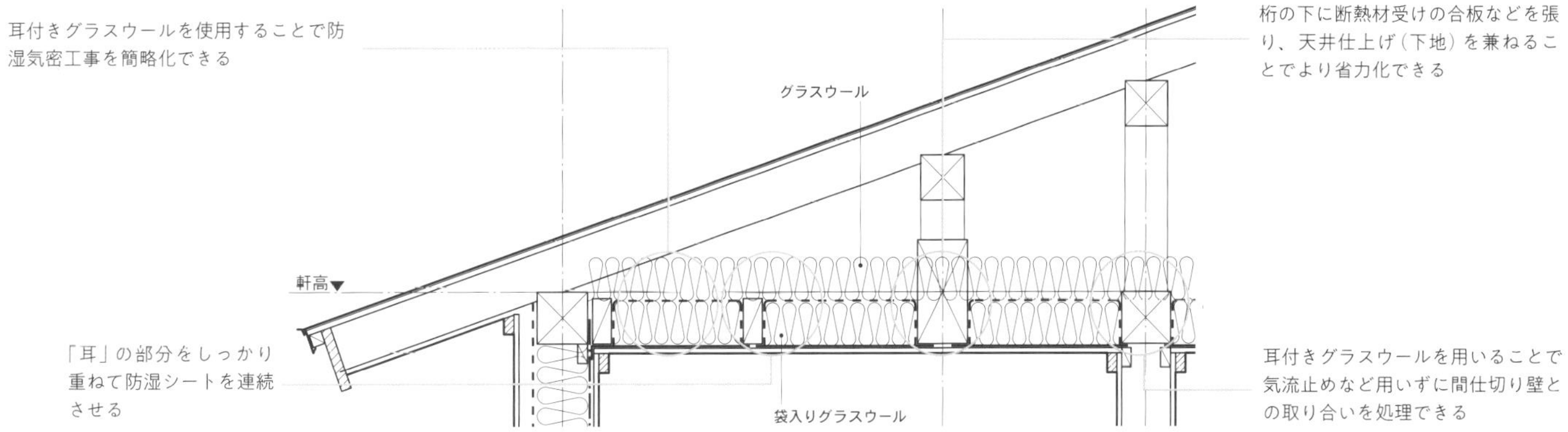
耳付きグラスウールを使用することで防湿気密工事を簡略化できる
グラスウール
桁の下に断熱材受けの合板などを張り、天井仕上げ（下地）を兼ねることでより省力化できる
軒高
「耳」の部分をしっかり重ねて防湿シートを連続させる
袋入りグラスウール
耳付きグラスウールを用いることで気流止めなど用いずに間仕切り壁との取り合いを処理できる

図4 下屋を設ける場合の応用例（S=1:30）

簡略化工法を用いた空間。断熱材受けの合板の上にスギ板を張っている。構造露しとすることができる

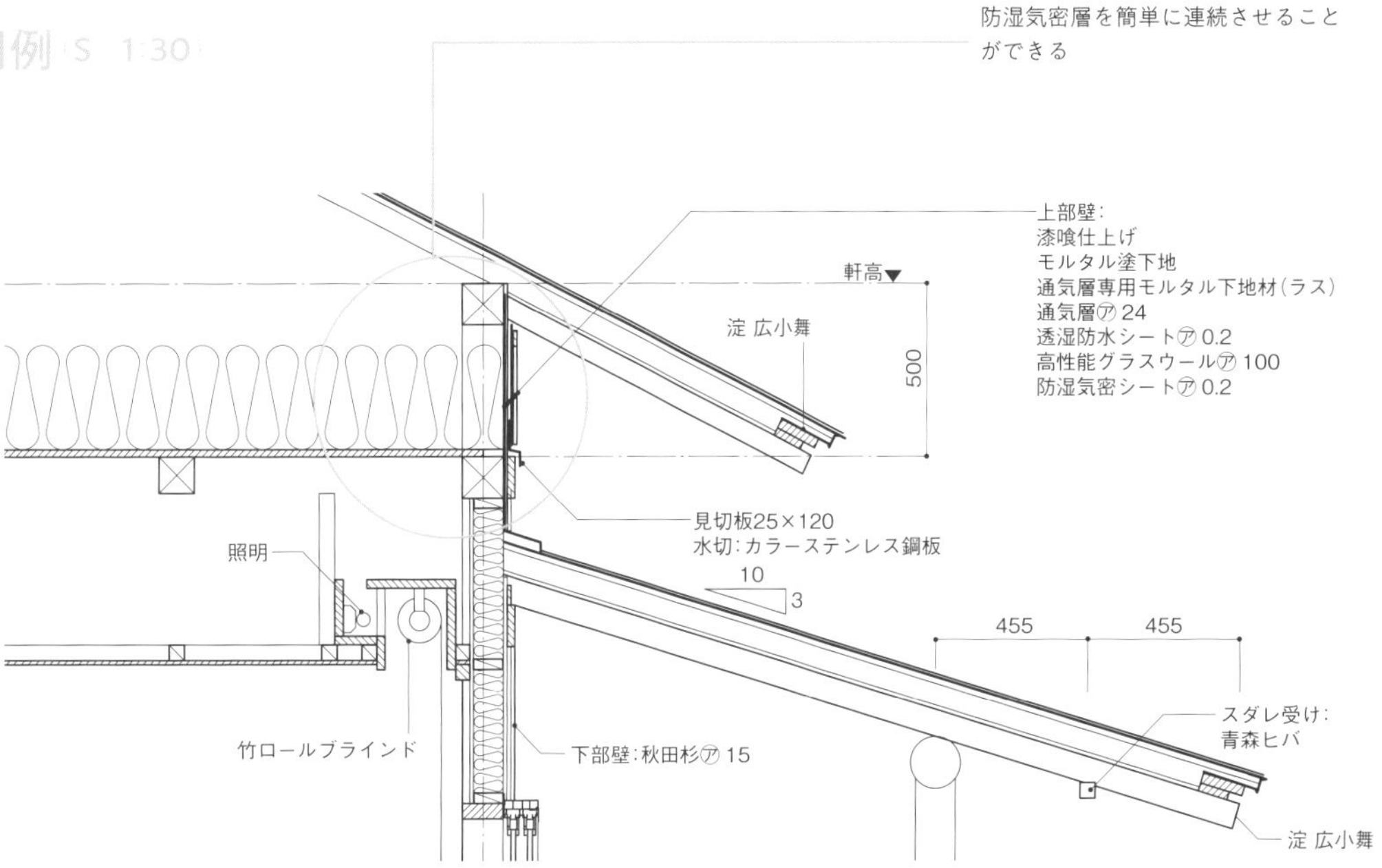
防湿気密層を簡単に連続させることができる
上部壁：
漆喰仕上げ
モルタル塗下地
通気層専用モルタル下地材（ラス）
通気層⑦24
透湿防水シート⑦0.2
高性能グラスウール⑦100
防湿気密シート⑦0.2
軒高
淀 広小舞
500
見切板25×120
水切：カラーステンレス鋼板
照明
10
3
455
455
竹ロールブラインド
下部壁：秋田杉⑦15
スダレ受け：青森ヒバ
淀 広小舞

図5 桁上断熱の応用例（フラットルーフ、S=1:50）

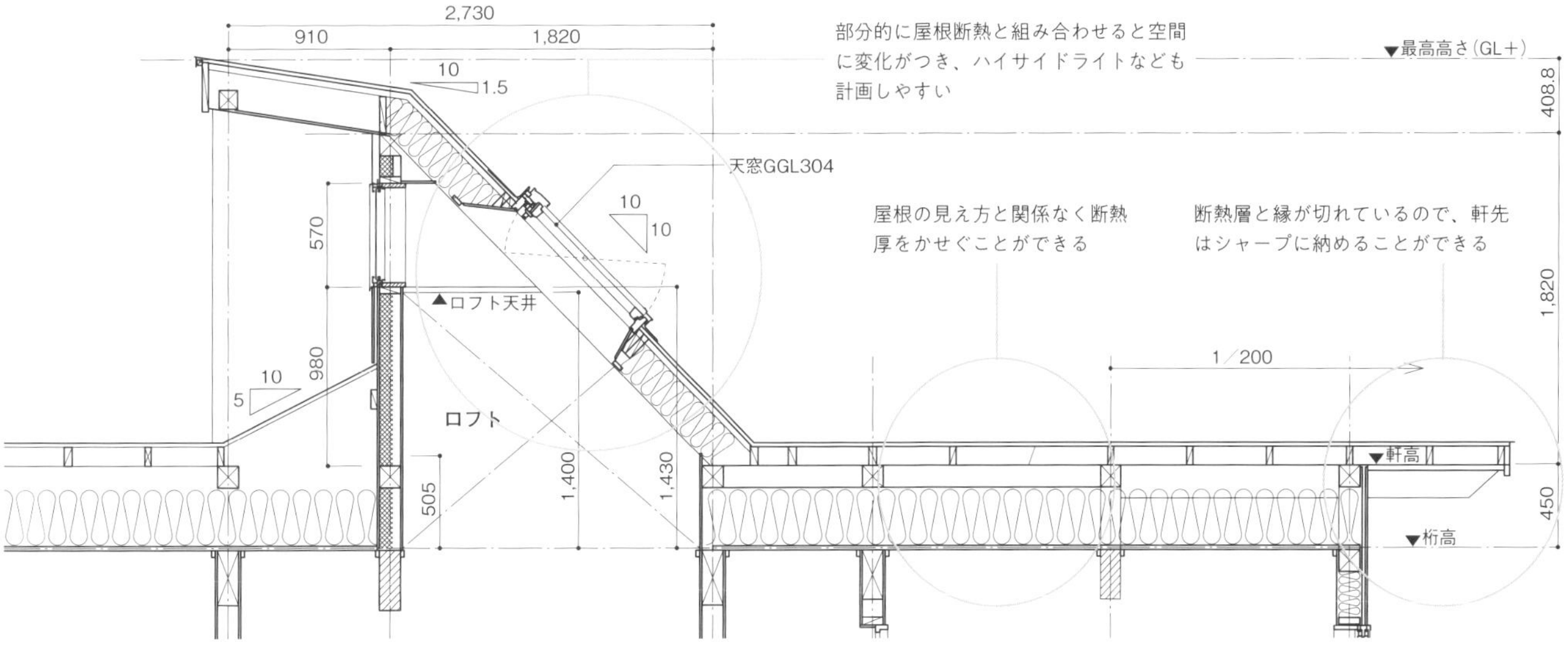
2,730
910
1,820
10
1.5
部分的に屋根断熱と組み合わせると空間に変化がつき、ハイサイドライトなども計画しやすい
最高高さ（GL＋）
408.8
天窓GGL304
10
10
570
ロフト天井
屋根の見え方と関係なく断熱厚をかせぐことができる
断熱層と縁が切れているので、軒先はシャープに納めることができる
1,820
980
10
5
ロフト
1/200
軒高
1,400
1,430
505
450
桁高

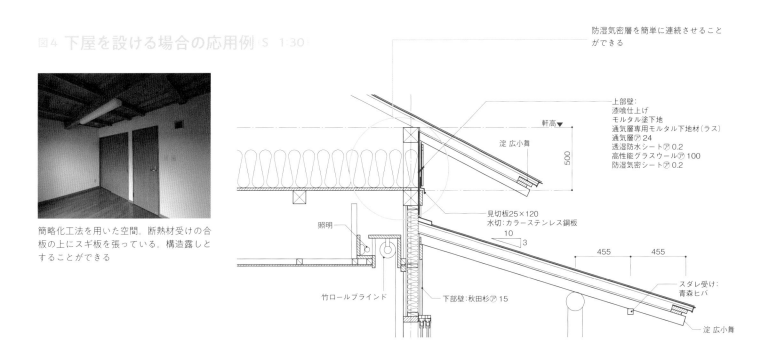

屋根断熱300㎜厚で火打ちを省略

POINT 屋根断熱で剛性と厚みを確保する

空間の有効利用に
屋根断熱は有効だが、
垂木のせいが問題

300㎜厚までなら
2×12材でいけるが
火打ちが必要

240㎜厚＋内付加断熱なら
360㎜厚まで可能で
火打ちも外せる

図1 基本的な屋根断熱の納まり（S＝1:15）

❶通気胴縁を用いる納まり

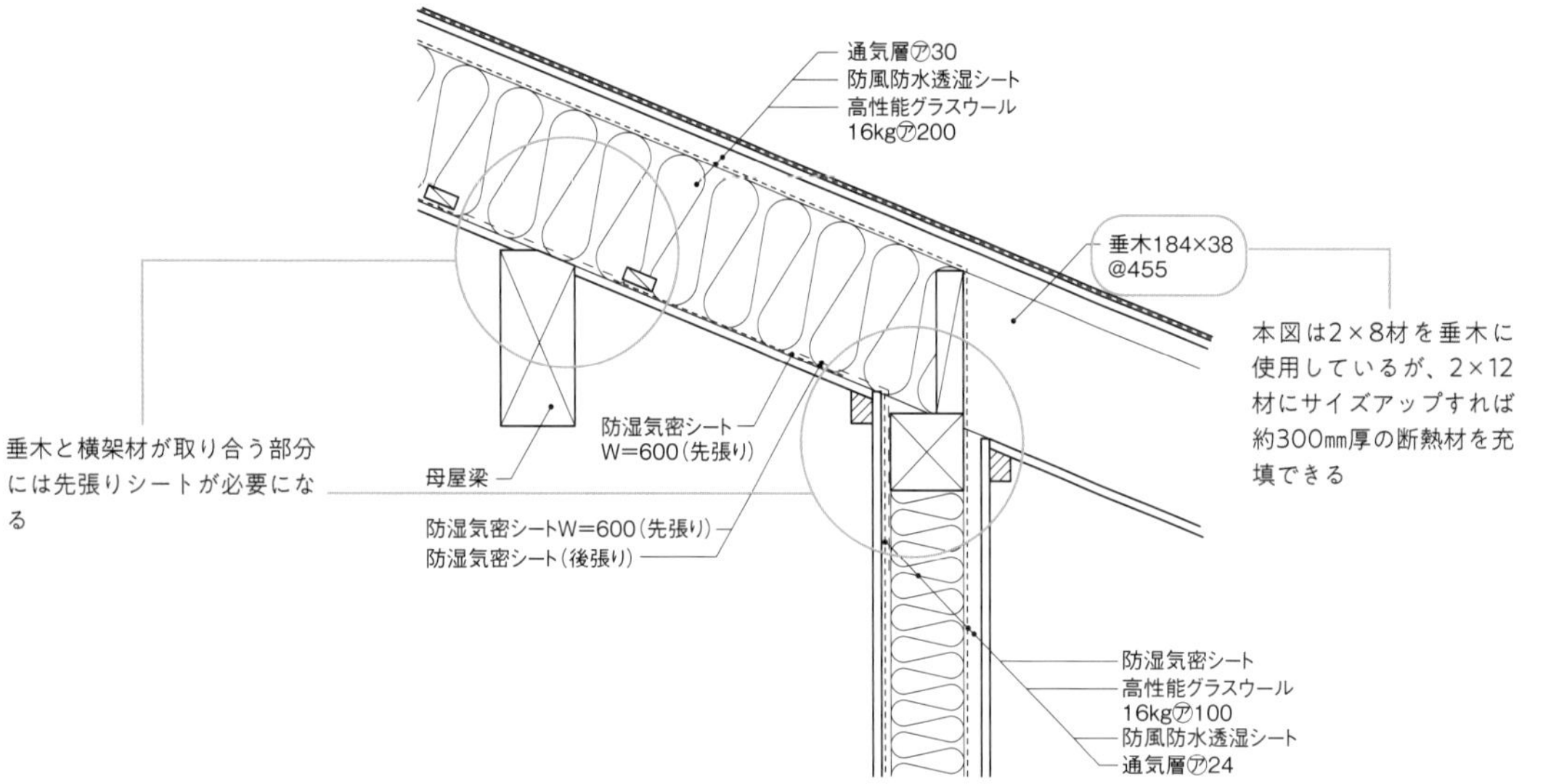
通気層㋐30
防風防水透湿シート
高性能グラスウール
16kg㋐200
垂木184×38
@455
本図は2×8材を垂木に使用しているが、2×12材にサイズアップすれば約300㎜厚の断熱材を充填できる
垂木と横架材が取り合う部分には先張りシートが必要になる
母屋梁
防湿気密シート
W=600（先張り）
防湿気密シートW=600（先張り）
防湿気密シート（後張り）
防湿気密シート
高性能グラスウール
16kg㋐100
防風防水透湿シート
通気層㋐24

❷通気スペーサーを用いる納まり

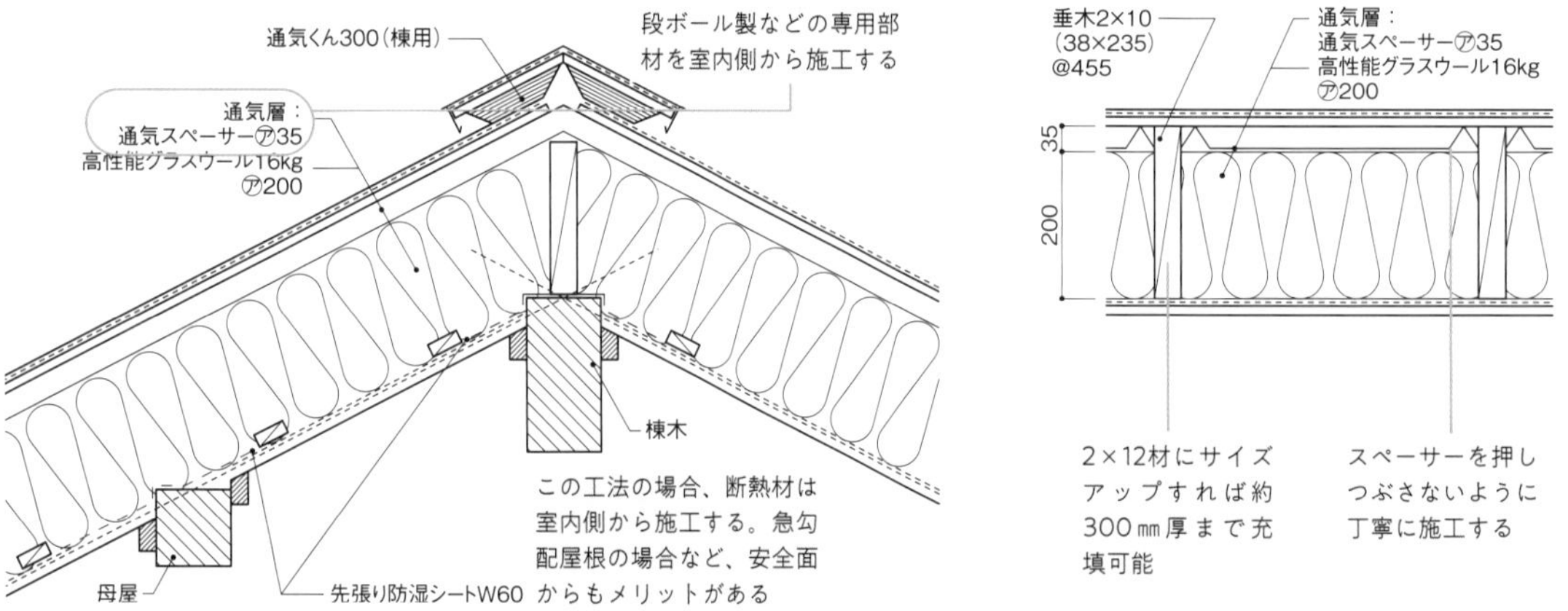
通気くん300（棟用）
段ボール製などの専用部材を室内側から施工する
通気層：
通気スペーサー㋐35
高性能グラスウール16kg
㋐200
棟木
この工法の場合、断熱材は室内側から施工する。急勾配屋根の場合など、安全面からもメリットがある
母屋
先張り防湿シートW60
垂木2×10
（38×235）
@455
通気層：
通気スペーサー㋐35
高性能グラスウール16kg
㋐200
35
200
2×12材にサイズアップすれば約300㎜厚まで充填可能
スペーサーを押しつぶさないように丁寧に施工する

屋根断熱は、屋根裏部分などを室内空間として利用できるため、限られた空間を有効利用するうえではとても魅力的な手法だ。U_A値0.30の住宅においても、垂木のせいを大きくすることで、屋根断熱で高断熱化に対応できる。

ただし、せいが300㎜の垂木となると、秋田などの林業県では入手の問題はないものの、地域によっては高価な材料になり、2×12材（40×289×1千500㎜）を利用するぐらいしか廉価な選択肢がなくなる。

また垂木のせいが大きくなるとその分転びやすくなるため、屋根構面を固めていくうえで不利になる。そこで考案したのが、室内側に付加断熱をすることで屋根の剛性を高める方法だ。

左頁下段の図4と写真のように、構造用合板の下部に付加断熱用の垂木を設ける。垂木のせいは120㎜に抑え、登り梁に落とし込む。このことで屋根面と桁廻りを合わせて1.4倍の剛性を得ることができる。

そしてメインの断熱層の垂木はせい235㎜とし、付加断熱と併せて十分な断熱厚を確保できる。

図2 屋根付加断熱の納まり（S＝1:30）

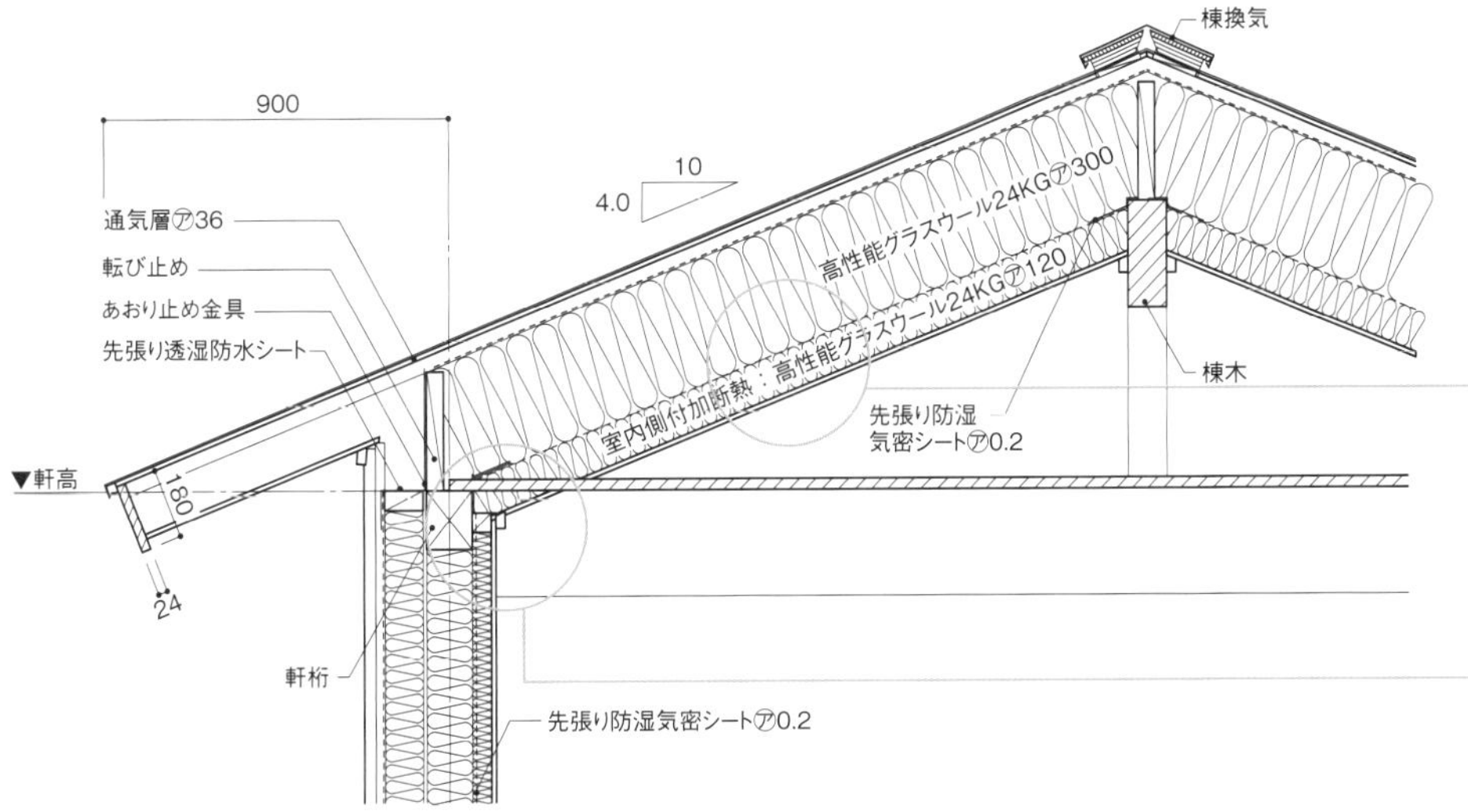
棟換気
900
10
4.0
通気層㋐36
転び止め
あおり止め金具
先張り透湿防水シート
高性能グラスウール24KG㋐300
室内側付加断熱：高性能グラスウール24KG㋐120
先張り防湿
気密シート㋐0.2
棟木
▼軒高
180
24
軒桁
先張り防湿気密シート㋐0.2

屋根付加断熱の内側で防湿気密層を連続させる

防湿気密シートの内側に垂木をもう1段掛け、高性能グラスウール24Kを100㎜充填する。この断熱層は配線スペースとしても利用する

図3 フラットルーフの納まり（S＝1:30）

先張りシートなどの注意点は傾斜屋根に準ずる

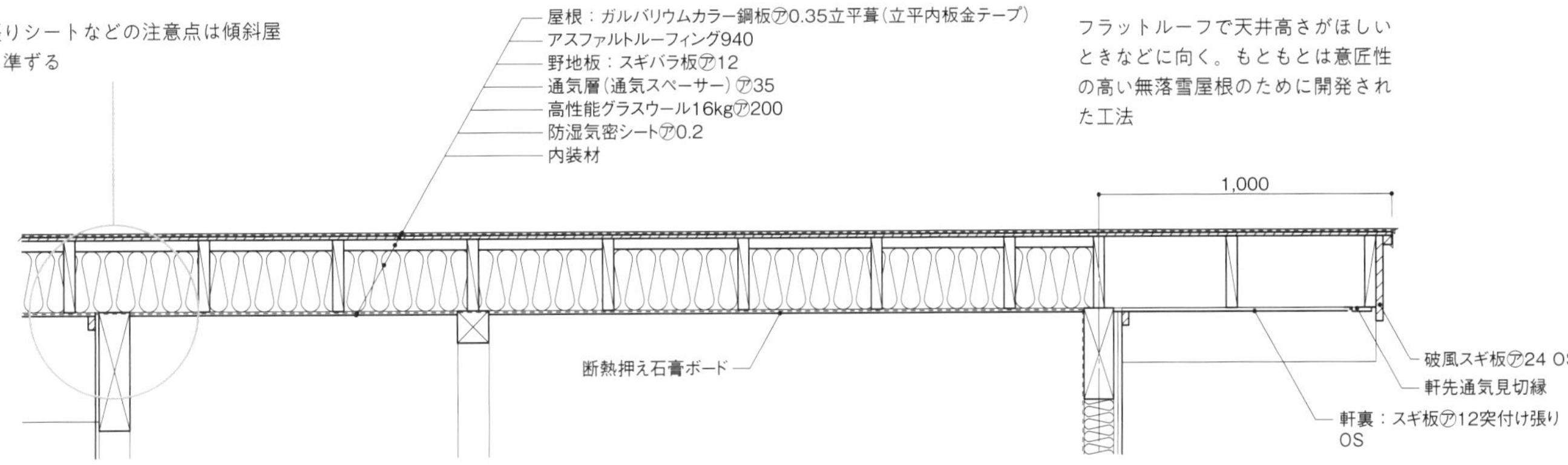
屋根：ガルバリウムカラー鋼板㋐0.35立平葺（立平内板金テープ）
アスファルトルーフィング940
野地板：スギバラ板㋐12
通気層（通気スペーサー）㋐35
高性能グラスウール16kg㋐200
防湿気密シート㋐0.2
内装材
1,000
断熱押え石膏ボード
破風スギ板㋐24 OS
軒先通気見切縁
軒裏：スギ板㋐12突付け張り
OS

フラットルーフで天井高さがほしいときなどに向く。もともとは意匠性の高い無落雪屋根のために開発された工法

図4 火打ちを省略する300㎜厚断熱の納まり（S＝1:30）

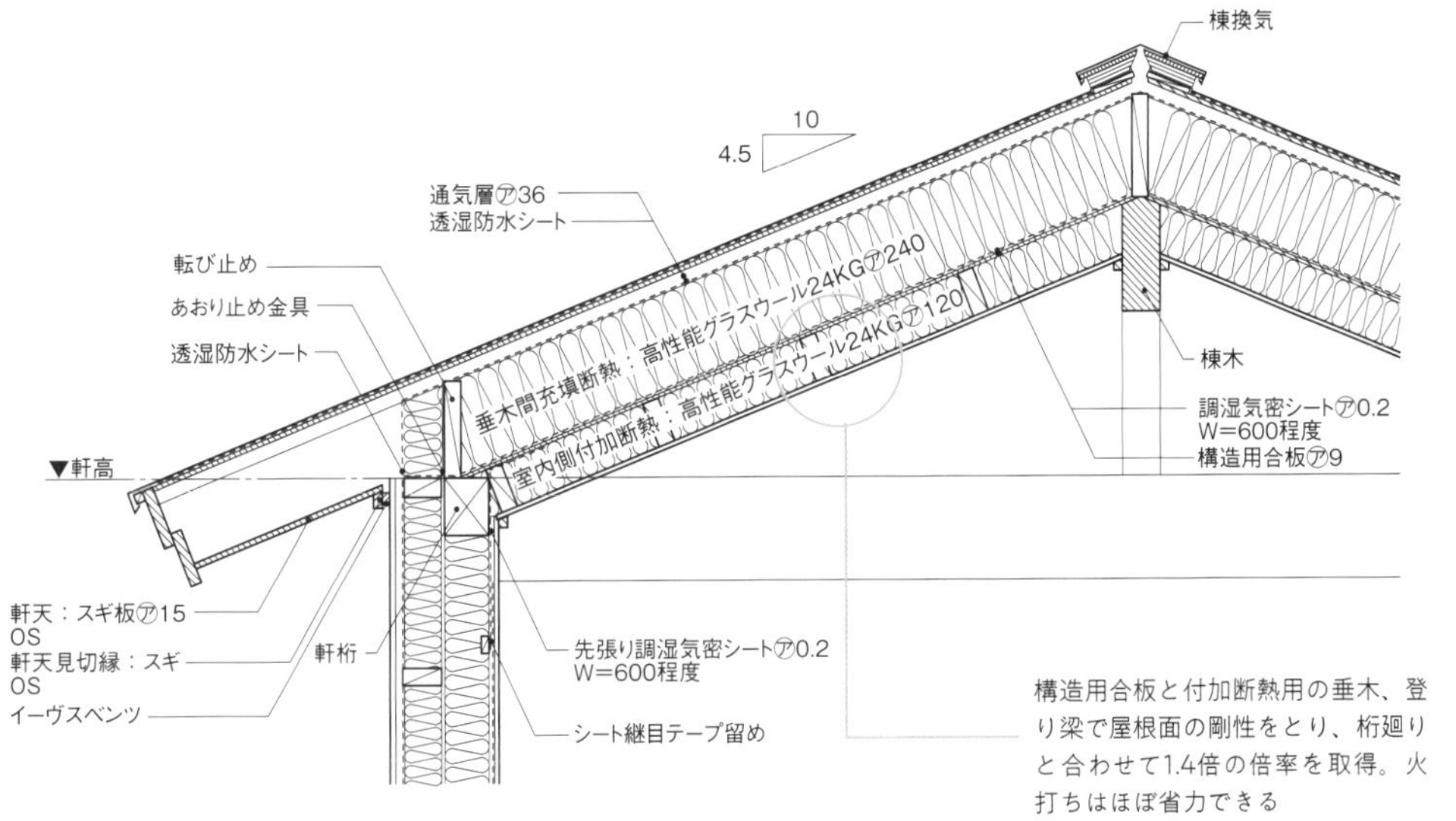
棟換気
10
4.5
通気層㋐36
透湿防水シート
転び止め
あおり止め金具
透湿防水シート
垂木間充填断熱：高性能グラスウール24KG㋐240
室内側付加断熱：高性能グラスウール24KG㋐120
棟木
調湿気密シート㋐0.2
W=600程度
構造用合板㋐9
▼軒高
軒天：スギ板㋐15
OS
軒天見切縁：スギ
OS
イーヴスベンツ
軒桁
先張り調湿気密シート㋐0.2
W=600程度
シート継目テープ留め

構造用合板と付加断熱用の垂木、登り梁で屋根面の剛性をとり、桁廻りと合わせて1.4倍の倍率を取得。火打ちはほぼ省力できる

高さ120㎜の横垂木を登り梁に落とし込み、合板と合わせて1.4倍の屋根剛性を発揮するこの屋根面と桁レベル面との組み合せで火打梁を極めて少なくできる

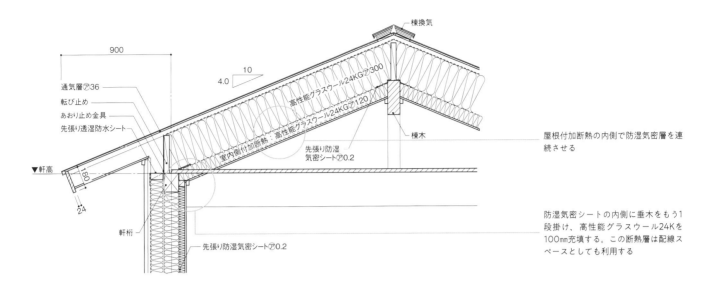

屋根断熱のデザインは軒先が勝負

POINT **断熱厚を増しつつデザイン性も確保する**

屋根断熱の
厚みを増すと軒先の
デザインは重くなる？

断熱ラインを
躯体外周でまとめれば
軒先の形状は自由

軒の出がない
デザインや水平屋根など
応用もいろいろ

図1 屋根断熱の軒先の納め方（S＝1:40）

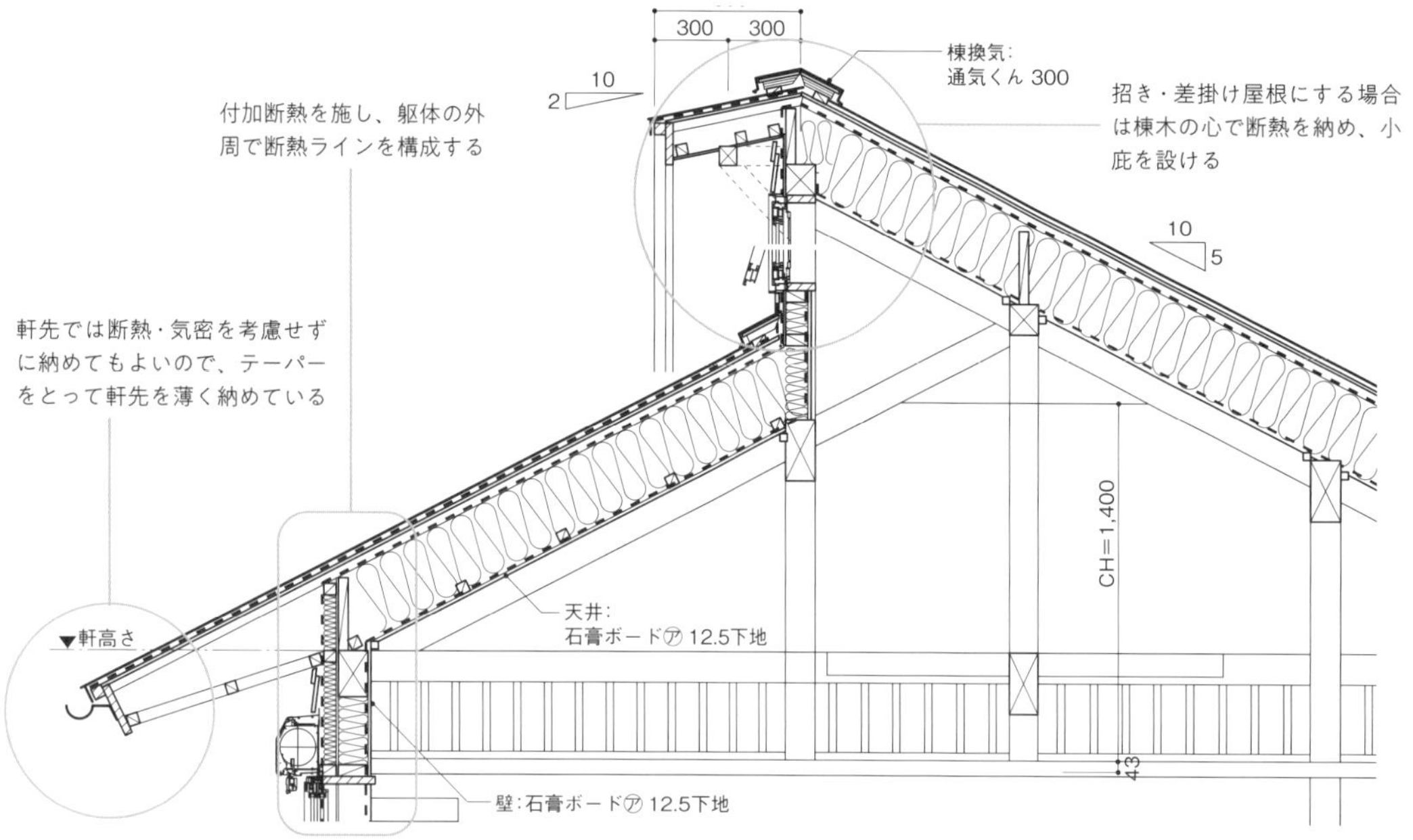
300
300
10
2
棟換気：
通気くん 300
招き・差掛け屋根にする場合
は棟木の心で断熱を納め、小
庇を設ける
付加断熱を施し、躯体の外
周で断熱ラインを構成する
10
5
軒先では断熱・気密を考慮せず
に納めてもよいので、テーパー
をとって軒先を薄く納めている
CH=1,400
天井：
石膏ボード㋐12.5下地
▼軒高さ
43
壁：石膏ボード㋐12.5下地

屋根垂木・軒先部分の詳細。断熱ラインがよく分かる

桁上断熱とし、フラットルーフを薄く見せた例（国際教養大宿舎）

U_A値0.30の家で屋根断熱を採用した場合、意匠的な点で検討が必要なのが、軒先の納め方である。繊維系断熱材の場合、厚みが300㎜を超えるので、屋根の見え方がぼってりした印象になってしまうのだ。

解決策の1つは、軒を出さないことである。陸屋根つまりフラットサーフェースのデザインにすれば、軒先は意識されない。ただしこの場合、日射遮蔽に難があるので、外付けブラインドを設置するなどの対策が不可欠だ。

もう1つの方法が、上図のように断熱ラインを外壁ラインで構成し、軒先の垂木にテーパーをとって壁の内側で納める方法である。軒先の厚みは垂木のせいよりもぐっと絞ることができ、すっきりとした印象となる。

また、フラットルーフとするのも1つの手である。平らな屋根が伸びるデザインだと、屋根の厚みをそのまま表現しても違和感がない。なお、フラットルーフとする場合、左頁中段の図のように桁上断熱として、軒先は断熱と縁を切ったうえで納めるという手法もある。

図2 軒の出がない場合の納まり（S=1:20）

❶軒先の納まり

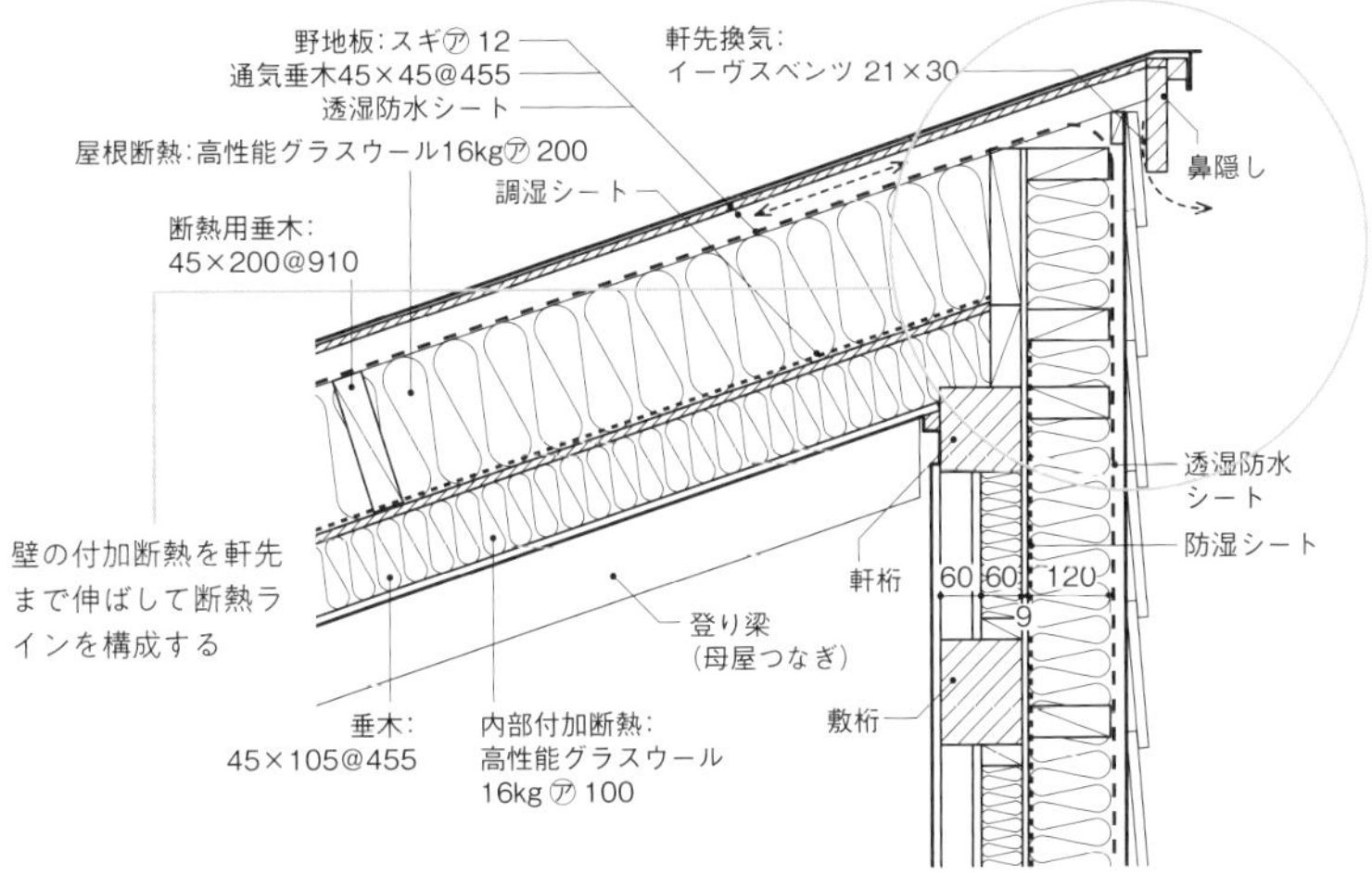
野地板：スギ㋐12
通気垂木45×45@455
透湿防水シート
軒先換気：
イーヴスベンツ 21×30
屋根断熱：高性能グラスウール16kg㋐200
調湿シート
鼻隠し
断熱用垂木：
45×200@910
透湿防水
シート
防湿シート
壁の付加断熱を軒先まで伸ばして断熱ラインを構成する
軒桁
60 60 120
9
登り梁
（母屋つなぎ）
敷桁
垂木：
45×105@455
内部付加断熱：
高性能グラスウール
16kg㋐100

❷ケラバの納まり

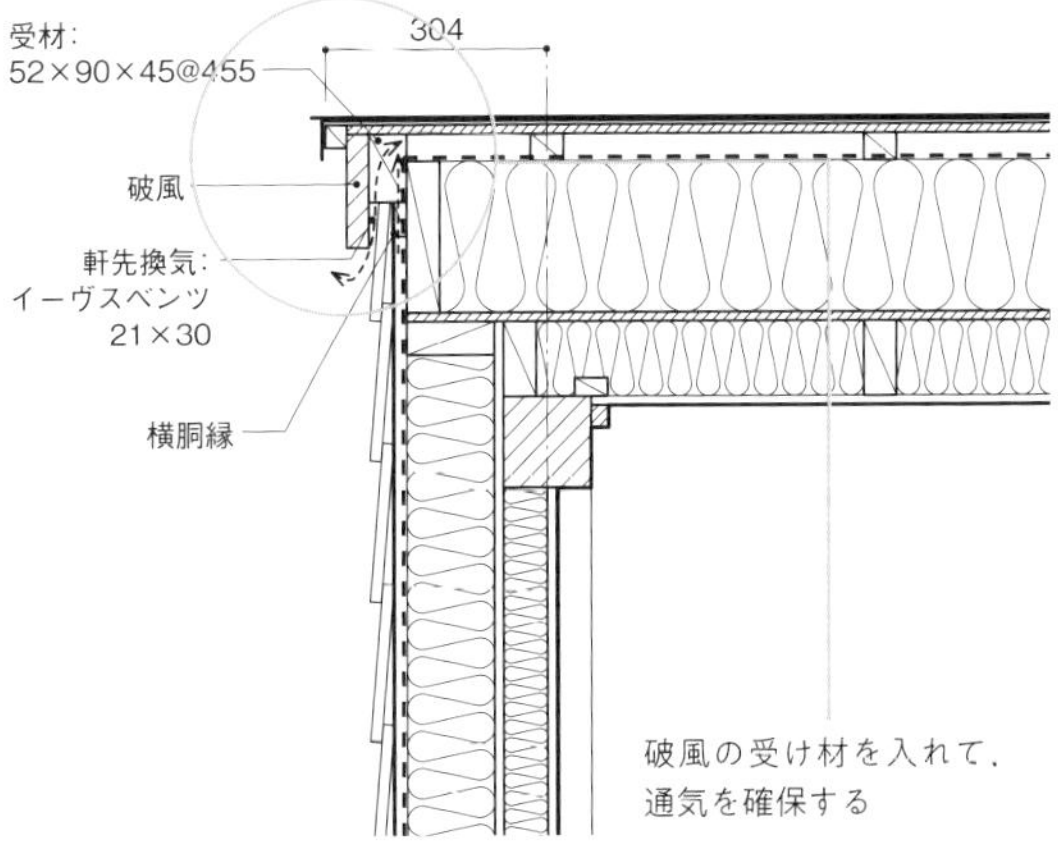
受材：
52×90×45@455
304
破風
軒先換気：
イーヴスベンツ
21×30
横胴縁
破風の受け材を入れて，通気を確保する

図3 フラットルーフにする場合の納まり（S=1:20）

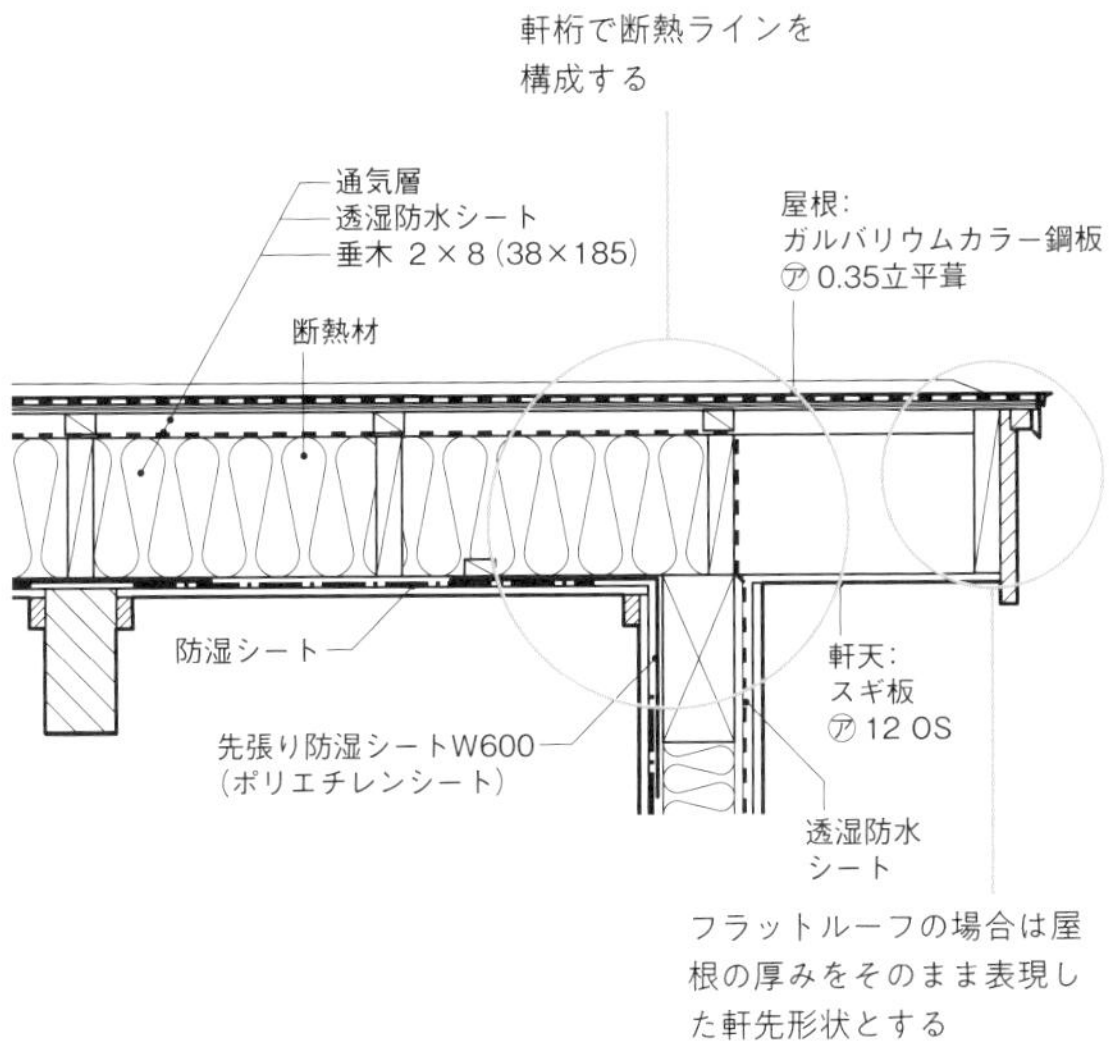
軒桁で断熱ラインを
構成する
通気層
透湿防水シート
垂木 2×8（38×185）
屋根：
ガルバリウムカラー鋼板
㋐0.35立平葺
断熱材
防湿シート
先張り防湿シートW600
（ポリエチレンシート）
軒天：
スギ板
㋐12 OS
透湿防水
シート
フラットルーフの場合は屋根の厚みをそのまま表現した軒先形状とする

図4 桁上断熱でフラットルーフにする場合（S=1:20）

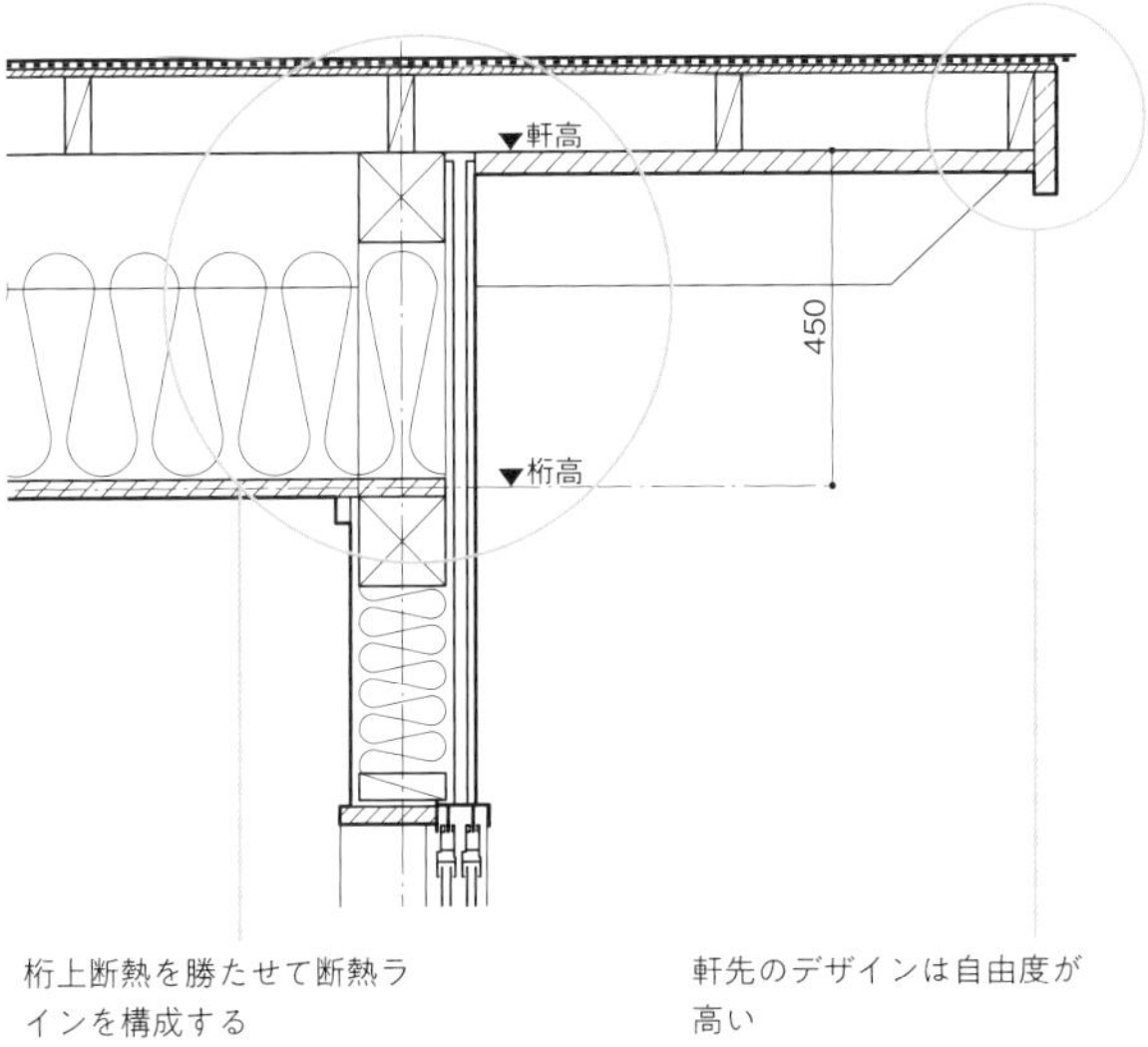
▼軒高
450
▼桁高
桁上断熱を勝たせて断熱ラインを構成する
軒先のデザインは自由度が高い

図5 陸屋根とする場合のパラペットの納まり（S=1:20）

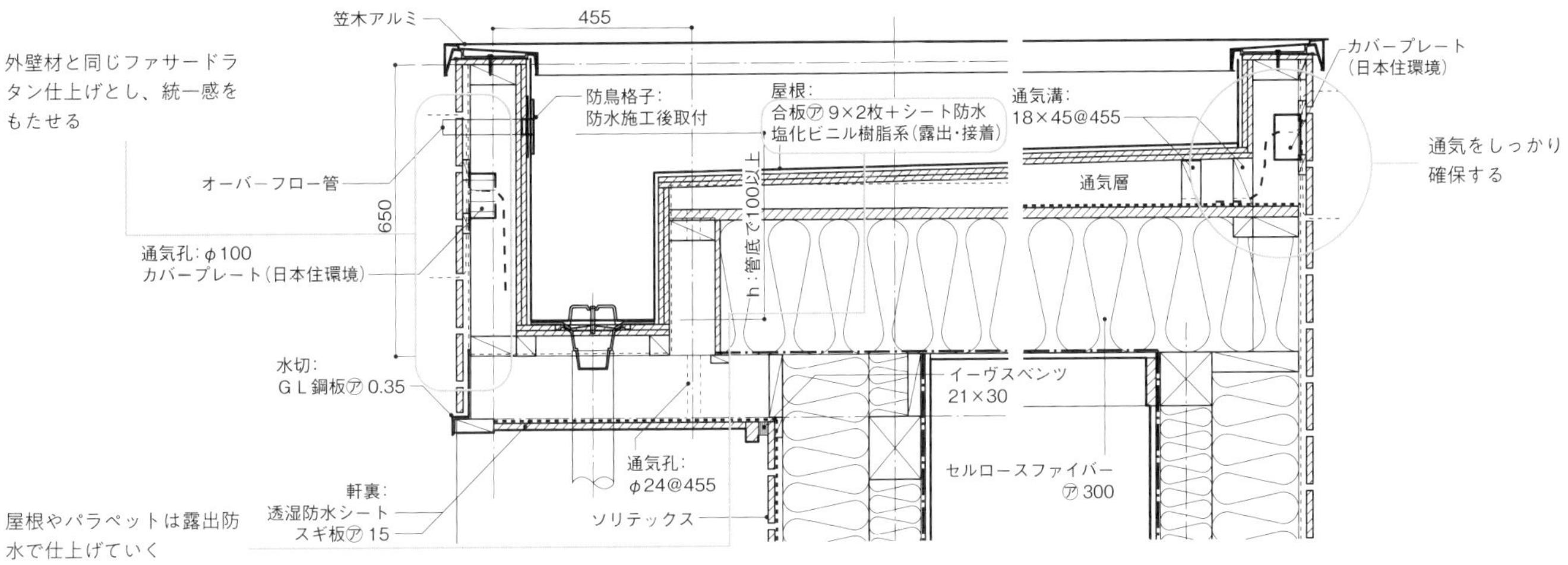
笠木アルミ
455
外壁材と同じファサードラタン仕上げとし、統一感をもたせる
防鳥格子：
防水施工後取付
屋根：
合板㋐9×2枚＋シート防水
塩化ビニル樹脂系（露出・接着）
通気溝：
18×45@455
カバープレート
（日本住環境）
通気をしっかり確保する
オーバーフロー管
650
h：溝底で100以上
通気層
通気孔：φ100
カバープレート（日本住環境）
水切：
GL鋼板㋐0.35
イーヴスベンツ
21×30
通気孔：
φ24@455
セルロースファイバー
㋐300
軒裏：
透湿防水シート
スギ板㋐15
ソリテックス
屋根やパラペットは露出防水で仕上げていく

付加断熱は費用対効果に優れた工法

POINT 基本を学べば超高断熱住宅も怖くない

断熱厚増加により
熱抵抗値が増し、
熱橋の問題も解決

断熱厚が必要なので
安価なグラスウールか
ロックウールが基本

内付加断熱は配線
スペースを兼ねるので、
防湿気密工事が確実に

図1 内外付加断熱工法で超高性能に(S＝1：30)

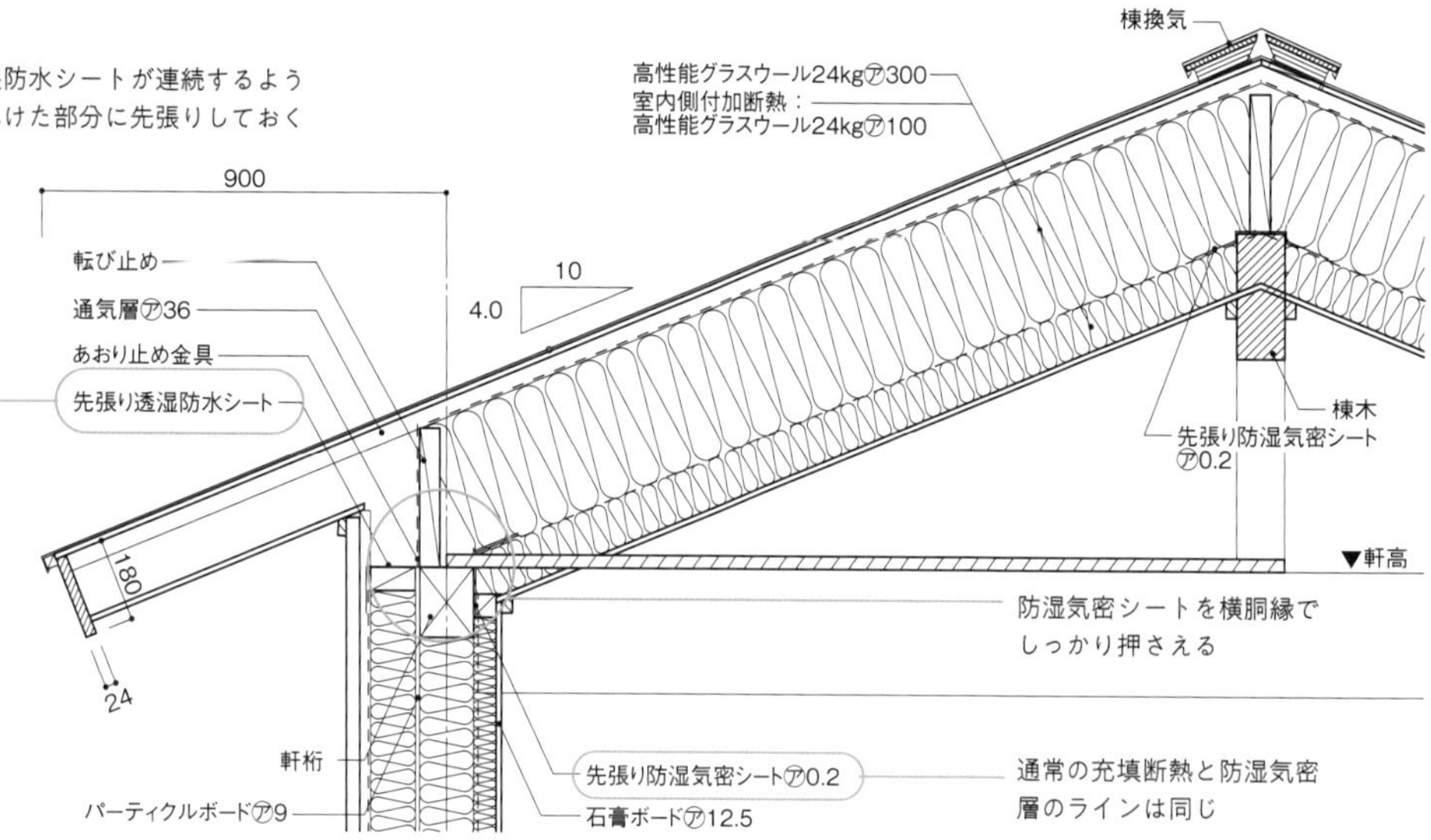

棟換気
高性能グラスウール24kg㋐300
室内側付加断熱：
高性能グラスウール24kg㋐100
透湿防水シートが連続するよう
にふけた部分に先張りしておく
900
転び止め
通気層㋐36
あおり止め金具
先張り透湿防水シート
10
4.0
棟木
先張り防湿気密シート
㋐0.2
▼軒高
180
24
防湿気密シートを横胴縁で
しっかり押さえる
軒桁
パーティクルボード㋐9
先張り防湿気密シート㋐0.2
石膏ボード㋐12.5
通常の充填断熱と防湿気密
層のラインは同じ

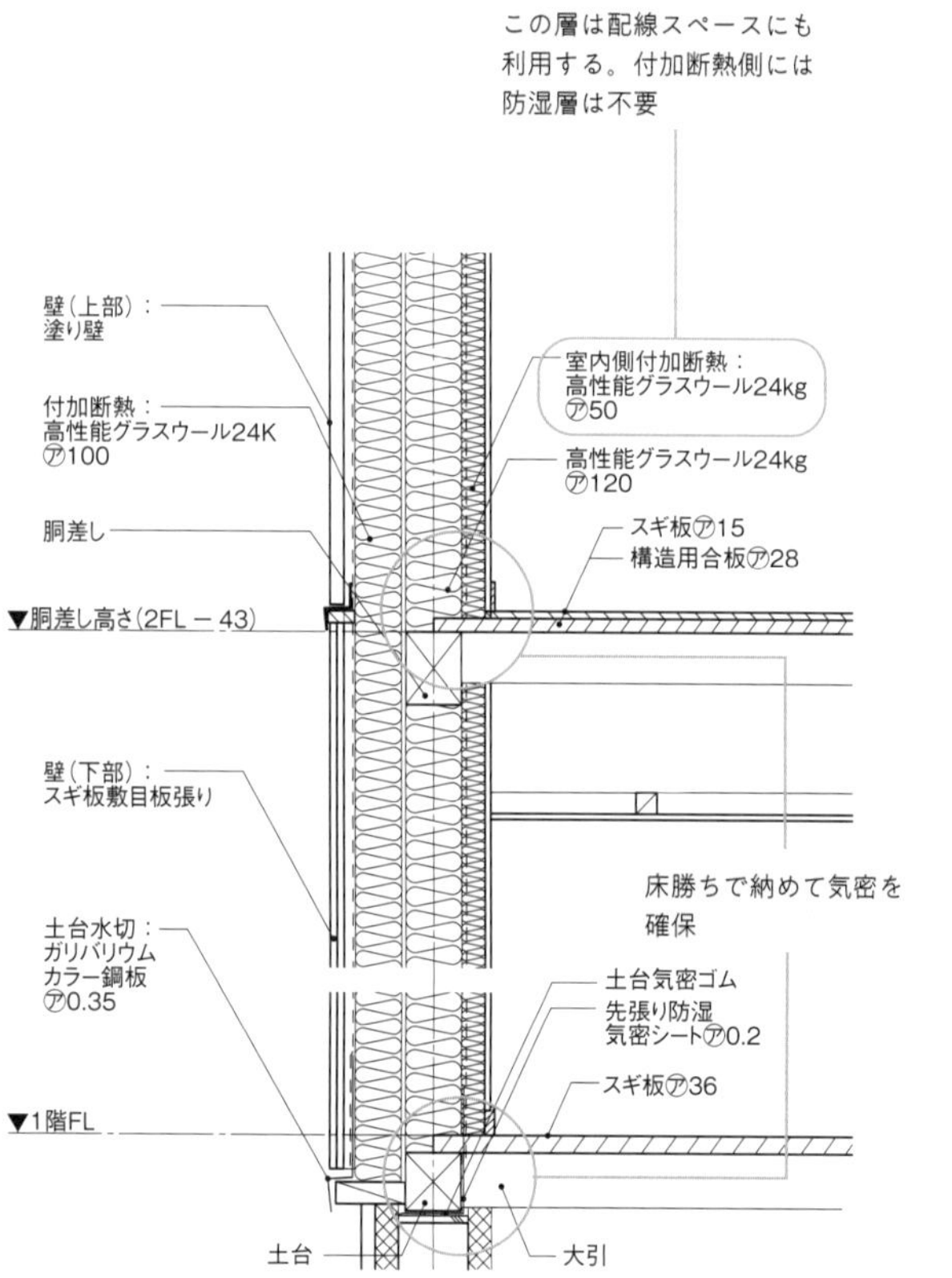

この層は配線スペースにも
利用する。付加断熱側には
防湿層は不要
壁(上部)：
塗り壁
付加断熱：
高性能グラスウール24K
㋐100
室内側付加断熱：
高性能グラスウール24kg
㋐50
高性能グラスウール24kg
㋐120
胴差し
スギ板㋐15
構造用合板㋐28
▼胴差し高さ(2FL－43)
壁(下部)：
スギ板敷目板張り
床勝ちで納めて気密を
確保
土台水切：
ガリバリウム
カラー鋼板
㋐0.35
土台気密ゴム
先張り防湿
気密シート㋐0.2
スギ板㋐36
▼1階FL
土台
大引

内外付加断熱の平断面(S＝1：12)

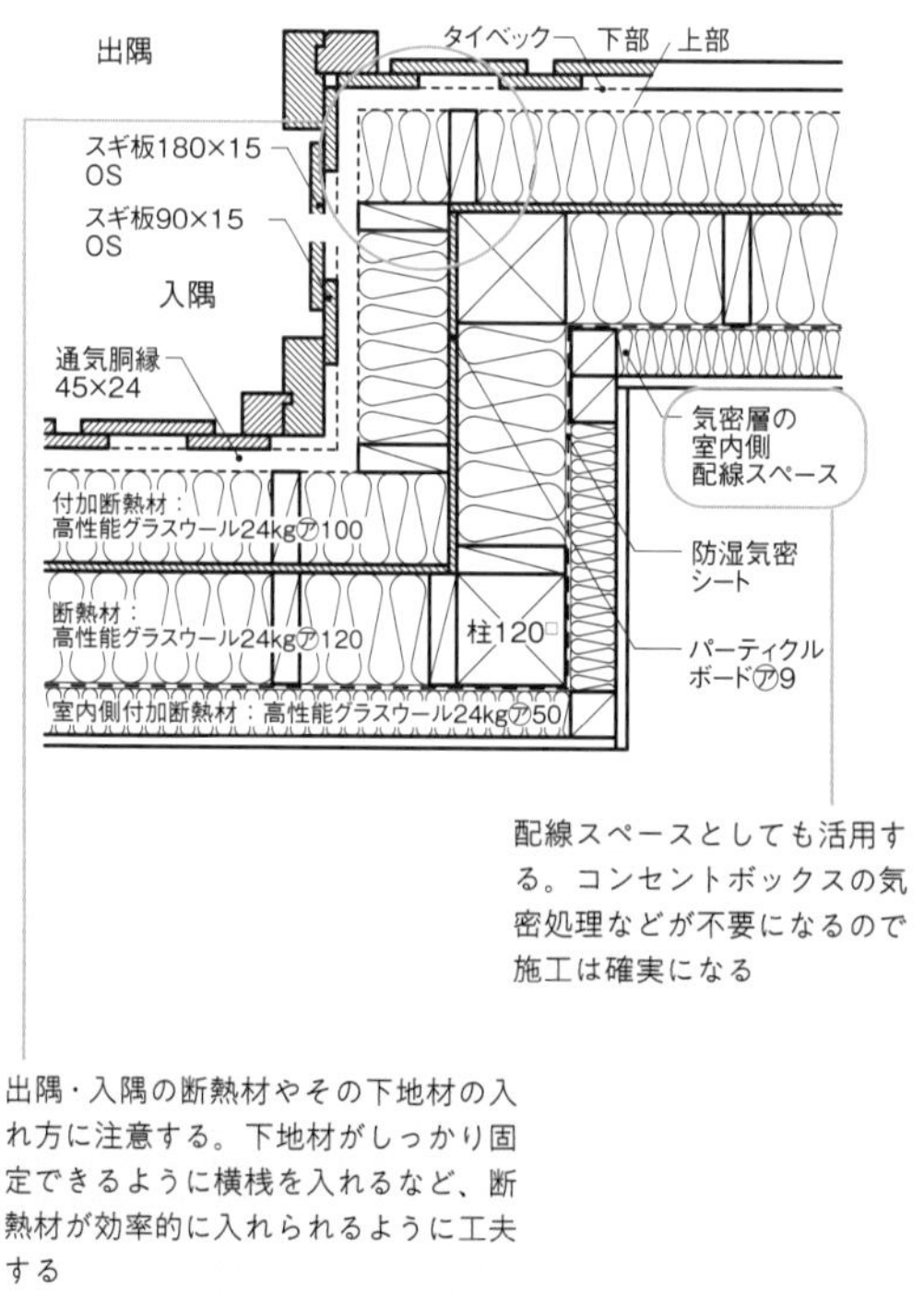

出隅
タイベック
下部
上部
スギ板180×15
OS
スギ板90×15
OS
入隅
通気胴縁
45×24
気密層の
室内側
配線スペース
付加断熱材：
高性能グラスウール24kg㋐100
防湿気密
シート
断熱材：
高性能グラスウール24kg㋐120
柱120
パーティクル
ボード㋐9
室内側付加断熱材：高性能グラスウール24kg㋐50
配線スペースとしても活用す
る。コンセントボックスの気
密処理などが不要になるので
施工は確実になる
出隅・入隅の断熱材やその下地材の入
れ方に注意する。下地材がしっかり固
定できるように横桟を入れるなど、断
熱材が効率的に入れられるように工夫
する

図2 付加断熱工法の基本納まり（S＝1:20）

❶縦下地による方法

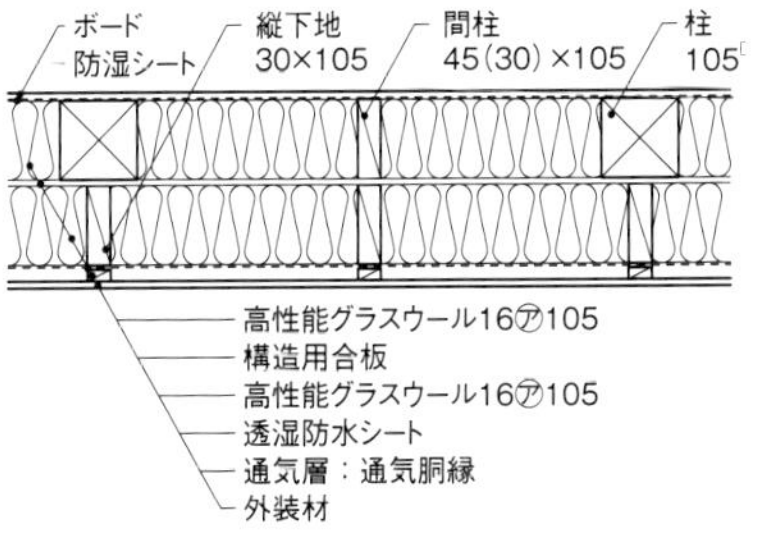
ボード
防湿シート
縦下地
30×105
間柱
45(30)×105
柱
105□
高性能グラスウール16㋐105
構造用合板
高性能グラスウール16㋐105
透湿防水シート
通気層：通気胴縁
外装材

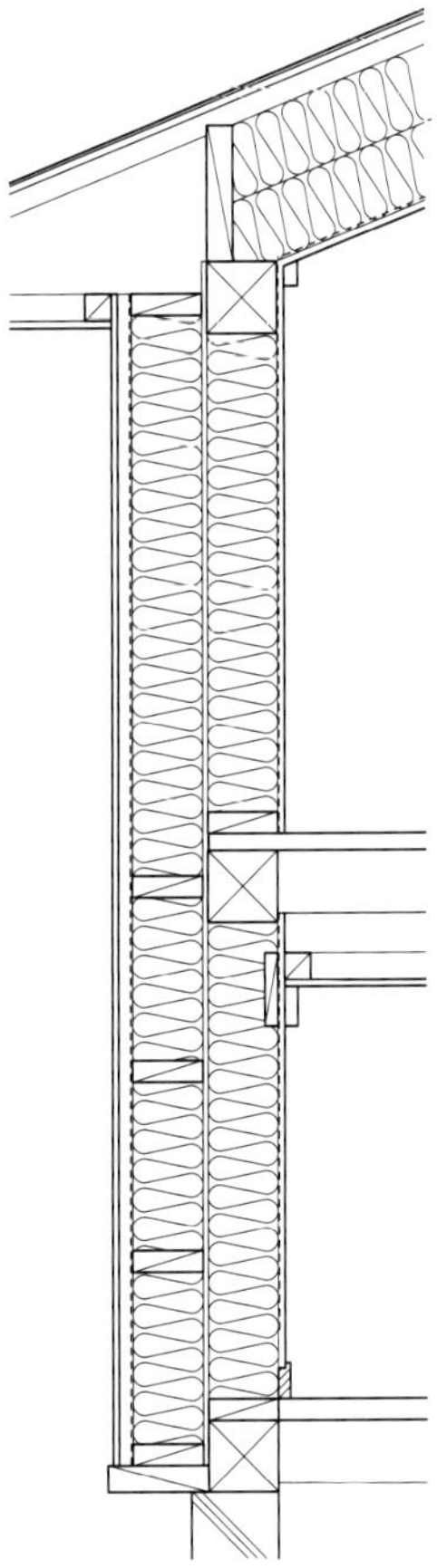

❷横下地による方法

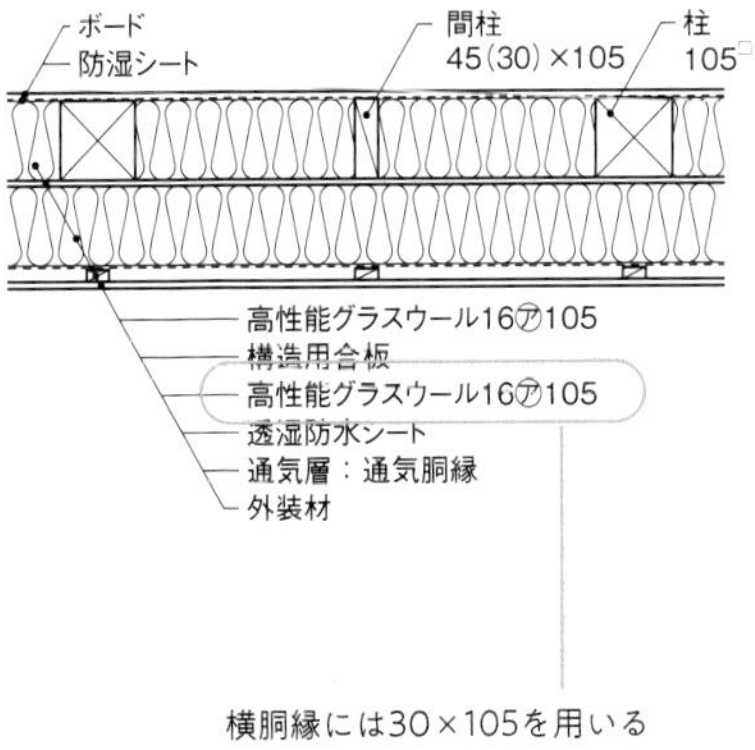
ボード
防湿シート
間柱
45(30)×105
柱
105□
高性能グラスウール16㋐105
構造用合板
高性能グラスウール16㋐105
透湿防水シート
通気層：通気胴縁
外装材
横胴縁には30×105を用いる

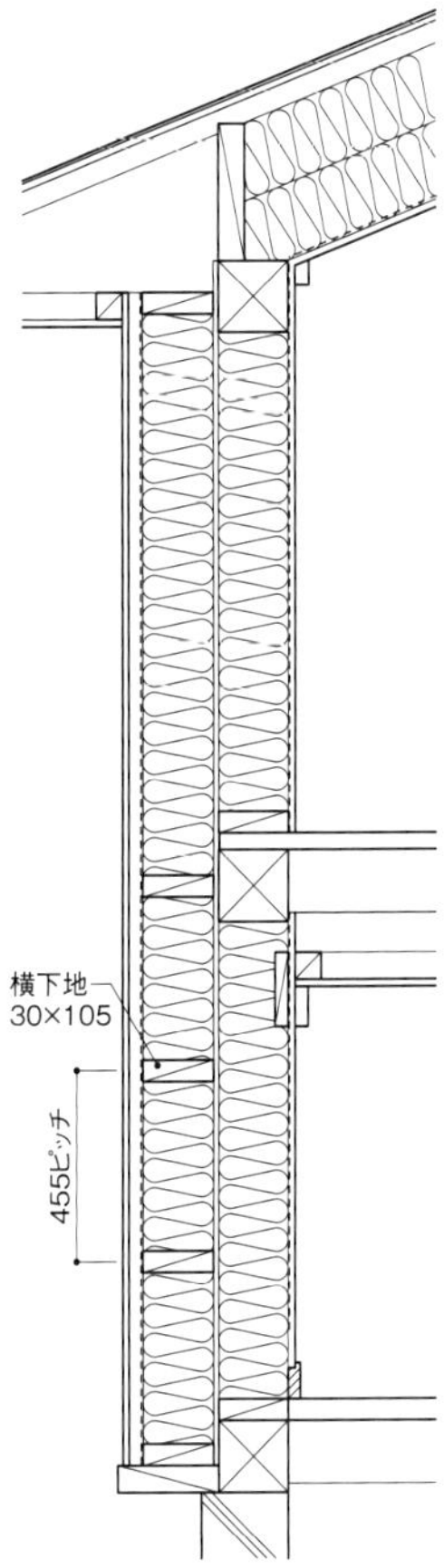
横下地
30×105
455ピッチ

❸ヒートブリッジを考慮した工法

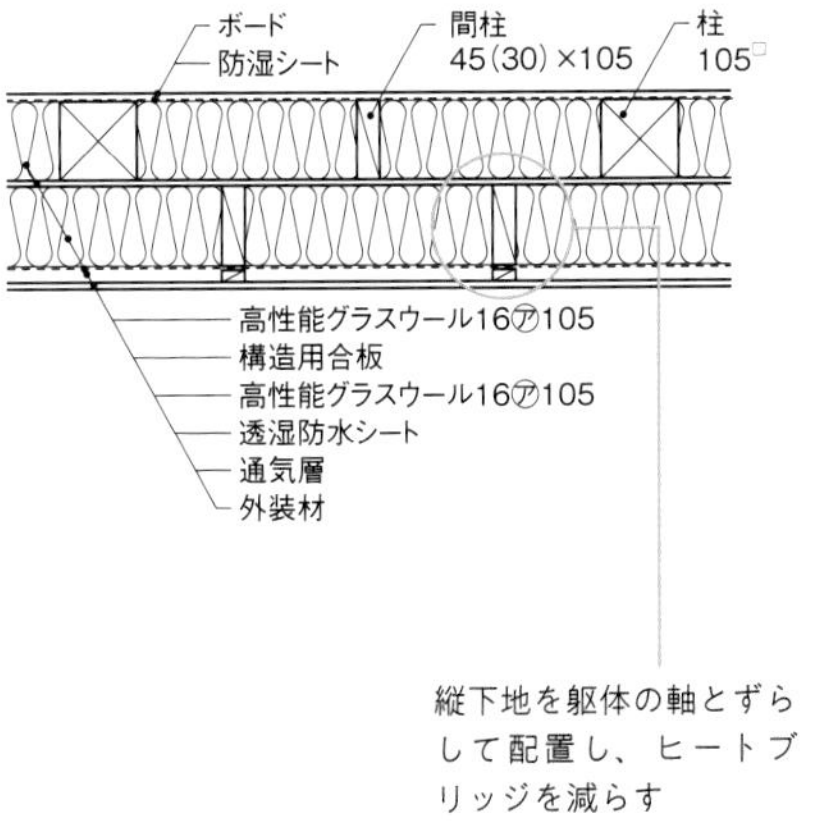
ボード
防湿シート
間柱
45(30)×105
柱
105□
高性能グラスウール16㋐105
構造用合板
高性能グラスウール16㋐105
透湿防水シート
通気層
外装材
縦下地を躯体の軸とずらして配置し、ヒートブリッジを減らす

❹横下地材のピッチを広げた例

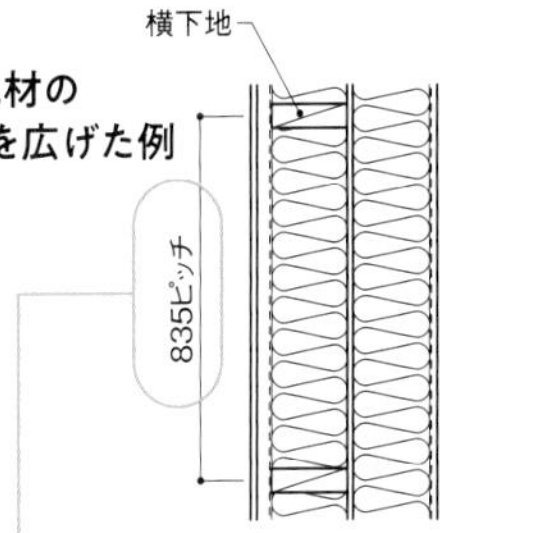
横下地
835ピッチ
根太レス用32K100㎜を採用すると、横下地が835㎜ピッチで済む。下地取付けの手間が半減し、ヒートブリッジも減少する

❺縦下地を打ち付ける際の木材の割れやビス打ち外れへの対処法

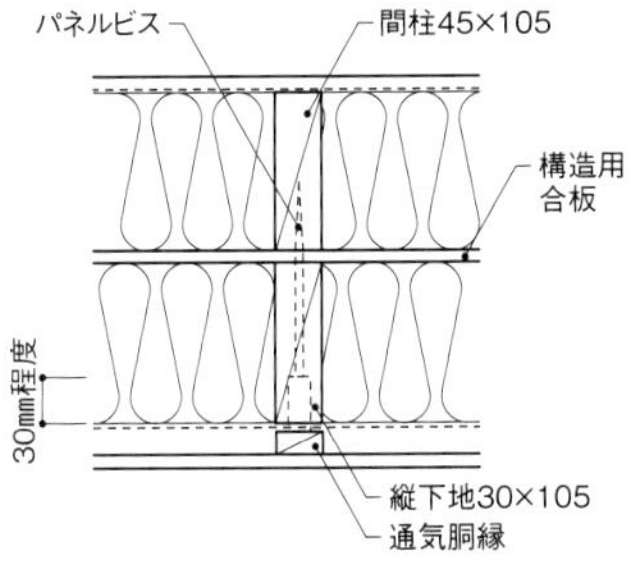
パネルビス
間柱45×105
構造用合板
30㎜程度
縦下地30×105
通気胴縁

・縦下地に30㎜程度先穴をあけておき、断熱専用パネルビスで留める
・場合によっては間柱に45×105㎜を使用する

❻横下地を打ち付ける際の木材の割れやビス打ち外れへの対処法

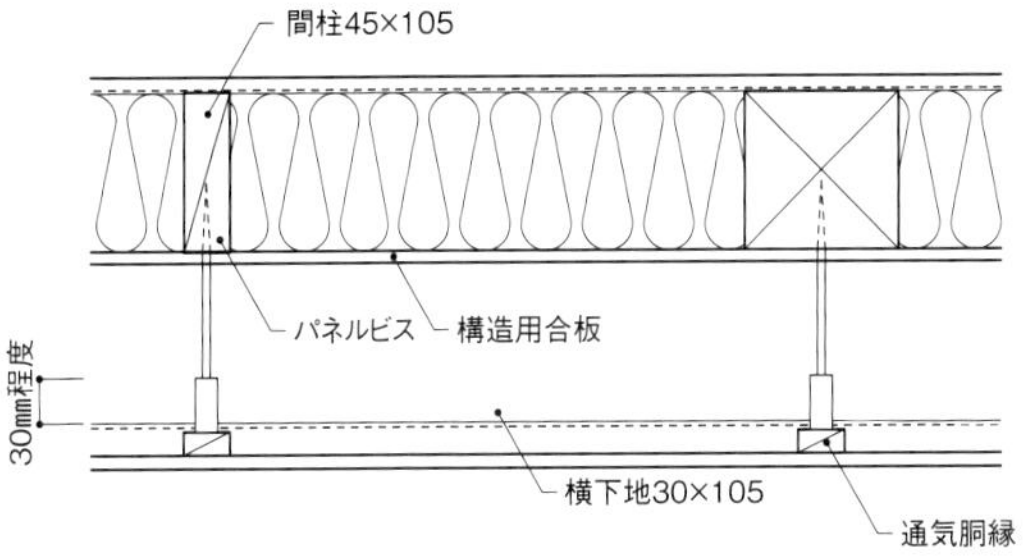
間柱45×105
パネルビス
構造用合板
30㎜程度
横下地30×105
通気胴縁

・横下地に30㎜程度先穴をあけておき、断熱専用パネルビスで留める
・場合によっては間柱に45×105㎜を使用する

❼基礎廻り

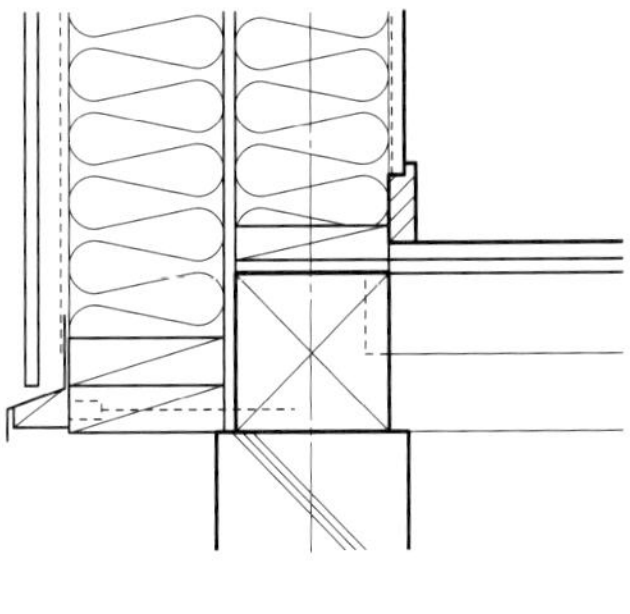

基礎の芯と躯体の芯をある程度ずらして、付加断熱を支える設計も検討する

❽芯を20㎜ずらした例

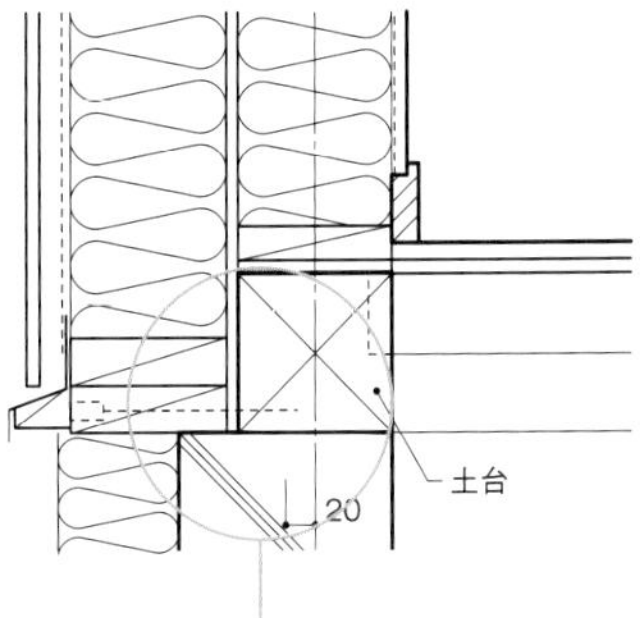
土台
20

付加断熱を支える基礎の幅が増え、断熱材や外装材の垂れ下がり防止に効果がある

付加断熱の構成は図に示したとおりである。基本は外張り断熱の要領で構造の外側に断熱層を付加し、付加した断熱層の外側に防水ラインを設ける。

付加断熱層は縦下地でも横下地でもよいが、確実に躯体に留め付ける必要がある。厚みがあるので、下地材の寸法やビスの選定、施工方法にも配慮が必要だ。また、防水ラインが確実に連続するように、透湿防水シートの施工にも配慮する。

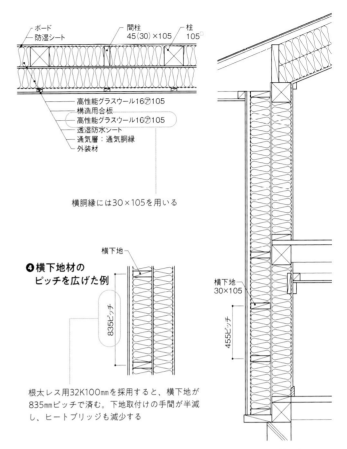

付加断熱の窓は漏水・熱橋・結露に注意

POINT 重たいサッシを漏水なく確実に取り付ける

壁が分厚くなったとき、サッシはどの位置に取り付けるべきか

躯体内に取り付けるか、または付加断熱部に取り付けるのが基本

一長一短あるが、いずれも重量対策と漏水対策が大切

図1 転び止めの施工（S=1:40）

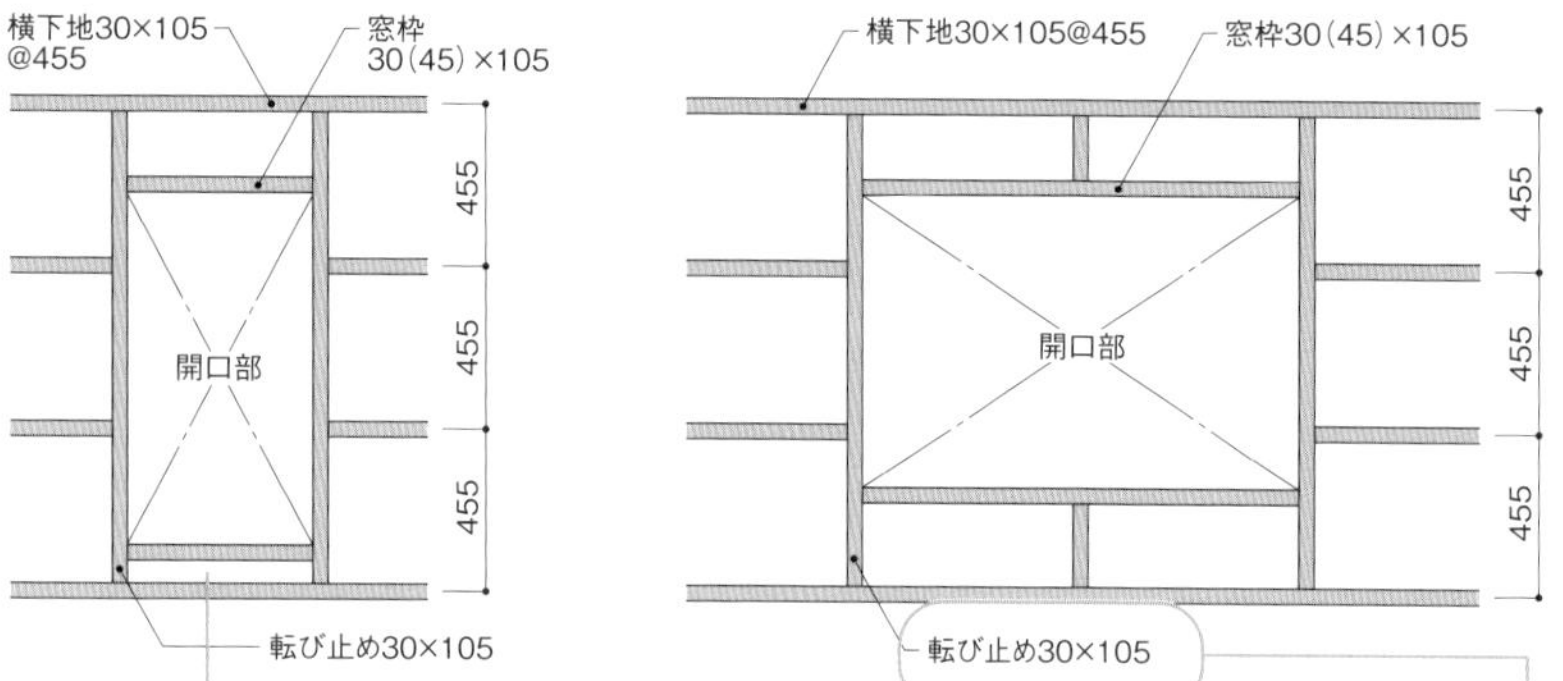

開口部（窓枠）の高さによっては狭い個所ができる。このような箇所には断熱欠損をなくすため、できる限り隙間がないようにグラスウールを充填する

付加断熱には縦下地と横下地がある。横下地は躯体に打ち付けていくだけで強度が得られるが、開口部上下などではサッシなどの重さや乾燥による下地の変形が懸念されるので転び止めを入れる

図2 断熱施工を考慮した縦下地の工夫例（S=1:10）

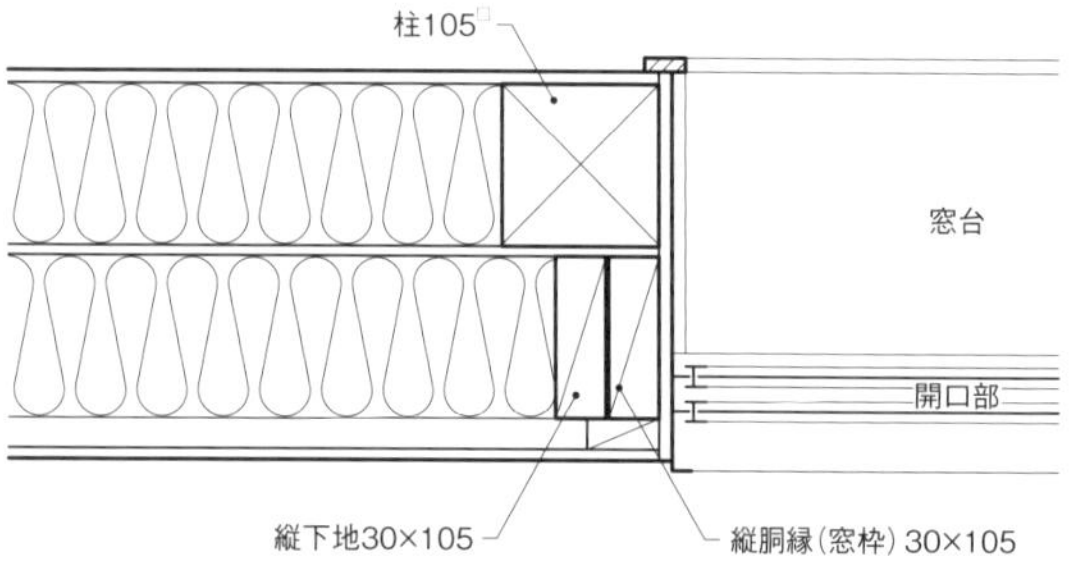

躯体の心（455㎜ピッチ）に合わせて縦下地を打つと、グラスウールの幅が一定になり、施工しやすくなる。図のように開口部を支える縦胴縁（窓枠）と縦下地が重なる場合があるが、30×105㎜材を両方に用いれば心に合わせられる

付加断熱を施すと、壁厚が200㎜程度になってくる。これだけ壁厚が増すと、当然、開口部の納まりに対する考え方も変わってくる。

基本的には、サッシを躯体の外側に取り付けるか（半外付け）、躯体内に納めるか（内付け）のどちらかとなる。

躯体の外側で納める場合、漏水のリスクが低くなるのがメリットである。ただし、逆にサッシの障子がむき出しになるので、ヒートブリッジの点では不利となる。躯体内で納める場合はその反対で、ヒートブリッジの問題はなくなるが、漏水への配慮が必要である。

U_A値0.30の家になると、ガラス面も大きくなり、場合によってはトリプルガラスが採用されることもある。このように、かなり重たい窓になるケースが多いので、確実に荷重を支えるという点からも躯体内で納めるのが無難だろう。外付けブラインドを採用する際にも、壁厚内できれいに納められる。

なお、窓廻りに断熱欠損ができないように、上段の図1で示したような小さい隙間にも確実に断熱材を充填する。

資料：パラマウント硝子工業技術資料

図3 付加断熱のサッシの納まり S=1:10

❶ サッシ(半外付け納まり)

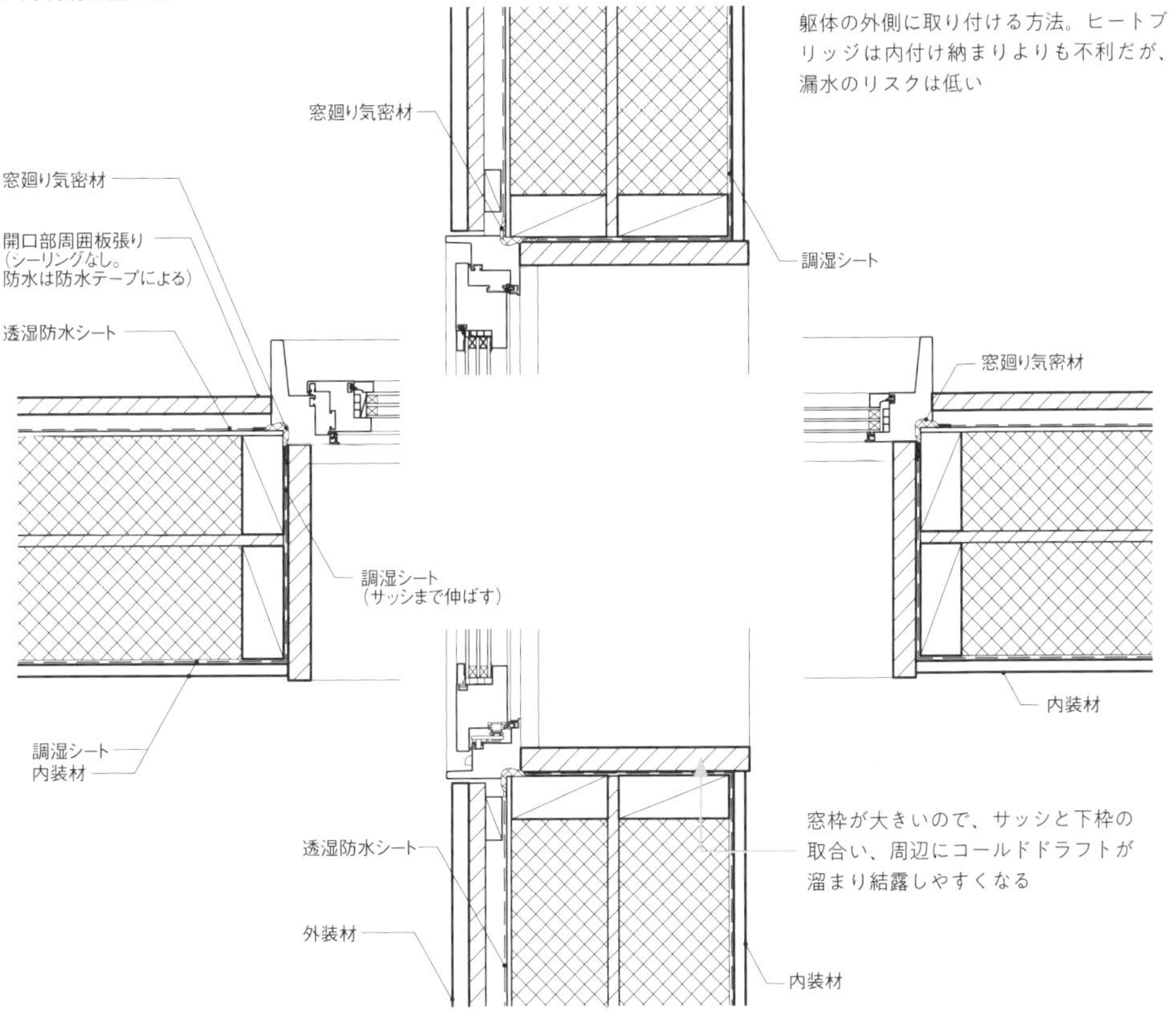
躯体の外側に取り付ける方法。ヒートブリッジは内付け納まりよりも不利だが、漏水のリスクは低い
窓廻り気密材
窓廻り気密材
開口部周囲板張り
(シーリングなし。
防水は防水テープによる)
透湿防水シート
調湿シート
窓廻り気密材
調湿シート
(サッシまで伸ばす)
内装材
調湿シート
内装材
窓枠が大きいので、サッシと下枠の取合い、周辺にコールドドラフトが溜まり結露しやすくなる
透湿防水シート
外装材
内装材

❷ サッシ(内付け納まり)

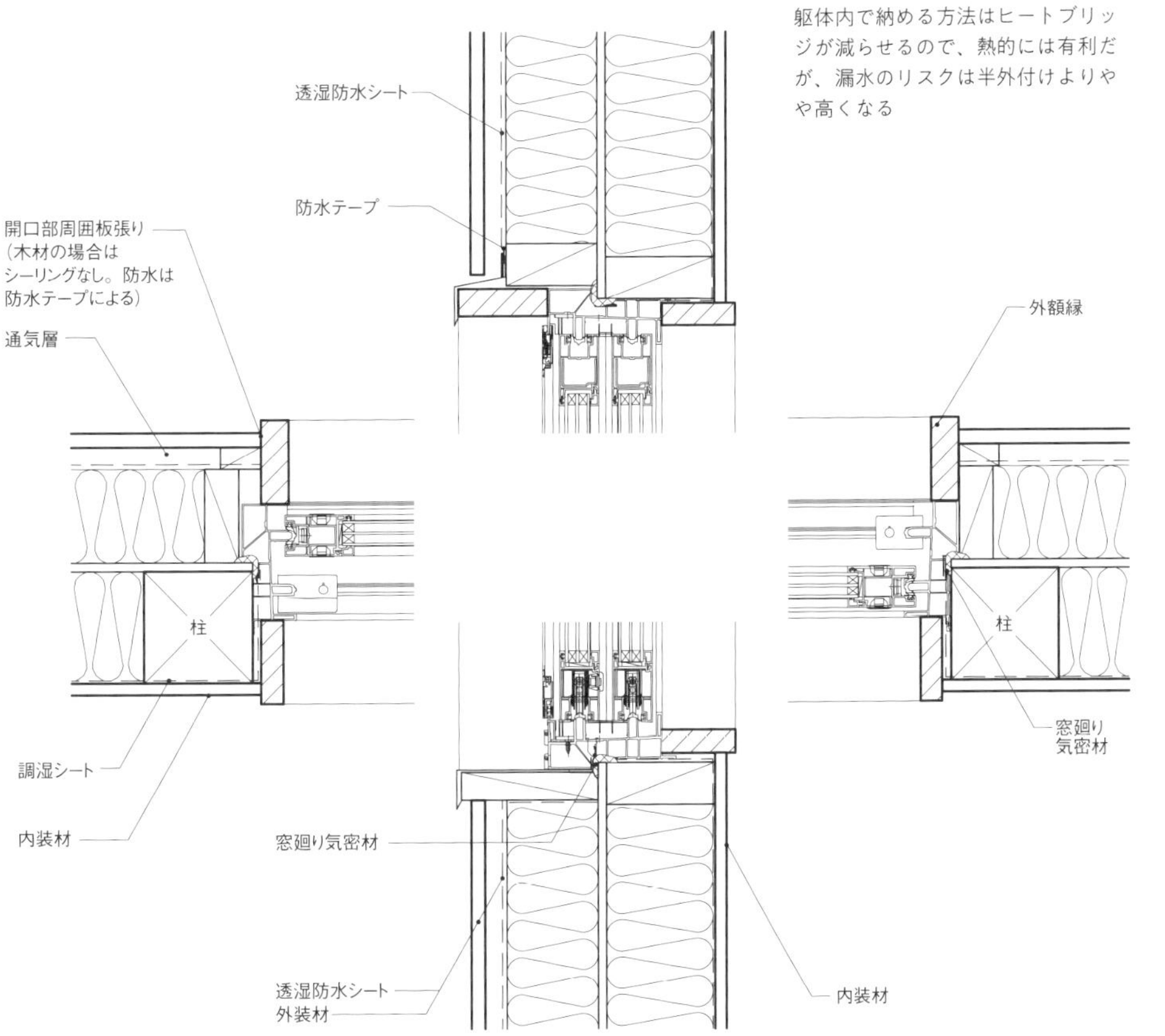
躯体内で納める方法はヒートブリッジが減らせるので、熱的には有利だが、漏水のリスクは半外付けよりやや高くなる
透湿防水シート
防水テープ
開口部周囲板張り
(木材の場合は
シーリングなし。防水は
防水テープによる)
通気層
外額縁
柱
柱
調湿シート
窓廻り
気密材
内装材
窓廻り気密材
透湿防水シート
外装材
内装材

気密・断熱パッキンの「マドエース」を使うことで窓廻りの気密性能を格段に向上させる

窓とサッシとの取合い部には気密・断熱パッキン「マドエース」を設置。サッシと枠材の細い隙間に断熱材をつめるなどの面倒な作業が省略できる

「マドエース」の設置後に、サッシを取り付けたところ。透湿防水シートを窓台で巻き込んでいる

さらに付加断熱を施していく。この現場ではグラスウールボード32Kg 50㎜厚を張った

「ファサードラタン」で通気量を倍増

POINT 壁全体で通気を取り、熱を溜めない新しい外装工法

躯体の性能が上がると夏期には
熱を最大限
逃がす必要がある

躯体に熱を溜めない
ためには通気量を
格段に増やすことが有効

壁全体で通気を取って
耐候性シートと
通気層で防水する

図1 ファサードラタン詳細（Jパッシブハウスさいたま S＝1:20）

❶屋根防水

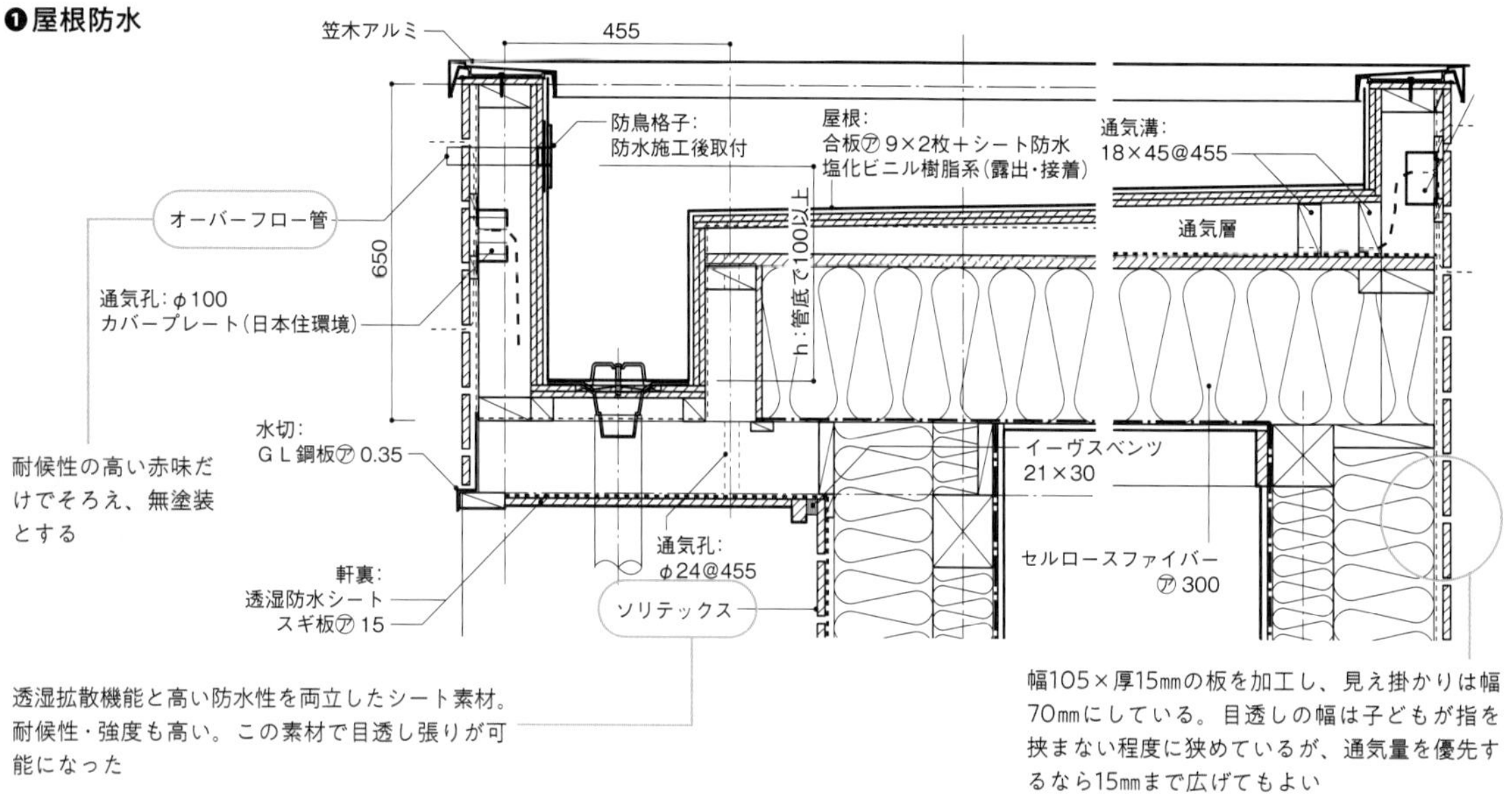

笠木アルミ
455
防鳥格子：
防水施工後取付
屋根：
合板㋐9×2枚＋シート防水
塩化ビニル樹脂系（露出・接着）
通気溝：
18×45@455
オーバーフロー管
650
h：管底で100以上
通気層
通気孔：φ100
カバープレート（日本住環境）
水切：
ＧＬ鋼板㋐0.35
イーヴスベンツ
21×30
耐候性の高い赤味だけでそろえ、無塗装とする
通気孔：
φ24@455
セルロースファイバー
㋐300
軒裏：
透湿防水シート
スギ板㋐15
ソリテックス
透湿拡散機能と高い防水性を両立したシート素材。耐候性・強度も高い。この素材で目透し張りが可能になった
幅105×厚15㎜の板を加工し、見え掛かりは幅70㎜にしている。目透しの幅は子どもが指を挟まない程度に狭めているが、通気量を優先するなら15㎜まで広げてもよい

❷屋上防水（水上）

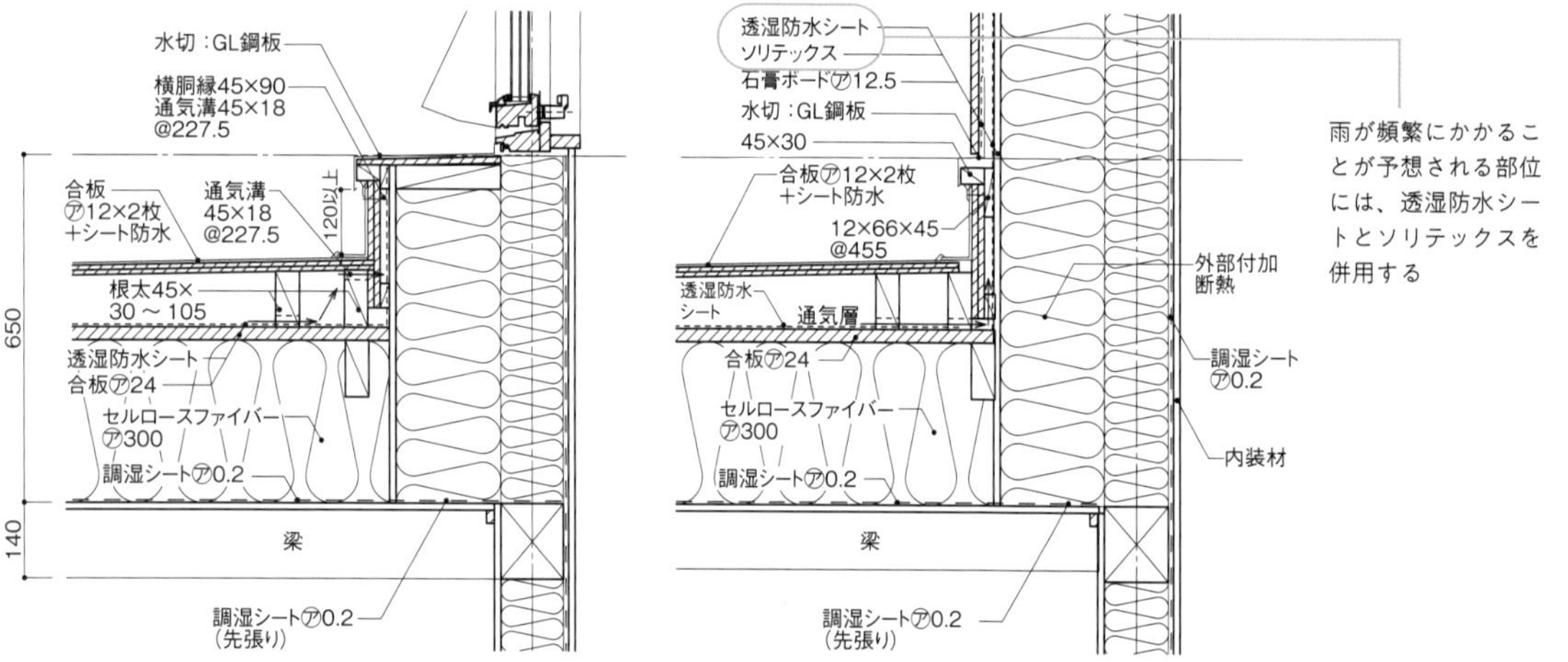

水切：GL鋼板
横胴縁45×90
通気溝45×18
@227.5
合板
㋐12×2枚
＋シート防水
通気溝
45×18
@227.5
120以上
根太45×
30～105
650
透湿防水シート
合板㋐24
セルロースファイバー
㋐300
調湿シート㋐0.2
140
梁
調湿シート㋐0.2
（先張り）
透湿防水シート
ソリテックス
石膏ボード㋐12.5
水切：GL鋼板
45×30
合板㋐12×2枚
＋シート防水
12×66×45
@455
透湿防水
シート
通気層
合板㋐24
セルロースファイバー
㋐300
調湿シート㋐0.2
梁
調湿シート㋐0.2
（先張り）
外部付加
断熱
調湿シート
㋐0.2
内装材
雨が頻繁にかかることが予想される部位には、透湿防水シートとソリテックスを併用する

❸基礎廻り

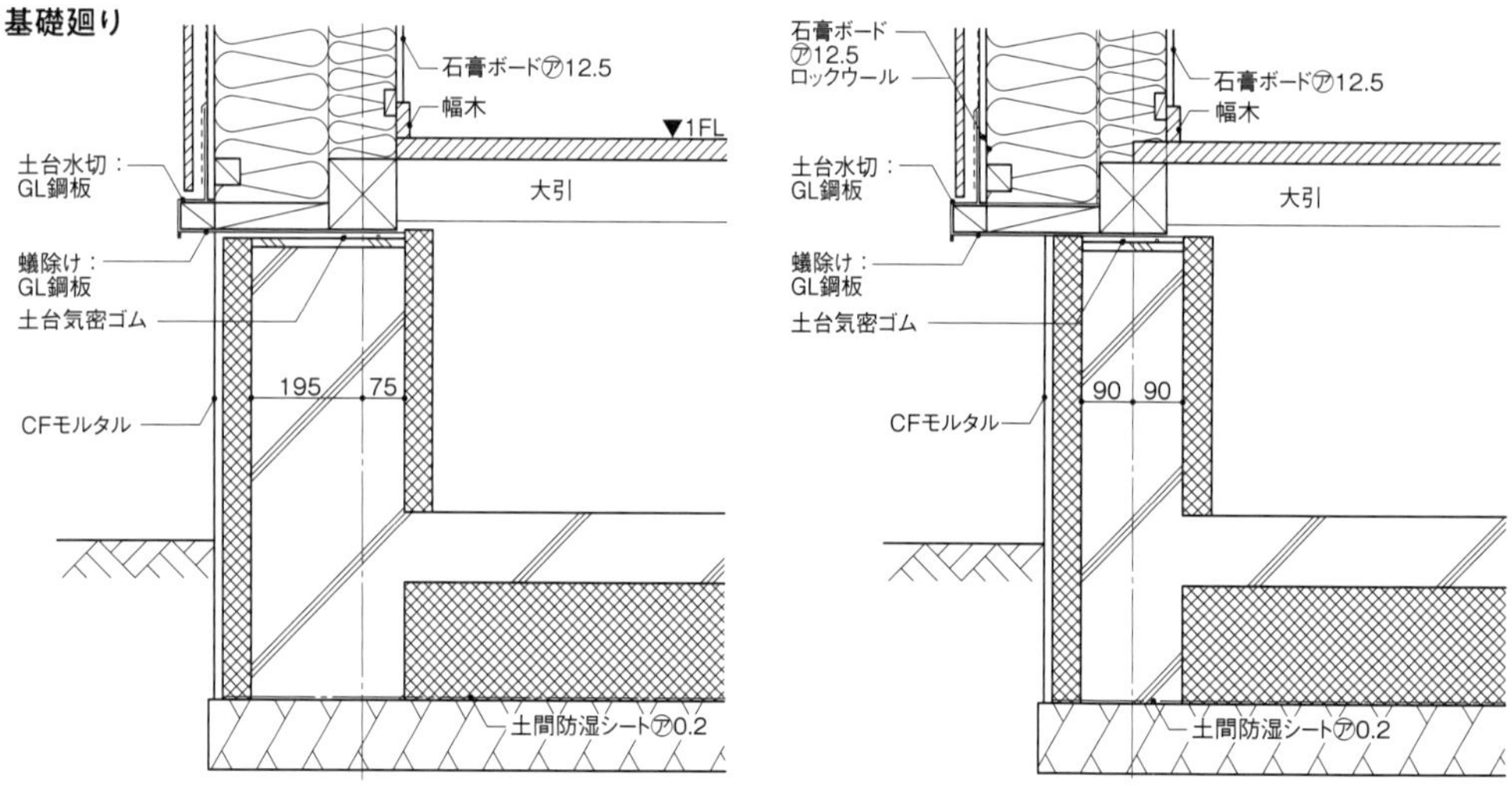

石膏ボード㋐12.5
幅木
▼1FL
土台水切：
GL鋼板
大引
蟻除け：
GL鋼板
土台気密ゴム
195
75
CFモルタル
土間防湿シート㋐0.2
石膏ボード
㋐12.5
ロックウール
石膏ボード㋐12.5
幅木
土台水切：
GL鋼板
大引
蟻除け：
GL鋼板
土台気密ゴム
90
90
CFモルタル
土間防湿シート㋐0.2

ファサードラタンは、すのこ状に木板を張って、外壁全体で通気をとる新しい考え方の外装である。隙間が多くなるぶん、通気量が増えるので、夏期の日射の影響は格段に減らせる一方、防水が課題になる。基本的には「ソリテックス」という肉厚の高耐候性シートを全面に張り、通気層との合わせ技で防水層を形成する。

ファサードラタンは、意匠の面でも可能性に満ちた手法だ。ソリテックスの黒色が覗く陰影ある見え方や、出隅の役物が不要になることでエッジの立った表現が可能になる。

図2 ファサードラタンの開口部廻り（S＝1：20）

❶平面

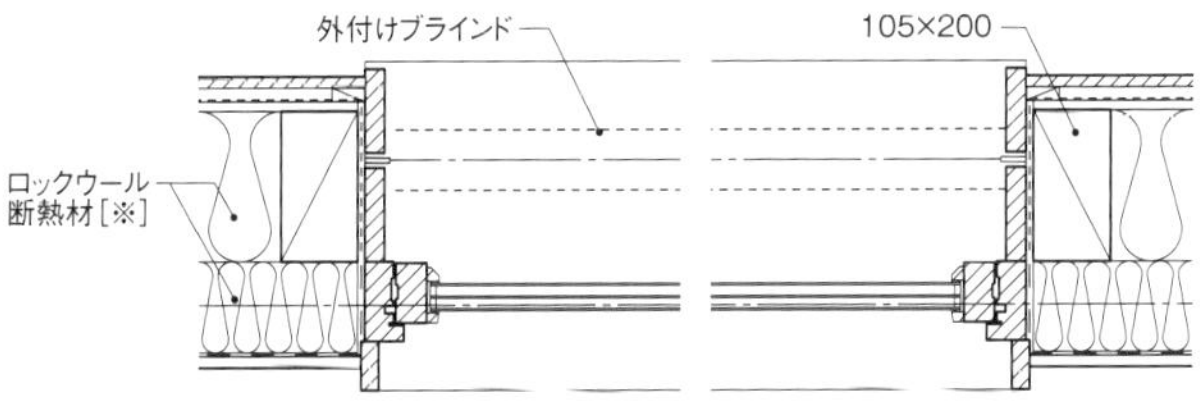

外付けブラインド
105×200
ロックウール
断熱材［※］

❷掃出し窓断面　**❸腰窓断面**

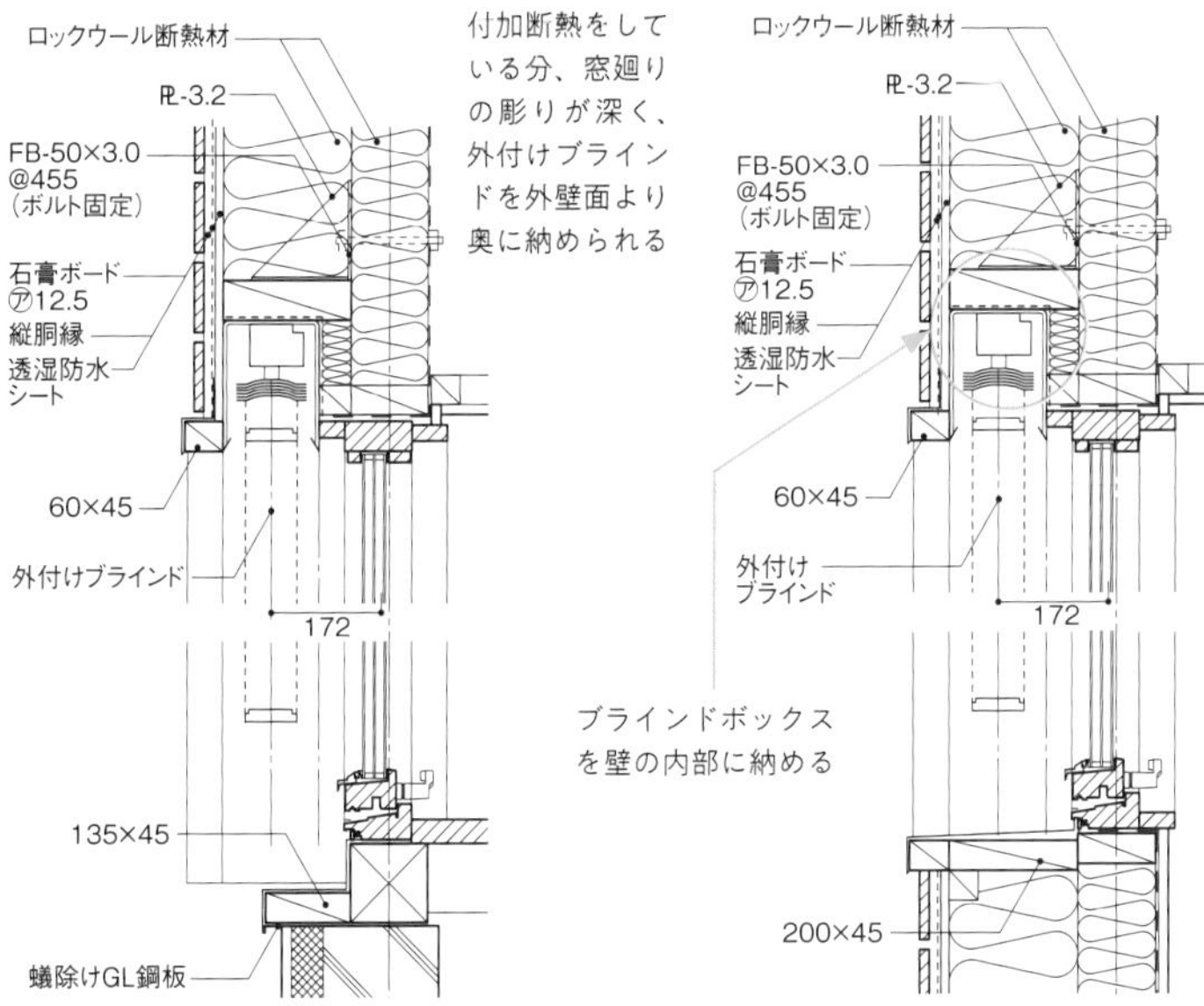

ロックウール断熱材
PL-3.2
FB-50×3.0
@455
（ボルト固定）
石膏ボード
㋐12.5
縦胴縁
透湿防水
シート
60×45
外付けブラインド
172
135×45
蟻除けGL鋼板
付加断熱をしている分、窓廻りの彫りが深く、外付けブラインドを外壁面より奥に納められる
ロックウール断熱材
PL-3.2
FB-50×3.0
@455
（ボルト固定）
石膏ボード
㋐12.5
縦胴縁
透湿防水
シート
60×45
外付け
ブラインド
172
ブラインドボックス
を壁の内部に納める
200×45

※：延焼のおそれのある部分。ほかはセルロースファイバー

ファサードラタンの外観。目透しの横のラインが強調されるので、下見板張りよりもシャープな印象になる

ファサードラタンの施工手順

1 紫外線に強く、厚くて弾力性に富む超耐候性の透湿防水シートのソリテックスWAを、耐水石膏ボードの上に張る

2 窓廻りは同素材のテープを張ってしっかり納める

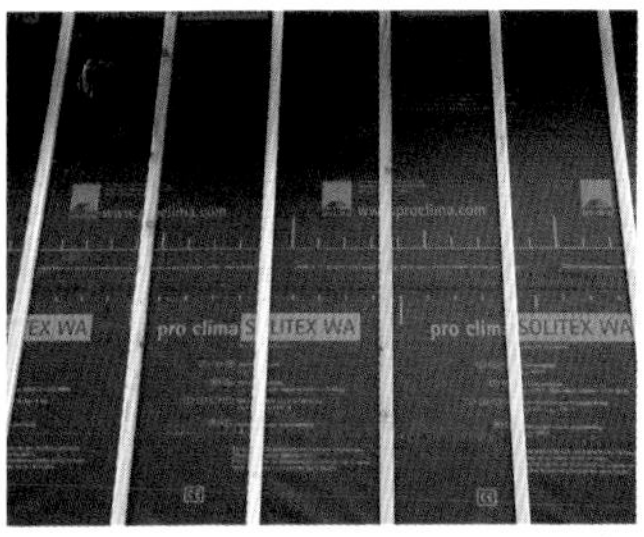

pro clima
SOLITEX WA

3 ソリテックスWAの上から通気胴縁を取り付ける

4 通気胴縁の上に、小口を斜めに切断したスギ板を張る。目透しの間隔は最大1.5㎝。ここでは子どもが指を挟まない1㎝以下に

5 コーナーのディテール。出隅に役物が不要なので、エッジをシャープにみせることができる

6 ファサードラタンを張り終えた後の窓廻り

7 外付けブラインドを設置した様子。壁厚がある分、すっきりと自然に納まっている

「木の構造」を木で包んで長持ちさせる

POINT **構造材から内外装材、断熱材まで木材を使い倒す**

唯一源循環する材料・木材の利用率向上がエコにつながる	外皮の性能を高め、構造材を露して意匠材として多用する	外部ムク板張りの耐久性を高める工法と納まりを徹底する

木材は唯一再生可能な建築材料であり、図1のように製造エネルギーも低い。ただし、木造でも耐用年数が低いと何もならない。CASBEEによると30年で壊す木造と60年で壊すRC造の$LCCO_2$はほぼ同じだ。長もちさせる工夫が大切である。

筆者は地場産業活性化の観点から秋田杉を多用しているが、地域材に過度にこだわる必要はない。実際、図2のように国産材は乾燥工程におけるバイオマス利用率が低く、CO_2の排出量で外材に劣る例もある。産地云々より耐久性を増す使い方に注力すべきだ。木材は表のように優れた性能をもち、廃番にもならないので常に交換可能な材料でもある。上手に使えば自然にエコになるはずだ。

図1 各種材料における製造エネルギーと二酸化炭素排出量

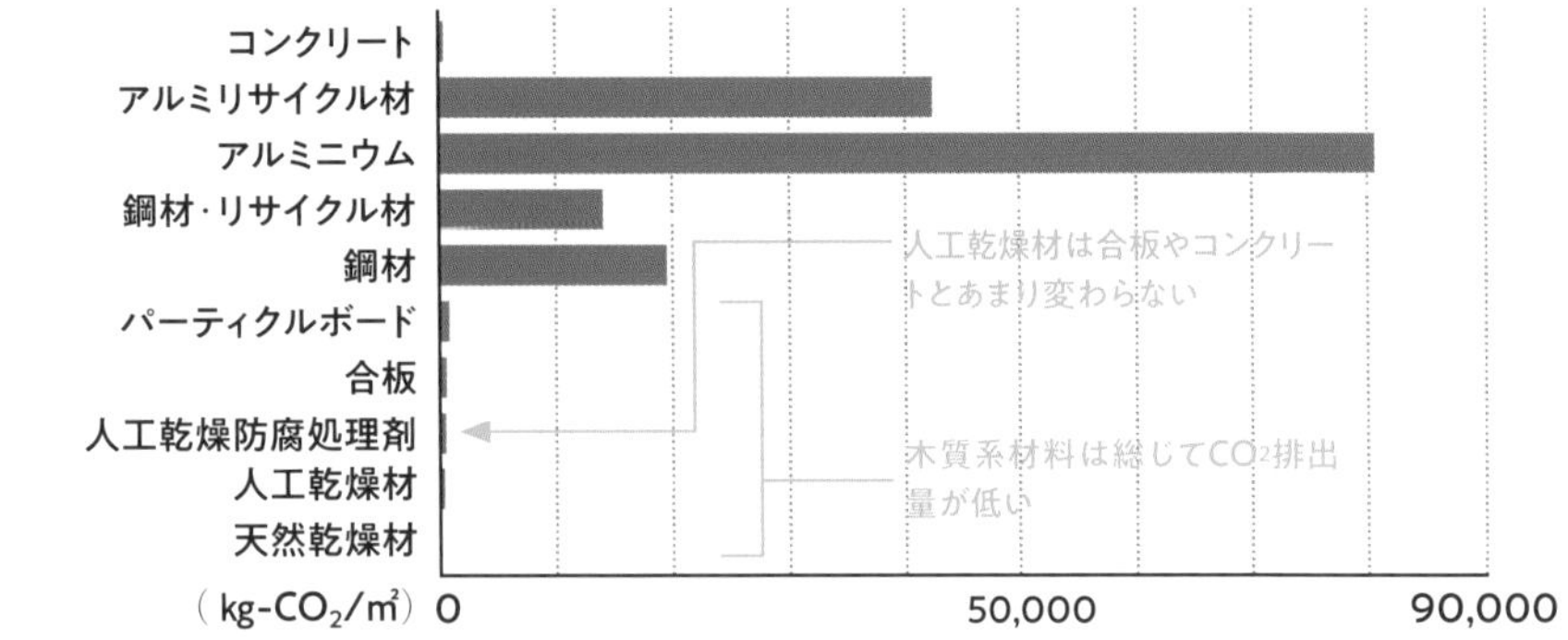

コンクリート
アルミリサイクル材
アルミニウム
鋼材・リサイクル材
鋼材
パーティクルボード
合板
人工乾燥防腐処理剤
人工乾燥材
天然乾燥材
（kg-CO2/㎡）
0
50,000
90,000
人工乾燥材は合板やコンクリートとあまり変わらない
木質系材料は総じてCO2排出量が低い

建設時における木造住宅の二酸化炭素排出量（ウッドマイルズ研究会）より

図2 製材1tあたりのCO_2排出量

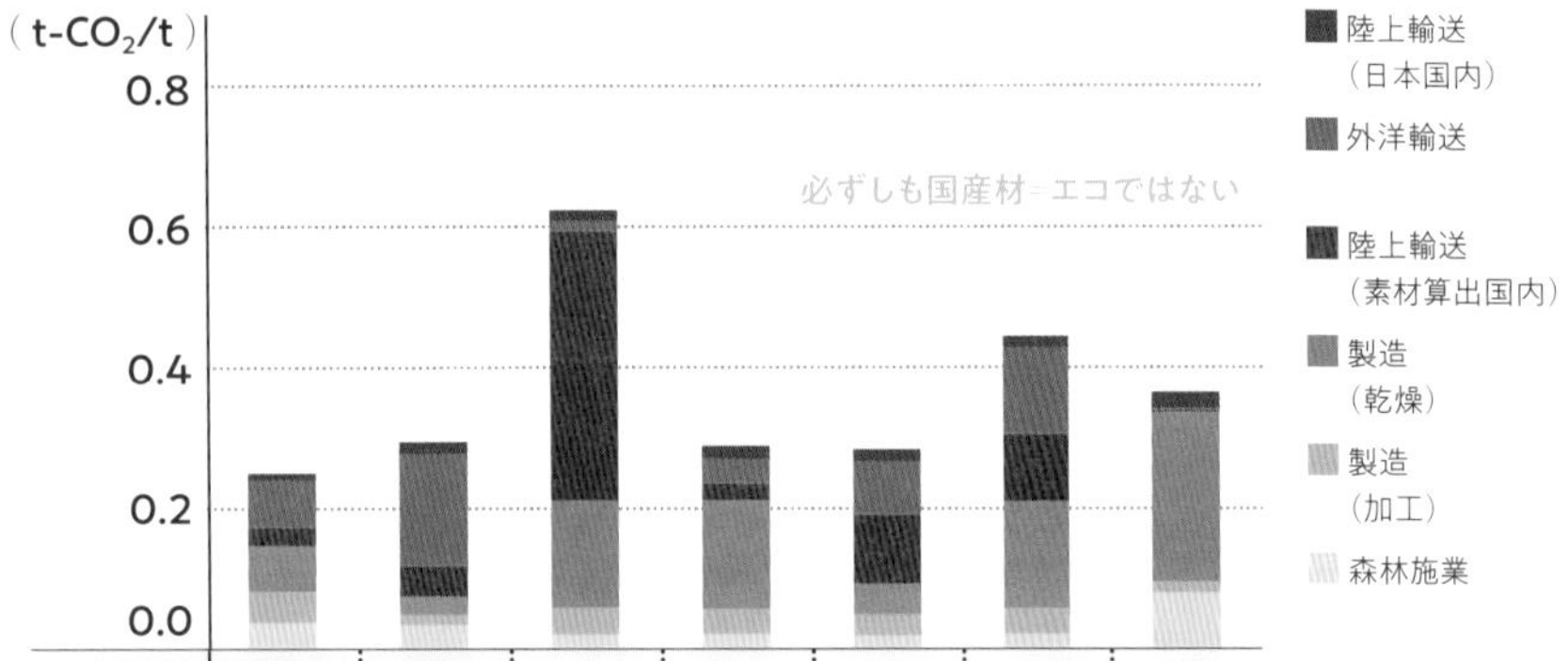

（t-CO2/t）
0.8
0.6
0.4
0.2
0.0
必ずしも国産材＝エコではない
陸上輸送（日本国内）
外洋輸送
陸上輸送（素材算出国内）
製造（乾燥）
製造（加工）
森林施業

産地	北米	欧州	ロシア	南洋	NZ	チリ	日本
B利用率※	80%	90%	41%	41%	85%	41%	41%

乾燥工程への木質バイオマス利用がCO_2排出に大きく影響する

※B利用率 各国のバイオマス利用率のデフォルト値
$LCCO_2$部会・エグゼクティブサマリー（伊香賀俊治［慶應義塾大学教授］）より引用

西方氏による外壁の性能評価

	防火性	耐震性	初期コスト	維持管理コスト
塗り壁	◎	△	×	×△
サイディング	◎	○	◎○	×
タイル	◎	×	×	◎
金属板	△	◎	○	△
樹脂板	△	◎	○	○
木材（標準）	×	◎	◎	◎△
木材（防火）	○	◎	◎	◎

◎ 優れている ○標準 △多少問題がある ×問題がある

木材は性能も高い

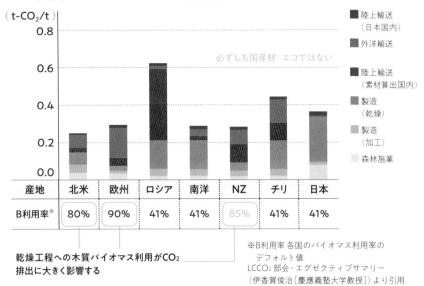

図3 外壁板張りの基本的な手法（S＝1:20）

❶スギ板よろい張り

横張りは板が小幅になるので、赤味で揃えやすい。また、通気胴縁が縦になるので、通気を取りやすい

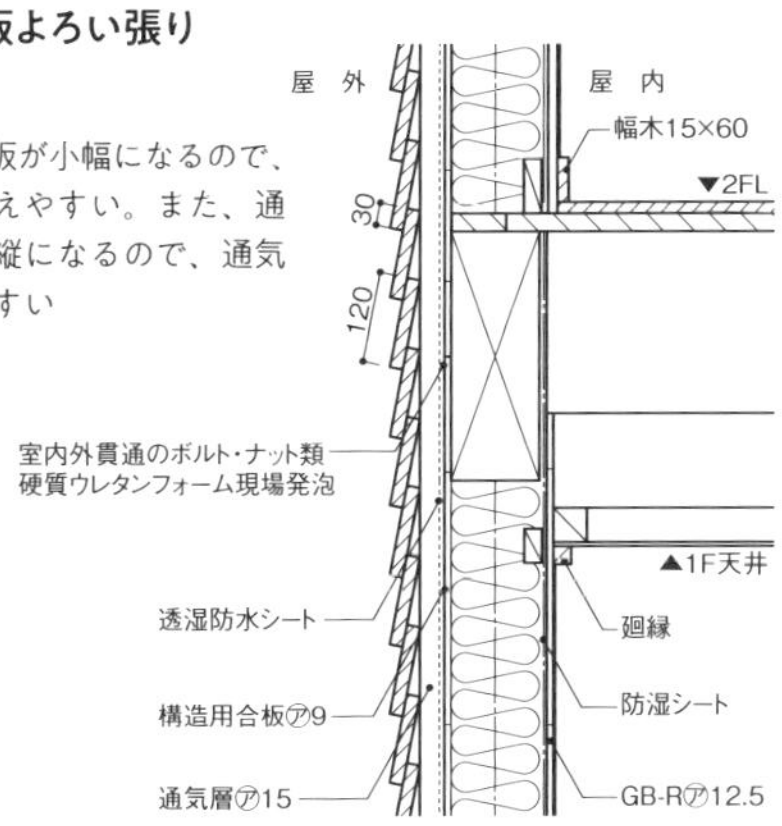

屋外
屋内
幅木15×60
▼2FL
30
120
室内外貫通のボルト・ナット類
硬質ウレタンフォーム現場発泡
▲1F天井
透湿防水シート
廻縁
構造用合板㋐9
防湿シート
通気層㋐15
GB-R㋐12.5

❷スギ板よろい張り

防火構造とする場合はダイライトやセイメなどを用いた認定工法の仕様に従う

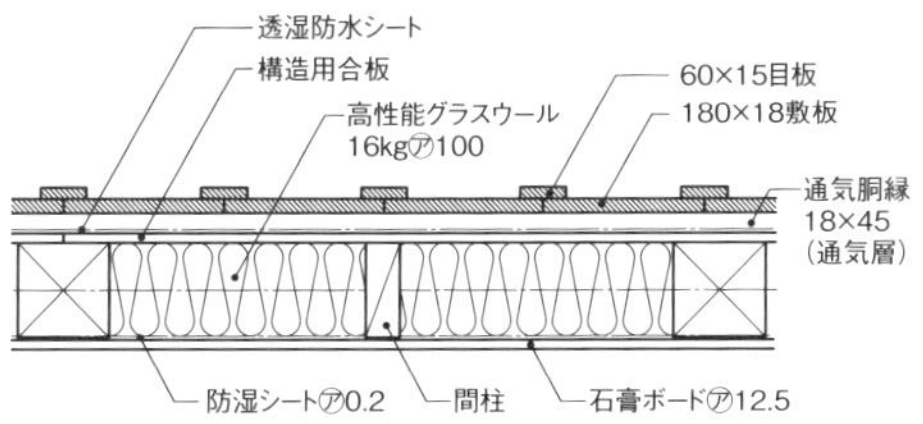

透湿防水シート
構造用合板
高性能グラスウール
16kg㋐100
60×15目板
180×18敷板
通気胴縁
18×45
（通気層）
防湿シート㋐0.2
間柱
石膏ボード㋐12.5

縦張りのほうが水が切れやすいので防腐上は有利だが、横胴縁となるぶん横胴縁に欠き込みを入れるなど、工夫が必要になる

❸耐候性を増す目板の活用方法

幅7寸のスギ板だと両端に1寸程度の白太が混じる。この部分を赤味の目板で覆うことで耐候性が向上する

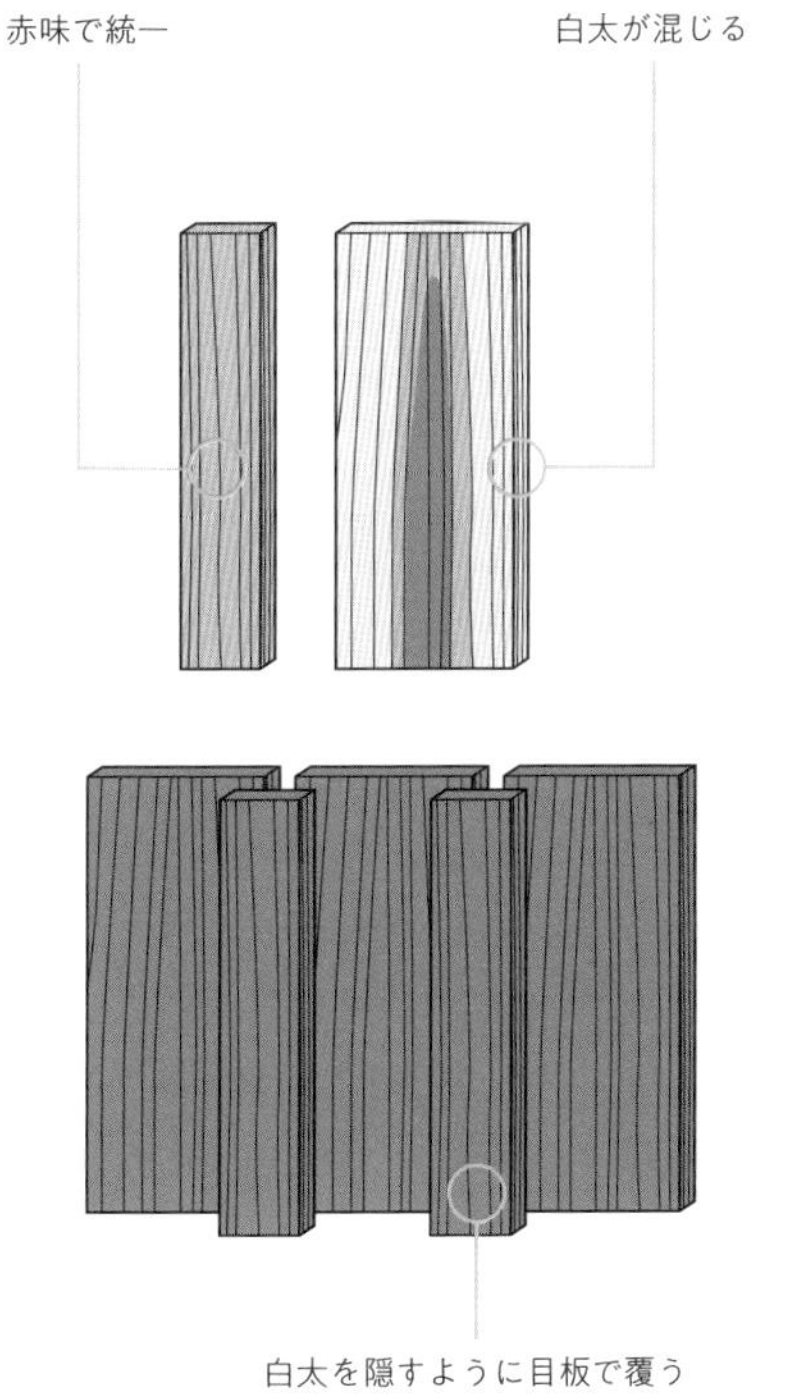

赤味で統一
白太が混じる
白太を隠すように目板で覆う

構造材から、壁や床、天井材まで秋田スギを使用した「西落合の家」。さまざまなグレードの材を用途に合わせて使用することで廉価で意匠性に富んだ空間となる

予算が合えば、断熱材にはウッドファイバー（北海道産のカラマツ原料）など木質系のものを多用する（Jパッシブハウス北上）

図4 建物の耐久性を高める木板張りのディテール（S＝1:20）

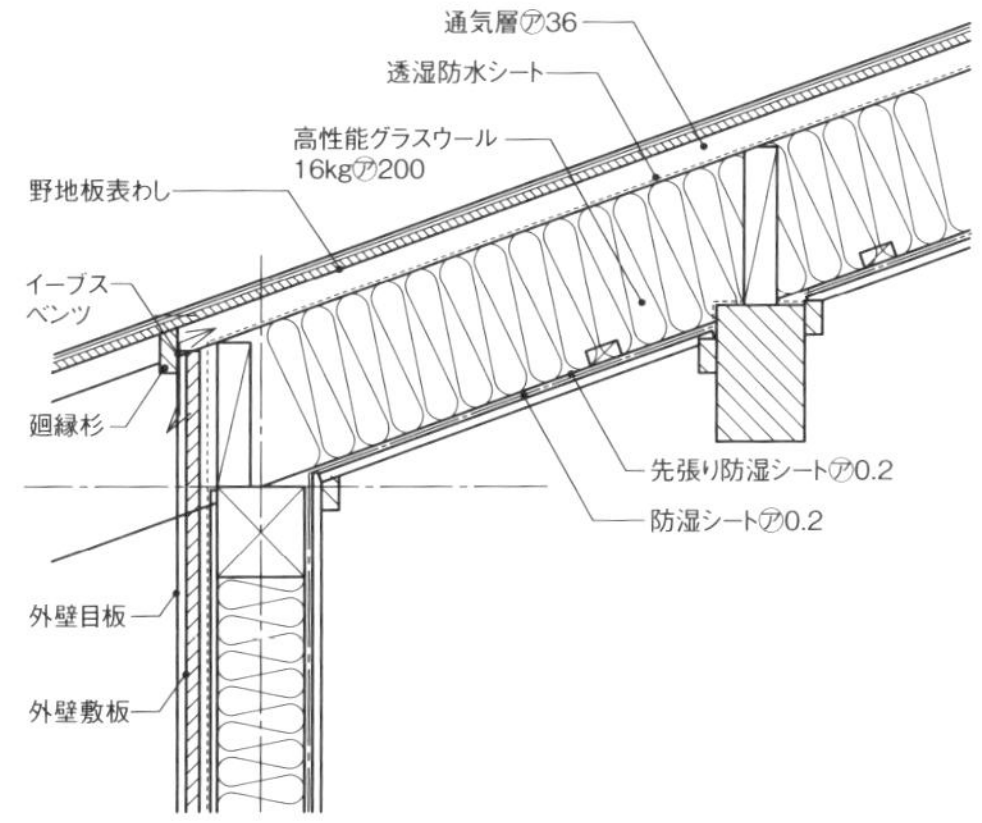

通気層㋐36
透湿防水シート
高性能グラスウール
16kg㋐200
野地板表わし
イーブスベンツ
廻縁杉
先張り防湿シート㋐0.2
防湿シート㋐0.2
外壁目板
外壁敷板

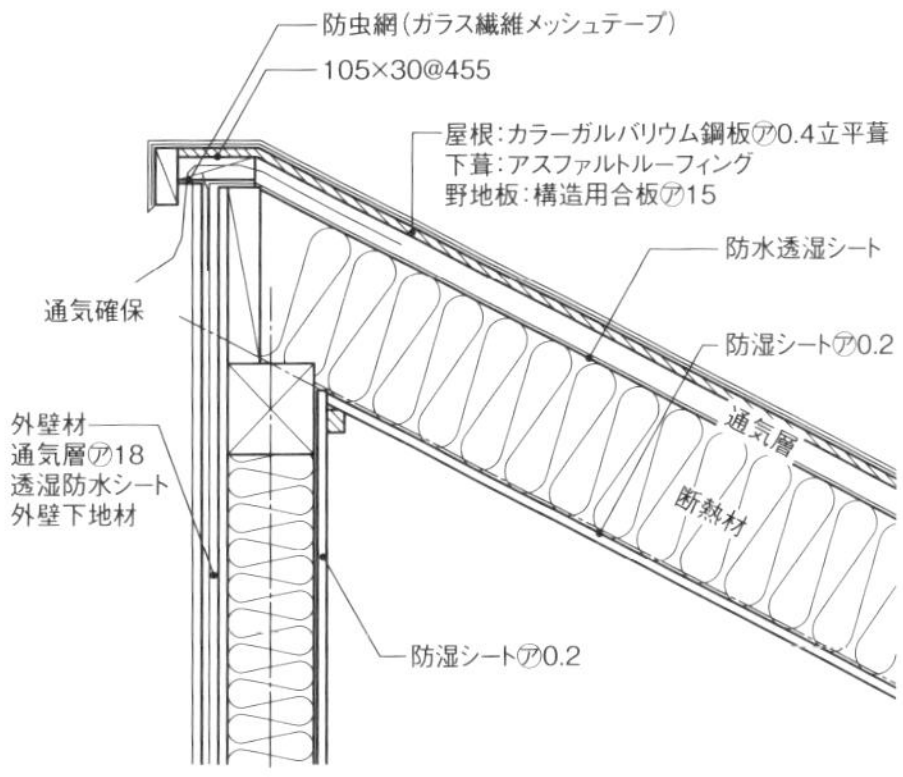

防虫網（ガラス繊維メッシュテープ）
105×30@455
屋根：カラーガルバリウム鋼板㋐0.4立平葺
下葺：アスファルトルーフィング
野地板：構造用合板㋐15
防水透湿シート
通気確保
防湿シート㋐0.2
通気層
断熱材
外壁材
通気層㋐18
透湿防水シート
外壁下地材
防湿シート㋐0.2

スギ板の外壁は数十年の耐候性をもつ。時間を経るごとに鼠色になっていき、景観に馴染んでいく（芝屋根のアトリエ）

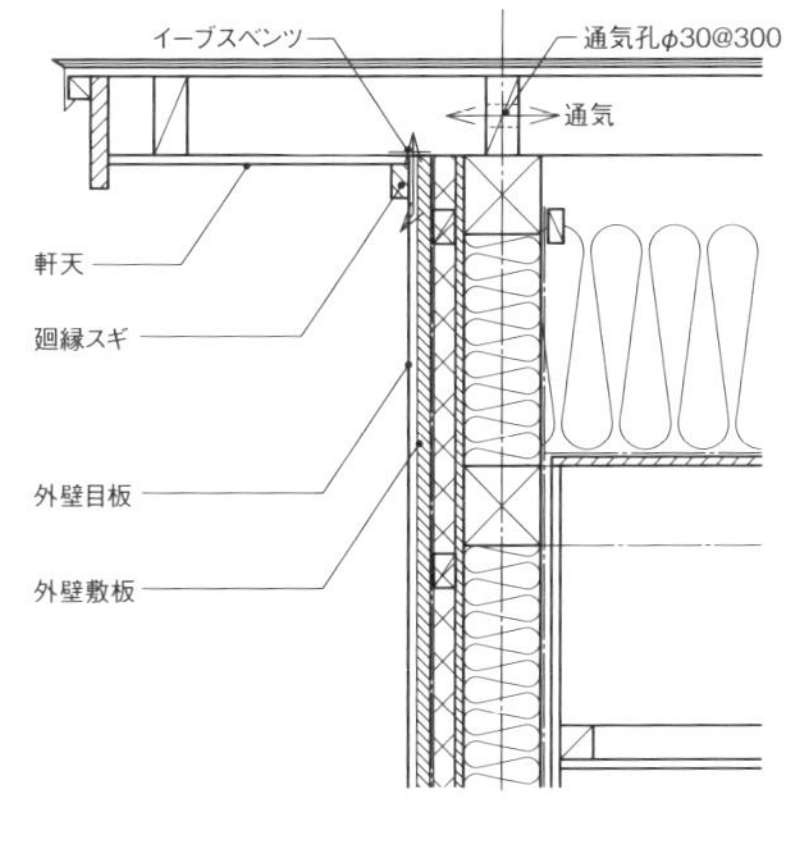

イーブスベンツ
通気孔φ30@300
通気
軒天
廻縁スギ
外壁目板
外壁敷板

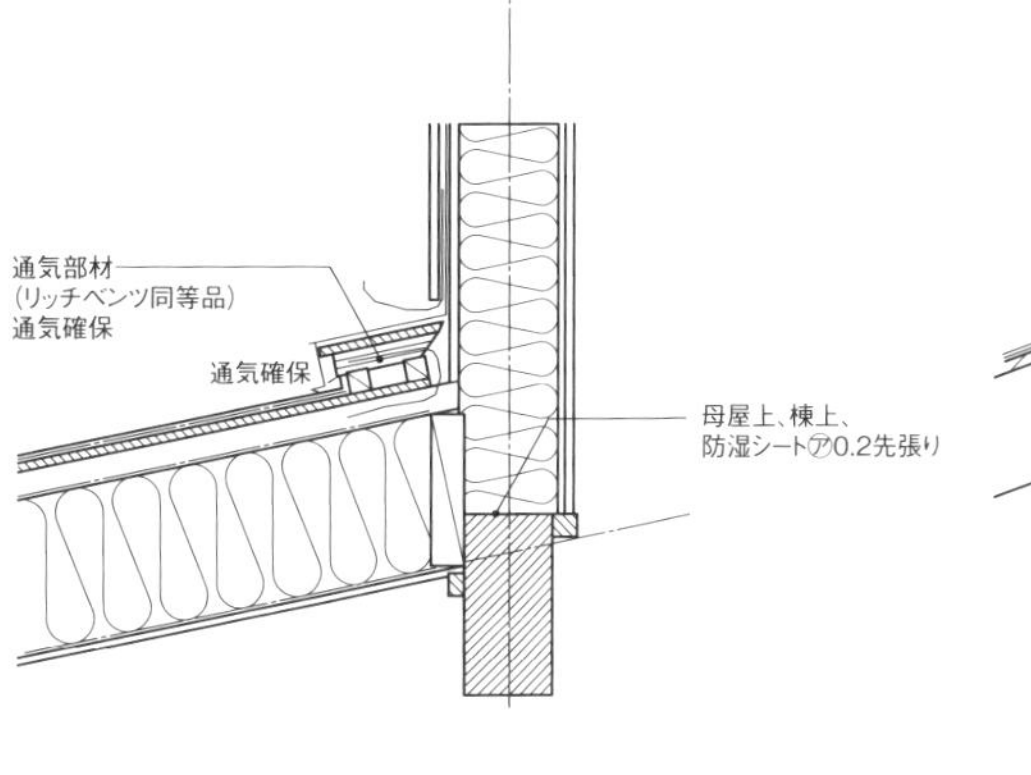

通気部材
（リッチベンツ同等品）
通気確保
通気確保
母屋上、棟上、
防湿シート㋐0.2先張り

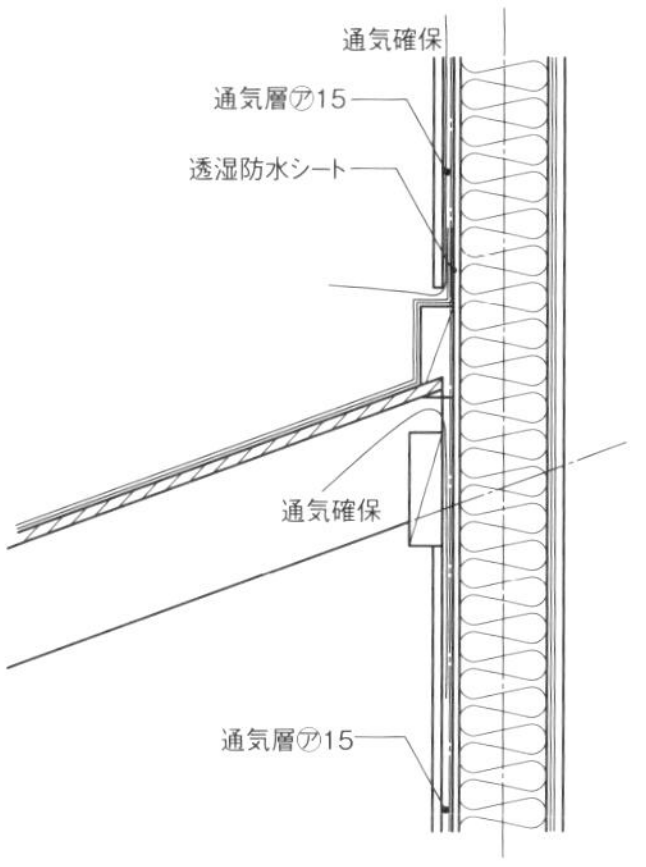

通気確保
通気層㋐15
透湿防水シート
通気確保
通気層㋐15

最適な日射遮蔽で夏を涼しく

図1 直達日射と天空日射

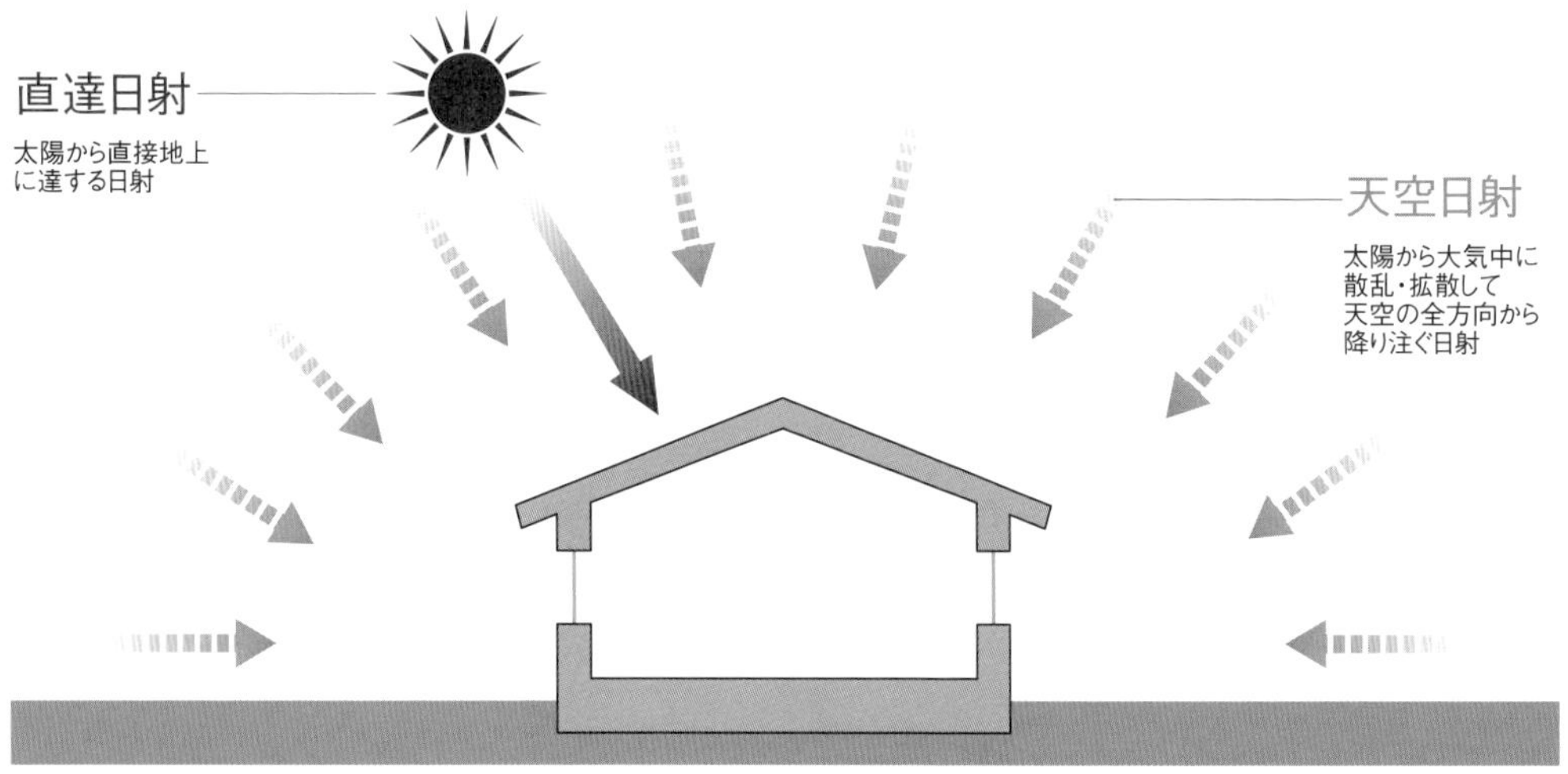

直達日射
太陽から直接地上に達する日射
天空日射
太陽から大気中に散乱・拡散して天空の全方向から降り注ぐ日射

日射には直達日射と天空日射があり、前者は太陽から直接地上に到達する日射、後者は直達日射以外の大気中に散乱・反射して天空の全方位から降り注ぐ日射を指す。つまり、庇や軒、オーニングなどで遮ることができるのは直達日射で、天空日射は基本的にこれらで遮ることができない。

図2 外気温と日射量の推移

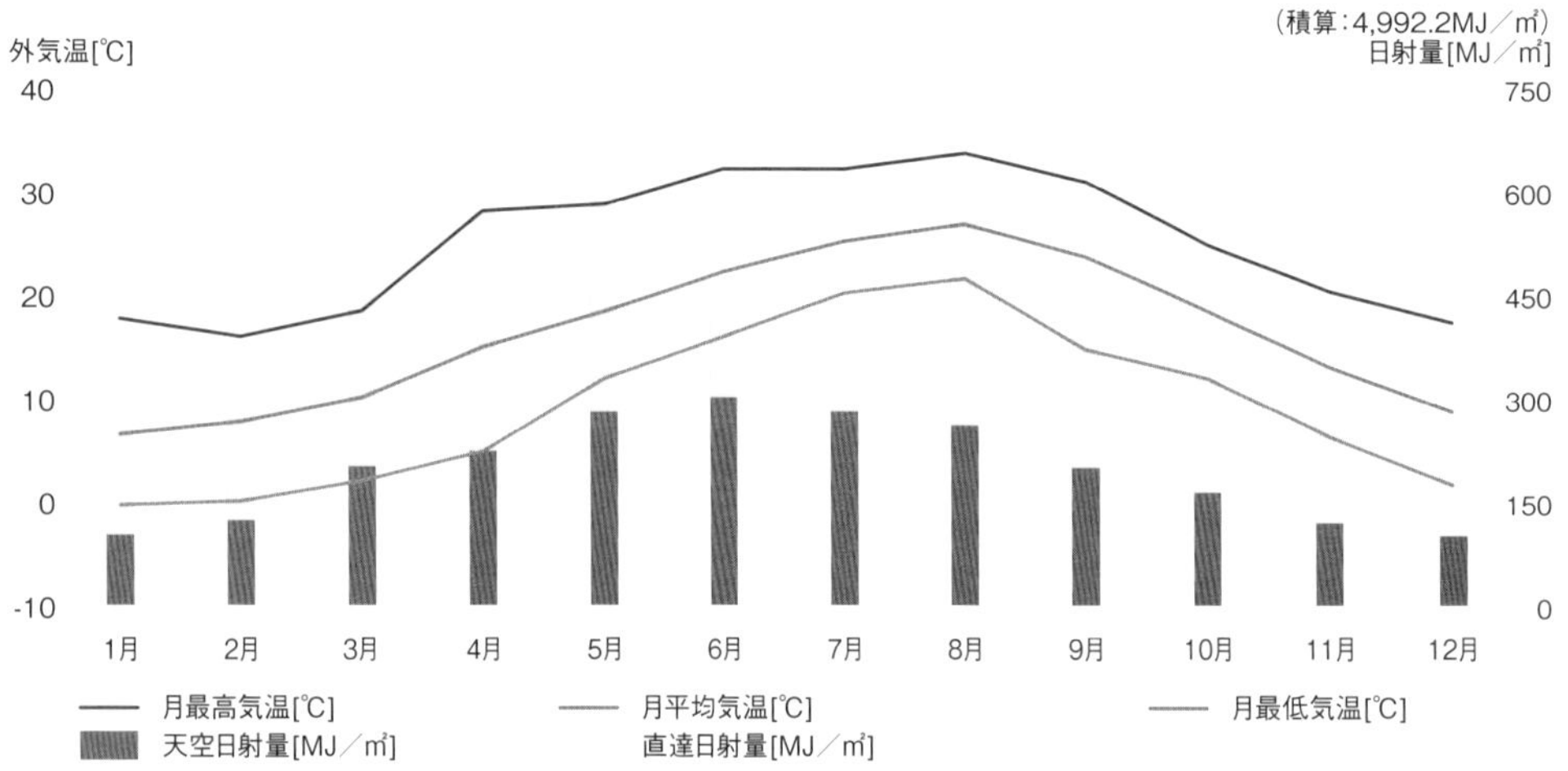

外気温[℃]
(積算:4,992.2MJ／㎡)
日射量[MJ／㎡]
40
30
20
10
0
-10
750
600
450
300
150
0
1月
2月
3月
4月
5月
6月
7月
8月
9月
10月
11月
12月
月最高気温[℃]
月平均気温[℃]
月最低気温[℃]
天空日射量[MJ／㎡]
直達日射量[MJ／㎡]

ホームズ君の気象データを見ると、8・9月の天空日射量は直達日射量と同じ量だが、6・7月は天空日射量が2倍ほどになる。比較的暑い時期でもある6・7月は8・9月以上に天空日射対策が必要になるが、効果的な日射遮蔽を行っていないケースが多く、結果冷房負荷が増えてしまっている。

家の中で夏を涼しく過ごすには、日射遮蔽が必須である。日射遮蔽の手法には、屋根、庇、バルコニー、ガラリ、ツル性植物によるグリーンカーテン、遮光カーテン、遮熱ガラス、ブラインド、シェードなどが挙げられる。

しかし、ゼロエネを目指すような超高断熱住宅になると、わずかな日射熱が室内に侵入しただけでも室内の温度がオーバーヒートしてしまうため、これらすべてが「最適」とはならない。太陽の日差しそのものである直達日射や、それ以外の天空日射など、あらゆる日射を遮蔽する必要があるため、外付けブラインドや外付けシェードが有効になるだろう。

たとえば、106頁で紹介しているReal ZEH大宮堀の内は、U_A値＝0・31kWh／㎡の超高断熱住宅であるが、このレベルの断熱性能になるとわずかな日射熱で室内の温度が上昇してしまうため、夏は外付けブラインドなどでしっかりと日射遮蔽している。ただし、外付けブラインドを常時下ろしていると室内が暗くなってしまうので、北側に高窓、天窓を設けるなど採光の工夫が欠かせない。

図4 日射遮蔽がない場合の冷房負荷

暖房	有効床面積㎡	77.9
	暖房需要KWh(㎡a)	8.11
	暖房負荷W/㎡	9.32
年間冷房負荷	年間冷房&除湿需要KWh(㎡a)	20.70
	冷房負荷W/㎡	11.45
	オーバーヒートの頻度(>25℃)%	—
	湿度過多の頻度(>12g/kg)%	0
気密性能	50PA時の漏気回数1/h	0.22
旧一次エネルギー基準(PE)	消費量(PE)KWh(㎡a)	123
	一次エネルギー消費量(PER)KWh(㎡a)	61
新一次エネルギー基準(PER)	垂直投影面積に対する再生可能エネルギー総エネ量(PER)KWh(㎡a)	51

大窓は日射取得量が多くなるためゼロエネルギー住宅には欠かせないが、夏は冷房負荷の要因となるため、徹底した日射遮蔽対策が欠かせない。グラフにもあるように、大窓の日射遮蔽が不十分だとかなりの冷房負荷がかかることが分かる。

図3 外付けブラインドの場合の冷房負荷

暖房	有効床面積㎡	77.9
	暖房需要KWh(㎡a)	8.11
	暖房負荷W/㎡	9.32
年間冷房負荷	年間冷房&除湿需要KWh(㎡a)	33.67
	冷房負荷W/㎡	19.67
	オーバーヒートの頻度(>25℃)%	—
	湿度過多の頻度(>12g/kg)%	0
気密性能	50PA時の漏気回数1/h	0.22
旧一次エネルギー基準(PE)	消費量(PE)KWh(㎡a)	138
	一次エネルギー消費量(PER)KWh(㎡a)	69
新一次エネルギー基準(PER)	垂直投影面積に対する再生可能エネルギー総エネ量(PER)KWh(㎡a)	51

グラフにもあるように、外付けブラインドを設置することでかなり冷房負荷を抑えることが可能になる。また、夜が涼しい地域であれば、外付けブラインドで窓を覆うことで、夜冷やされた室内の空気の温度上昇を長時間にわたって抑えることも可能だ。

日射遮蔽設備のメリット・デメリット

❶庇

太陽高度の高い夏の南面の日射遮蔽に効果を発揮するほか、通風や窓からの景色を妨げない。また、建築と一体化しているため、外観を損なわず、可動しないため故障の心配もない。ただし、太陽高度の低くなる春・秋は日射遮蔽が不十分なこともあり、冬は日射取得の妨げになることもある。また、天空日射の遮蔽にはほとんど効果がない。

❷簾

太陽高度を問わず日射を遮るように思えるが、60%ほどの空隙があるので日射遮蔽の効果はあまり高くない。特に夏の強烈な西日・朝日のときは、この空隙からの直達日射がかなり入ってくるため、室温がかなり上昇してしまう。また、安価ではあるものの劣化も早く、数年でみすぼらしくなってしまう。

❸外付けブラインド

スラットを上下に移動できるほか、開閉、傾き調整ができるため、季節ごとに日射遮蔽をしながら通風や採光を取ることができる。また、完全に閉じれば天空日射も防ぐことも可能だ。欠点はとにかく高価なこと。また、窓上部に収納ボックスが必要なため、外観上の工夫も求められる。

❹外付けシェード

外付けブラインド同様に窓を覆うことができるため西日や天空日射を防ぐことができる。ただし、外付けブラインドのような細かなスラットが存在しないため、通風や採光は取りにくい。ただし、外付けブラインドより格段に安価で、収納ボックスもかなりコンパクトになる。基本的に手動なので、高窓などの使用にはあまり適さない。

外付けブラインドで完璧な日射遮蔽を

POINT 夏季以外には昼光照明にも使える優れもの

軒と庇だけでは
西日や大開口には
対応できない

遮蔽力と操作性なら
外付けブラインド。
価格·意匠もこなれた

排熱窓の日射遮蔽も重要。
軒やブラインド付き
サッシで対応

図1 外付けブラインドの姿図

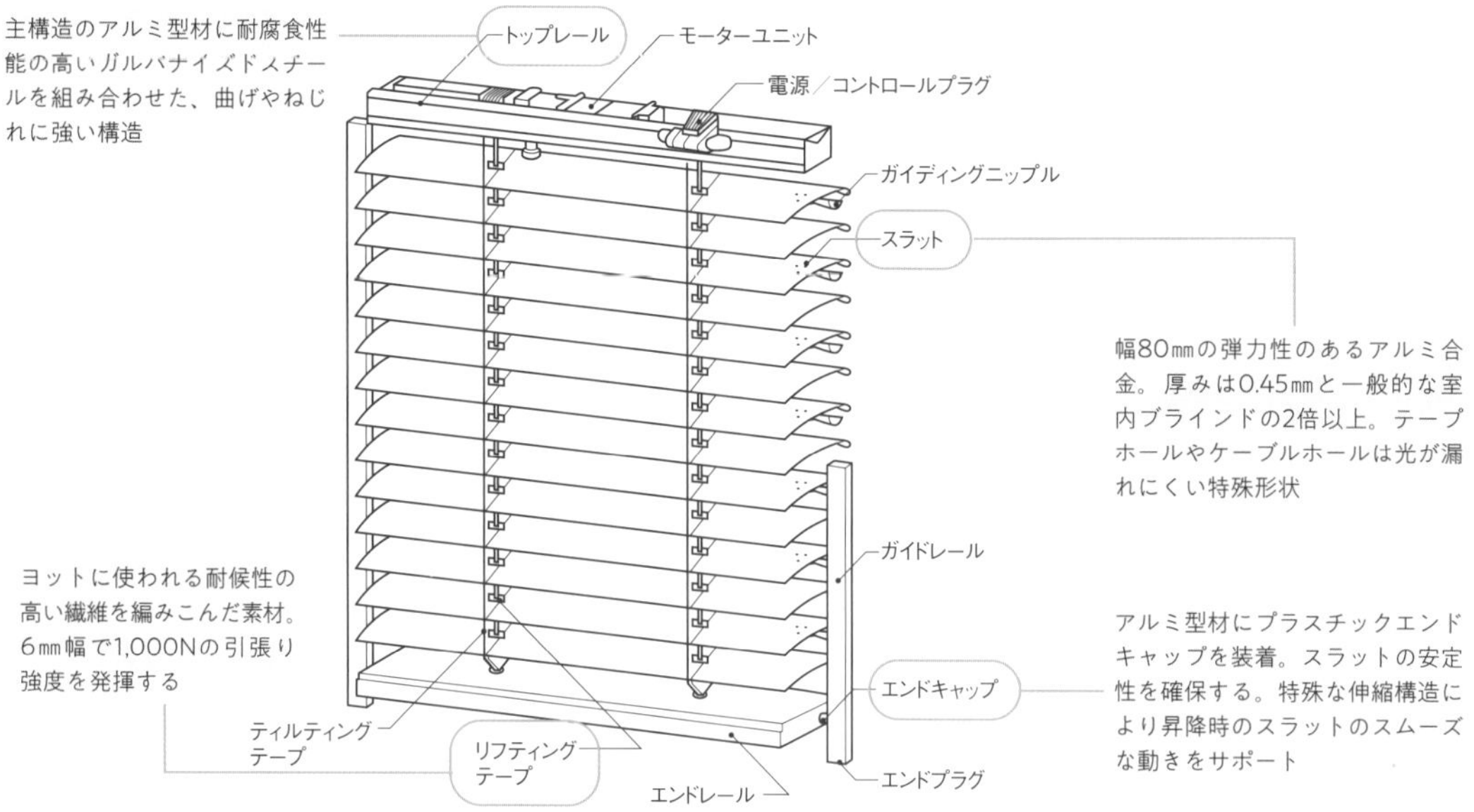
主構造のアルミ型材に耐腐食性能の高いガルバナイズドメチールを組み合わせた、曲げやねじれに強い構造
トップレール
モーターユニット
電源／コントロールプラグ
ガイディングニップル
スラット
幅80㎜の弾力性のあるアルミ合金。厚みは0.45㎜と一般的な室内ブラインドの2倍以上。テープホールやケーブルホールは光が漏れにくい特殊形状
ガイドレール
ヨットに使われる耐候性の高い繊維を編みこんだ素材。6㎜幅で1,000Nの引張り強度を発揮する
アルミ型材にプラスチックエンドキャップを装着。スラットの安定性を確保する。特殊な伸縮構造により昇降時のスラットのスムーズな動きをサポート
エンドキャップ
ティルティングテープ
リフティングテープ
エンドレール
エンドプラグ

緑のカーテンは育成の難しさに加えて、7月は葉が少ないことが多く、十分な日射遮蔽は難しかった。したがって、最終的には外付けブラインドを設置して日射遮蔽を行うようにした

西方設計のアトリエ。当初は朝顔の緑のカーテンで窓の日射遮蔽を行っていたが、植物が窓を覆うように育てるのは難しく、写真のようにうまくいかないことも多かった

日射遮蔽は、内側よりも外側で行うほうが有利なことは言うまでもない。そのための最も安価なのがよしずである。窓の全面を覆うと、70～80％の日射遮蔽率が得られる。ただし、細かい制御ができない、外観と調和させづらい、3年程度で買い替えが必要などの弱点もある。

オーニングも機能的にはよいが、比較的高価なことと、住宅に使用しやすいデザインのものがない点が泣きどころだ。また、ツル性植物を用いた緑のカーテンは美観もよく、情緒的な満足感を得られるが、植物なので完全なコントロールは望めない。

こうしたことを総合的に考えると、ドイツ製の外付けブラインド、「ヴァレーマ」(オスモ＆エーデル)をお薦めできる。アルミ製で耐候性があり、強度も高いので、長期間の使用に向く。また、羽根の角度を上下で別々に調整できるため、冬期や中間期には、取り入れた光を天井に反射させて、昼光照明に利用できる。手動と電動があるが、アクティブに太陽光を利用するなら制御の容易な電動としたい。

図2 外付けブラインドの納まり(S=1:20)

❶平面図

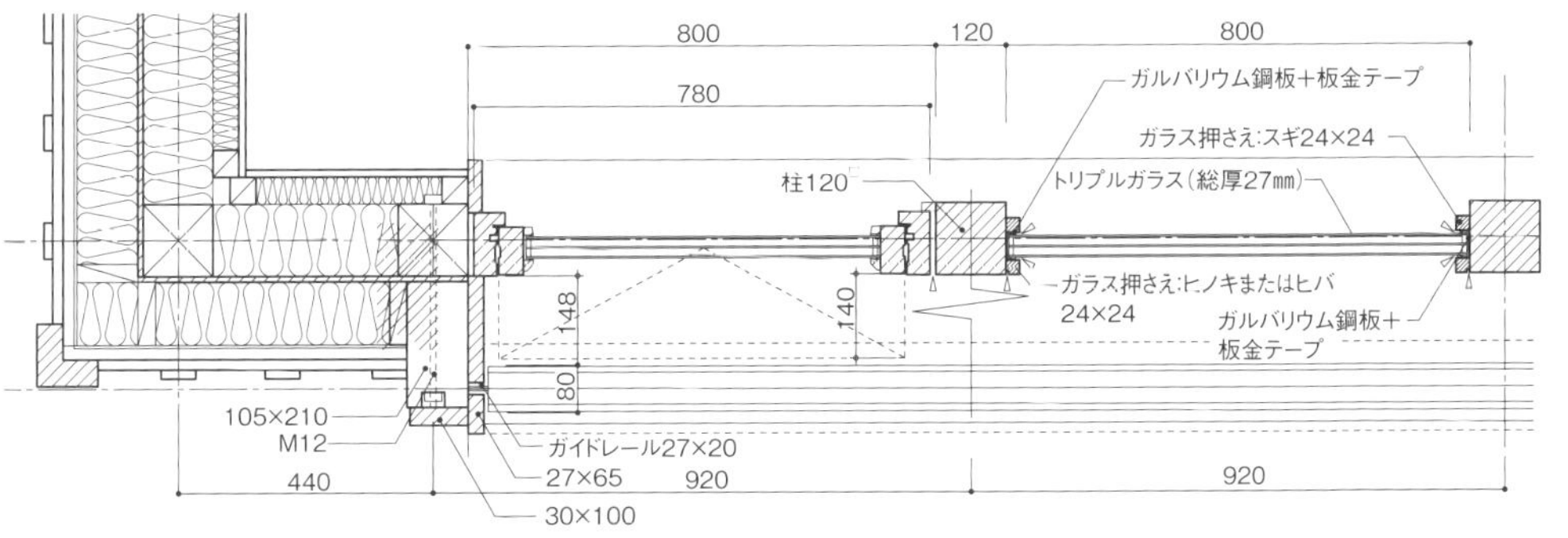

800
120
800
780
ガルバリウム鋼板+板金テープ
ガラス押さえ:スギ24×24
柱120
トリプルガラス(総厚27㎜)
ガラス押さえ:ヒノキまたはヒバ 24×24
ガルバリウム鋼板+板金テープ
148
140
80
105×210
M12
ガイドレール27×20
27×65
440
920
920
30×100

❷立面図

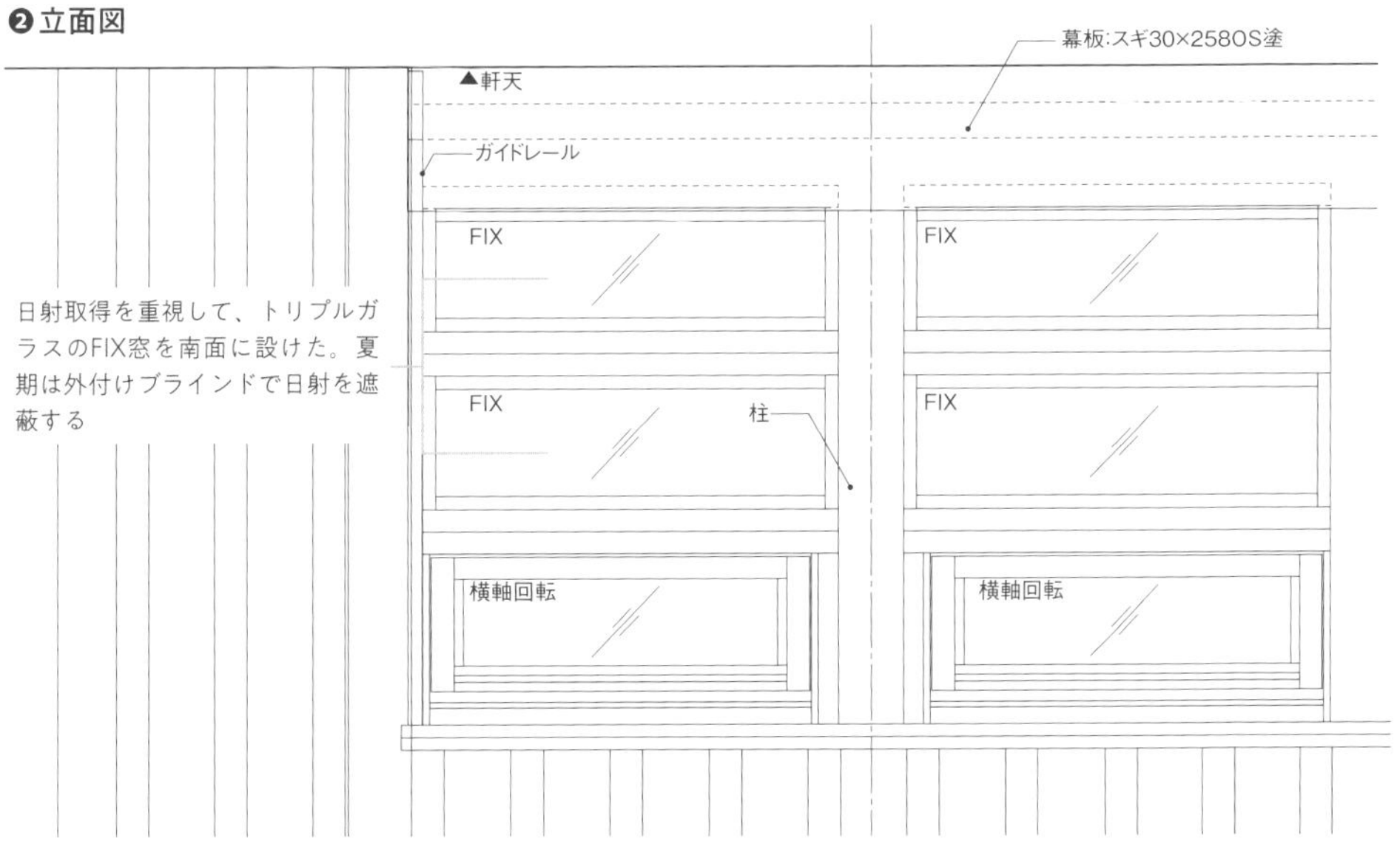

幕板:スギ30×258OS塗
▲軒天
ガイドレール
FIX
FIX
FIX
FIX
柱
横軸回転
横軸回転
日射取得を重視して、トリプルガラスのFIX窓を南面に設けた。夏期は外付けブラインドで日射を遮蔽する

❸断面図

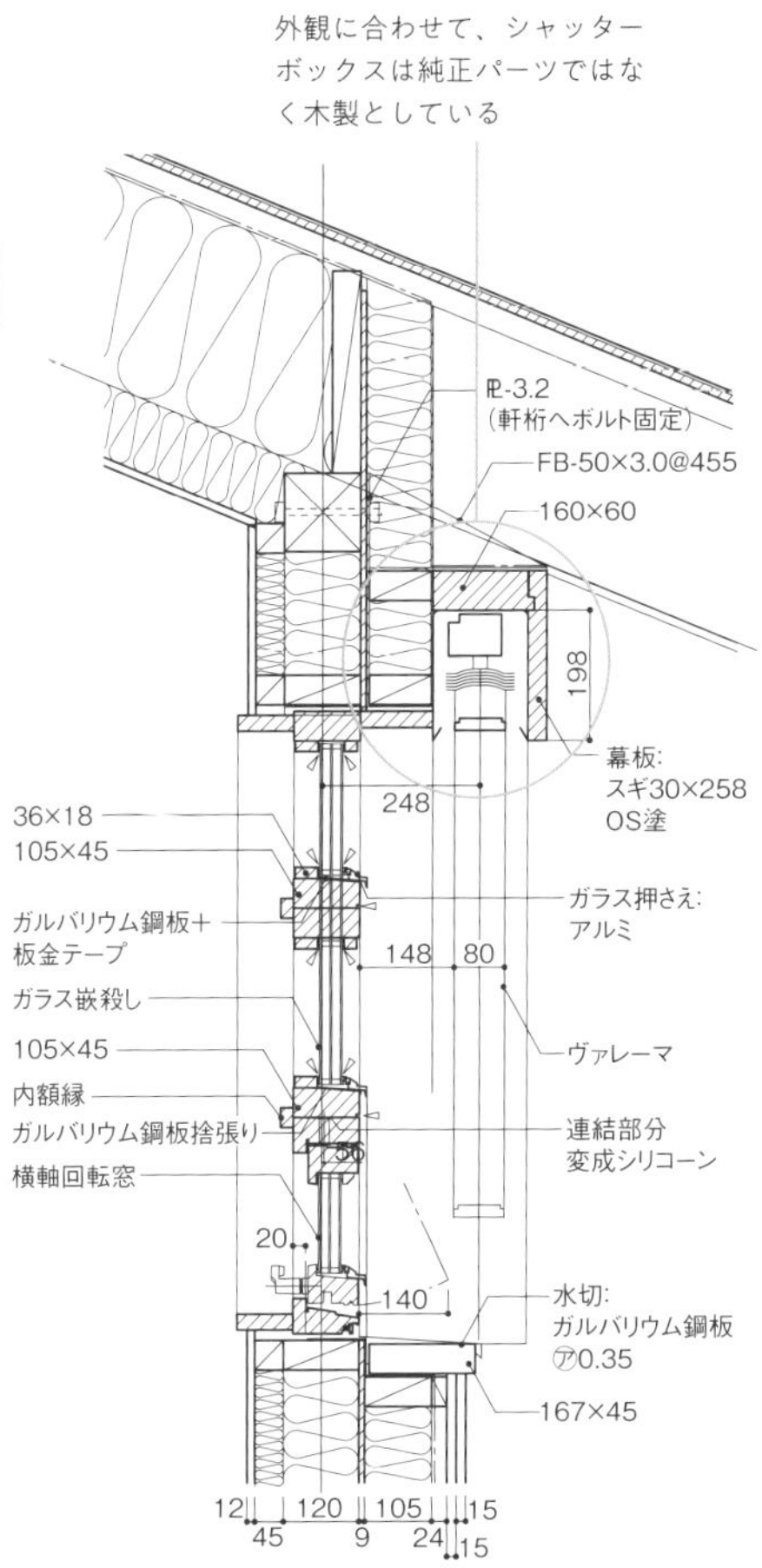

外観に合わせて、シャッターボックスは純正パーツではなく木製としている
PL-3.2 (軒桁へボルト固定)
FB-50×3.0@455
160×60
198
幕板:スギ30×258 OS塗
248
36×18
105×45
ガルバリウム鋼板+板金テープ
ガラス押さえ:アルミ
148
80
ガラス嵌殺し
ヴァレーマ
105×45
内額縁
ガルバリウム鋼板捨張り
連結部分 変成シリコーン
横軸回転窓
20
140
水切:ガルバリウム鋼板 ㋐0.35
167×45
12
120
105
15
45
9
24
15

図3 招き差掛け屋根にする場合(S=1:20)

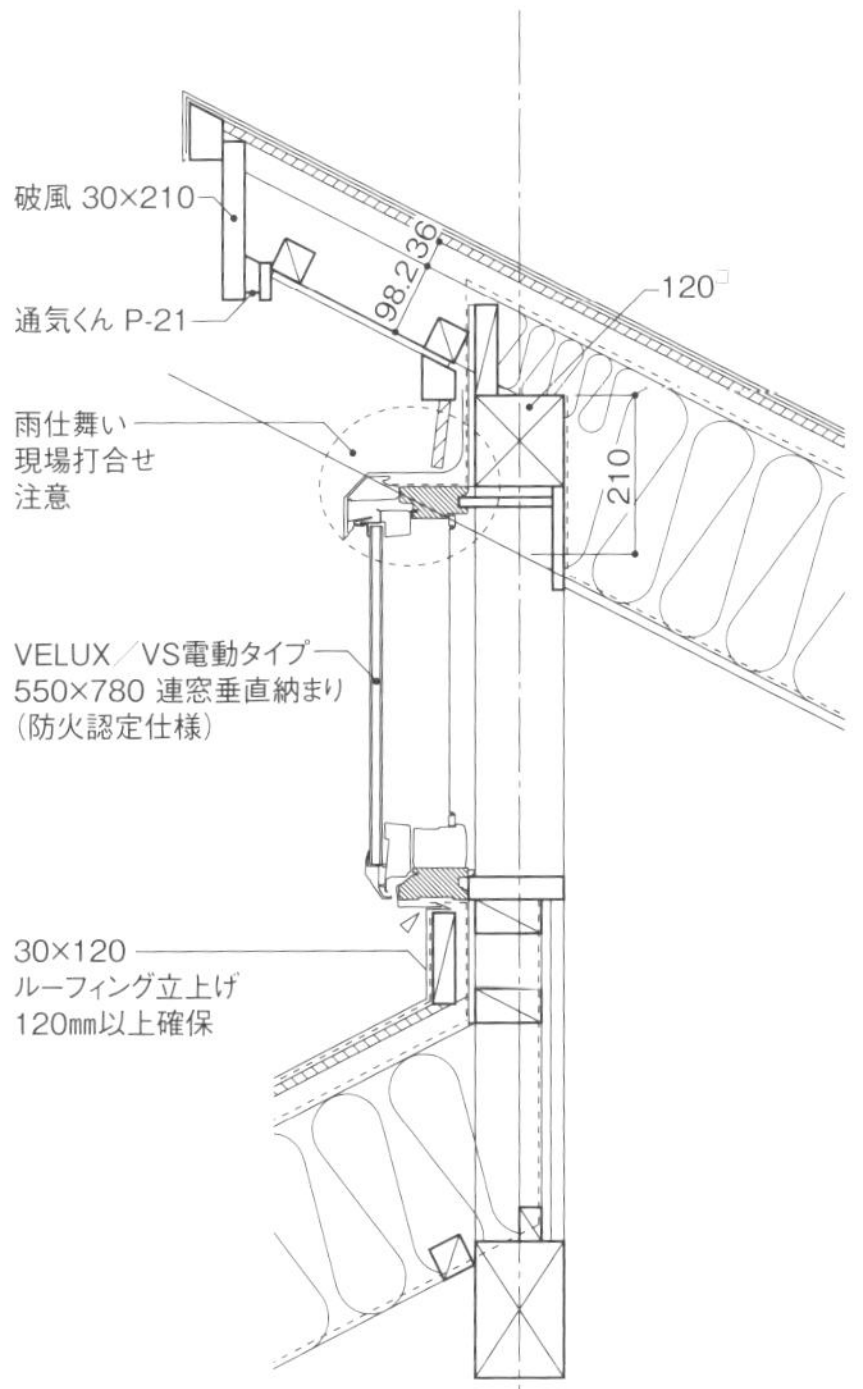

破風 30×210
通気くん P-21
98.236
120
210
雨仕舞い 現場打合せ 注意
VELUX/VS電動タイプ 550×780 連窓垂直納まり (防火認定仕様)
30×120 ルーフィング立上げ 120㎜以上確保

大きな開口を覆うように設けた「ヴァレーマ」。ガイドレールもそれほど目立たない(上越の家)

招き差掛け屋根にしてハイサイドライトを設けると連窓に、通風効果が高まる。軒も出せるので、日射遮蔽も万全。ただしコストはかかる

妻壁にハイサイドライトを設ける場合は、外側にロールブラインドがついたベルックスの製品を用いると、夏期の日射遮蔽対策も充実する

日射取得でエネルギー負荷を減らす

図1 断熱性能別・窓の大小別の住宅の供給熱と熱損失熱の割合

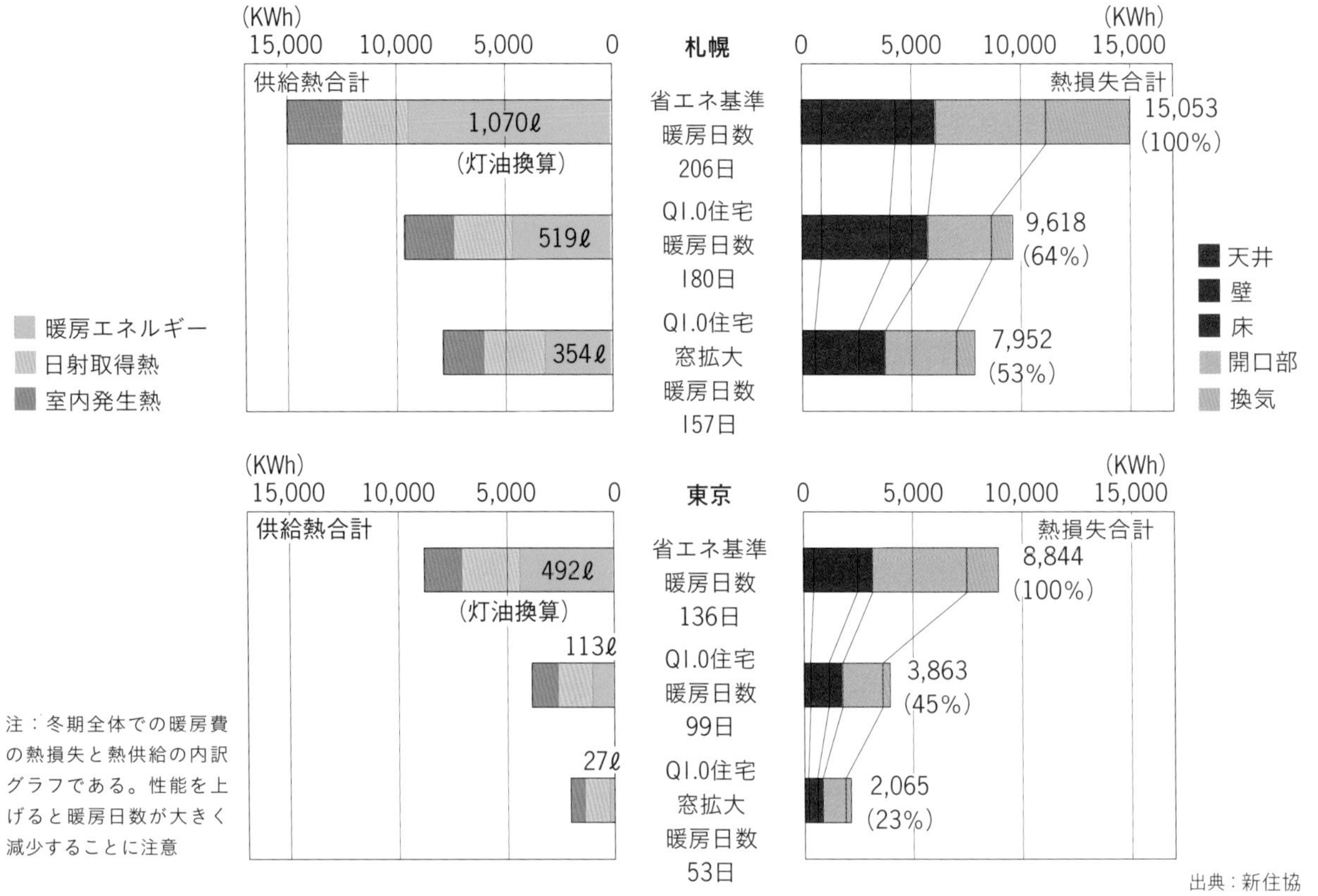

(KWh)
15,000 10,000 5,000 0
札幌
0 5,000 10,000 15,000
(KWh)
供給熱合計
熱損失合計
1,070ℓ
(灯油換算)
省エネ基準
暖房日数
206日
15,053
(100%)
519ℓ
Q1.0住宅
暖房日数
180日
9,618
(64%)
354ℓ
Q1.0住宅
窓拡大
暖房日数
157日
7,952
(53%)
暖房エネルギー
日射取得熱
室内発生熱
天井
壁
床
開口部
換気
(KWh)
15,000 10,000 5,000 0
東京
0 5,000 10,000 15,000
(KWh)
供給熱合計
熱損失合計
492ℓ
(灯油換算)
省エネ基準
暖房日数
136日
8,844
(100%)
113ℓ
Q1.0住宅
暖房日数
99日
3,863
(45%)
27ℓ
Q1.0住宅
窓拡大
暖房日数
53日
2,065
(23%)
注：冬期全体での暖房費の熱損失と熱供給の内訳グラフである。性能を上げると暖房日数が大きく減少することに注意

出典：新住協

寒冷地の札幌と温暖地の東京それぞれの省エネ基準、Q1.0住宅、Q1.0住宅＋窓面積を拡大した住宅の給熱（暖房エネルギー、日射取得熱、室内発生熱）と、熱損失（天井、壁、開口部などの部位別）の割合を示したグラフ。供給熱の日射取得の割合は、温暖地（東京）のほうが寒冷地（札幌）よりも大きいことが分かる。東京でQ1.0住宅の窓面積を拡大すると暖房エネルギーが北海道の1／4になる。

居間の上の2階の吹抜け部分の大窓。高窓や吹抜けは隣家の影響を受けずに部屋の奥まで日射を届けてくれる

1階居間の南面の窓は、総2階建ての南側隣家によってほとんど日射取得ができないが、セットバックした2階吹抜けの窓からの日射取得が可能

上図は寒冷地の札幌と温暖地の東京それぞれの断熱性能別・窓の大小別の住宅の供給熱（暖房エネルギー、日射取得熱、室内発生熱）と、熱損失（天井、壁、開口部などの部位別）の割合を示したグラフである。具体的には、省エネ基準、超高断熱のQ1.0住宅、Q1.0住宅＋窓面積を拡大した住宅の比較だ。

まず注目してほしいのが、供給熱合計における日射取得熱の割合。札幌の省エネ基準住宅では暖房エネルギーの割合が高いが、断熱性能や窓を大きくすることで、日射取得別の割合が増え、Q1.0住宅＋窓面積を拡大した住宅では暖房エネルギーと日射取得熱の割合がほぼ同じになっているのが分かる。

日射取得熱の効果は思いのほか大きく、断熱性能が高くなればなるほどその効果が大きく、またゼロエネルギー住宅を目指すうえでは欠かせない要素であることが分かる。

この日射取得の効果を最大限生かすために、日射熱取得率が高い窓を使うという選択も増えてきている。窓の熱貫流率がUw＝1・00で、日射熱取得率のη値が30％と60％と異なる窓のそれぞれの熱の

図2 南面の窓を広くし、日射取得を大きくした住宅（U_A値0.30）の性能詳細

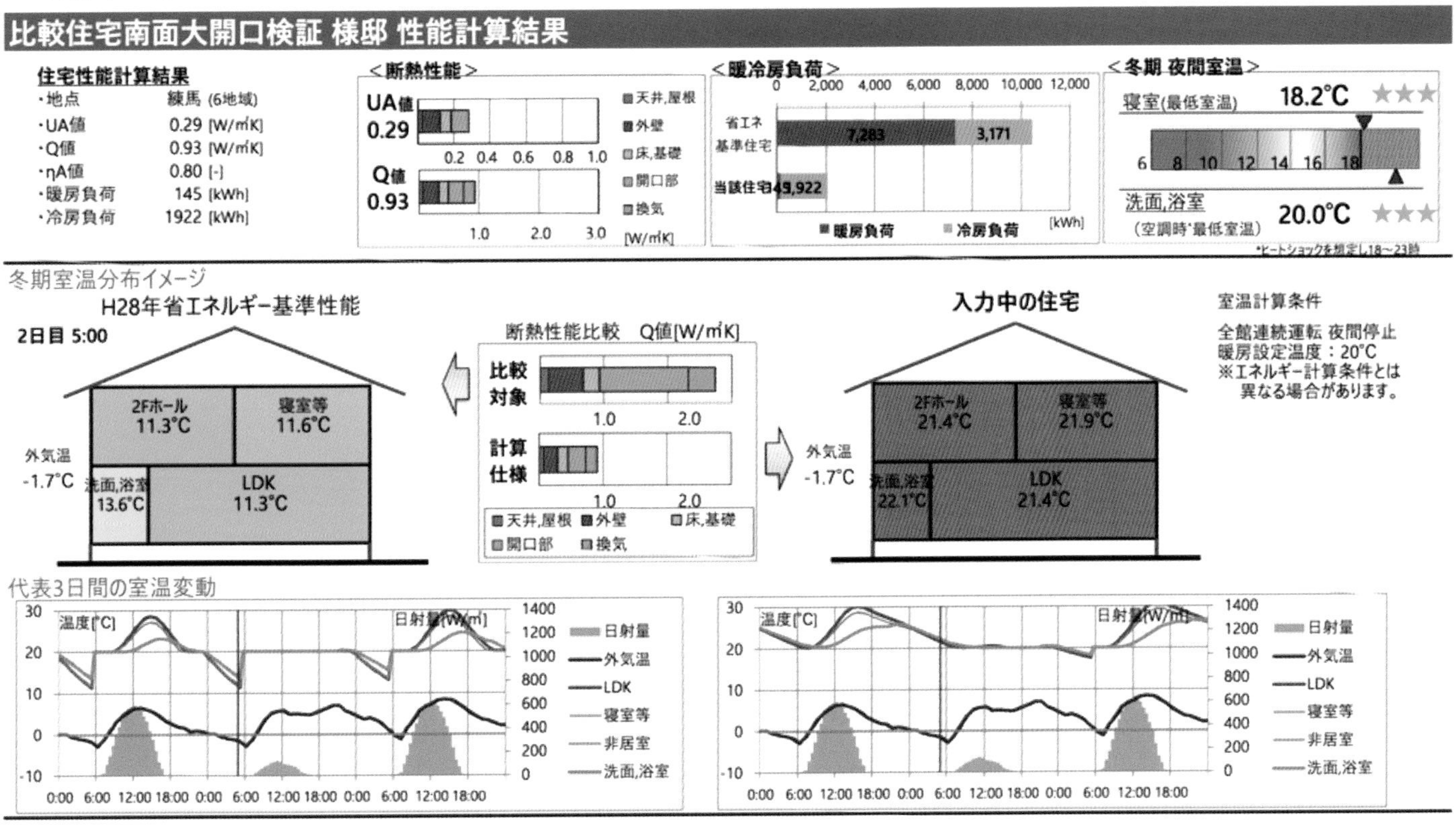

図右側の「入力中の家」は、日射を得るために窓を大きくしたU_A値0.29W／m²Kの家。図左側のH28省エネ基準性能の家に比べて暖冷房負荷が約1／4に減少し、室温も各室で21℃以上あり快適である。また図の下にあるように、夜間の暖房を止めたとき、日射取得＋高断熱の家の場合、朝方でも20℃前後に維持されるが、H28省エネ基準性能の家は12℃前後まで下がってしまう。

図3 日射取得率の違う窓の地域別熱の出入り

❶高断熱日射遮蔽型（Uw＝1.00・η＝30％）

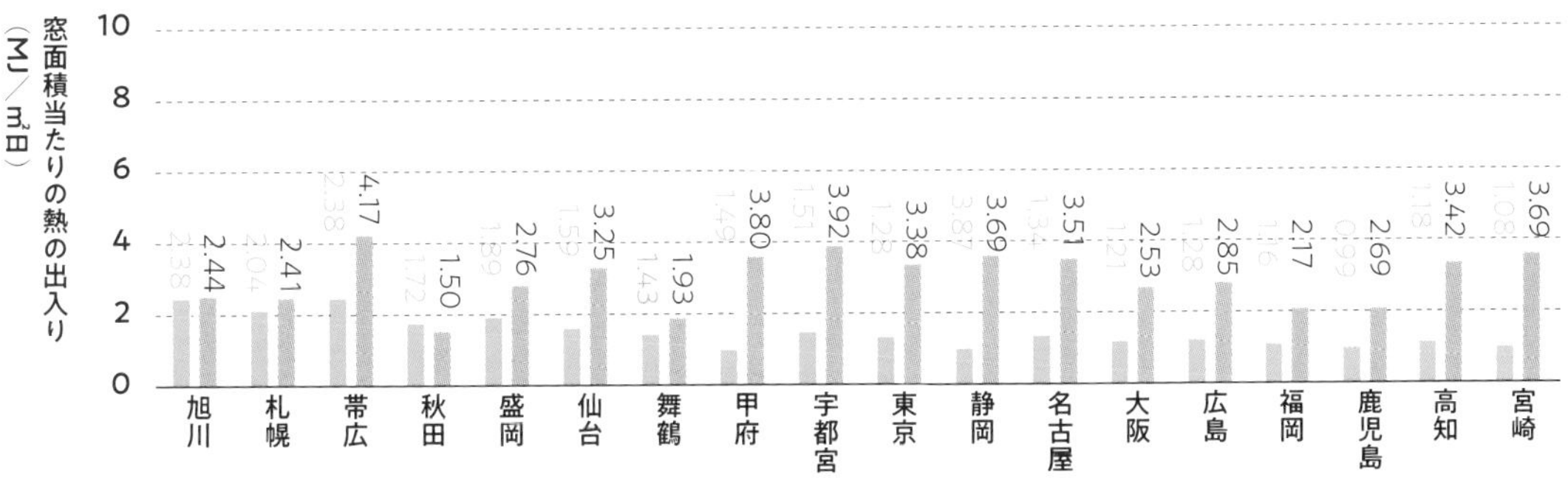

❷高断熱日射取得型（Uw＝1.00・η＝60％）

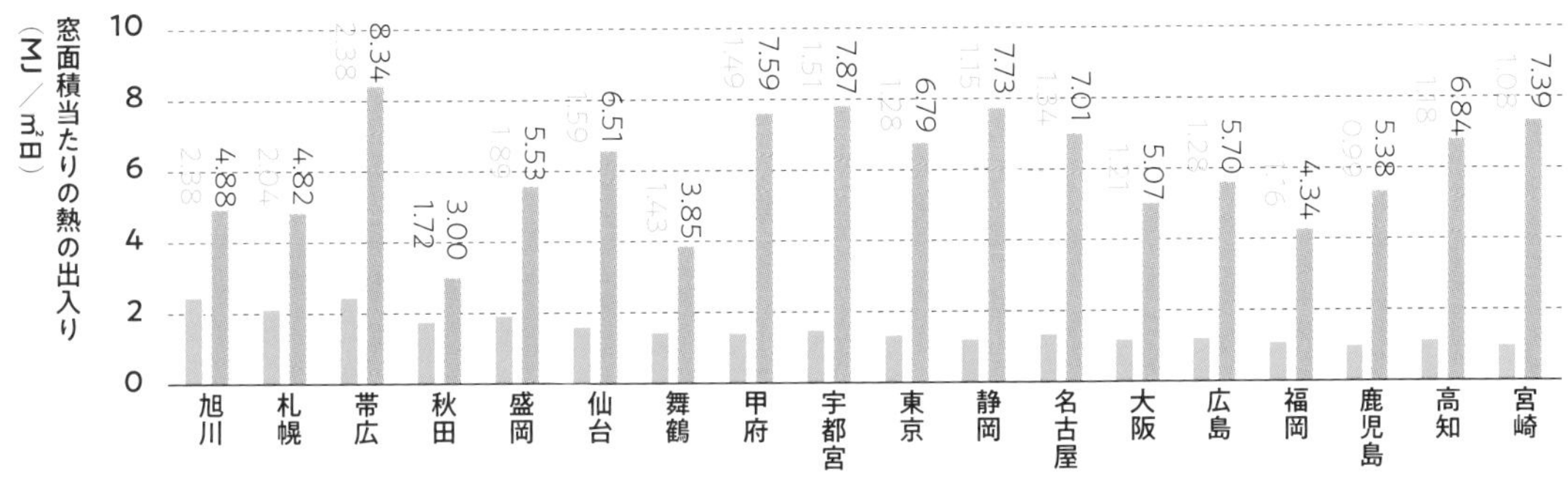

出典：新住協

窓の熱貫流率がUw＝1.00で、日射熱取得率のη値が30％と60％と異なる窓のそれぞれの熱の出入りを表した各地域別のグラフ。地域を問わず熱損失よりも日射取得による熱の割合が高いこと、日射取得効果の大きい窓の場合、その日射取得熱の量がより大きくなることが分かる。また、温暖地や冬期の日照時間の長い太平洋側（帯広など）にその傾向が強く出ているのもよく分かる。

出入りを表した各地域別のグラフ（左頁下図）を見てほしい。全体的に日射熱取得率のη値が60％のほうが熱の出入りの収支がよいことが分かる。温暖地や冬期の日照時間の長い太平洋側（帯広など）にその傾向が強く出ている。

日射で建物のかたちが決まる

図1 富士吉田の家2

南面の2階吹き抜けの窓。南面の隣家により1階の窓は日射取得が期待できないので、右側の外観写真にあるように2階の窓1間分セットバックしている

東南外観。庇と外付けブラインドで日射取得・遮蔽の調整を行う。外壁は押縁赤身スギ板張り

1階配置図

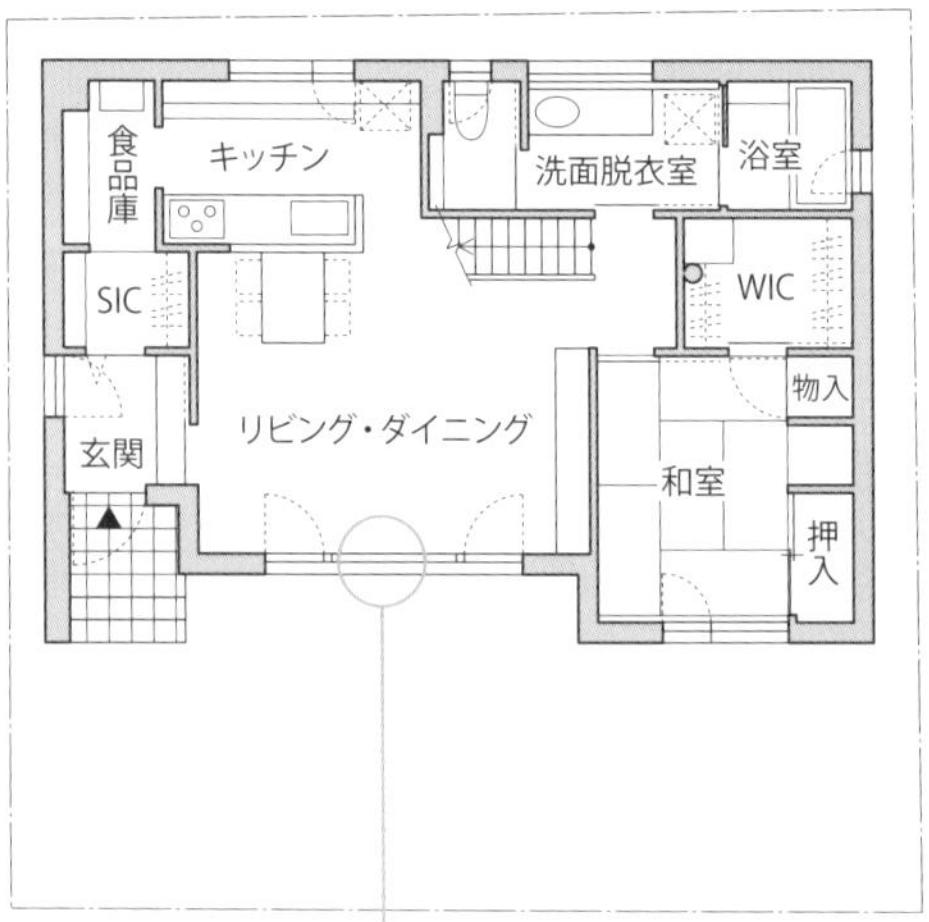

1階は隣地に建つ建物からの影で日射が得られないので、部屋の大きさ優先で間取りを決めた

2階平面図

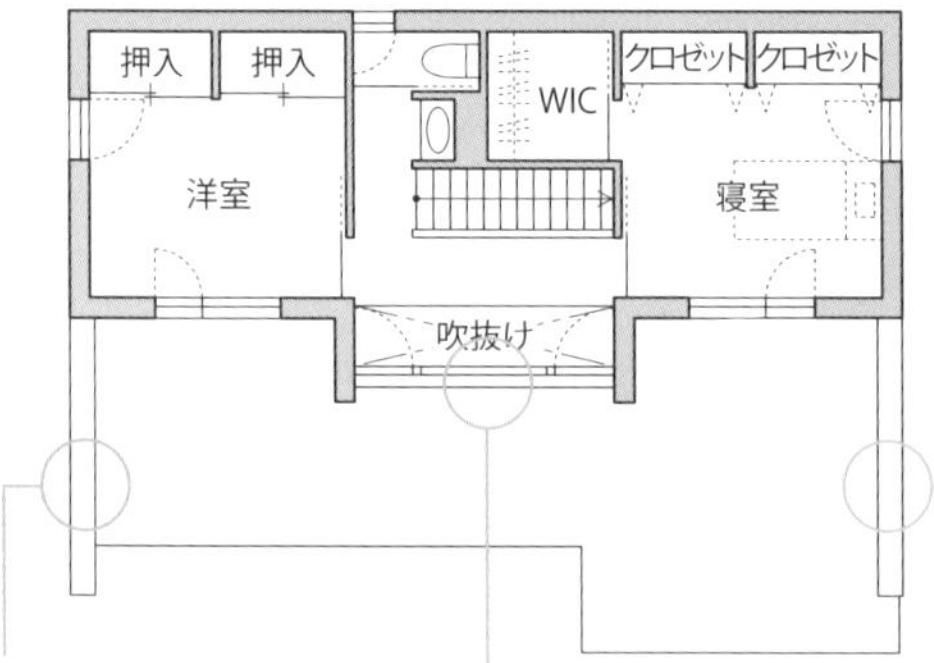

夏の西日を遮るために袖壁を設けている。なお、夏の強い日射を遮るために、屋根の軒も0.91mほど出しているほか、西面の窓には外付けシェードを取り付けている

夏の東からの日射を遮るために袖壁を設けている

隣地に建つ建物からの影で日射が得られないので、セットバックして大きな窓を設けた。なお、南面の窓には外付けブラインドを取り付けている

ゼロエネルギー住宅では、冬の日射取得を積極的に行って暖房エネルギーをできるだけ抑えることが重要であるが、住宅密集地など隣地に囲まれて十分な日射が得られない敷地の場合は、日射をいかにして得るか注意深く設計を行うことが重要だ。

基本的には、日照シミュレーションを行いながら窓の位置を考えていく。ソフトは使いなれたものであればなんでもよいが、筆者は「ホームズ君省エネ診断エキスパート」「Vectorworks」「SketchUp」などをを使っている。それを元に最低限、一番太陽高度が低くなる冬至と一番太陽高度が高くなる夏至から敷地の日照シミュレーションを行い、それを元に建物のプランを決めていく。冬至にできるだけ日射が入る位置に窓を設け、夏至に窓が入らないように庇を設置するのが基本だ。ただし、日射遮蔽は外付けブラインドなどさまざまな方法で行えるので、まずは日射取得を優先していくとよいだろう。また、窓の大きさや向き、ガラスの種類によっても日射取得量は大きく変化するので、これらを厳密に検討することも重要だ。

図2 日射で建物のかたちが決まる

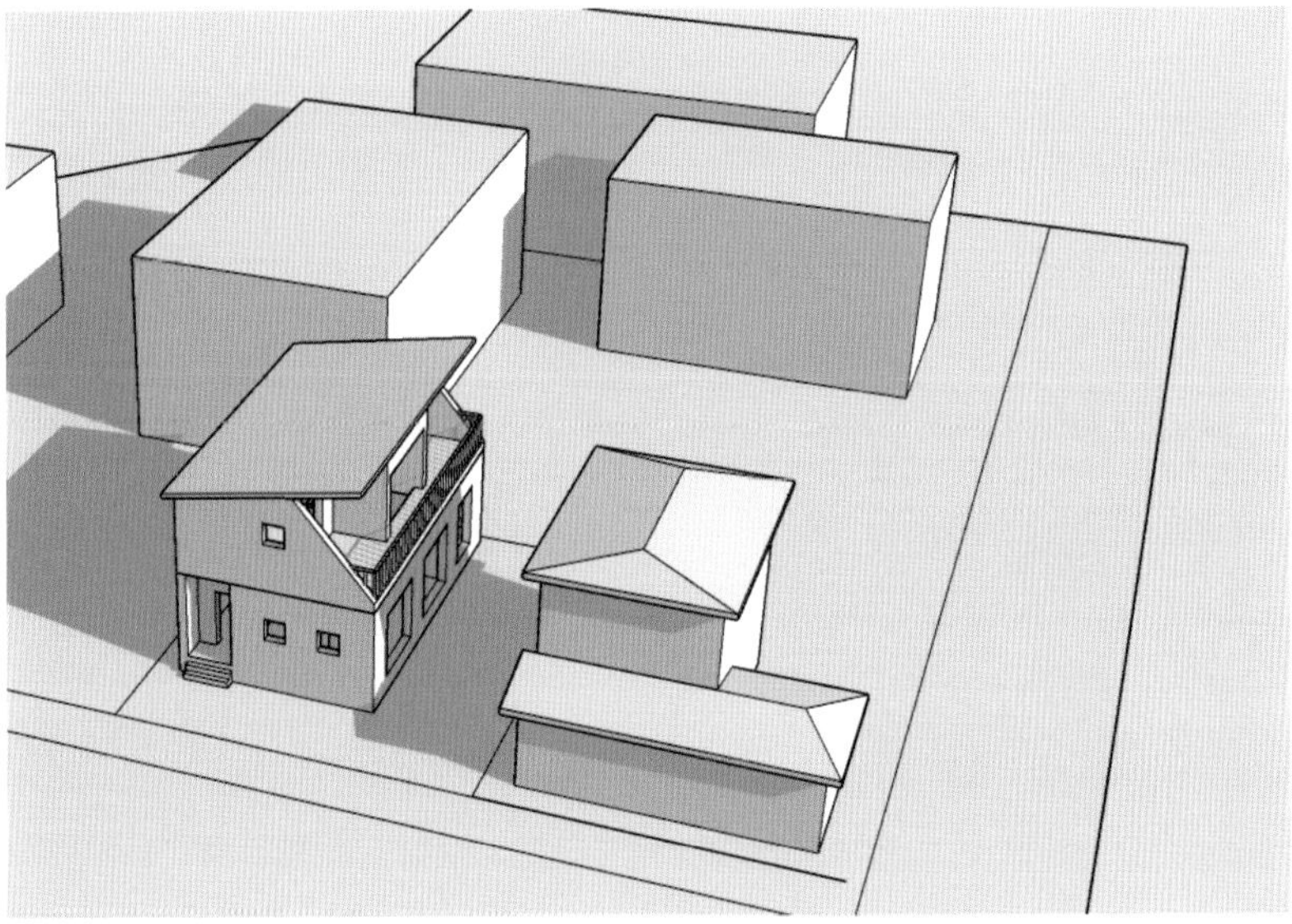

❶冬至の日影

冬至は最も太陽高度が低くなるので、冬至を基準に敷地の日射状況と建物形状のすり合わせを行いたい。

左図は、敷地の日射状況を踏まえて、日射取得ができているか建物形状や窓などの配置をすり合わせたものである。その結果は以下の通り。

- 1階の窓は日射が当たらないが、2階の窓には日射が当たる
- 南側の隣家の影を避けるため、2階部分を北側にセットバックした
- 2階には合計幅が4間の大きな開口部があり、十分な日射取得が得られる
- 2階の真ん中の吹抜けの幅2間の大窓には外付けブラインドが設置され、日射取得・日射遮蔽の調整ができる
- 1階は外付けブラインドで日射遮蔽する

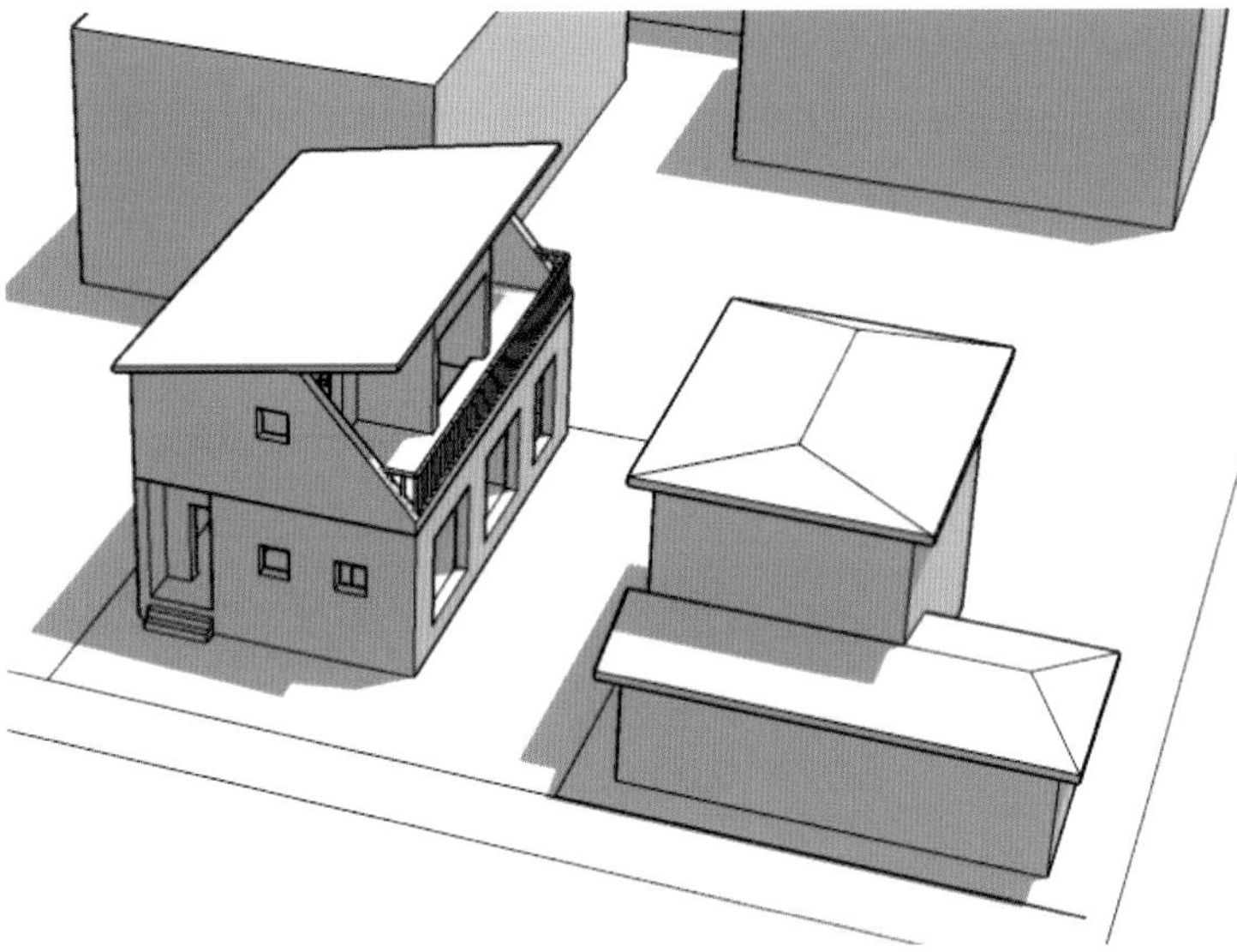

❷夏至の日影

夏至は最も太陽高度が高くなるので、夏至を基準に敷地の日射状況と建物形状のすり合わせを行いたい。

左図は、敷地の日射状況を踏まえて、日射遮蔽ができているか建物形状や窓などの配置をすり合わせたものである。その結果は以下の通り。

- 庇によって2階の窓に日射がかかるのを防いでいる
- ただし、中間期によっては日射取得が必要な時期もあるので、それらの時期に日射状況も検討したうえで、庇の長さを微調整したい

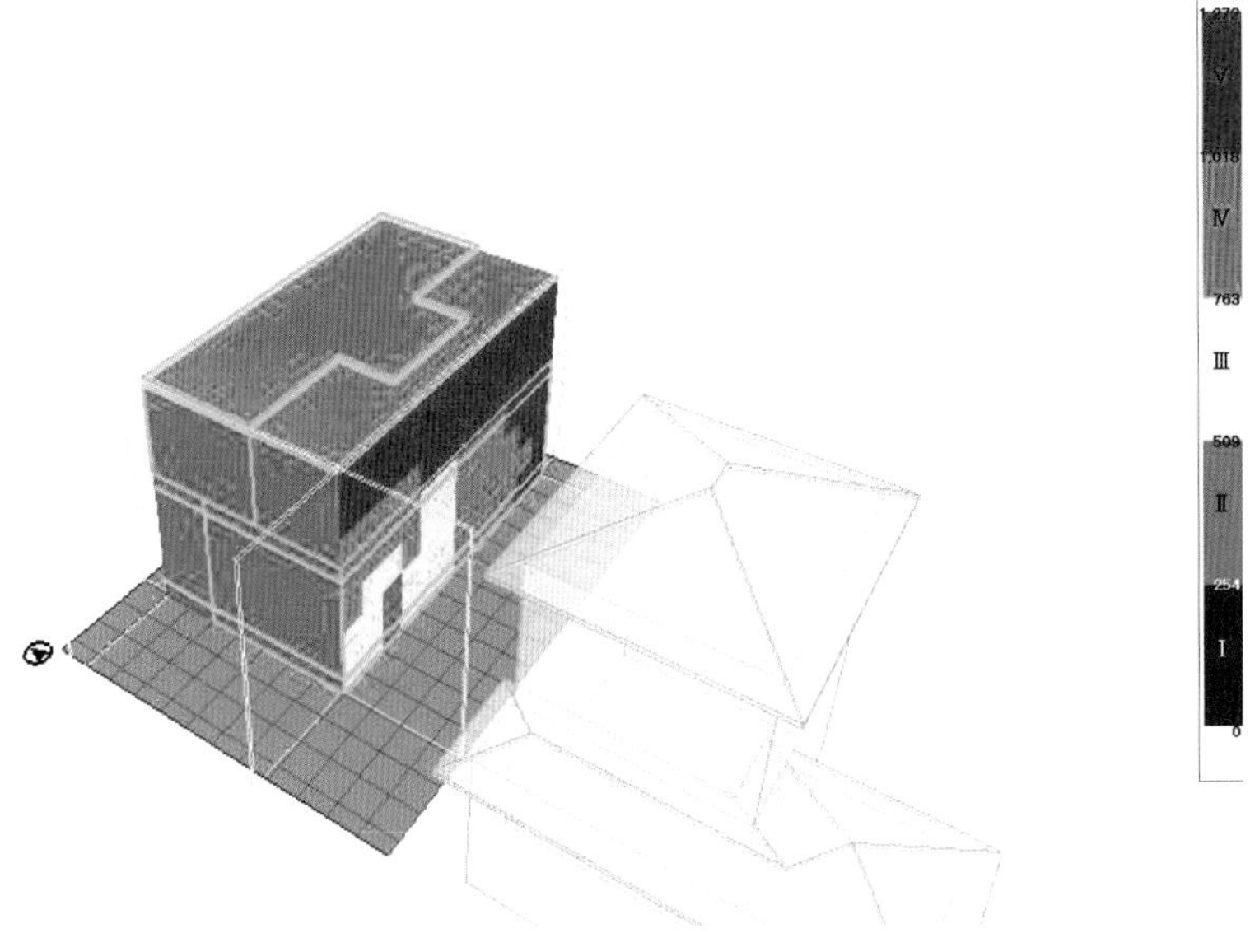

❸冬期間の総合壁面日射量

総合壁面日射量を調べるとより効果的な建物の設計が可能になる。

左図は冬期間の総合壁面日射量を示したもの。

- 1階部分は南側の隣家の影になり壁面日射量が少ない
- 2階部分は南側の隣家の影の影響を受けないため、壁面日射量が多い
- 西面は一時的には強い西日を受けるが、南面に比べて日射量は多くない

日射取得と断熱性を両立する高性能窓

図1 ガラスの熱貫流率と日射侵入率

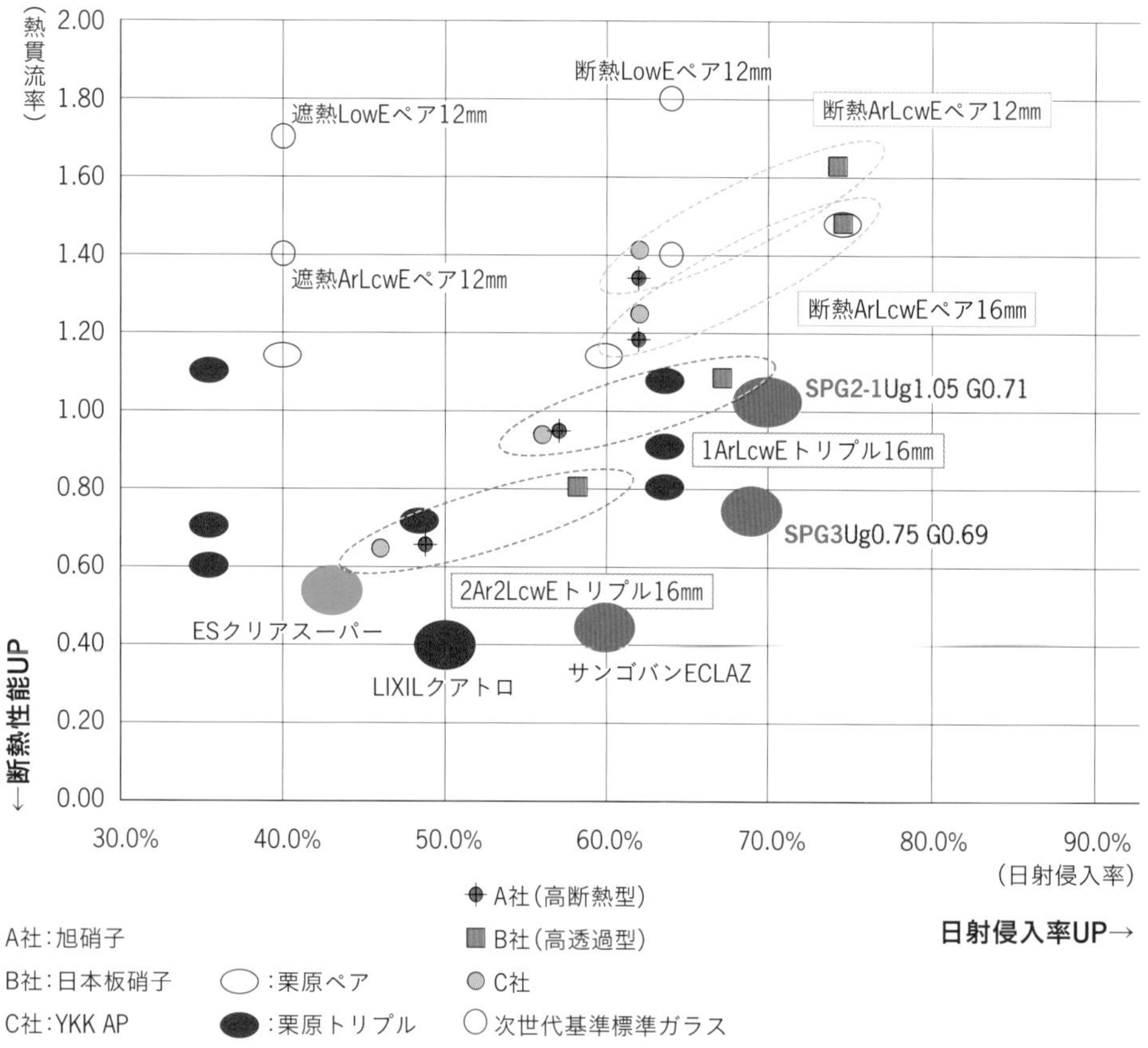

（熱貫流率）
2.00
1.80
1.60
1.40
1.20
1.00
0.80
0.60
0.40
0.20
0.00
←断熱性能UP
30.0%
40.0%
50.0%
60.0%
70.0%
80.0%
90.0%
（日射侵入率）
日射侵入率UP→
断熱LowEペア12mm
遮熱LowEペア12mm
断熱ArLcwEペア12mm
遮熱ArLcwEペア12mm
断熱ArLcwEペア16mm
SPG2-1Ug1.05 G0.71
1ArLcwEトリプル16mm
SPG3Ug0.75 G0.69
2Ar2LcwEトリプル16mm
ESクリアスーパー
LIXILクアトロ
サンゴバンECLAZ
A社：旭硝子
B社：日本板硝子
C社：YKK AP
：栗原ペア
：栗原トリプル
A社（高断熱型）
B社（高透過型）
C社
次世代基準標準ガラス

ライコのサッシの切断面

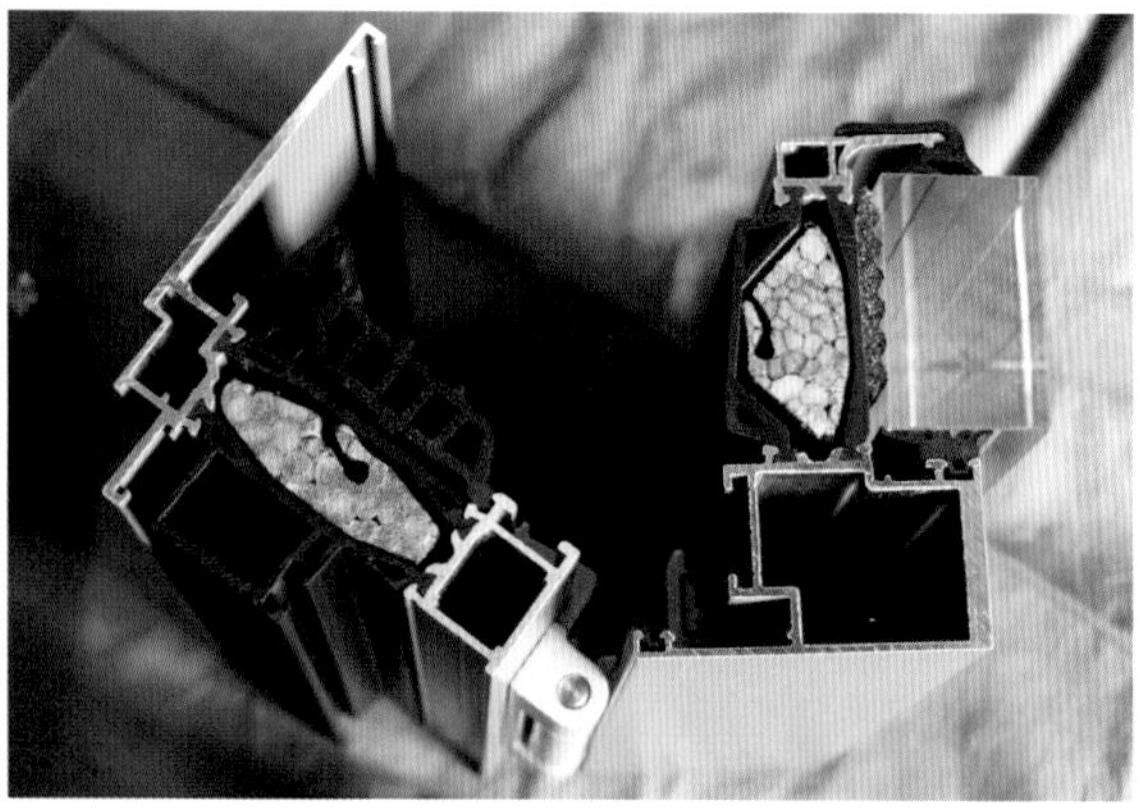

ライコ社のUf値0.75W／㎡Kの超高性能アルミサッシ。耐久性に優れるアルミの内側、トリプルガラスが納まる箇所に断熱層が設けられている

スマートウィンのサッシの切断面

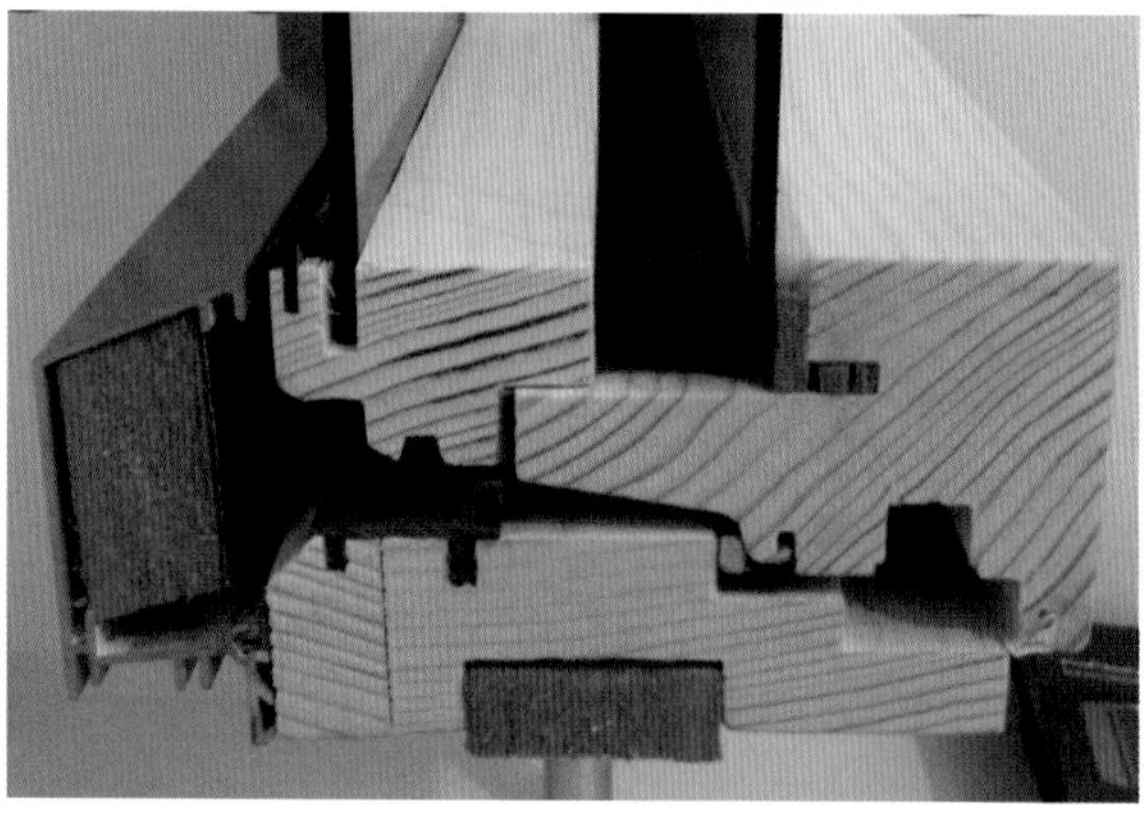

通常の木製サッシのような平使いから縦使いにしたことで、枠の見付け寸法を小さくし、見込み寸法を大きくした。このことで、熱抵抗を増している。さらに木枠の外側にウッドファイバーの断熱材が充填されており、Uf値をさらによくしている。枠の外側はアルミで覆われており、耐久性も極めて高い

窓の断熱性能は、サッシ（枠材と障子）やガラスなど窓を構成する部材の断熱性能が合算された熱貫流率（Uw）により表される。また、窓の面積の大半を占めるガラスの熱貫流率はUg、枠はUfで表され、さらに枠とガラスの境界周長の線熱貫流率はΨgで表される。まずは窓の断熱性能は製品の熱貫流率（Uw）を確認して選択してほしい。ゼロエネを考えるのであれば、高性能サッシ＋ガス入りLow-Eペアガラスまたはトリプルガラスがよい。熱貫流率は1.0〜0.75くらいとなる。

筆者は数多くの高性能窓を使ってきたが、最近使い始めているのが、ドイツ・スマートウィン社の木製サッシを国内でライセンス生産している「佐藤の窓 スマートウィン」である。外部をアルミでカバーした熱損失の極めて少ない木製サッシと、超高性能のガラス「サンコバンＥＣＬＡＺ」を組み合わせたものだが、窓の熱損失の大きな弱点である躯体と窓の接点もサッシを付加断熱で覆うような納まりとしていることで、その問題もクリアしている。価格も一般的な木製サッシより安い。

図2 スマートウィンの納まり

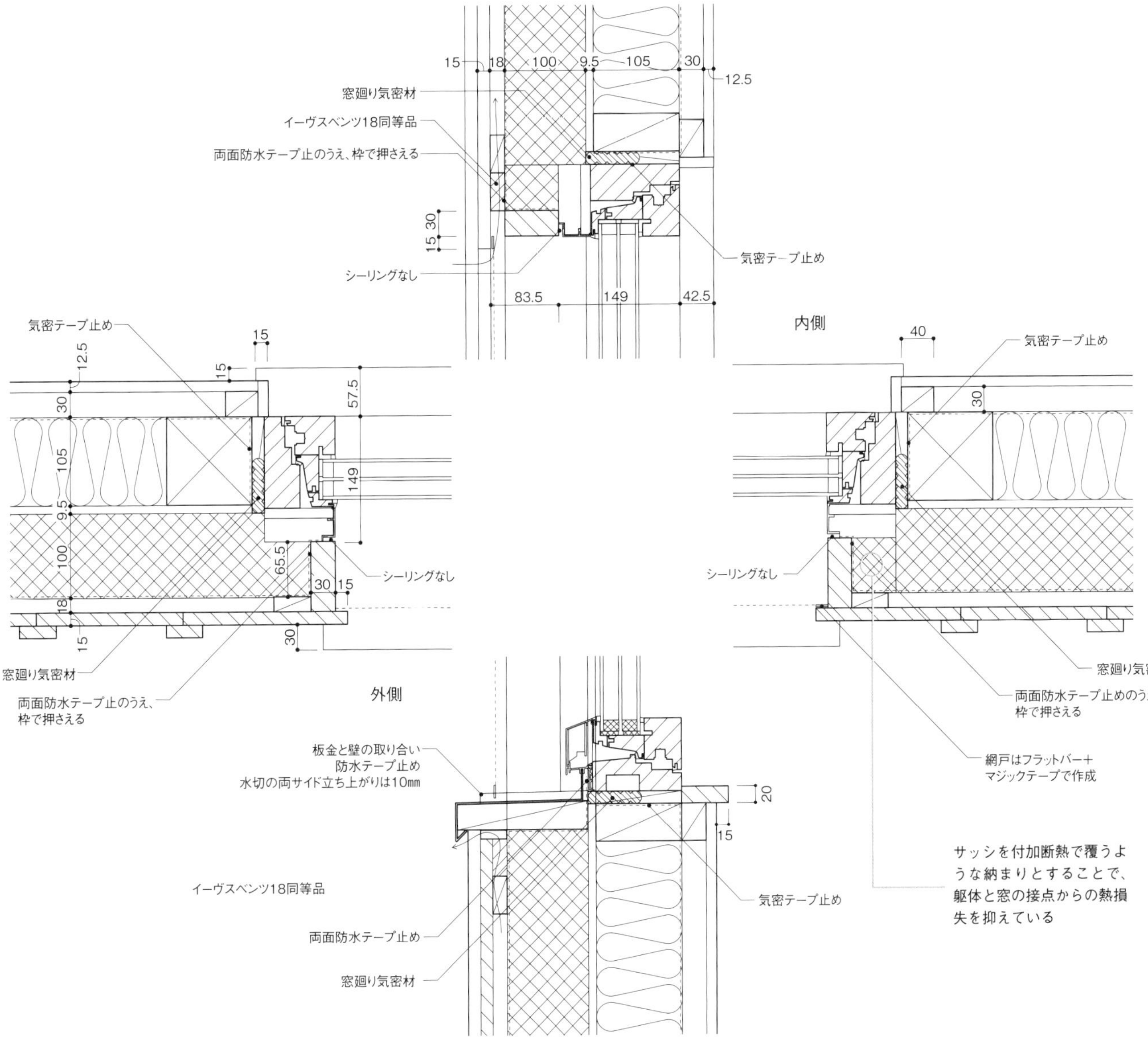
15
18
100
9.5
105
30
12.5
窓廻り気密材
イーヴスベンツ18同等品
両面防水テープ止のうえ、枠で押さえる
15 30
シーリングなし
気密テープ止め
83.5
149
42.5
内側
気密テープ止め
15
12.5
15
30
105
9.5
100
18
15
57.5
149
65.5
30 15
30
シーリングなし
窓廻り気密材
両面防水テープ止のうえ、
枠で押さえる
外側
40
気密テープ止め
30
シーリングなし
窓廻り気密材
両面防水テープ止めのうえ、
枠で押さえる
網戸はフラットバー＋
マジックテープで作成
板金と壁の取り合い
防水テープ止め
水切の両サイド立ち上がりは10mm
20
15
イーヴスベンツ18同等品
気密テープ止め
両面防水テープ止め
窓廻り気密材
サッシを付加断熱で覆うような納まりとすることで、躯体と窓の接点からの熱損失を抑えている

スマートウィンと外付けブラインドの納まり

外付けブラインドは壁体内に収納されているため、ブラインドボックスやガイドレールが外から見えない

スマートウィンの納まり

スマートウィンのウッドファイバーの外枠が躯体の断熱材のネオマフォームで覆われ、窓枠と躯体との熱橋のΨInstallを小さくする

太陽の光を昼間の照明に活用する

図1 外付けブラインドの昼光照明への活用

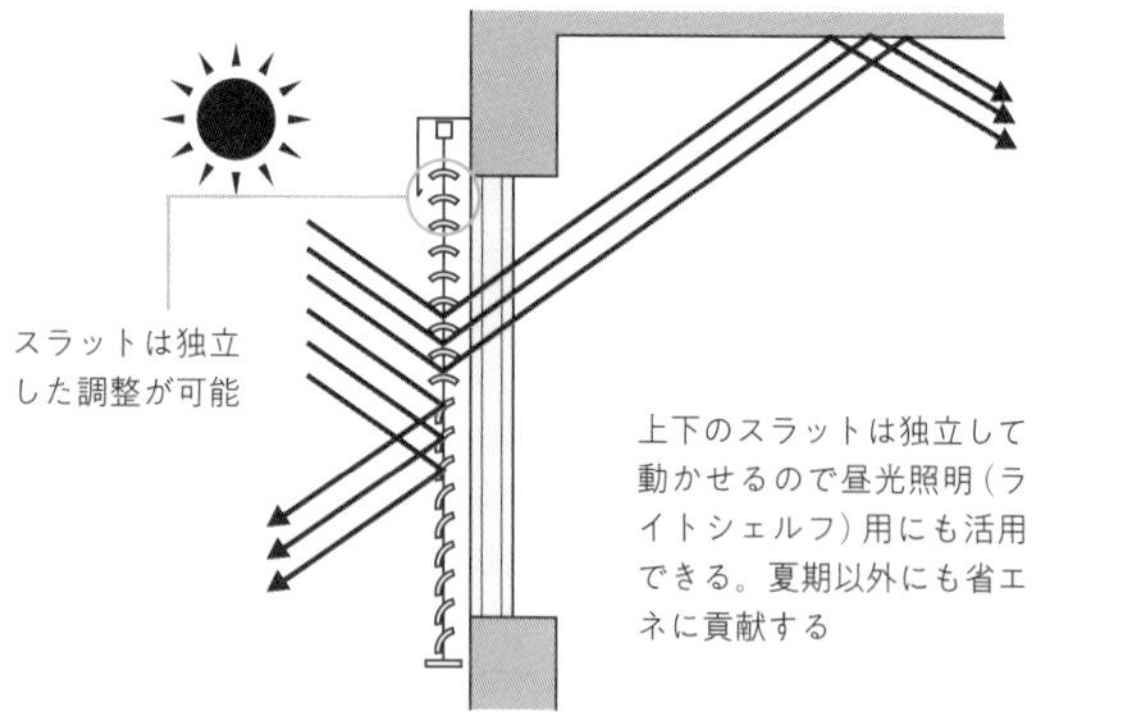
スラットは独立
した調整が可能
上下のスラットは独立して
動かせるので昼光照明（ラ
イトシェルフ）用にも活用
できる。夏期以外にも省エ
ネに貢献する

「エーデルヴァーマ」カタログ・技術資料より

1フラットな外観になじむ外付けブラインド「ヴァレーマ」。スラットやカバーパネルの色も豊富（手形山の家）。猛暑日はスラットを閉じることにより、直達日射だけでなく天空日射も日射遮蔽できる
2曇天でもそうだが、外付けブラインドのスラットの向きを室内側に傾けると日射遮蔽が逆にライトシェルフになり、室内の奥まで光が差し込む
3スラットを室内側に傾斜することで日射を反射し天井などを照らす。このライトシェルフ効果によって日中の室内を明るく保つ。なお、豪雨時にスラットとガラスを洗浄してくれる
4スラットを横にすると冬は日射取得ができ、夏は日射遮蔽ができる。また、室内から外は見えるが外から室内は見えない

日射遮蔽は、内側よりも外側で行うほうが有利なことは言うまでもない。そのための最も安価なのがよしずである。窓の全面を覆うと、70～80％の日射遮蔽率が得られる。ただし、細かい制御ができない、外観と調和させづらい、3年程度で買い替えが必要などの弱点もある。

オーニングも機能的にはよいが、比較的高価なことと、住宅に使用しやすいデザインのものがない点が泣きどころだ。また、ツル性植物を用いた緑のカーテンは美観もよく、情緒的な満足感を得られるが、植物なので完全なコントロールは望めない。

こうしたことを総合的に考えると、ドイツ製の外付けブラインド、「ヴァレーマ」（オスモ&エーデル）をお薦めできる。アルミ製で耐候性があり、強度も高いので、長期間の使用に向く。また、羽根の角度を上下で別々に調整できるため、冬期や中間期には、取り入れた光を天井に反射させて、昼光照明に利用できる。手動と電動があるが、アクティブに太陽光を利用するなら制御の容易な電動としたい。

3

ゼロエネ住宅に欠かせない設備

断熱性能を上げて、太陽の熱で部屋を温めるだけでゼロエネルギーに近づくことはできるが、
冬の日差しがない日や夏などはどうしても設備の力が欠かせない。
また、快適性を考えれば、適切な設備を導入してゼロエネルギーを目指すのが無難である。
ここでは、エコ設備として注目を集めるものを厳選、それぞれを解説・評価するとともに、
適切な選び方や活用方法などについて具体的に解説する。

ゼロエネは小さな設備と高断熱化から

図1 住宅の消費エネルギー

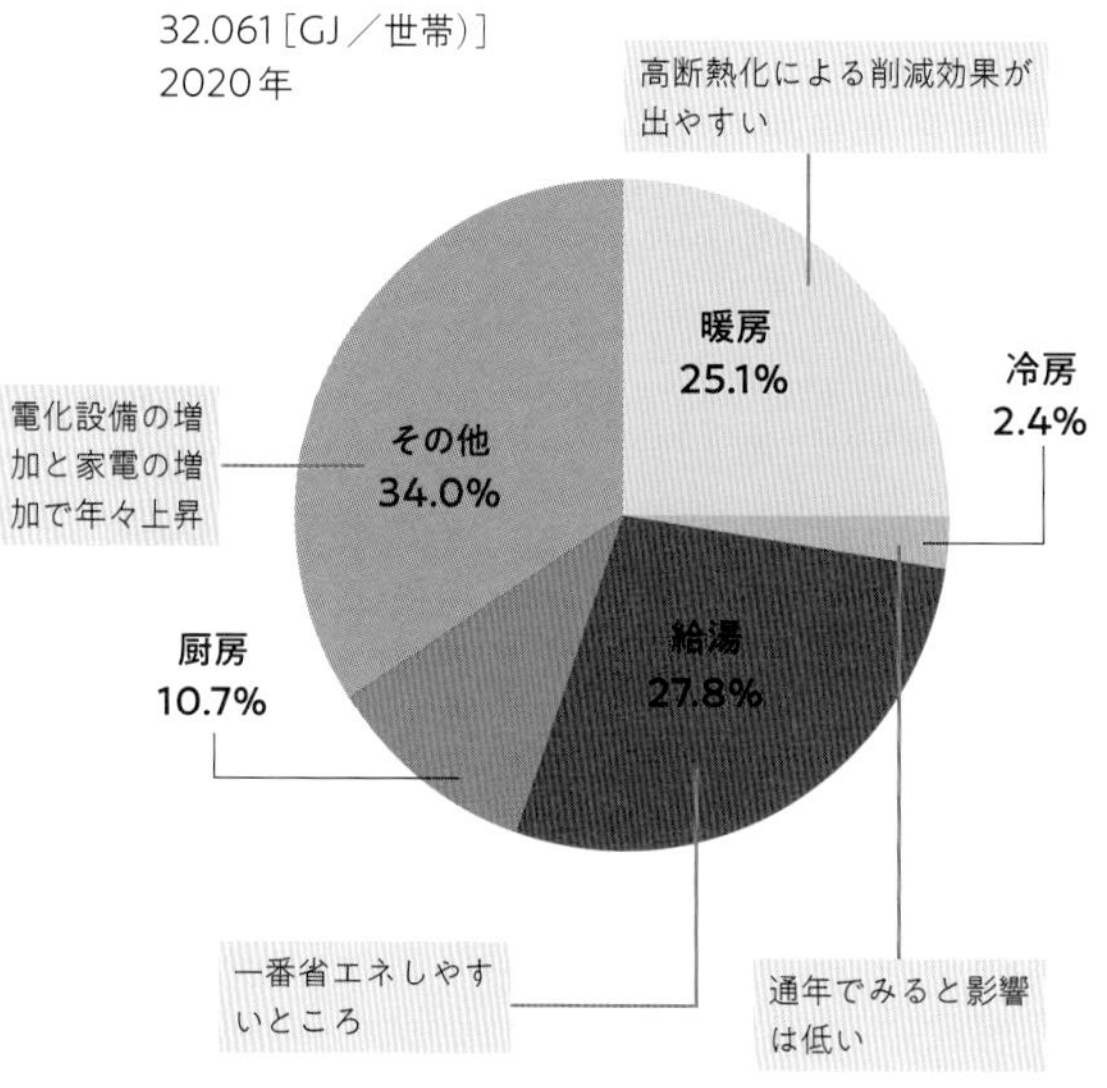
32.061［GJ／世帯)］
2020年
高断熱化による削減効果が出やすい
暖房
25.1%
冷房
2.4%
電化設備の増加と家電の増加で年々上昇
その他
34.0%
厨房
10.7%
給湯
27.8%
一番省エネしやすいところ
通年でみると影響は低い

出所：資源エネルギー庁「エネルギー白書2022」より作成

図2 電気使用量の内訳

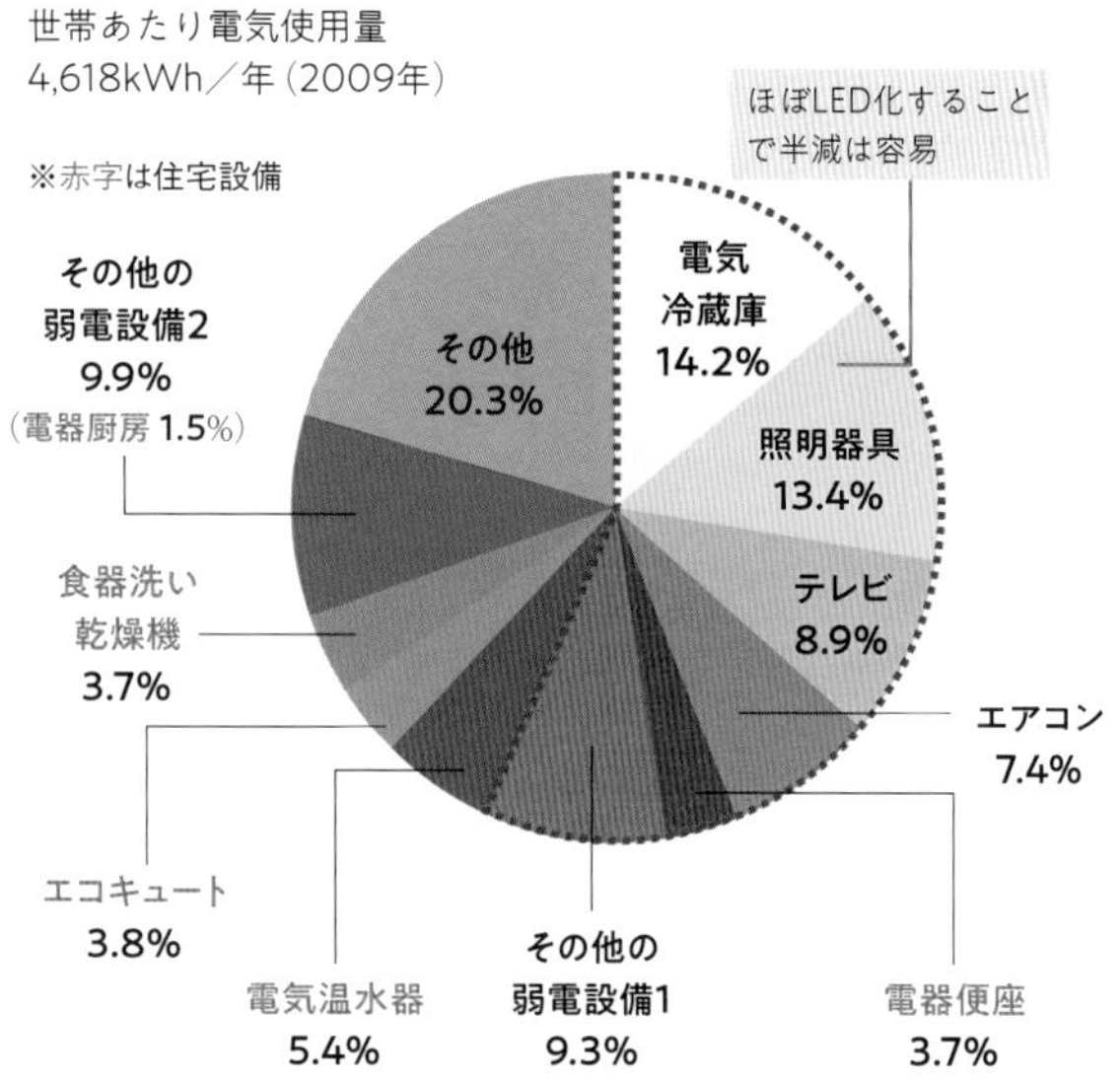
世帯あたり電気使用量
4,618kWh／年（2009年）
※赤字は住宅設備
ほぼLED化することで半減は容易
電気
冷蔵庫
14.2%
照明器具
13.4%
テレビ
8.9%
エアコン
7.4%
電器便座
3.7%
その他の
弱電設備1
9.3%
電気温水器
5.4%
エコキュート
3.8%
食器洗い
乾燥機
3.7%
その他の
弱電設備2
9.9%
（電器厨房 1.5%）
その他
20.3%

「資源エネルギー庁平成21年度民生部門エネルギー消費実態調査及び機器の使用に関する調査」より　日本エネルギー経済研究所が試算

図3 待機電力の占める割合

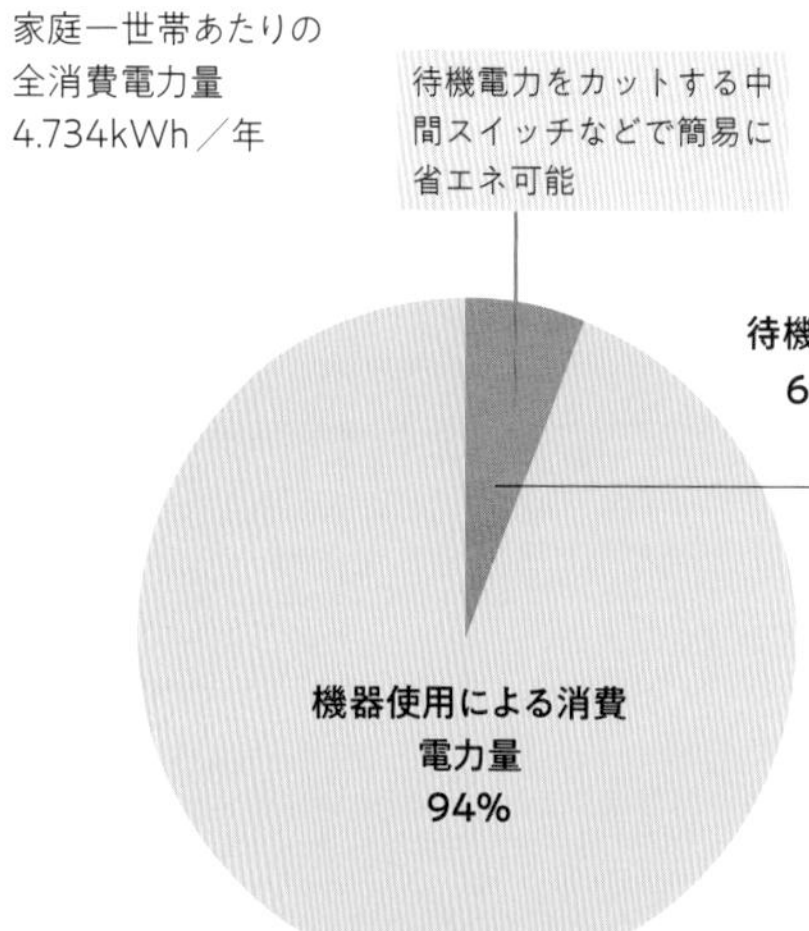
家庭一世帯あたりの
全消費電力量
4.734kWh／年
待機電力をカットする中間スイッチなどで簡易に省エネ可能
待機電力
6%
機器使用による消費
電力量
94%

※（財）省エネルギーセンター
「平成20年度 待機時消費電力調査報告書」より

図4 延床面積と使用エネルギーの関係

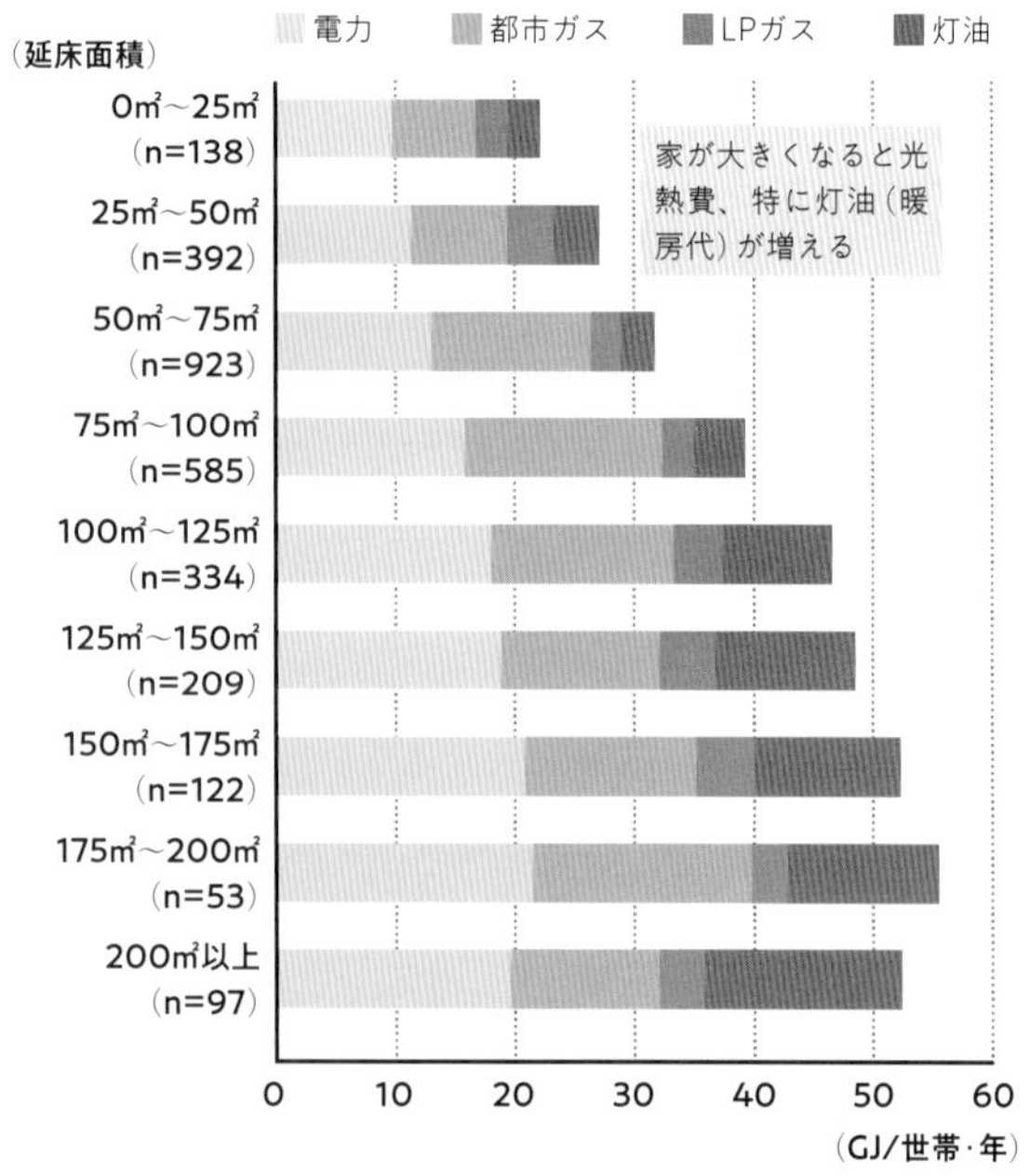
電力
都市ガス
LPガス
灯油
（延床面積）
0㎡〜25㎡
（n=138）
25㎡〜50㎡
（n=392）
50㎡〜75㎡
（n=923）
75㎡〜100㎡
（n=585）
100㎡〜125㎡
（n=334）
125㎡〜150㎡
（n=209）
150㎡〜175㎡
（n=122）
175㎡〜200㎡
（n=53）
200㎡以上
（n=97）
家が大きくなると光熱費、特に灯油（暖房代）が増える
0
10
20
30
40
50
60
（GJ/世帯・年）

設備の省エネ化はどんどん進化している。しかし、家のなかで使われる設備を総体として見ると、家庭内の設備や家電の数や容量が増え続けたことで、消費エネルギーは増え続けている（図1・2）。つまり、省エネ設備が次々導入されているにもかかわらず、省エネやゼロエネとは結びついていないのが実状である。

こうした統計データより、「エコ設備」を導入するよりも、導入する設備の数を減らし、使用する機能を減らすほうが省エネ効果は高いということが分かる。こうした「小さな設備」を実現するには、契約アンペア数などを必要最低限に抑えることが一番確実だ。使える電力などが限られていれば、使用できる設備や家電の数が自動的に決まる。必然的にシンプルな設備構成になり、家電の待機電力も自主的に切るようになる。

次に建築側でできることを実行する。まずは床面積を必要最小限にする。図4に示すように、家が大きくなると光熱費が増える。逆にいうと、延べ床面積を減らすことで、すべての設備負荷を減らせる。

図6 エネルギー消費量への影響

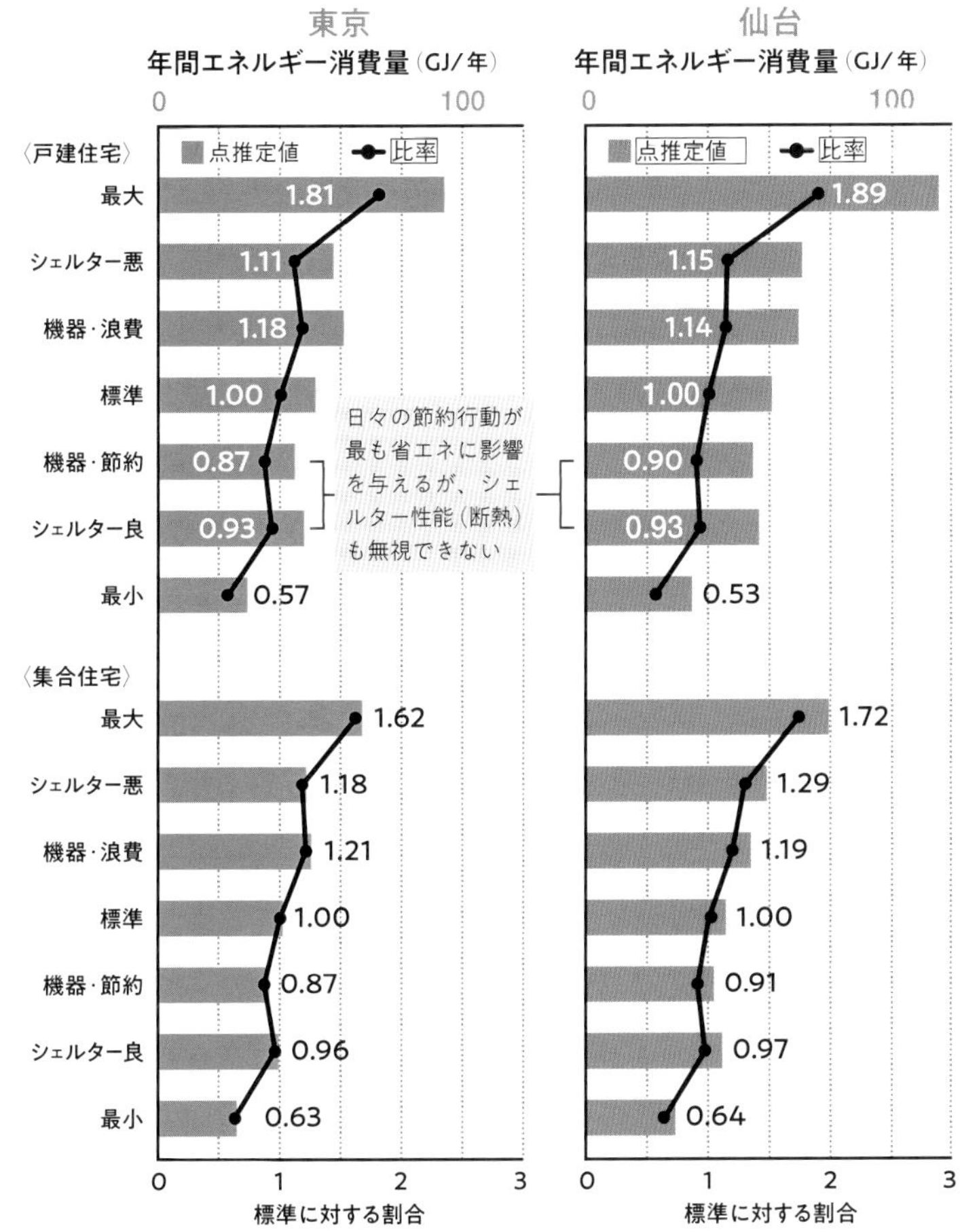
東京
仙台
年間エネルギー消費量（GJ/年）
0
100
〈戸建住宅〉
点推定値
比率
最大
シェルター悪
機器・浪費
標準
機器・節約
シェルター良
最小
1.81
1.11
1.18
1.00
0.87
0.93
0.57
1.89
1.15
1.14
1.00
0.90
0.93
0.53
日々の節約行動が最も省エネに影響を与えるが、シェルター性能（断熱）も無視できない
〈集合住宅〉
1.62
1.18
1.21
1.00
0.87
0.96
0.63
1.72
1.29
1.19
1.00
0.91
0.97
0.64
0
1
2
3
標準に対する割合

※各因子の水準変更による最大・最小値
「ミクロモデルを用いた省エネライフスタイルによる省エネルギー効果の検討」（吉野 博）より

図5 省エネルギーと暮らし方の関係

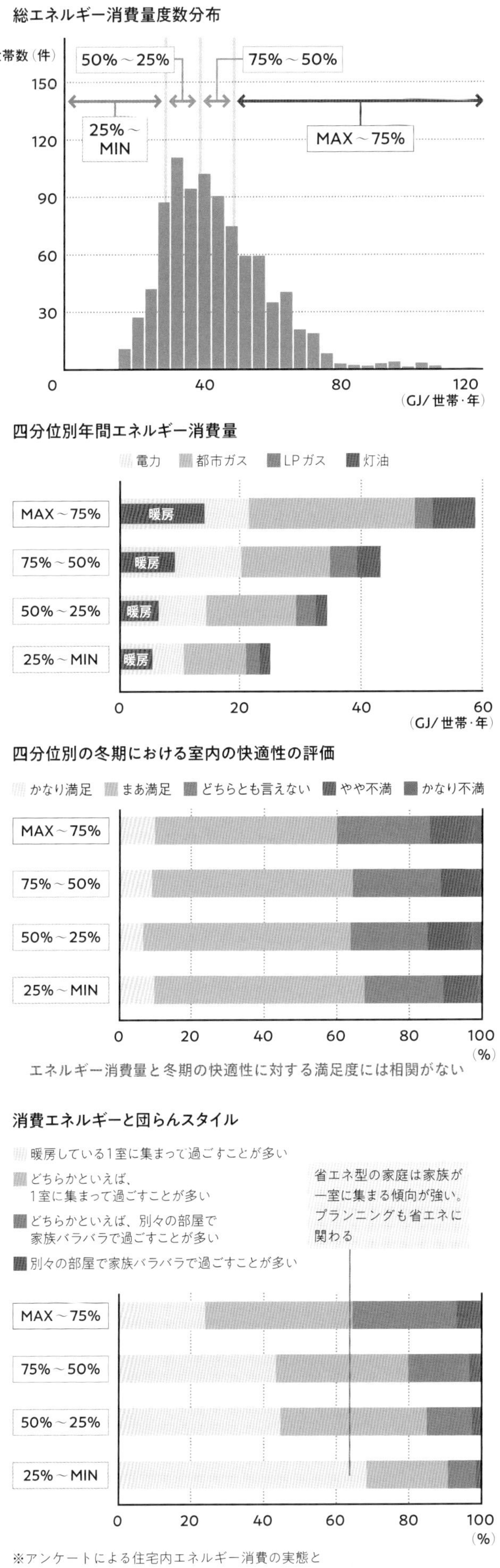
総エネルギー消費量度数分布
世帯数（件）
150
120
90
60
30
0
50%～25%
75%～50%
25%～MIN
MAX～75%
40
80
120
（GJ/世帯・年）
四分位別年間エネルギー消費量
電力
都市ガス
LPガス
灯油
MAX～75%
75%～50%
50%～25%
25%～MIN
暖房
0
20
40
60
（GJ/世帯・年）
四分位別の冬期における室内の快適性の評価
かなり満足
まあ満足
どちらとも言えない
やや不満
かなり不満
0
20
40
60
80
100
（%）
エネルギー消費量と冬期の快適性に対する満足度には相関がない
消費エネルギーと団らんスタイル
暖房している1室に集まって過ごすことが多い
どちらかといえば、1室に集まって過ごすことが多い
どちらかといえば、別々の部屋で家族バラバラで過ごすことが多い
別々の部屋で家族バラバラで過ごすことが多い
省エネ型の家庭は家族が一室に集まる傾向が強い。プランニングも省エネに関わる
（%）

※アンケートによる住宅内エネルギー消費の実態と住まい方等に関する調査（井上隆）より

その上で外皮の高断熱化を図る。図6に示したように、省エネやゼロエネにつながる大きな要素は高断熱化と住まい手の省エネ行動（節約）である。外皮の善し悪しは、冷暖房エネルギーの多寡に直結する。ただし、中途半端に高性能化して全館暖房にすると、消費エネルギーは増える。2章で解説したU_A値0.30の性能をベースに日射取得を図り、断熱と合わせ技で暖房負荷を低減したい。

そしてプランニングも大切だ。図5のように、省エネ型の家庭では、家族が同じ場所で過ごす時間が多い。そのことで暖房や照明の面積が減るので、光熱費も自然に落ちる。家族が自然に集える融通性の高いプランニングを実施することが、省エネやゼロエネにもつながるのである。さらに面白いのは、図5に示した消費エネルギー別の冬期の快適性に対する満足度の調査である。この結果を見ると、エネルギー消費が多い家庭も小さい家庭も、快適性に対する満足度は変わらない。すでにエネルギーをたくさん使う家＝暖かい家ではなくなっているのである。

「小さな設備」「高い断熱性能」「コンパクトで使いやすい間取り」。まずはこれらを設計に盛り込むことに注力し、そのうえで各種のエコ設備の導入を検討する。そのことでエコ設備の効果も目に見えるかたちで現れてくるはずだ。

「エアコン」を暖冷房ともに高効率活用

図1 エアコンの効率はAPFで見る

■APF算出方法（JIS C 9612 ルームエアコンディショナーにもとづく）

$$\text{APF} = \frac{\text{1年間に必要な冷暖房能力総和(kWh)}}{\text{機種ごとの期間消費電力量(kWh)}}$$

分子：エアコンの能力で数値が決まる

分母：カタログに記載されている

冷暖房の平均的な効率を示す値。COPより実態に近いと評価されている

■APF算出計算例（定格暖房能力2.8kWの冷暖房兼用エアコンの例）

$$\text{APF} = \frac{5{,}296}{913} = 5.8$$

1年間に必要な冷暖房能力の総和（固定値）

定格冷房能力（kW）	2.2	2.5	2.8	3.6	4.0	5.0	6.3	7.1
冷暖房能力総（kWh）	4,161	4,729	5,296	6,809	7,566	10,592	11,916	13,430

■APF算出のための外気温度の発生時間

（東京地区・木造・南向き、洋室、暖房期間10月28日～4月14日・冷房期間6月2日～9月21日）
上記の6：00～24：00の18時間において外気温度が16℃以下のときに暖房が必要、24℃以上のときに冷房が必要と規定

図2 低温暖房能力もチェックする

❶省エネラベル表示

目標年度	省エネ基準達成率	APF	期間消費電力量
2027年度	87%	5.8	1,233kWh

目標年度：年度ごとに示される目標が違う（今のところ2027年に示された目標が最新）

省エネ基準達成率：目標に対する達成率。高いほどよい

APF：6以上というのが高効率エアコンの指標になる

50·60Hz共通		畳の目安	能力	消費電力
	暖房	11～14畳（18～23㎡）	5.0kW（0.3～10.4）	900W（120～2,925）
	冷房	11～17畳（18～28㎡）	4.0kW（0.3～5.0）	895W（145～1,650）

低温暖房能力	7.5kW

14畳・17畳：次世代省エネ基準を超えるスペックならこちら側の数値のほうが目安になる

10.4：暖房時の負荷は能力の最大値に左右される。暖房を重視するなら同じ定格でも能力に余裕のあるものを選ぶとよい

0.3：暖房主体で機器を選ぶと、冷房負荷は小さくなりすぎるので、最小の運転能力も大事な指標

低温暖房能力：外気温2℃、室温20℃の暖房能力。数値が大きいほど暖房能力が高い

❷暖房能力の計算式（松尾氏）

$$\text{定格暖房能力(W)} = 1.7\ \{A \times \text{Q値} \times (23℃ - \text{冬の最低外気温}) - 4.6A\}$$

A：対象床面積（㎡）

松尾和也氏考案による暖房時にエアコンが効率よく動く負荷率60％で運転するように考えてつくられた式。
なお、これは部分間欠暖房も想定したときの計算式。連続運転を前提に考えるのであれば最初の1.7はなくしても構わない

POINT

- 計算で必要な暖房能力を求め、APF6以上の機器から選ぶ
- 暖房は負荷50％程度、冷房は負荷100％程度が高効率運転
- 暖房負荷に合わせて選ぶと冷房負荷が過小で冷房は低効率
- 高断熱化で暖房負荷を減らすと暖冷房ともに高効率運転に

気象条件の厳しい一部の地域を除けば、最も省エネな空調機器はエアコンである。したがってエアコンでいかに快適な空間をつくるかということが、住宅における空調計画の基本となる。ただし、気流感と温度ムラがエアコンの泣きどころ。それを補う有効な方法が66頁で紹介した床下エアコンであり、新築住宅であれば最初に検討するべき方法と言える。

エアコンの機器選定は、まず、その住宅ではどれだけの空調能力

図3 冬は負荷50％、夏は100％だと効率がよい

❶暖房理論COPと実測COP

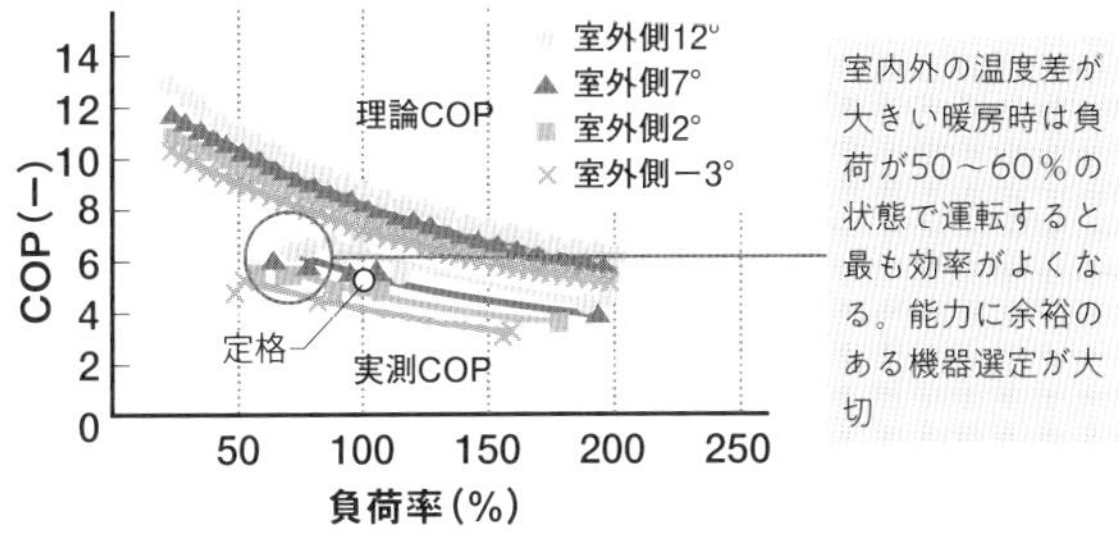
COP（－）
負荷率（％）
14
12
10
8
6
4
2
0
50
100
150
200
250
室外側12°
室外側7°
室外側2°
室外側－3°
理論COP
実測COP
定格
室内外の温度差が大きい暖房時は負荷が50～60％の状態で運転すると最も効率がよくなる。能力に余裕のある機器選定が大切

実使用を考慮したエアコンのCOP変動特性（吉田光子）より

❷冷房実測COP

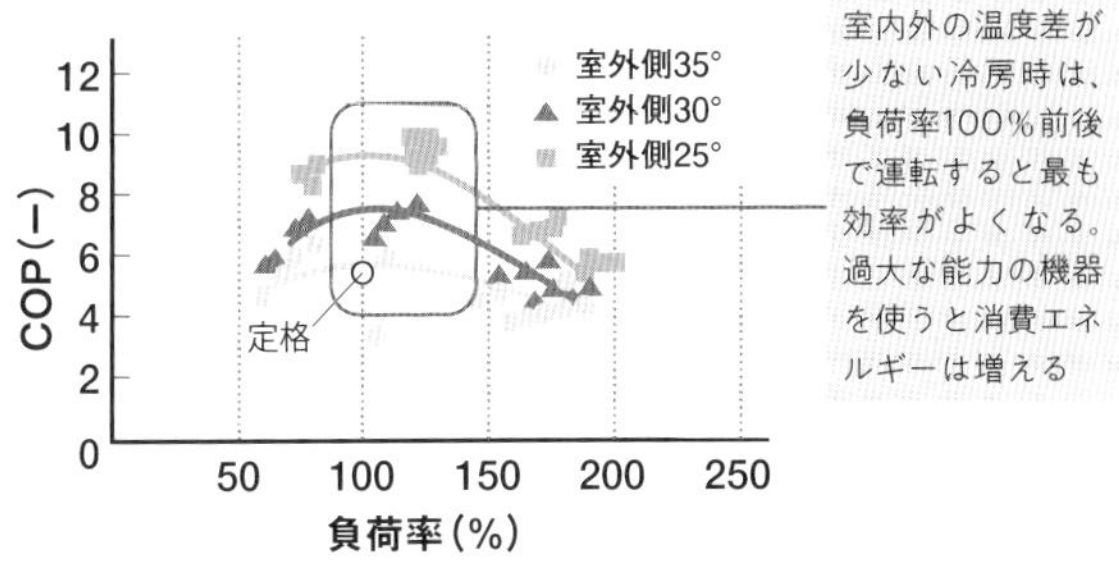
COP（－）
負荷率（％）
12
10
8
6
4
2
0
50
100
150
200
250
室外側35°
室外側30°
室外側25°
定格
室内外の温度差が少ない冷房時は、負荷率100％前後で運転すると最も効率がよくなる。過大な能力の機器を使うと消費エネルギーは増える

実使用を考慮したエアコンのCOP変動特性（吉田光子）より

日本では暖房負荷が冷房負荷より大きいため暖房主体に機器を選ぶ。暖房負荷が50～60％になる機器を選定すると、冷房能力が過大になる。高断熱化で暖部負荷を減らし、プランの工夫で1台あたりの冷房面積を広げるとよい

図4 除湿は快適だが消費エネルギーは増加

❶再熱除湿運転の方法

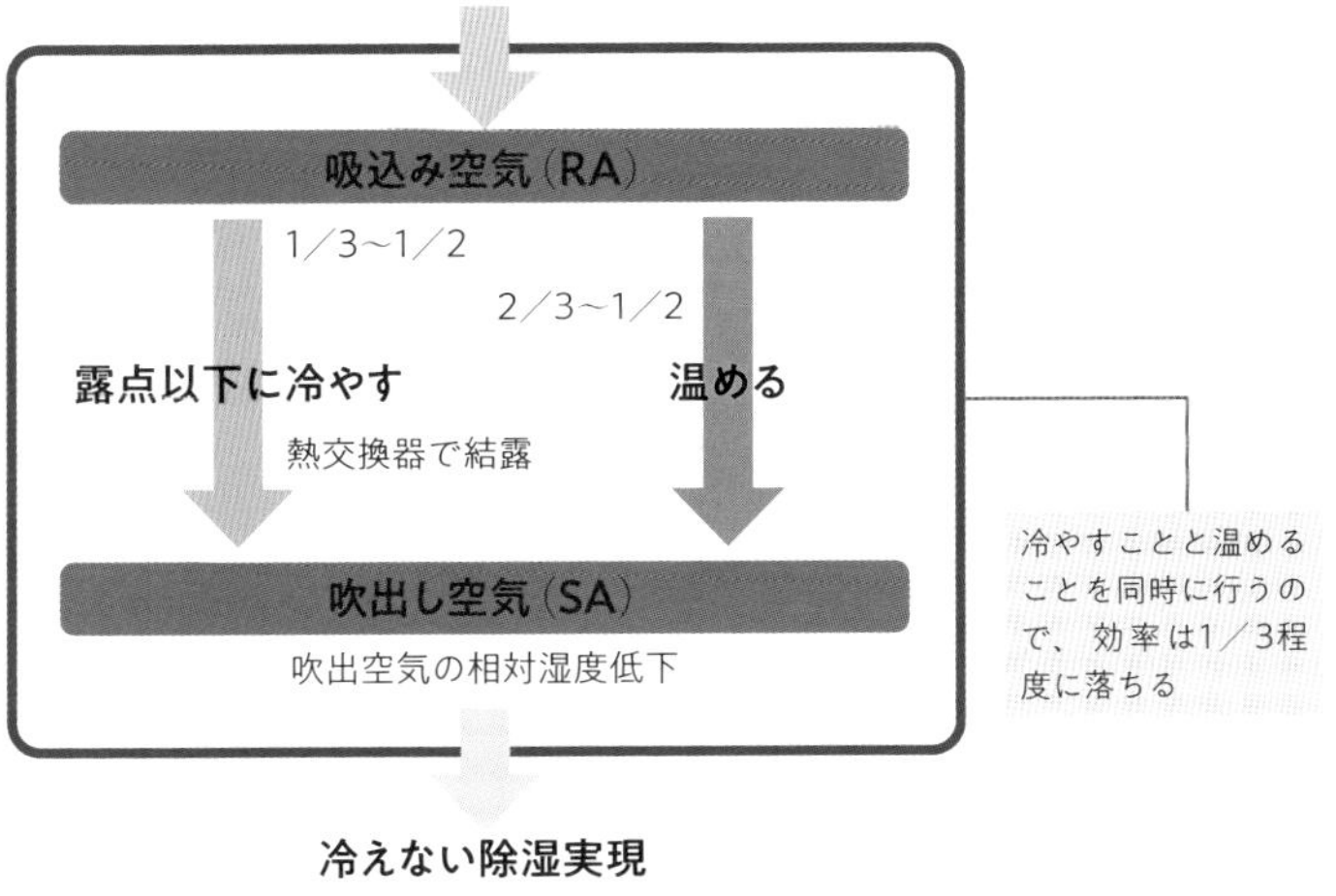
吸込み空気（RA）
1／3～1／2
2／3～1／2
露点以下に冷やす
熱交換器で結露
温める
吹出し空気（SA）
吹出空気の相対湿度低下
冷やすことと温めることを同時に行うので、効率は1／3程度に落ちる
冷えない除湿実現

❷ 冷房運転と除湿運転での消費電力

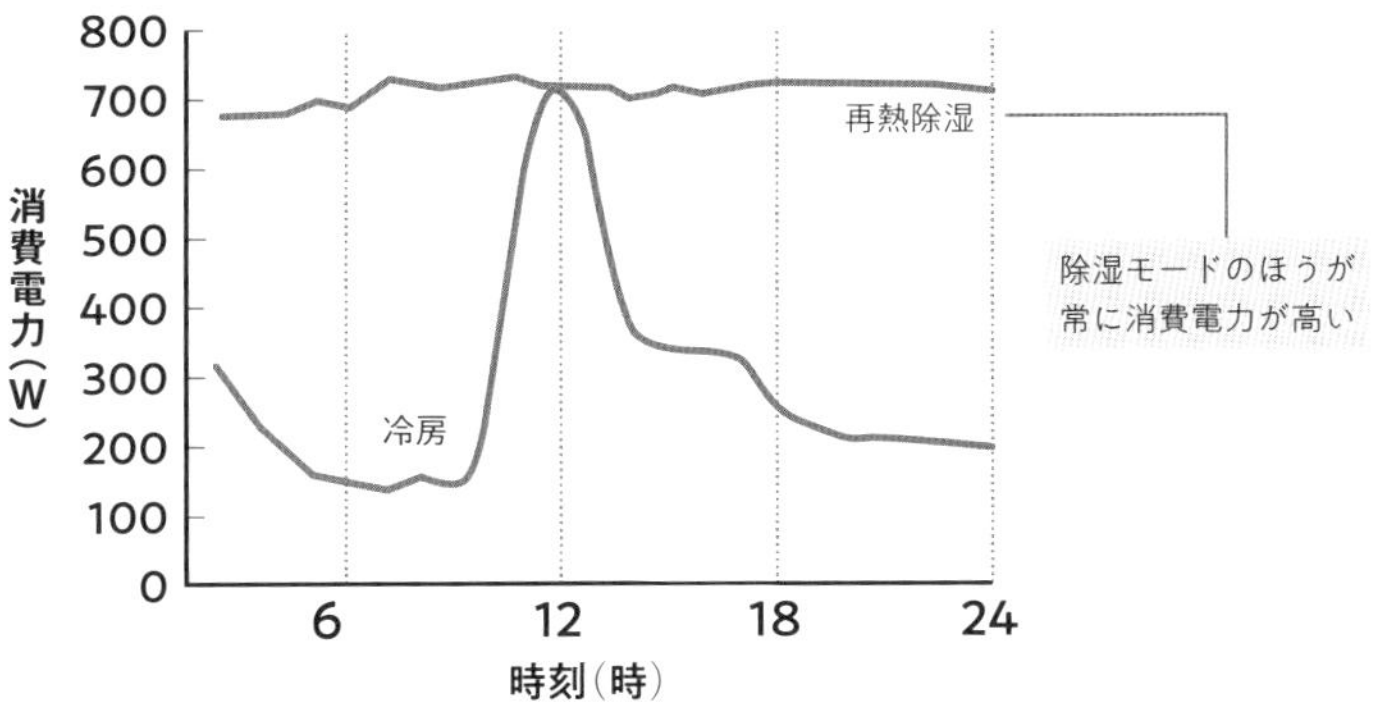
消費電力（W）
800
700
600
500
400
300
200
100
0
6
12
18
24
時刻（時）
再熱除湿
冷房
除湿モードのほうが常に消費電力が高い

「ビルおよび住宅における除湿・加湿空調制御の問題点と最新の技術動向」（北原博幸）より

❸広いスペースを1台で冷房する方が省エネ

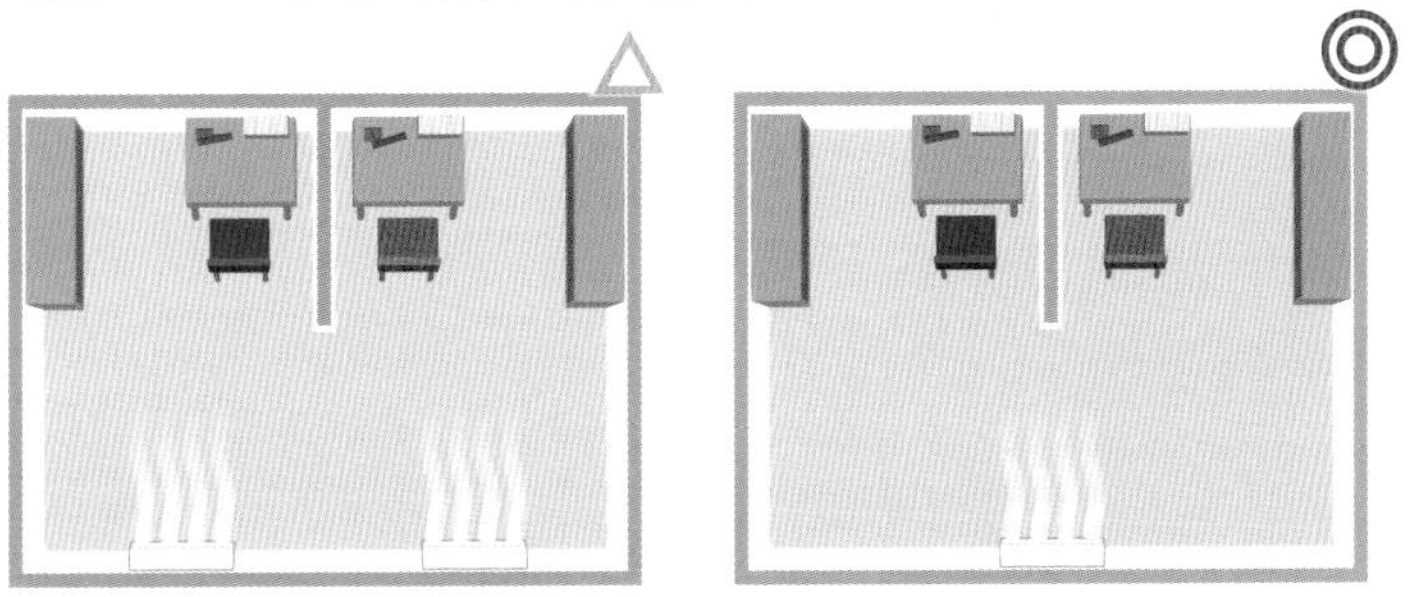

高断熱住宅だと冷房負荷が小さいということもあり、2.2kWの小型エアコンでも能力が高すぎることがある。能力の高いエアコンで両室同時に空調したほうが効率がよく、快適性も増す

図5 設定温度による省エネ効果

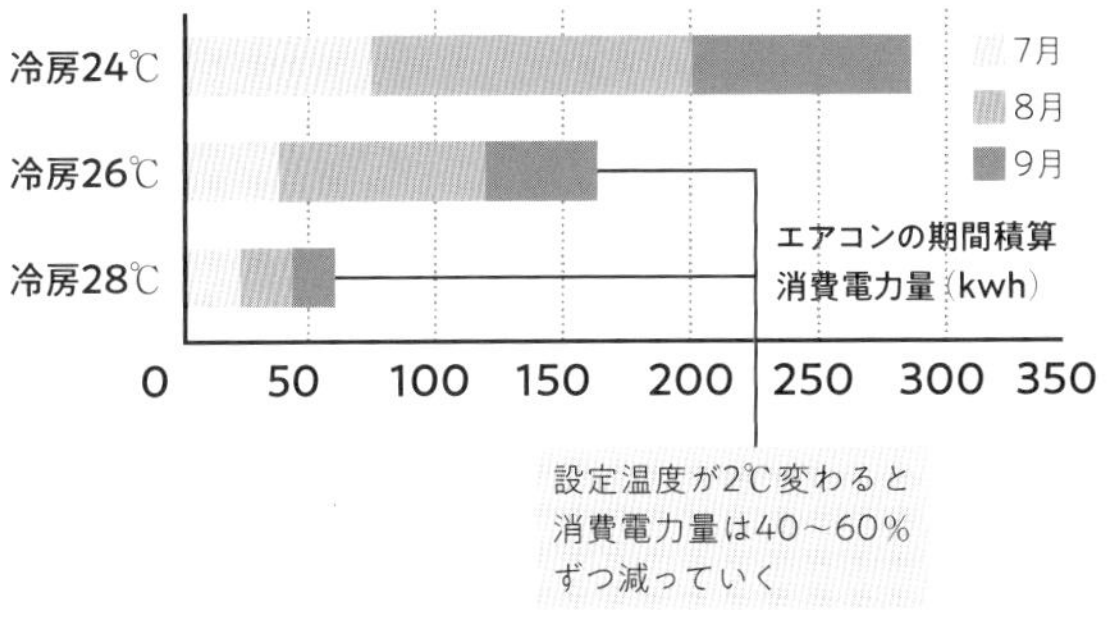
冷房24℃
冷房26℃
冷房28℃
7月
8月
9月
エアコンの期間積算消費電力量（kwh）
0
50
100
150
200
250
300
350
設定温度が2℃変わると消費電力量は40～60％ずつ減っていく

が求められるのかを知ることだ。次世代以上の性能をもつ高性能住宅においては、暖房能力の計算式が参考になる。

エアコンの能力が決まったら、効率をチェックする。最近の機器には、APFという年間の冷暖房効率を表した指標が用いられている。数値が高いほうが性能がよい。効率は外気温や暖房面積、断熱性能などに影響を受けるが、室内外の温度差が大きくなる暖房の場合、負荷50～60％の状態が最も効率が高くなる（図3）。つまり、能力に余裕がある機器のほうが省エネになるのである。その指標が能力表示の最大値と低温暖房能力だ（図2）。同じ定格でもこの2つの値が大きいもののほうが、低負荷で運転できる可能性が高い。

逆に冷房は室内外の温度差が低くいため、100％前後の負荷がかかっているほうが効率は高い（図3）。

冷暖房を同じエアコンで行う場合、暖房負荷優先で機器を選定すると、夏には能力が過大になり、効率が落ちるということにもなる。まずは高断熱化と日射取得により暖房負荷を下げる。さらに1室1台ではなく少ない台数で広い面積を冷房するようにプランニングや換気の工夫をする。このことで、冷暖房のバランスのよい機器選定が可能になる。

[床下エアコン]は省エネ暖房の決定版

POINT U_A値0.30の家では14畳用エアコン1台で全館暖房

U_A値0.30の家では日射取得で暖房負荷の大半をまかなえる	日射を補う程度の熱を加えるなら小型で高効率の機器がベスト	14畳用のエアコンが最も高性能で安価。取り換えも容易

図1 床下暖房のイメージ

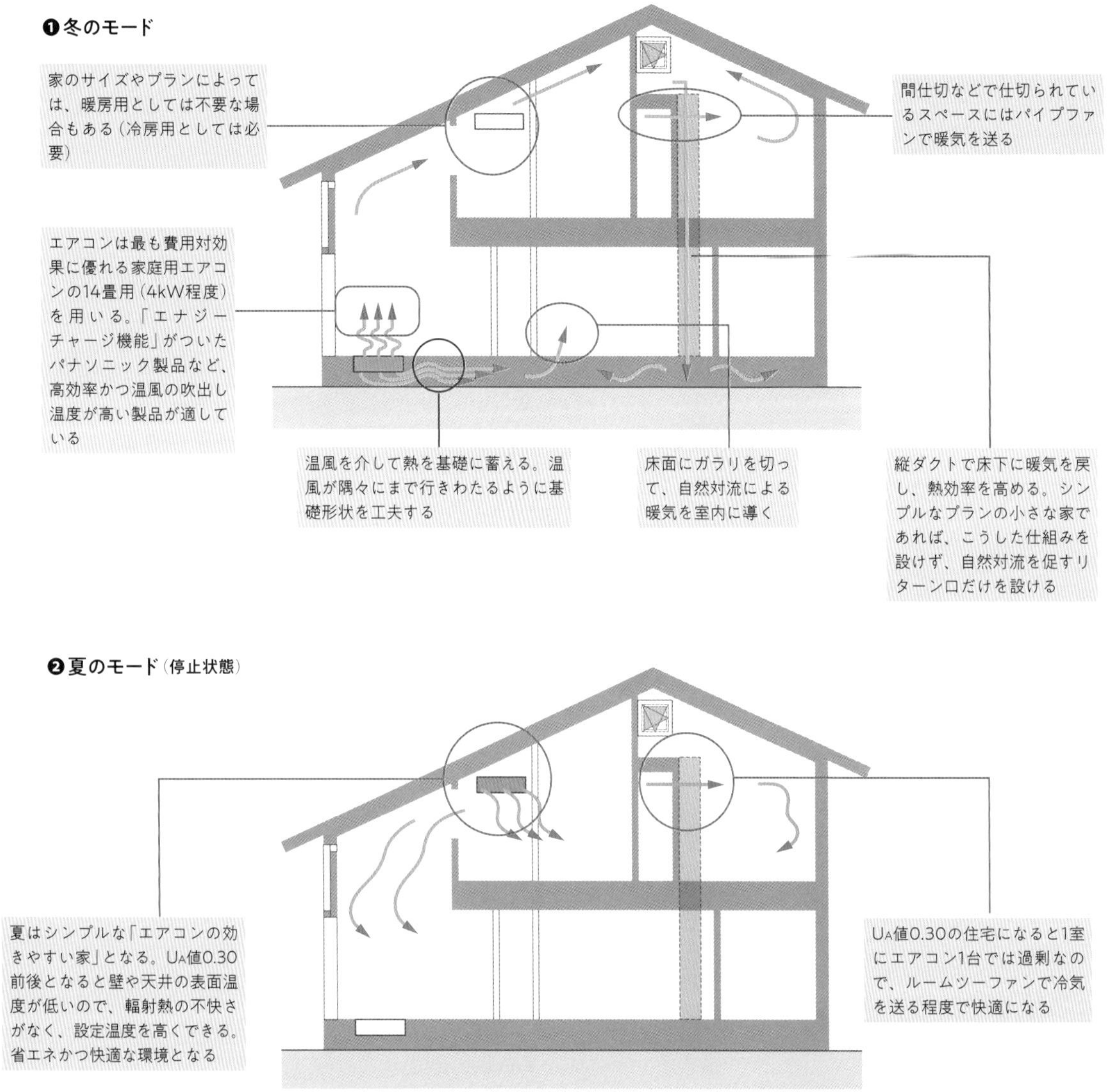

❶冬のモード
家のサイズやプランによっては、暖房用としては不要な場合もある（冷房用としては必要）
間仕切などで仕切られているスペースにはパイプファンで暖気を送る
エアコンは最も費用対効果に優れる家庭用エアコンの14畳用（4kW程度）を用いる。「エナジーチャージ機能」がついたパナソニック製品など、高効率かつ温風の吹出し温度が高い製品が適している
温風を介して熱を基礎に蓄える。温風が隅々にまで行きわたるように基礎形状を工夫する
床面にガラリを切って、自然対流による暖気を室内に導く
縦ダクトで床下に暖気を戻し、熱効率を高める。シンプルなプランの小さな家であれば、こうした仕組みを設けず、自然対流を促すリターン口だけを設ける
❷夏のモード（停止状態）
夏はシンプルな「エアコンの効きやすい家」となる。U_A値0.30前後となると壁や天井の表面温度が低いので、輻射熱の不快さがなく、設定温度を高くできる。省エネかつ快適な環境となる
U_A値0.30の住宅になると1室にエアコン1台では過剰なので、ルームツーファンで冷気を送る程度で快適になる

床下エアコンは、安定した温熱環境をローコストで得る手法である。家庭用のエアコンを床下に設置し、そこに温風を吹き込むことで基礎に蓄熱する。かつてはコスト面からFF式の灯油ストーブを利用したが、家庭用エアコンの効率が格段に上がったため、昨今は費用対効果の面でもエアコンを使用するほうが有利になっている。

エアコンの能力や設置台数は、温暖地においてU_A値0・30かつ延床面積40坪以下の住宅であれば、ほとんどのケースで14畳用のエアコン1台で十分だと思われる。

エアコンの設置場所は、LDKなど、滞在時間が長く、確実に暖めたい部屋の床下が基本である。スペースに余裕があれば、エアコン設置場所の上に室内干し用の小部屋を設けるのもよい。温度が上がりやすい場所となるので洗濯物がよく乾き、重宝する。

なお、この暖房方式のメリットを最大限に生かすには、基本的な断熱性能に加えて基礎形状や基礎断熱などの工夫を併せて行う必要がある。

図2 床下暖房の平面計画のポイント（S＝1:200）

❶1階

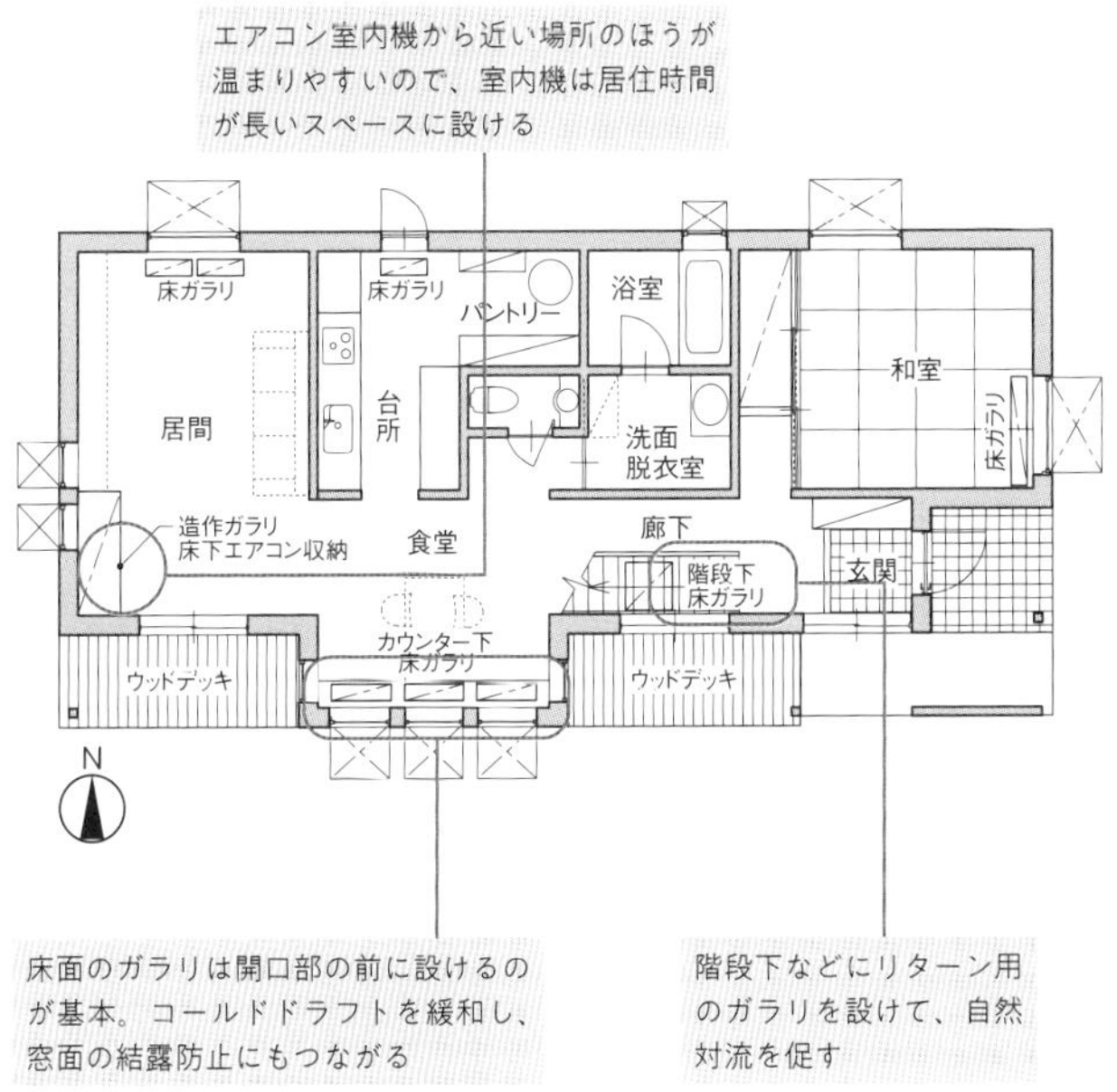

エアコン室内機から近い場所のほうが温まりやすいので、室内機は居住時間が長いスペースに設ける
床ガラリ
床ガラリ
パントリー
浴室
和室
居間
台所
洗面
脱衣室
床ガラリ
造作ガラリ
床下エアコン収納
食堂
廊下
階段下
床ガラリ
玄関
カウンター下
床ガラリ
ウッドデッキ
ウッドデッキ
N
床面のガラリは開口部の前に設けるのが基本。コールドドラフトを緩和し、窓面の結露防止にもつながる
階段下などにリターン用のガラリを設けて、自然対流を促す

❷2階

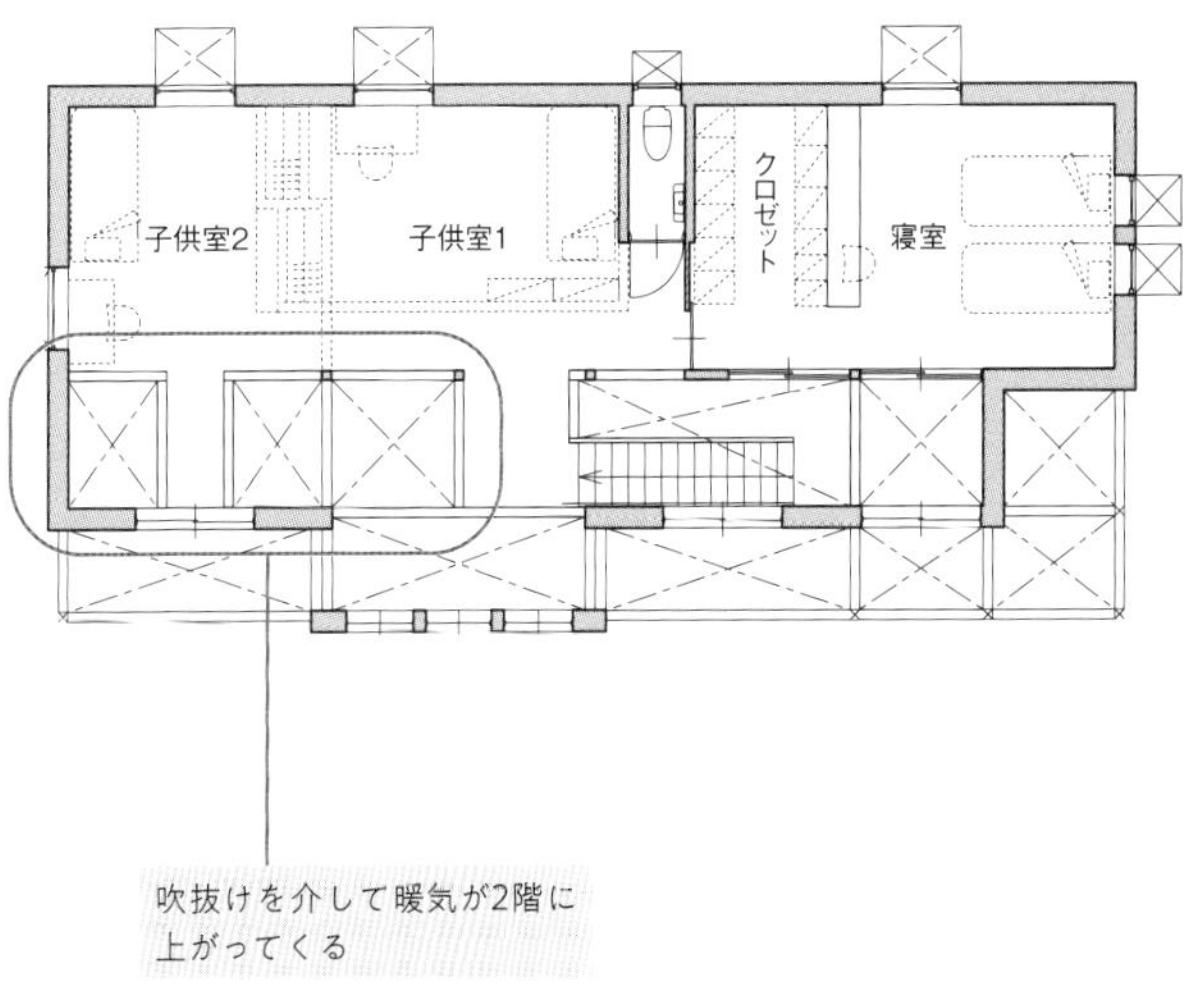

子供室2
子供室1
クロゼット
寝室
吹抜けを介して暖気が2階に上がってくる

図3 床下エアコンの納め方（S＝1:30）

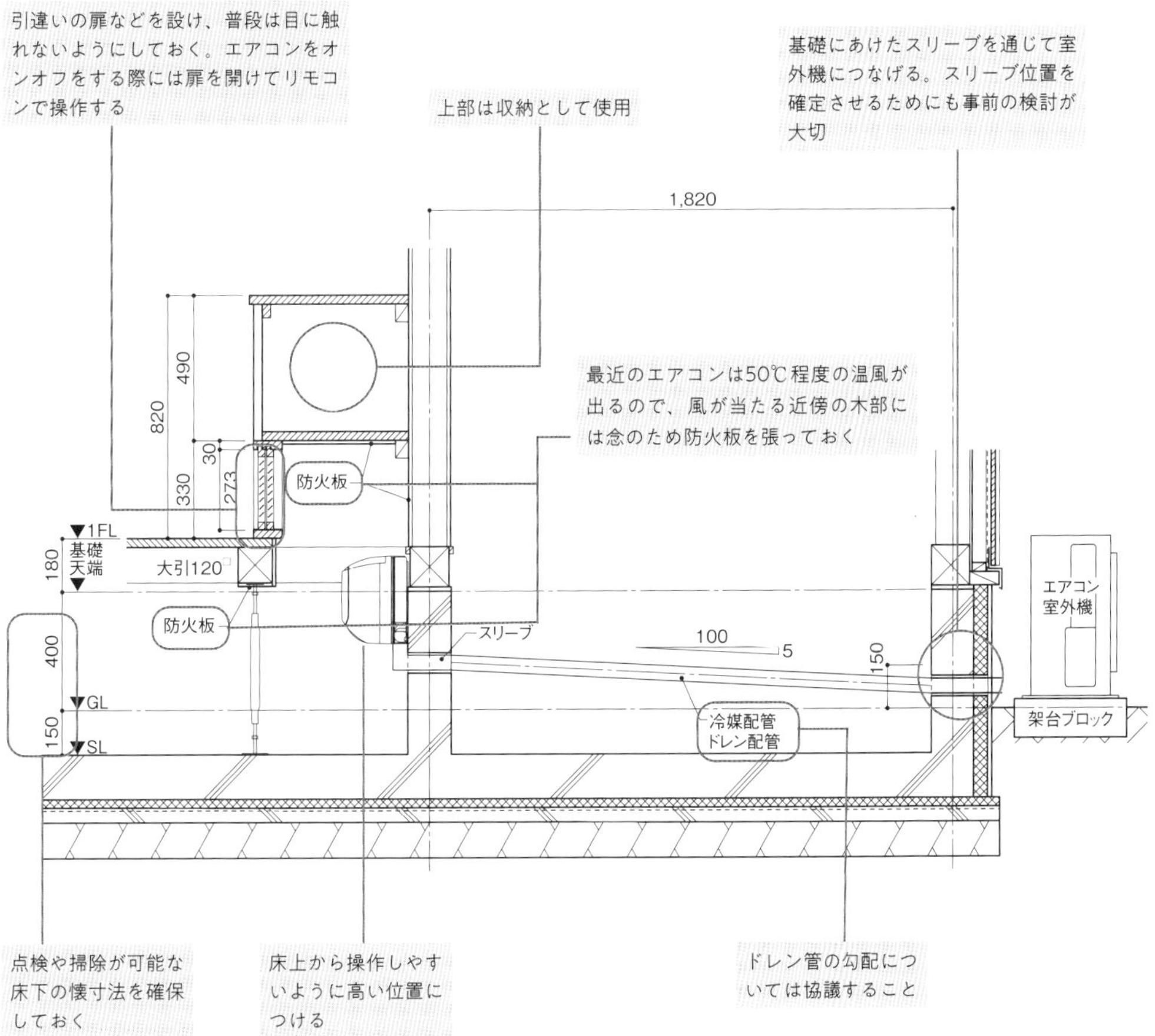

引違いの扉などを設け、普段は目に触れないようにしておく。エアコンをオンオフをする際には扉を開けてリモコンで操作する
上部は収納として使用
基礎にあけたスリーブを通じて室外機につなげる。スリーブ位置を確定させるためにも事前の検討が大切
1,820
490
820
30
330
273
最近のエアコンは50℃程度の温風が出るので、風が当たる近傍の木部には念のため防火板を張っておく
防火板
▼1FL
基礎天端
180
大引120
防火板
スリーブ
100
5
150
エアコン室外機
400
▼GL
冷媒配管
ドレン配管
架台ブロック
150
▼SL
点検や掃除が可能な床下の懐寸法を確保しておく
床上から操作しやすいように高い位置につける
ドレン管の勾配については協議すること

大きな窓面の床に切られたガラリ。コールドドラフトを緩和する

エアコンは収納と絡めて床下に設置する

UA値0.30には[熱交換換気]が不可欠

POINT 高効率のダクト型か簡易なダクトレス型の2択

北欧製のダクト型は高効率だが高価で管径が大きい	ダクトレス熱交換は効率は落ちるが仕組みが単純で廉価	熱交換に過大な期待は禁物だが、過乾燥防止には効果あり

UA値0.30以下を目指すなら、交換型の換気システムが必要になる。製品選定のポイントは熱効率と電気代だ。電気代はモーターの種類と圧力損失で決まる。熱交換率が90%と高く、ダクトの管径が大きく圧力損失が少ない「スティーベル」がお薦めである。ただし、導入コストは約60万円と高額である。

ダクトレスでありながら熱交換ができる「インヴェンター」も面白い。夏期の温度平準化の効果もあり、廉価でシンプルなのがよい。ただし熱交換率はそれなり。筆者は熱交換率70%で計算している。

なお、第3種換気による排熱を、ヒートポンプを介して回収し給湯に用いる方法も地域によっては有効だ。

図1 換気経路の考え方（ダクトレス型熱交換換気）（S＝1:200）

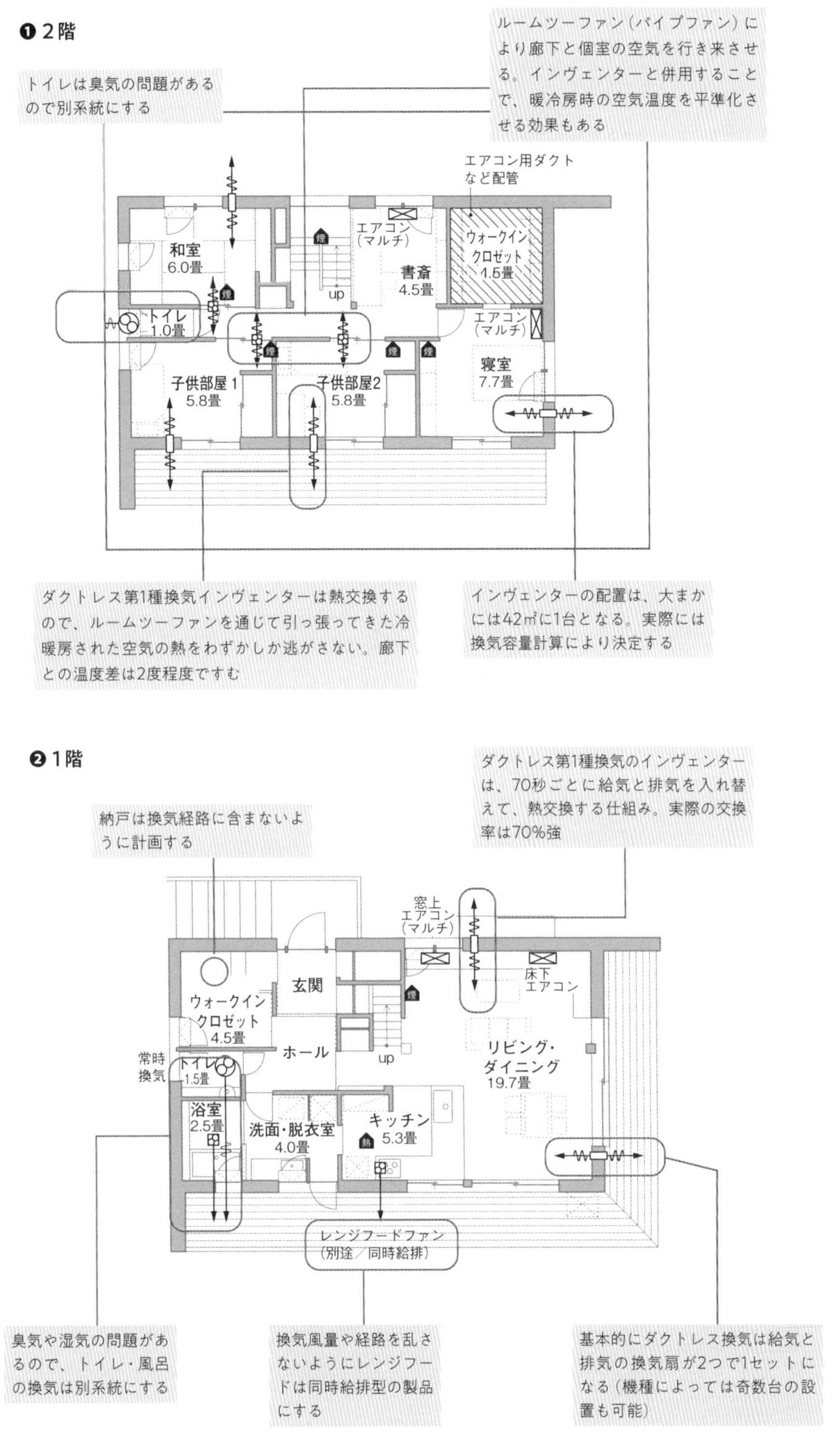
❶2階
トイレは臭気の問題があるので別系統にする
ルームツーファン（パイプファン）により廊下と個室の空気を行き来させる。インヴェンターと併用することで、暖冷房時の空気温度を平準化させる効果もある
エアコン用ダクトなど配管
和室 6.0畳
トイレ 1.0畳
エアコン（マルチ）
書斎 4.5畳
ウォークインクロゼット 4.5畳
up
エアコン（マルチ）
子供部屋1 5.8畳
子供部屋2 5.8畳
寝室 7.7畳
ダクトレス第1種換気インヴェンターは熱交換するので、ルームツーファンを通じて引っ張ってきた冷暖房された空気の熱をわずかしか逃がさない。廊下との温度差は2度程度ですむ
インヴェンターの配置は、大まかには42㎡に1台となる。実際には換気容量計算により決定する
❷1階
納戸は換気経路に含まないように計画する
ダクトレス第1種換気のインヴェンターは、70秒ごとに給気と排気を入れ替えて、熱交換する仕組み。実際の交換率は70%強
窓上エアコン（マルチ）
床下エアコン
玄関
ウォークインクロゼット 4.5畳
ホール
up
常時換気
トイレ 1.5畳
リビング・ダイニング 19.7畳
浴室 2.5畳
洗面・脱衣室 4.0畳
キッチン 5.3畳
レンジフードファン（別途／同時給排）
臭気や湿気の問題があるので、トイレ・風呂の換気は別系統にする
換気風量や経路を乱さないようにレンジフードは同時給排型の製品にする
基本的にダクトレス換気は給気と排気の換気扇が2つで1セットになる（機種によっては奇数台の設置も可能）

注　現在「インヴェンター」は販売しておらず、同様の仕組みをもつ後継機種の「PEJスーパー換気せせらぎ」に替わっている

図2 ダクトレス型熱交換換気の概要

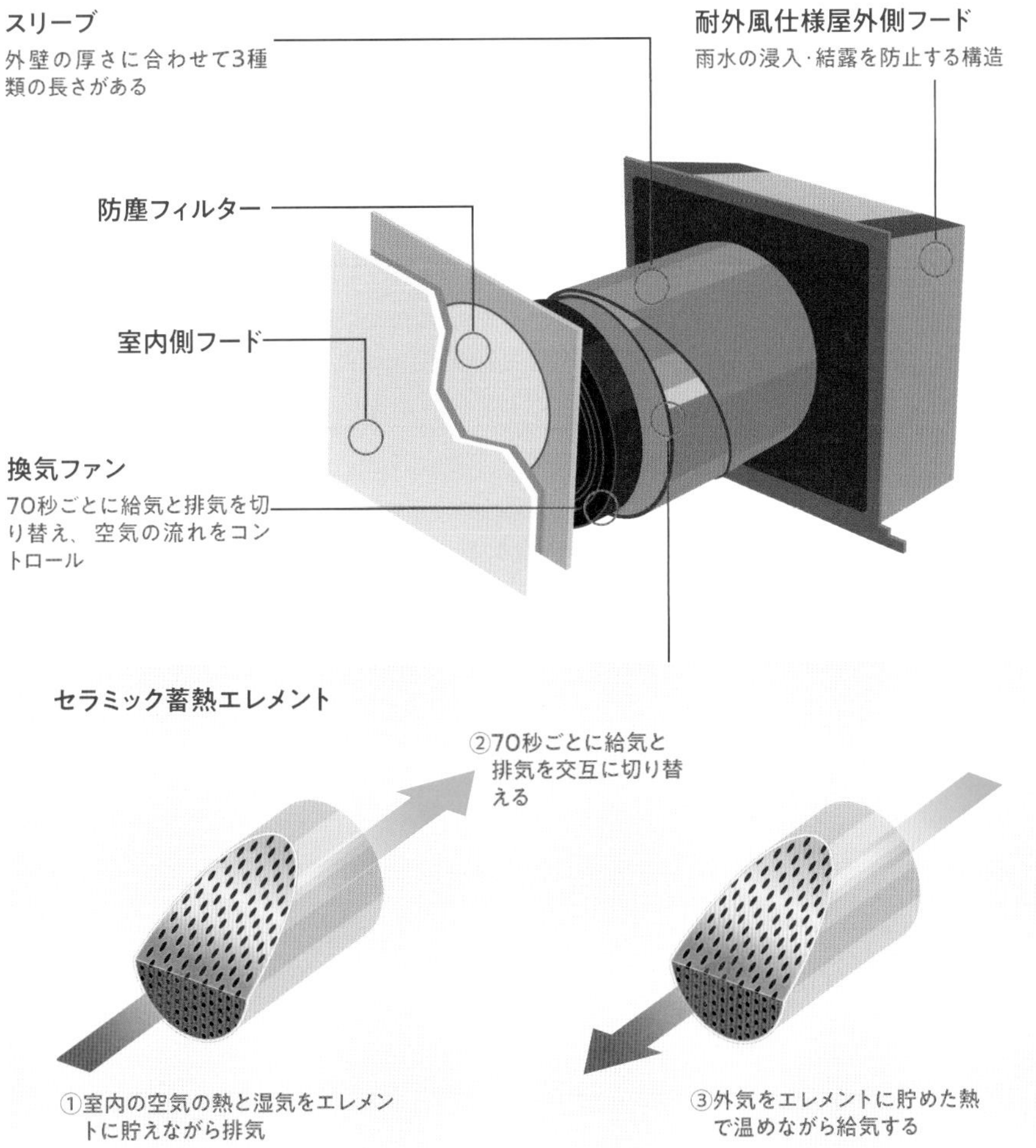
スリーブ
外壁の厚さに合わせて3種類の長さがある
耐外風仕様屋外側フード
雨水の浸入・結露を防止する構造
防塵フィルター
室内側フード
換気ファン
70秒ごとに給気と排気を切り替え、空気の流れをコントロール
セラミック蓄熱エレメント
②70秒ごとに給気と排気を交互に切り替える
①室内の空気の熱と湿気をエレメントに貯えながら排気
③外気をエレメントに貯めた熱で温めながら給気する

スティーベル社の換気システムはカタログ値で熱交換率90％の優れもの。鉄製ダクトが直径100～150㎜と太いので、圧力損失が低く、モーターの消費電力も抑えられている。逆にいうと、配管が太く鉄製で融通が利かないので、プランとの相性がある。また価格が高いのも難点

パナソニックの第1種換気システム。ダクトはフレキで直径75㎜なので、天井や壁のなかを通しやすい。プランの融通はだいぶ利きやすい。熱交換の効率はスティーベル社のものより落ちるが、モーターは省電力性に優れたDCモーターで、価格も廉価である

図3 換気の排熱を利用した給湯システム（上越の家）

❶熱交換回収機器。ここで換気の排熱を回収する
❷熱セーブ型第3種換気システム（熱セーブ効率60％）。この排気を②に送る
❸ヒートポンプ（冬でCOP3.0）。ここで温度を上げる
❹深夜電力給湯器の貯湯槽（補助熱源を兼ねる）にお湯を貯める

熱を有効に使うため、貯湯槽やヒートポンプなどは室内にユーティリティスペースを設けて使用する

冬期に日射が著しく少ない日本海側では、給湯負荷の低減が課題である。太陽熱利用（太陽熱給湯機＋灯油給湯器）でも約40,000円／年、灯油や深夜電力では約70,000円かかる。換気排熱給湯は約15,000～30,000円（深夜電力の使い方によって違う）と、この地域に適した給湯方式といえる

床下エアコンに「自然換気」を組み込む

図1 **ゼロエネルギー住宅**（Q1.0住宅モデル能代）

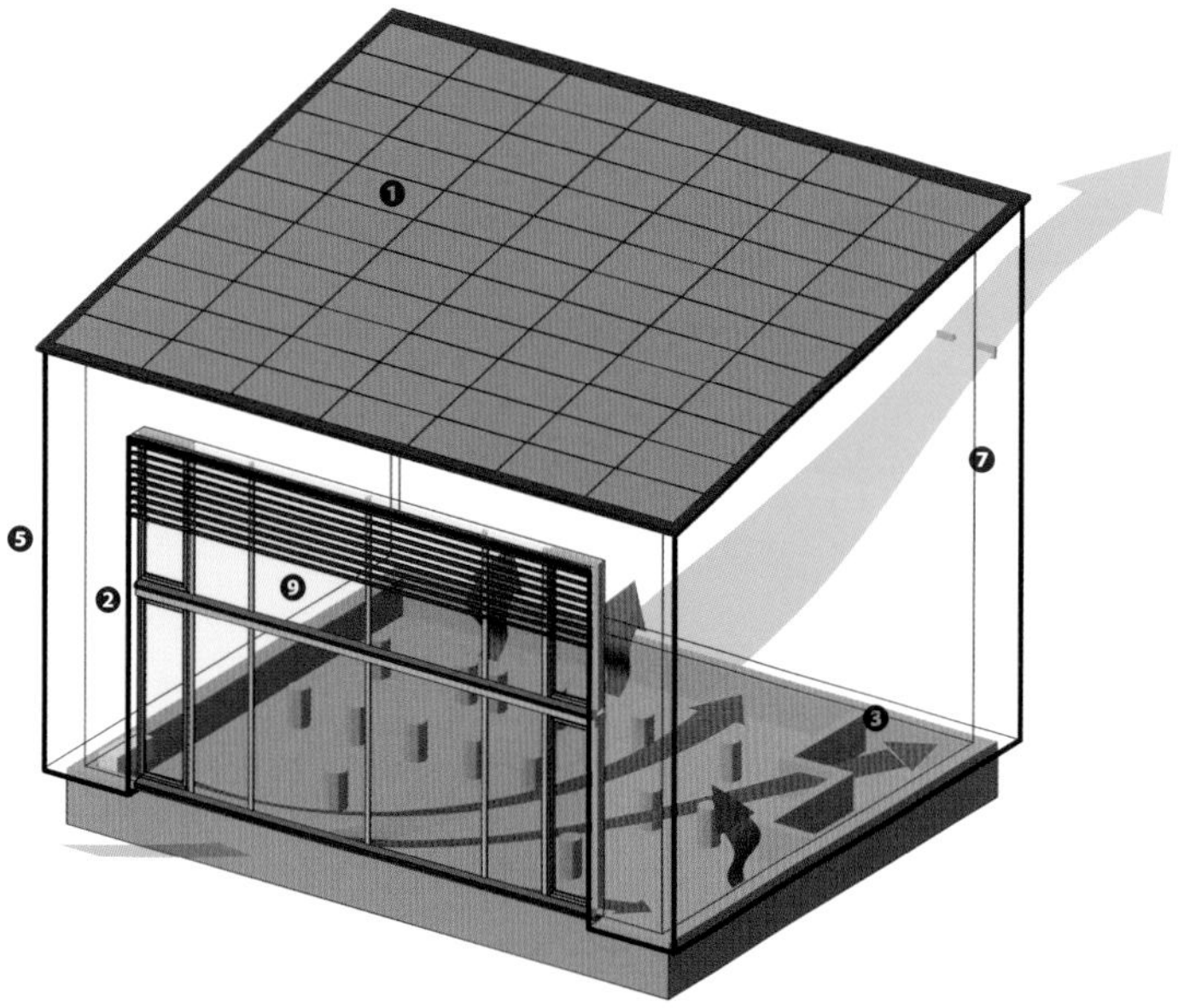

❶太陽光発電
❷日射取得ガラスSPG3カーテンウォール
❸床下エアコン専用基礎
❹床下エアコン
❺壁：断熱材360㎜厚、屋根：断熱材400㎜厚
❻ファサードラタン
❼パッシブ換気
❽地窓：超高性能アルミ窓
❾外付けブラインド

U_A値0.26・Q値1.05
消費１次エネルギー64,523MJ（家電を含む）
創造１次エネルギー81,977 MJ

片流れ屋根の最上部（2階ロフト）に自然換気の排気口が2カ所設けられている

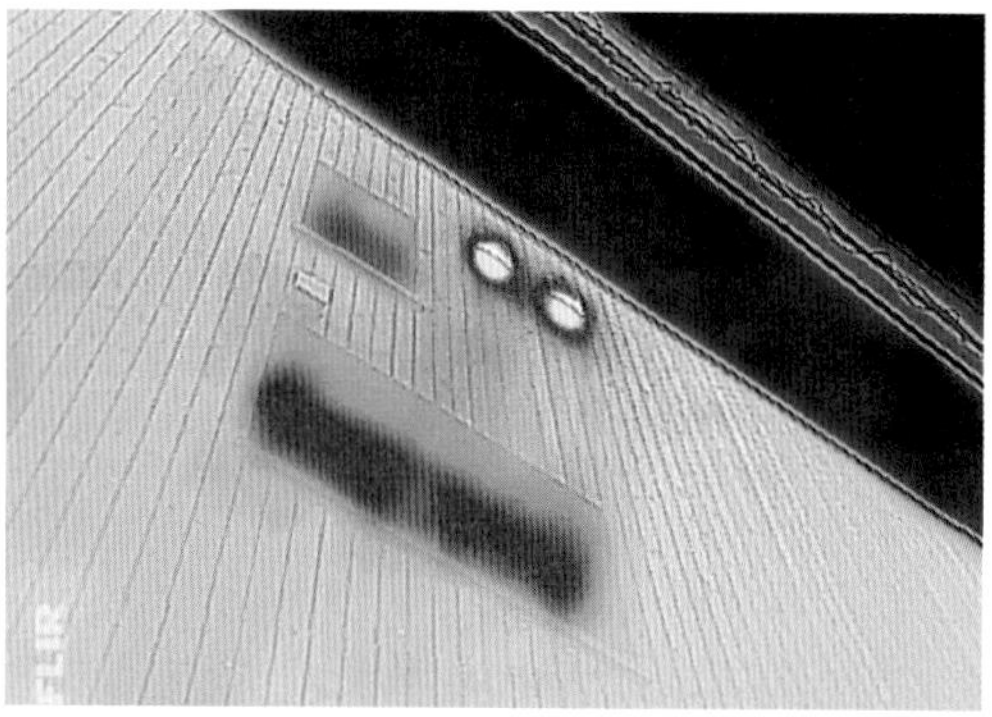

上の白く丸い部分が自然換気の排気口で、暖かい室内空気が外部に排出されている。排気口は直径150㎜で2カ所

自然換気の給気の外気導入口は基礎断熱の床下のエアコンの直前に配置する。給気の冷気とエアコンの暖気と混じり床下全体に拡散する。熱は基礎コンクリートに蓄熱される

床下エアコンの収納家具。ガラリの奥の床下に壁掛けエアコンが設置されている。エアコン上端と床板上端が同じ高さで設置する

床下エアコンに「自然換気」を組み込む方法は、冷暖房＋換気の組み合わせのなかで最も簡易でローコストな仕組みであり、最も自然で省エネルギーな仕組みでもある。

床下エアコンは壁掛けのエアコンを床下に設置し、床下空間や床面、基礎を暖めつつ、床面に設置された吹出し口から床上空間全体を暖めるシンプルな暖房システム。

床下エアコンの暖気は床下から1階の各空間、さらに吹抜けを上昇して2階空間を暖めるが、この暖気の流れに自然換気を組み合わせるのが、この方式の基本的な考え方。具体的には床下空間に自然給気口を設けた場合、給気された外気がエアコンによって暖められ床下から1階へと上昇、さらに2階へと上昇し、2階の天井やロフトに設けられた排気口から外に排出される。

給気口はエアコンの暖気の吹出し口の2ｍほど前の基礎の立上りに設置するのがポイントで、冷たい外気はエアコンから吹き出す暖気によって漏れなく加熱される。

図2 季節ごとの外付けブラインドとパッシブ換気とエアコンの調整と効果

❶冬：日射なし

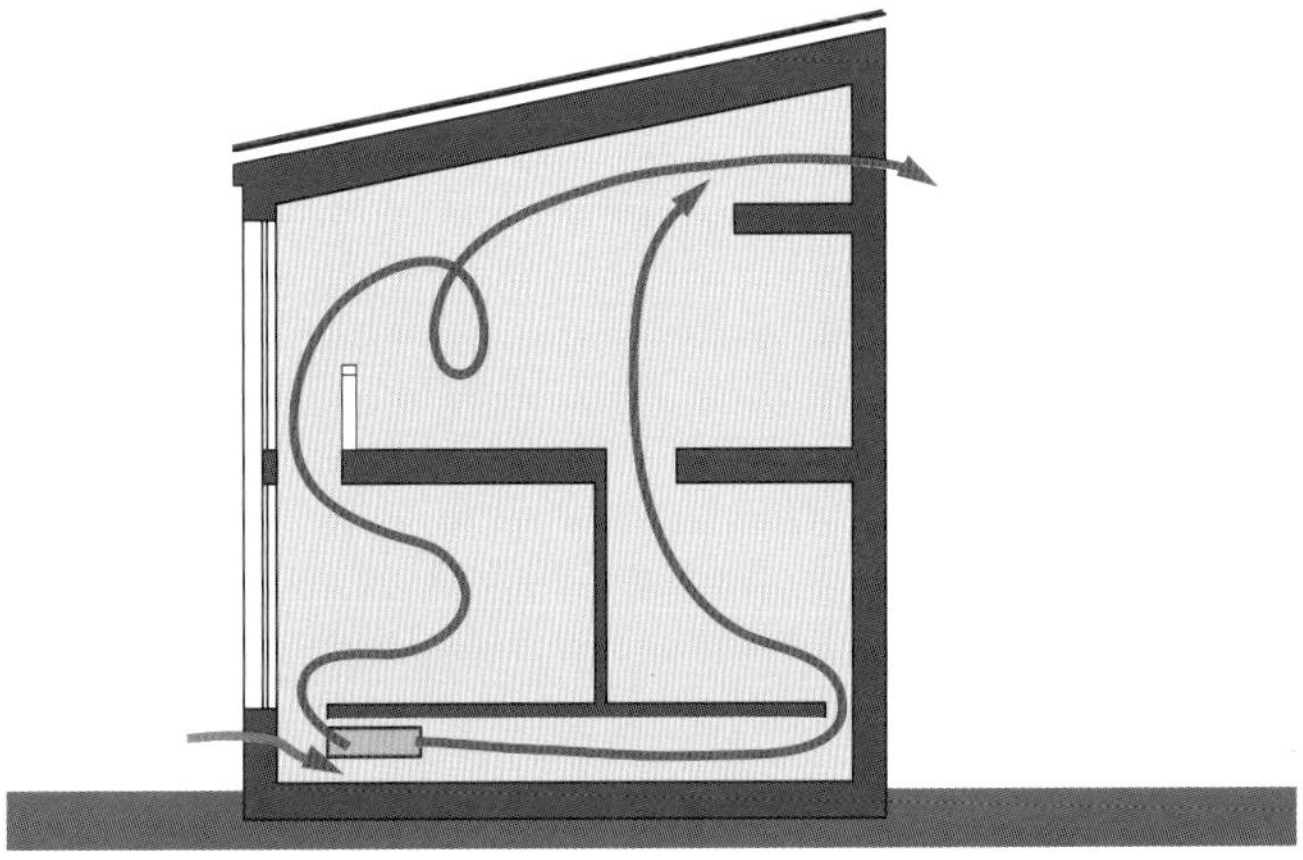

外付けブラインド：×、床下エアコン暖房○、パッシブ換気○
日射熱が得られないため、床下エアコンを稼働して家全体を暖めている。

❷冬：日射あり

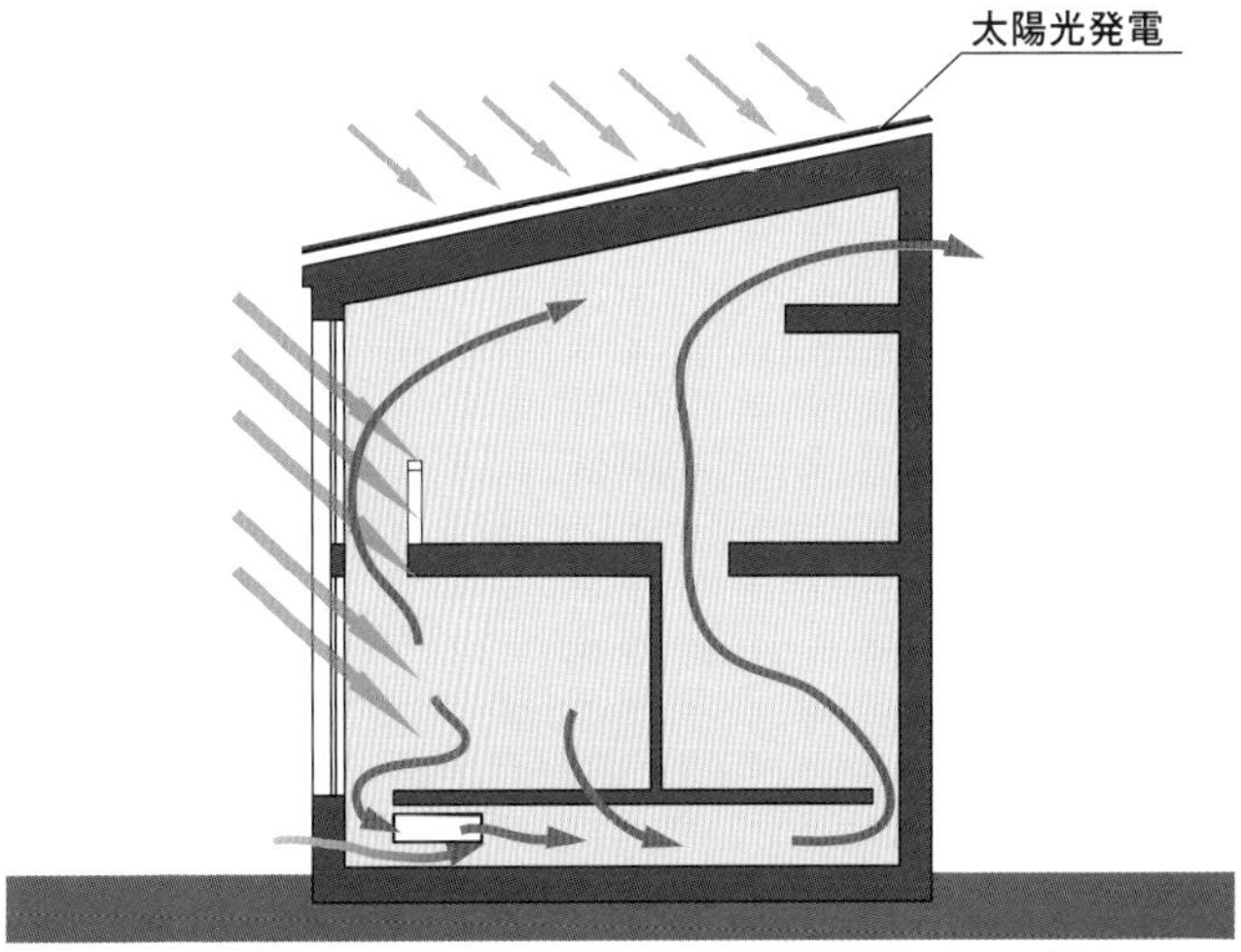
太陽光発電

外付けブラインド：×、床下エアコン暖房×（送風のみ）、パッシブ換気○
日射熱が得られるため、床下エアコンを送風運転にして、床下空気の対流や基礎の蓄熱を促す。

❸夏：ナイトパージ

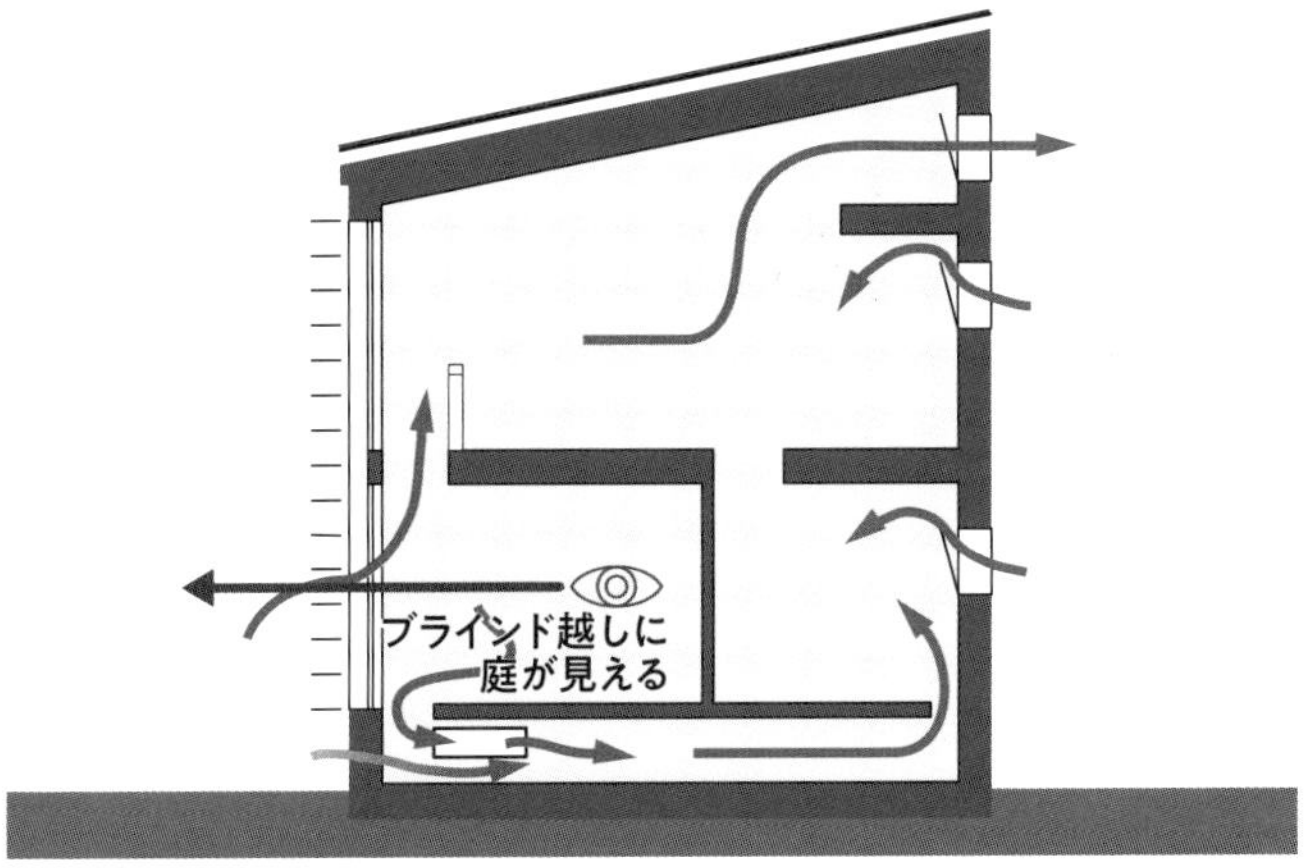
ブラインド越しに
庭が見える

外付けブラインド：×○、床下エアコン冷房×（送風のみ）、パッシブ換気×○
夜間から朝にかけて窓を開けて外に冷たい空気を取り込む。日中は窓とブラインドを閉めて室内の冷気を維持する。

❹夏：日射あり

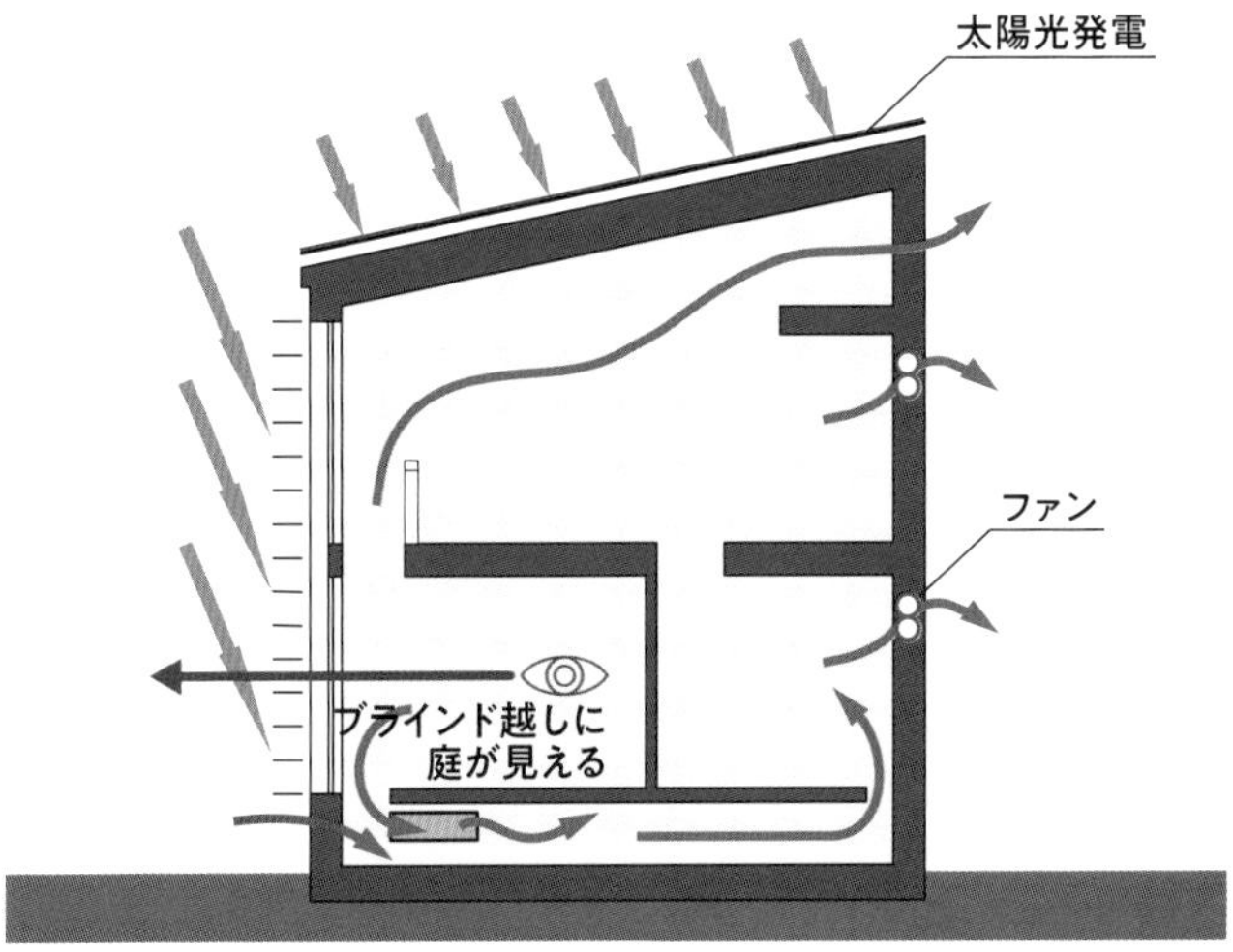
太陽光発電
ファン
ブラインド越しに
庭が見える

外付けブラインド：○、床下エアコン冷房○、パッシブ換気○
外付けブラインドで日射を遮蔽し、冷房で家全体を冷やすとともに、温められた空気を2階から排出する。

❺春・秋：日射なし

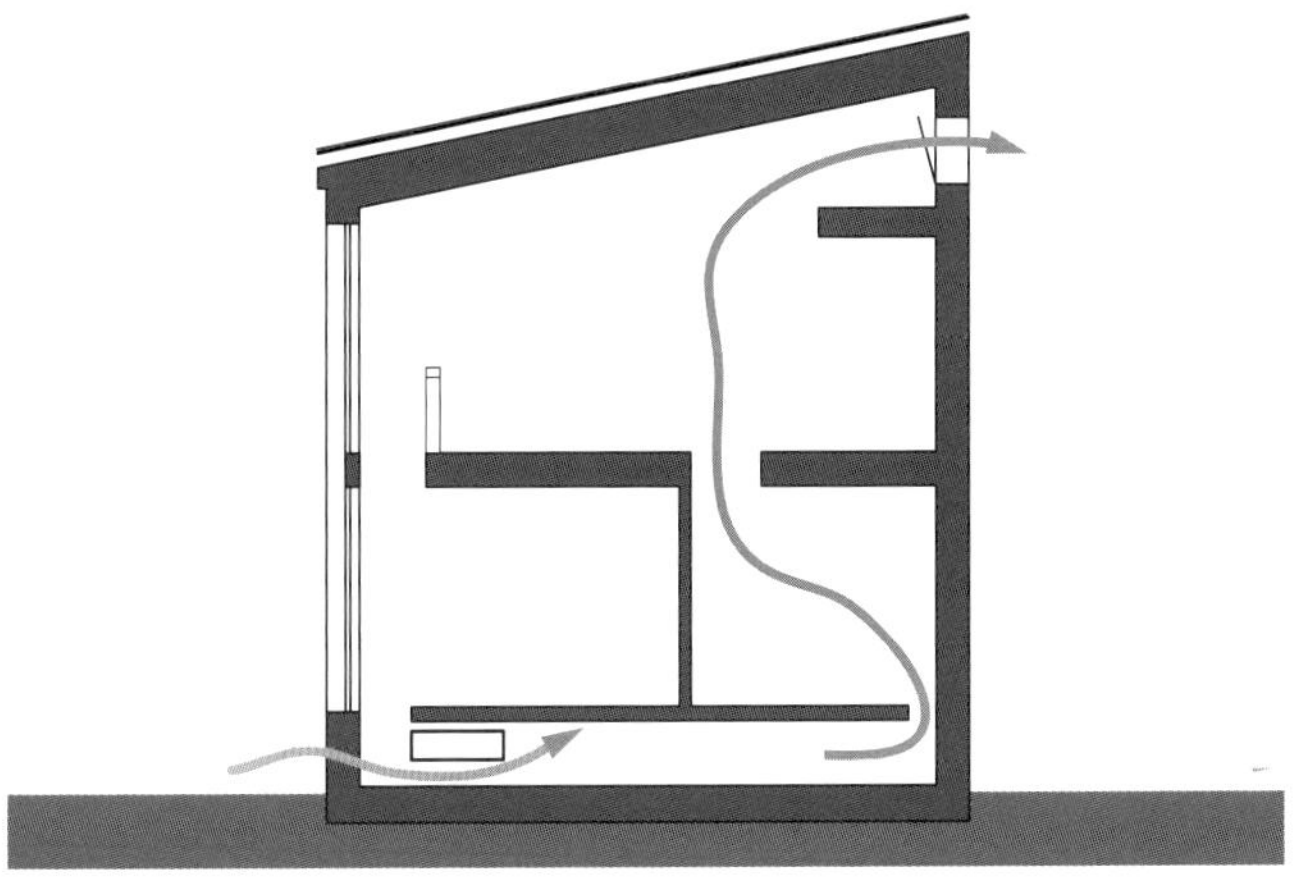

外付けブラインド：×、床下エアコン冷房×、パッシブ換気×
室内外の温度差も小さく、パッシブ換気も機能しにくいので、窓開けによる換気を行う。

❻春・秋：日射あり

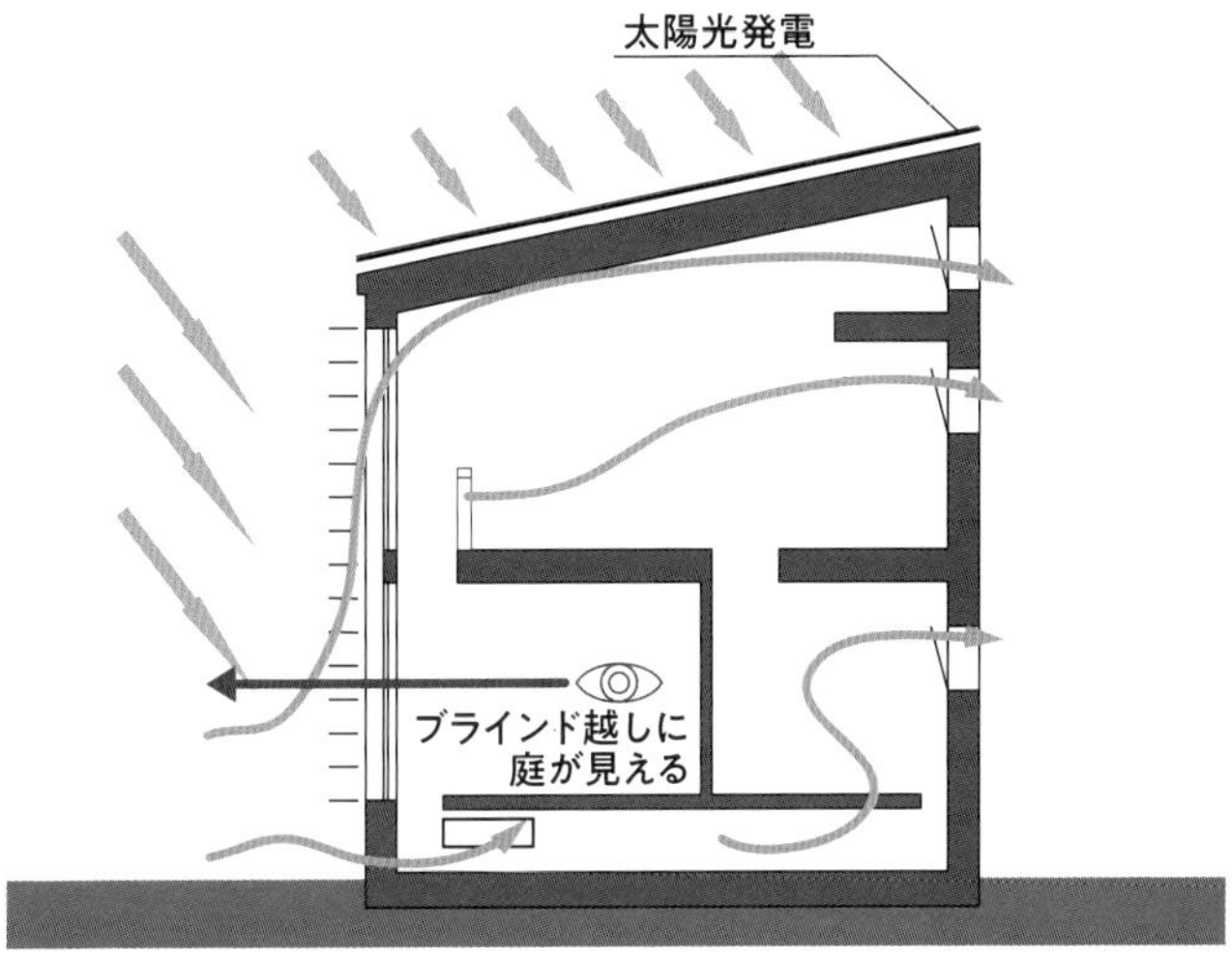
太陽光発電
ブラインド越しに
庭が見える

外付けブラインド：○、床下エアコン冷房×、パッシブ換気×
春や秋でも日射によって室内が暑くなることがあるので、外付けブラインドで日射遮蔽しつつ、窓開けによる通風を行う。

「全館空調」にもいろいろある

1台で冷暖房を兼ねるという意味ではエアコンが唯一の選択となるが、エアコンを用いた全館空調にはさまざまな手法が存在する。特にゼロエネルギー住宅などの超高断熱住宅では、エアコンと換気システムを組み合わせたさまざまな空調方式が使われており、なかには家全体の温度ムラが少ない非常に高機能なシステムも存在する。

図1 **床下エアコン暖房+2階エアコン冷房+第1種全熱熱交換換気システム**

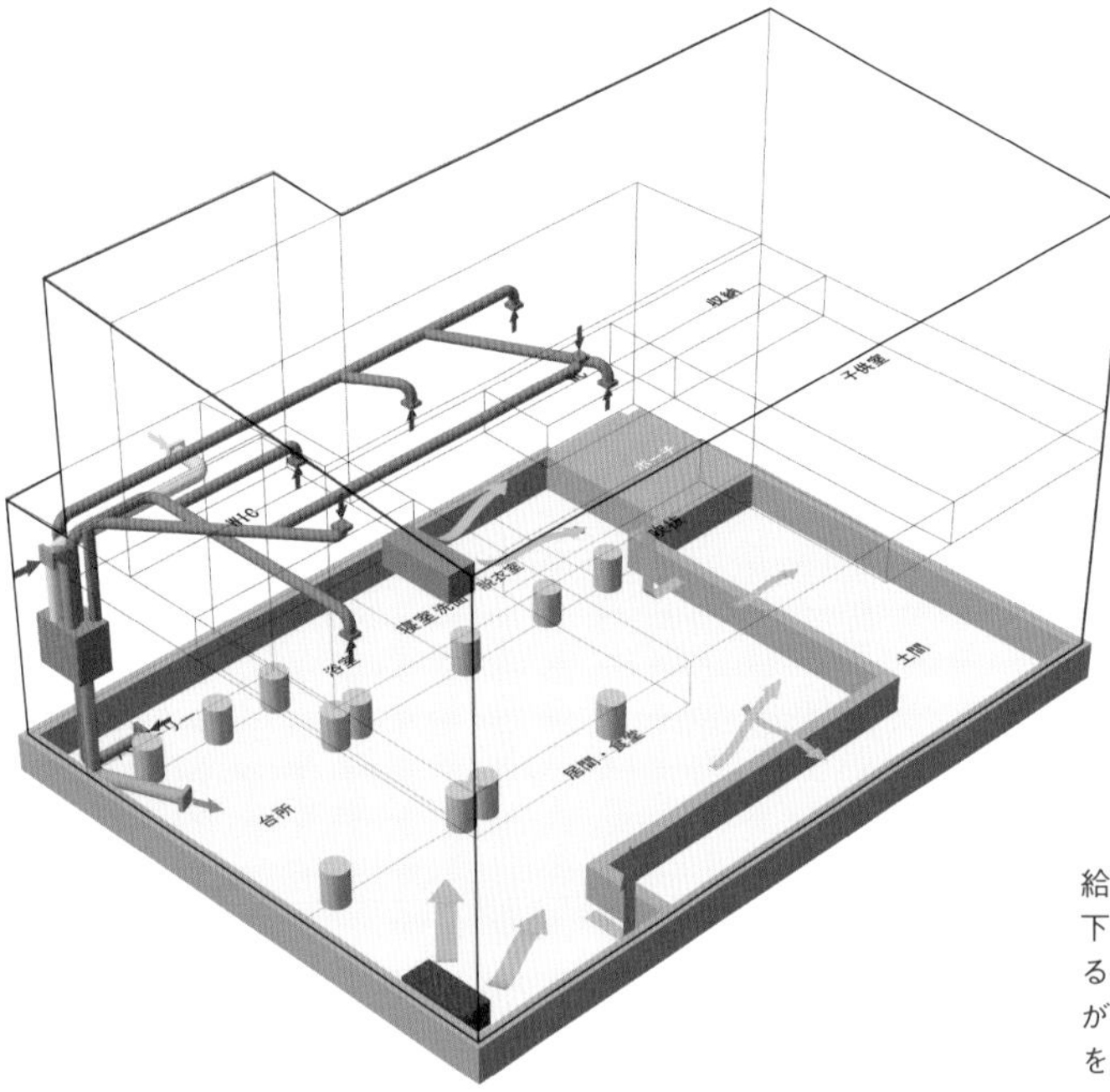

給気を床下の1カ所に供給し床下をチャンバーとして分散させる。給気ダクト内の点検や清掃ができるよう、できる限り長さを短くし2mほどにする

熱交換の熱素子が特殊樹脂にコーティングされたアルミ製の回転型の熱交換換気システムのRDKR。吸放湿に優れ、室内の冬の過乾燥と夏の高湿度を防ぐ。多湿な浴室や臭いがあるトイレの換気ができる

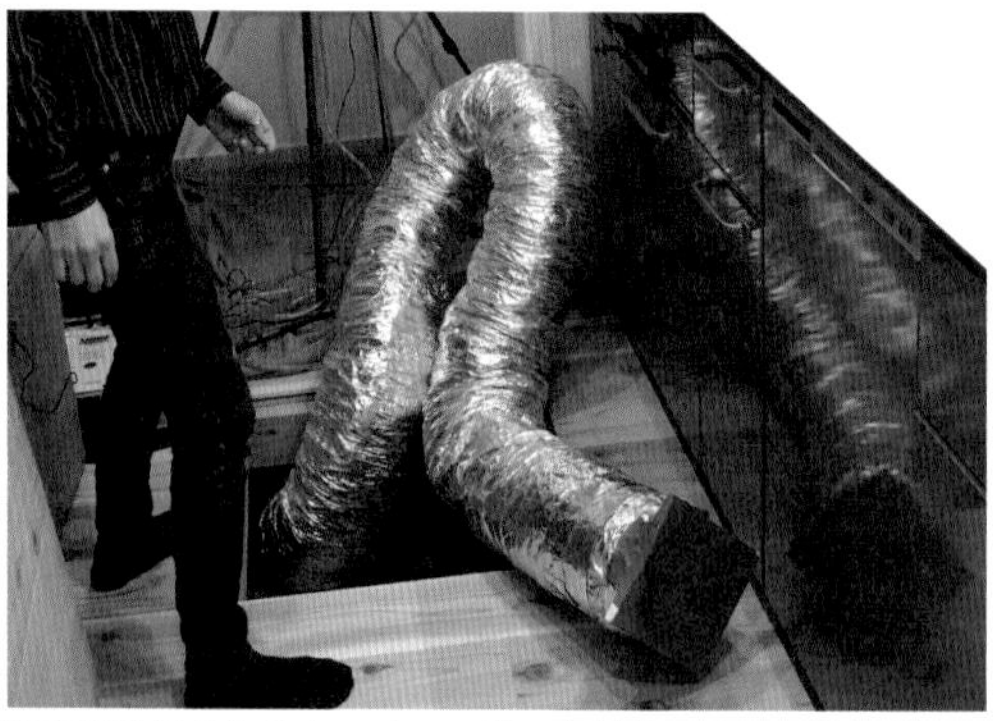

熱交換換気本体はキッチンの隣の収納室にあり、給気ダクトをキッチンの点検口に引っ張り出せる。ダクト内の点検や清掃が簡易にできる

図2 **一体型冷暖房ダクト用エアコン・第1種熱交換換気システム**

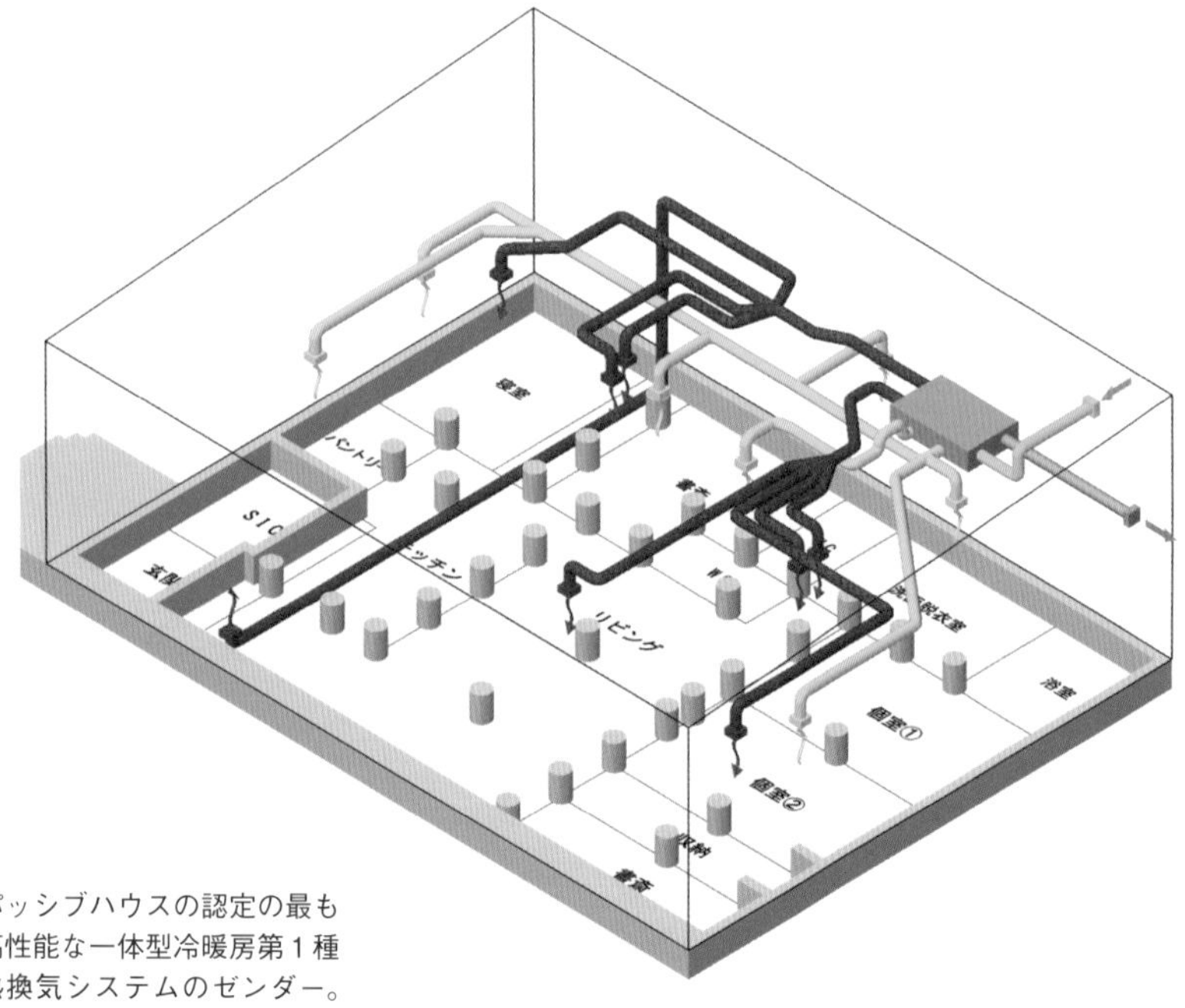

パッシブハウスの認定の最も高性能な一体型冷暖房第1種熱換気システムのゼンダー。送風量はCO_2濃度により調整されている

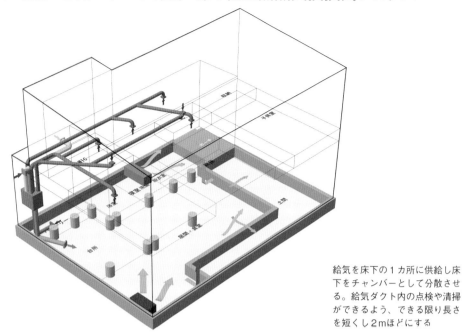

図3 階間床下エアコン+第3種換気システム

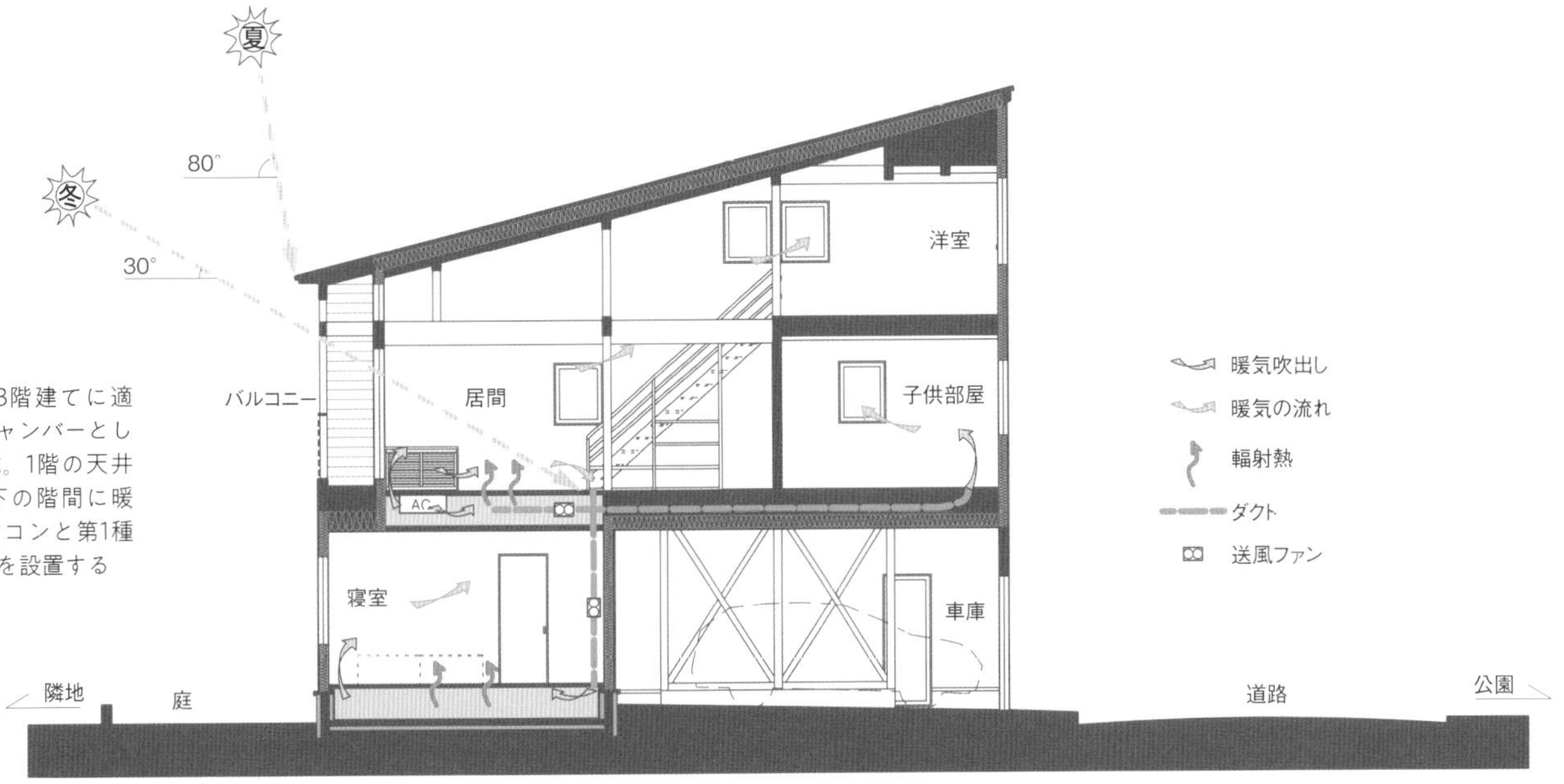
夏
冬
80°
30°
洋室
バルコニー
居間
子供部屋
AC
寝室
車庫
隣地
庭
道路
公園
暖気吹出し
暖気の流れ
輻射熱
ダクト
送風ファン

2階が居間の3階建てに適する階間をチャンバーとした暖冷房方式。1階の天井裏・2階の床下の階間に暖冷房用のエアコンと第1種熱換気換気扇を設置する

階間に設置された暖冷房用エアコン。床上はガラリ戸で、エアコンの点検やメンテナンスがしやすくなっている

家の中心になる2階のLDK、北側には子供室が2室ある。上階の3階は多目的室で、階下の1階は寝室と収納と車庫になっている

暖冷房と換気のチャンバーのある階間から室内に送風するためのファン。子供室や各部屋の床に設置されている

図4 床下エアコン暖冷房+送風ダクト+全熱熱交換換気システム（寒川の家）

❶床下エアコン暖房

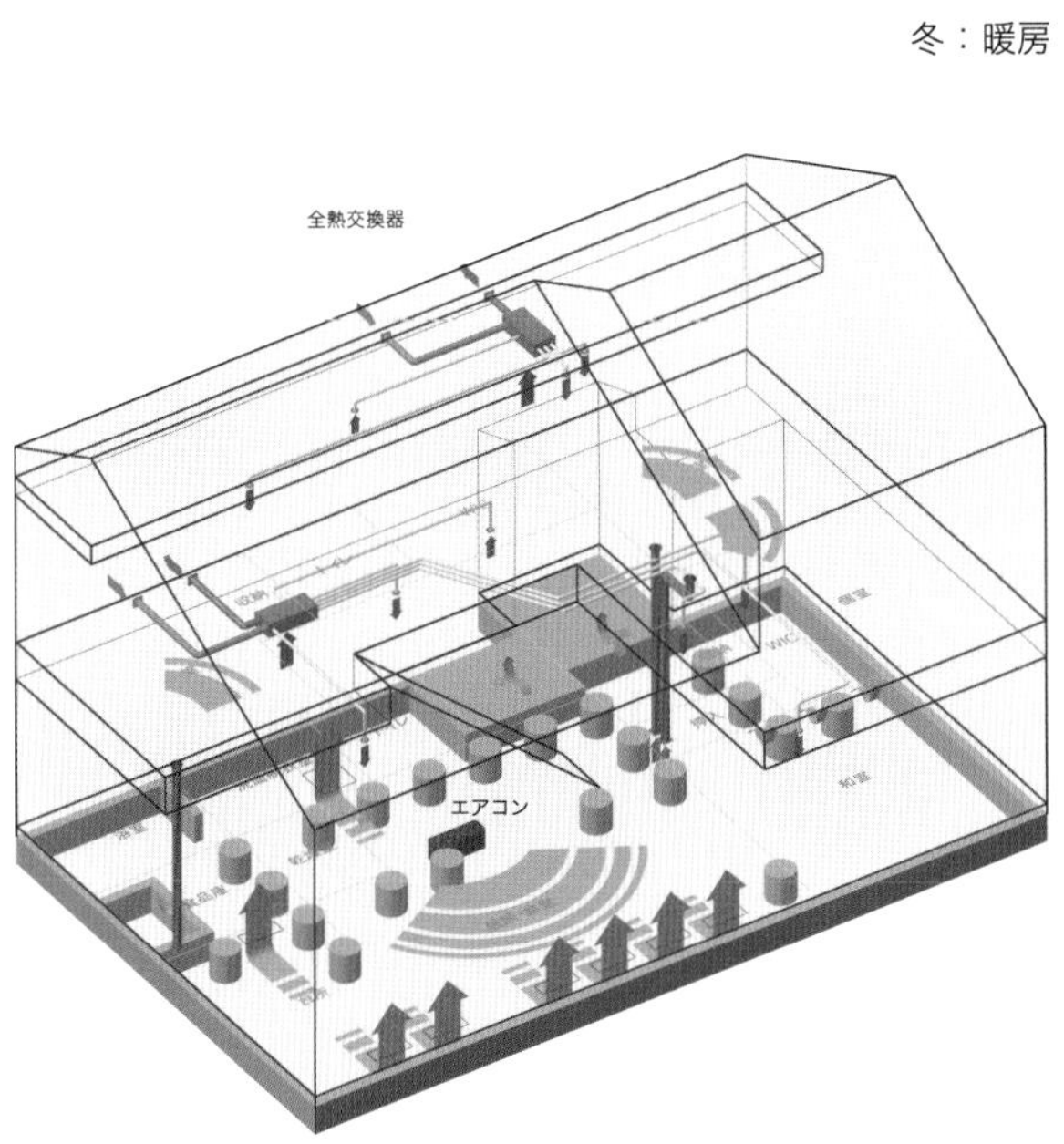
冬：暖房
全熱交換器
エアコン

エアコンで床下空間を暖房しながら床ガラリから1階の居間などの各所に押し出す。3本のファン付きダクトで2階の3個室に送風する。換気は1階・2階別の全熱熱交換換気システムである。

❷床下エアコン冷房

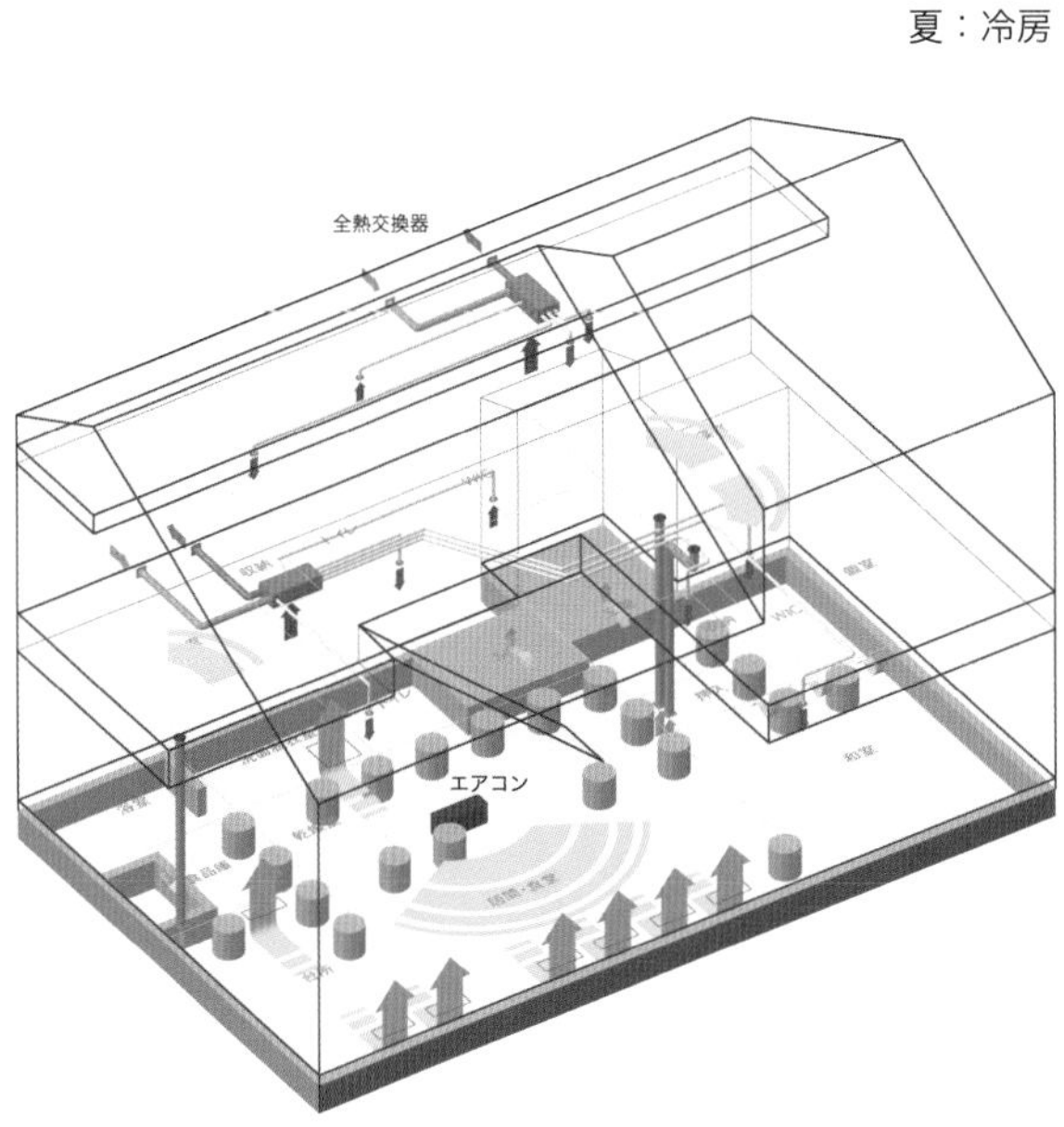
夏：冷房
全熱交換器
エアコン

エアコンで床下空間を冷房しながら床ガラリから1階の居間などの各所に押し出す。換気は暖房と同様である。

「薪・ペレットストーブ」は趣味の暖房

表1 ペレット・薪ストーブでもとを取るのは難しい

❶40年間のイニシャル＋ランニングコスト比較

	FF式 灯油ストーブ	FF式 ペレットストーブ	薪ストーブ （触媒式）
購入費	600,000 （@150千円×4回）	1,000,000 （いわて型 @250千円×4回）	200,000 （@100千円×2回）
設置工事費	120,000 （@30千円×4回）	120,000 （@30千円×4回）	200,000 （最も安価な工事を想定）
煙突設置費		–	400,000
メンテナンス費	–	200,000 （@5千円×40年）	1,450,000 （@30千円×40年 ＋@25千円×10回）
燃料購入費	3,660,120 （@91,503円 ×40年）	3,988,800 （@99,720円 ×40年）	7,690,400 （購入@192,260円 ×40年） 2,614,600 （自力生産 @65,365円×40年）
電気代	52,840 （@1,321円×40年）	52,840 （@1,321円×40年）	–
計	4,432,960	5,361,640	（購入）9,940,400 （自力生産）4,864,600

- 購入費：買い替えや大きな修繕も含めた試算
- メンテナンス費（ペレットストーブ @5千円）：灰掃除・処理の費用（所有者がストーブから灰をかき出し、家庭ごみとして処理すれば無料）
- メンテナンス費（薪ストーブ @30千円）：煙突掃除費を3万円／年で計算
- 燃料購入費（灯油ストーブ @91,503円）：リッター90円で試算しているので、数年前の水準に価格が高騰すれば優位性はなくなる
- 計（ペレットストーブ 5,361,640）：灯油式FFストーブより約93万円高くつく
- 計（薪ストーブ 購入 9,940,400）：自力生産であればFF式灯油ストーブとの差額は約43万円。ある割合以上の薪が無償で入手できれば灯油より安価で済む

❷ ランニングコストの内訳

暖房負荷：9,022.2kWh／年（岩手県北上市の延床面積40坪の住宅を想定）

■灯油ストーブのラニングコスト試算

暖房負荷9,022.2kWh ／年÷FF式灯油ストーブ燃焼効率87%÷灯油単位発熱量10.2kwh ／ℓ＝灯油使用量1,016.7ℓ／年

灯油使用量1,016.7ℓ／年×灯油小売価格90円／ℓ＝灯油購入費は91,503円／年

■ペレットストーブのランニングコスト試算

暖房負荷9,022.2kWh÷燃焼効率77%÷ペレット単位発熱量4.7kwh／kg=ペレット使用／年2,493kg

ペレット使用量2,493kg／年×ペレット小売価格40円／kg（10kg袋400円）=ペレット購入費99,720円／年

（上記に電気代1,321円／年を加える）

■薪ストーブのランニングコスト試算

暖房負荷9,022.2kWh÷触媒式薪ストーブ燃焼効率68%÷薪単位発熱量4.5kwh／kg=薪使用量／年2,948kg

薪使用量2,948kg（3,845kg／年）×薪小売価格50円（※）=薪材購入費は192,250円

※ 含水率50%の生重量であり、乾燥薪2,948kgをつくるため薪材が3,845kg必要
注 森林組合などから長さ2m程度のナラ丸太を購入し、自力で玉切り・木割り・乾燥を行う場合は丸太購入費15,000円／t（=㎥）、燃料費・オイル代が2,000円／tであり、薪の生産費は年間65,365円となる
「木質バイオマスは化石燃料より割高なのか？（家庭向け）」（岩手県資料）より

POINT

- **薪ストーブは薪が無料で入手できる環境の趣味人向き**
- **薪ストーブは内装制限・配置・換気・メンテに注意**
- **ペレットストーブはFF式が簡便だが情緒はイマイチ**
- **ペレットストーブは灯油より燃料費が高価**

薪ストーブやペレットストーブは、木質バイオマスを熱源とする暖房器具である。再生可能エネルギーを燃料とするため、燃焼時のCO_2排出はカウントされない。そうした意味でエコ設備と位置づけられる。

薪ストーブは趣味の暖房である。表1のように燃料費がかかりすぎるからだ。造園会社などから剪定材などを入手できれば無料になるが、薪として加工する労力がバカにならない。趣味人でなければ継

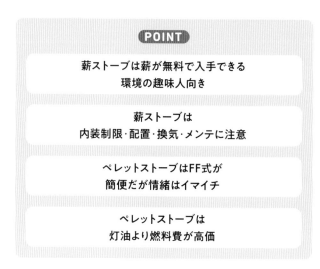

表3 給排気筒の規制（火災予防条例）

吹出し方向	鉛直全周（cm以上）	斜め全周（cm以上）
上方	60（30）	60（30）
側方	15	15
下方	15	15
前方	15	30

注1：（）内は、防炎板を取り付けた場合および「不燃材で有効に仕上げをした建築物の部分など」との寸法を示す
注2：上記に加えてメーカーの安全基準を順守する

表2 ペレットストーブの分類

ペレットストーブ	半密閉式	自然通気型	煙突を使用し、通常電源を必要としない
		強制通気型	煙突を使用し、通常電源を必要とする
	密閉式	強制急排気型	排気筒（給排気筒）を使用し、機器の排気

密閉式：いわゆるFF式。設置や扱いが簡便であることから主流になると目されている

表4 固形燃料の温風暖房機の規制（火災予防条例）

可燃物との離隔距離

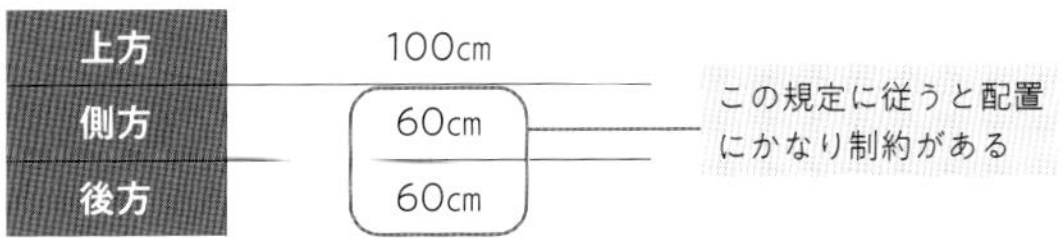

上方
側方
後方
100cm
60cm
60cm
この規定に従うと配置にかなり制約がある

防火性能認証を取得している製品の例（サンポット製品）

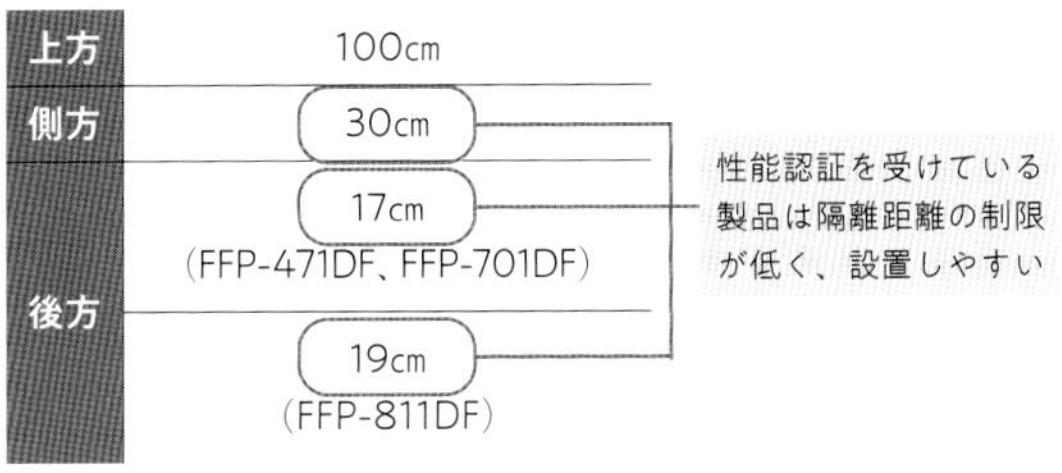

上方
側方
後方
100cm
30cm
17cm
（FFP-471DF、FFP-701DF）
19cm
（FFP-811DF）
性能認証を受けている製品は隔離距離の制限が低く、設置しやすい

図1 レイアウトで効率が変わる

熱源が1カ所しかないので、部屋ごとの温度むらができやすくなることに留意

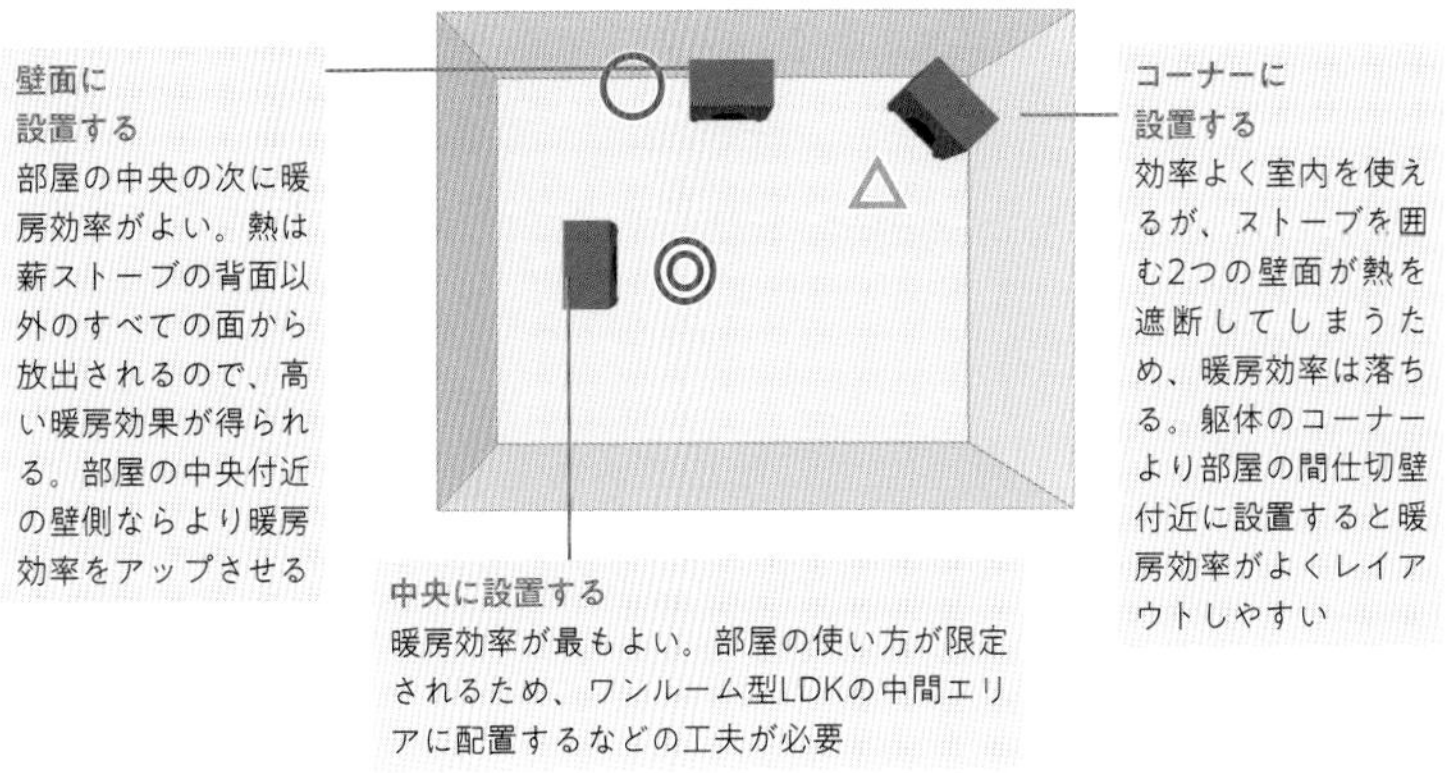

壁面に設置する
部屋の中央の次に暖房効率がよい。熱は薪ストーブの背面以外のすべての面から放出されるので、高い暖房効果が得られる。部屋の中央付近の壁側ならより暖房効率をアップさせる
コーナーに設置する
効率よく室内を使えるが、ストーブを囲む2つの壁面が熱を遮断してしまうため、暖房効率は落ちる。躯体のコーナーより部屋の間仕切壁付近に設置すると暖房効率がよくレイアウトしやすい
中央に設置する
暖房効率が最もよい。部屋の使い方が限定されるため、ワンルーム型LDKの中間エリアに配置するなどの工夫が必要

図3 強制給排気型（FF式）ペレットストーブの仕組み

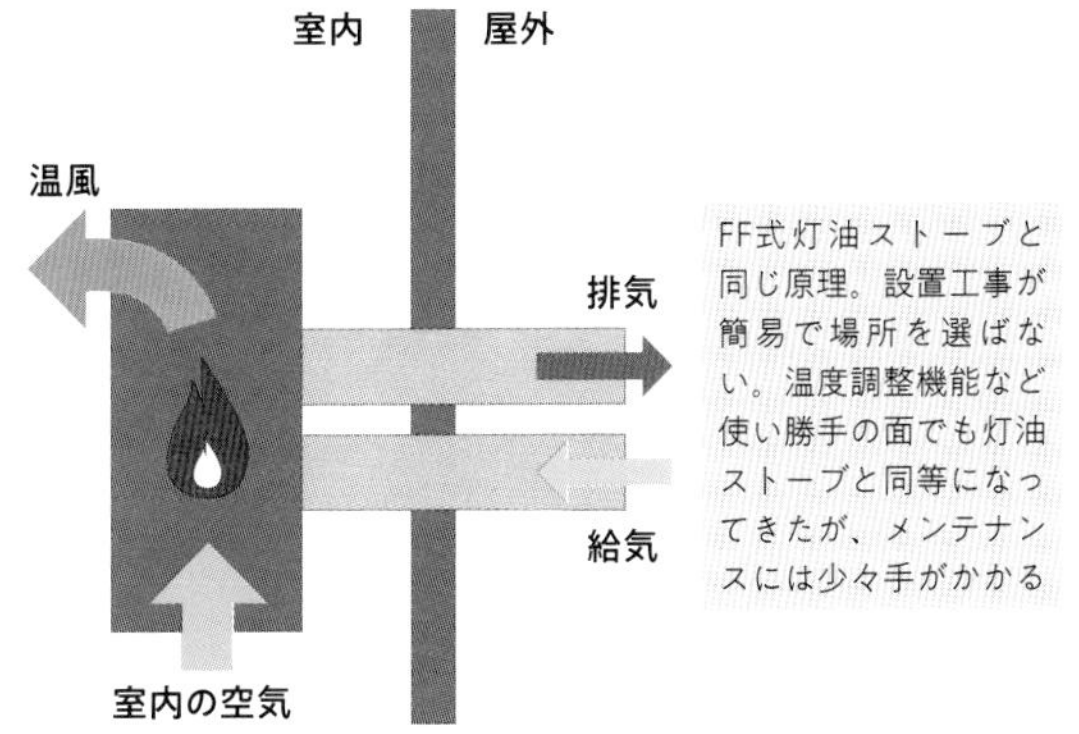

室内
屋外
温風
排気
給気
室内の空気
FF式灯油ストーブと同じ原理。設置工事が簡易で場所を選ばない。温度調整機能など使い勝手の面でも灯油ストーブと同等になってきたが、メンテナンスには少々手がかかる

図2 薪ストーブには同時給排型レンジフード

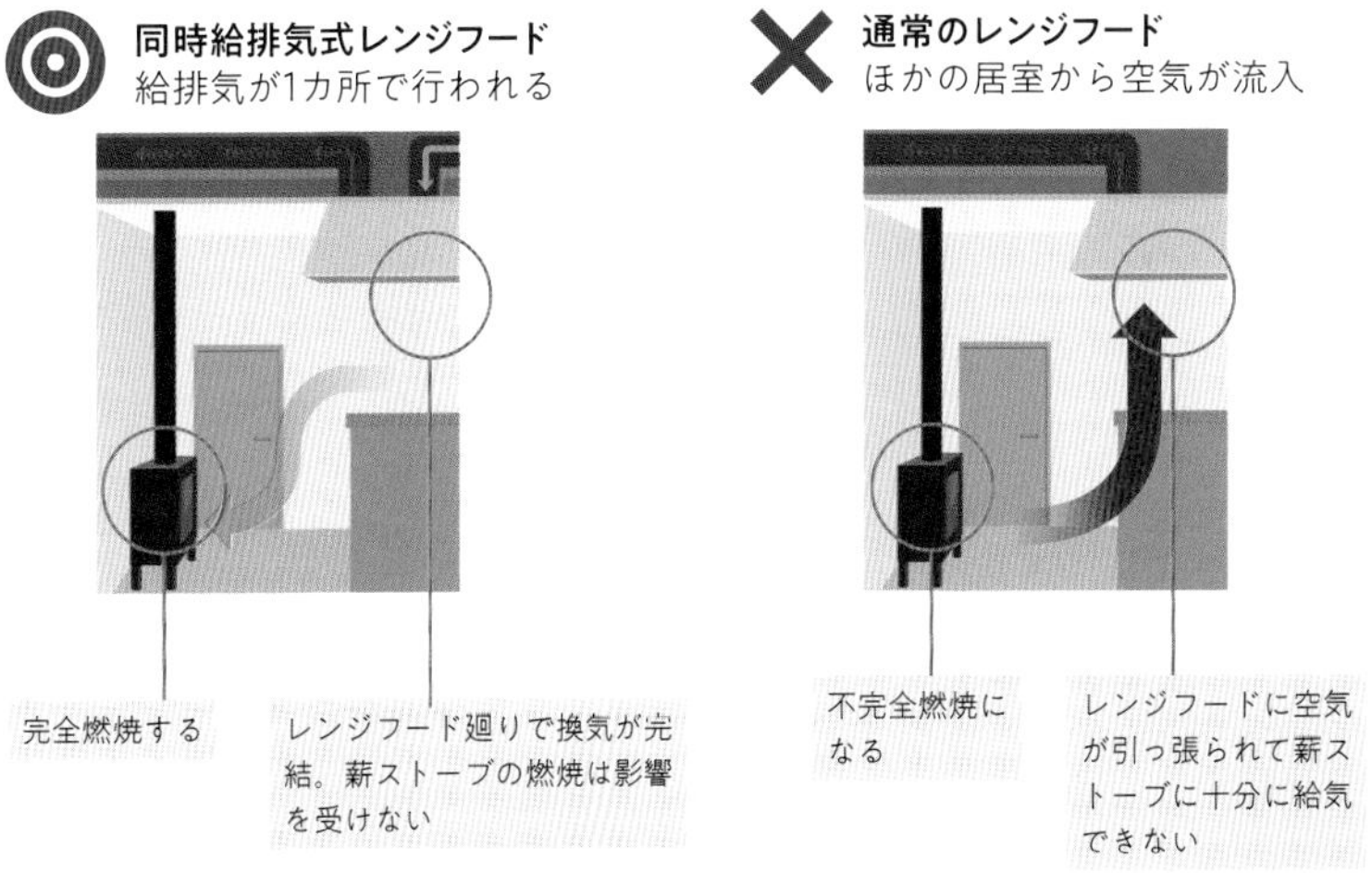

同時給排気式レンジフード
給排気が1カ所で行われる
通常のレンジフード
ほかの居室から空気が流入
完全燃焼する
レンジフード廻りで換気が完結。薪ストーブの燃焼は影響を受けない
不完全燃焼になる
レンジフードに空気が引っ張られて薪ストーブに十分に給気できない

続使用は困難である。

もう1つは価格だ。廉価品の材工で70～80万円が相場とされる。特に本体価格の2倍と言われる煙突の施工費のウェイトは高い。さらに1年に1回は煙突内の本格的なメンテナンスが必要で、怠ると煙突内のタールに引火して煙突火災を引き起こすこともある。加えて、煙の問題だ。隣家からのクレームにつながりやすい。設計上は内装制限を受けることへの留意と、図1・2のようにプランニングや換気との関係をきちんと計画することが必要である。

主暖房としては、郊外のお金持ち趣味人限定の設備といえる。

こうした薪ストーブの大変さを一挙に解決したのがFF式のペレットストーブだ（図3）。若干の法規制があるだけで、配置の制約はほぼない（表3・4）。ただし、木が燃えて灰になる情緒的な楽しさは、薪ストーブに比べればだいぶ失われる。基本は灯油ストーブのようなものであり、機能的にも温度設定など、灯油ストーブ並みに便利だ。泣きどころはペレットの価格。灯油が高騰しない限り高くつく。メンテナンスは薪ストーブよりはかなり楽だが、灯油ストーブよりは面倒だ。灯油が高騰すると需要が一気に高まるだろうが、現状は中途半端なポジションだ。

「高効率給湯器」は生活スタイルで選ぶ

表1 **エコキュートの効率はどのくらいか**（給湯機の稼動状況）

サイト	ヒートポンプ熱量（MJ／d）	給湯・放熱量（MJ／d）	全電力（kWh／d）	HP電力（kWh／d）	タンク効率	システムCOP	HP COP	給水温（℃）	平均外気温（℃）	HP出湯温（℃）	HP入水温（℃）
北海道1	76	22	8	8	0.71	1.82	2.55	11.7	9.3	82	25.9
北陸3	78	19	9	9	0.75	1.72	2.43	14.7	15	85.7	31
関東5	54	15	6	6	0.72	1.85	2.63	16.7	16.7	78.8	34.7
関東7	78	14	8	7	0.82	2.29	2.9	16.9	15.7	79.8	26.6
中部4	48	15	5	4	0.89	1.88	2.95	18.8	17	73.8	31.7
近畿2	53	7	6	6	0.88	2.21	2.68	18.2	16	67.2	29.1
中国5	80	10	8	8	0.87	2.43	2.84	17	16.2	79.9	31.6
九州3	74	18	8	8	0.78	2.03	2.72	18.5	16.9	79.3	31

タンクから放熱することで、2〜3割程度効率が下がる。タンク効率は、タンクの置き場も影響するので、寒冷地などでは外気温の影響を緩和する配置も考える

寒冷地では実際のCOPは2.0を下回っており、また温暖地では2.0から2.4程度。気温差のほかに能力過多で給湯負荷が小さかったり、逆に湯切れを起こして追加給湯が必要だと効率が下がる

注1：残湯・放熱量＝HP熱量―全体給湯負荷
注2：タンク効率＝全体給湯負荷／HP
CO_2ヒートポンプ給湯機を設備した住宅における給湯負荷と機器稼動実態に関する研究：その10 最新型機種(08年モデル)の機器稼働実態（三村拓矢、村川三郎、北山広樹、濱田靖弘、鍋島美奈子、高田宏）より

図1 **エネキュートとエコジョーズのエネルギー消費量**

❶給湯効率および エネルギー効率の季節変動

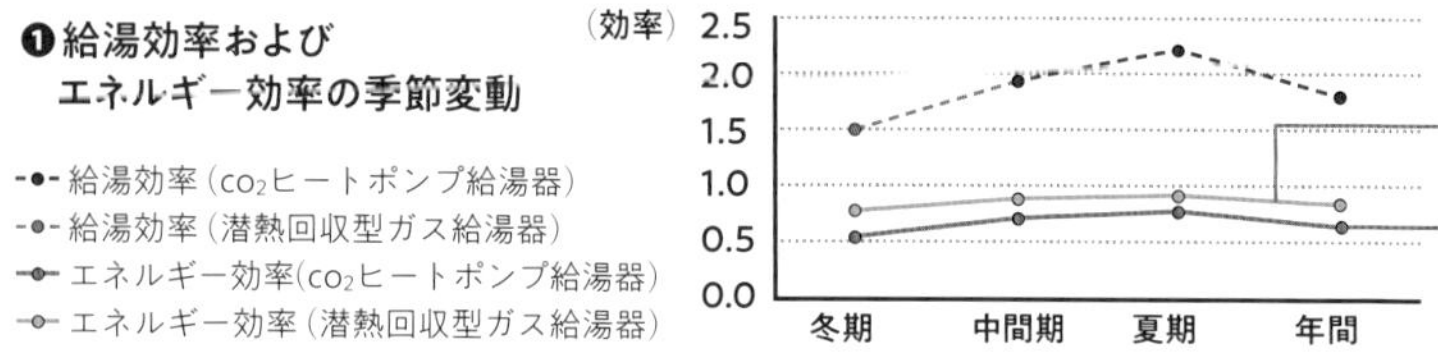

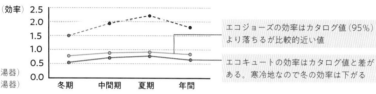

エコジョーズの効率はカタログ値（95％）より落ちるが比較的近い値

エコキュートの効率はカタログ値と差がある。寒冷地なので冬の効率は下がる

❷季節別の給湯効率およびエネルギー効率の平均値

		冬期	中間期	夏期	年間
給湯効率	潜熱回収型ガス給湯器	0.85（30日）	0.90（55日）	0.93（10日）	0.89（95日）
	CO_2ヒートポンプ給湯器	1.51（27日）	1.92（50日）	2.22（11日）	1.83（88日）
エネルギー効率	潜熱回収型ガス給湯器	0.78	0.89	0.92	0.86
	CO_3ヒートポンプ給湯器	0.55	0.71	0.82	0.68

※給湯負荷を一次エネルギーで除した（割った）値。（　）は調査の有効日数

エネルギー効率（※）はエコジョーズのほうが高いという結果になっている

❸季節別のエネルギー消費量およびCO_2排出量の平均値

		冬期	中間期	夏期	年間
2次エネルギー消費量（MJ／B）	潜熱回収型ガス給湯器	135.28（30日）	98.13（30日）	61.22（30日）	105.97（30日）
	CO_2ヒートポンプ給湯器	72.74（30日）	42.49（30日）	19.03（30日）	48.84（30日）
1次エネルギー消費量（MJ／B）	潜熱回収型ガス給湯器	148.96	99.01	61.59	110.84
	CO_3ヒートポンプ給湯器	197.2	115.2	51.59	132.41
CO_2排出量（kg―CO_2／B）	潜熱回収型ガス給湯器	7.51	5.01	3.12	5.6
	CO_4ヒートポンプ給湯器	9.72	5.68	2.54	6.53

長野県上高井郡小布施町の戸建て住宅で両者を切り替えて使用した比較調査
「寒冷地における潜熱回収型ガス給湯器とCO_2ヒートポンプ給湯機の年間効率に関する研究」（久保田敏史、浅野良晴、高村秀紀）

CO_2排出量はエコジョーズのほうが少ないという結果になっている

POINT

エコジョーズは気候帯やライフスタイル関係なく省エネに

エコキュートは電気代が格安だが寒冷地では効率が下がる

エコキュートは隣家の苦情を避けるために室外機の配置に注意

貯湯槽が地震時に転倒しないように基礎への据え付けも配慮

高効率給湯器とは、ガス給湯器のエコジョーズと電気式ヒートポンプ給湯器のエコキュートのことである。両者ともに従来の給湯器との比較では、10年前後で「もとがとれる」ようだ。回収期間をシビアに見ると、機器の価格が安い分エコジョーズのほうが短い。ただし月々の電気代は深夜電力を主に使うためにエコキュートのほうが安くなる。

エコジョーズは従来の給湯器の改良版であり、設置や使用方法な

図2 高効率給湯器は何年でもとを取れる？

（機器の効率にカタログ値（定格）を使用したシミュレーション）

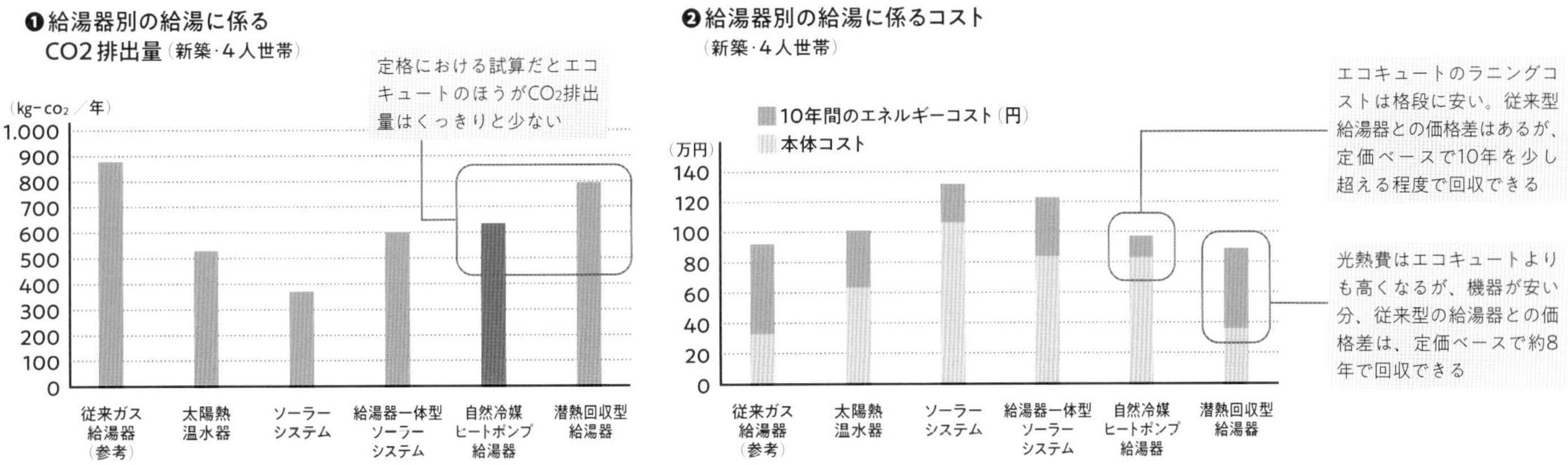

❶給湯器別の給湯に係る CO2排出量（新築・4人世帯）
（kg-co2／年）
1,000
900
800
700
600
500
400
300
200
100
0
定格における試算だとエコキュートのほうがCO2排出量はくっきりと少ない
従来ガス給湯器（参考）
太陽熱温水器
ソーラーシステム
給湯器一体型ソーラーシステム
自然冷媒ヒートポンプ給湯器
潜熱回収型給湯器
❷給湯器別の給湯に係るコスト（新築・4人世帯）
10年間のエネルギーコスト（円）
本体コスト
（万円）
140
120
100
80
60
40
20
0
エコキュートのランニングコストは格段に安い。従来型給湯器との価格差はあるが、定価ベースで10年を少し超える程度で回収できる
光熱費はエコキュートよりも高くなるが、機器が安い分、従来型の給湯器との価格差は、定価ベースで約8年で回収できる
従来ガス給湯器（参考）
太陽熱温水器
ソーラーシステム
給湯器一体型ソーラーシステム
自然冷媒ヒートポンプ給湯器
潜熱回収型給湯器

「家庭における給湯設備の比較調査報告書」（九都県市首脳会議環境問題対策委員会地球温暖化対策特別部会）

図4 エコキュートの配置上の注意点（騒音対策など）

❶隣家の寝室から室外機を離すことが基本

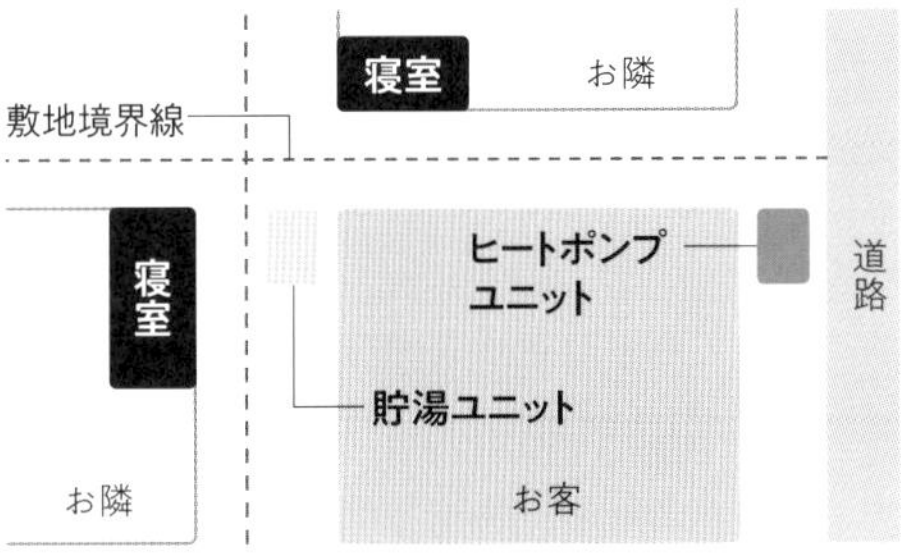

寝室
お隣
敷地境界線
寝室
ヒートポンプユニット
道路
貯湯ユニット
お隣
お客

❷冷風が滞留しないように気を付ける

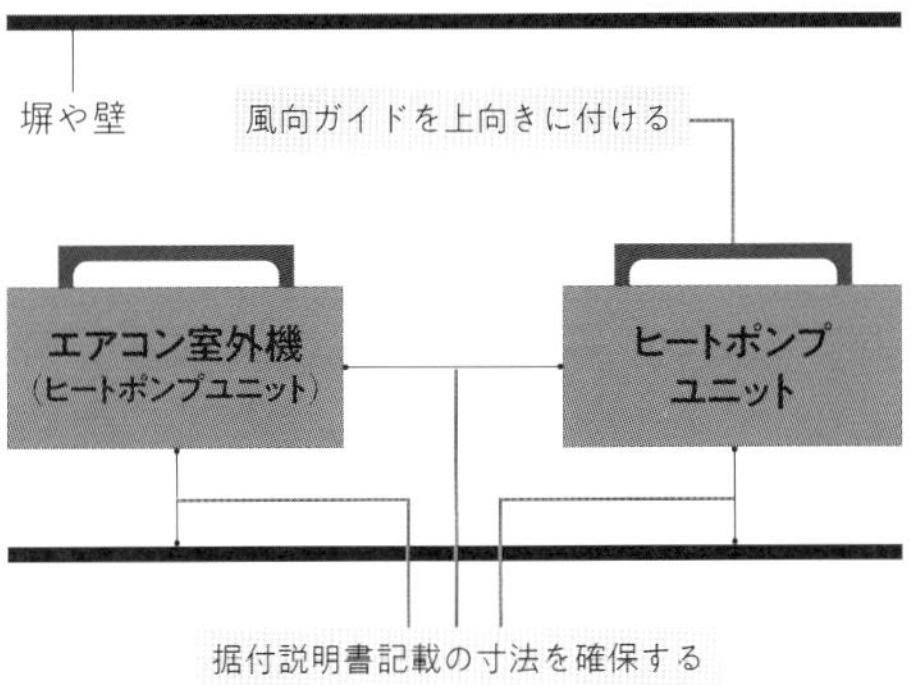

塀や壁
風向ガイドを上向きに付ける
エアコン室外機（ヒートポンプユニット）
ヒートポンプユニット
据付説明書記載の寸法を確保する

図3 エコキュートは低周波（騒音）に注意

（低周波音1／3オクターブ 周波数分析結果）

昨今、エコキュートの低周波（騒音）を巡り、隣家とトラブルになるケースがある。周波数によっては受忍度を超えると判断される事例もあるので、隣家との距離や人間関係によっては気を使ったほうが無難

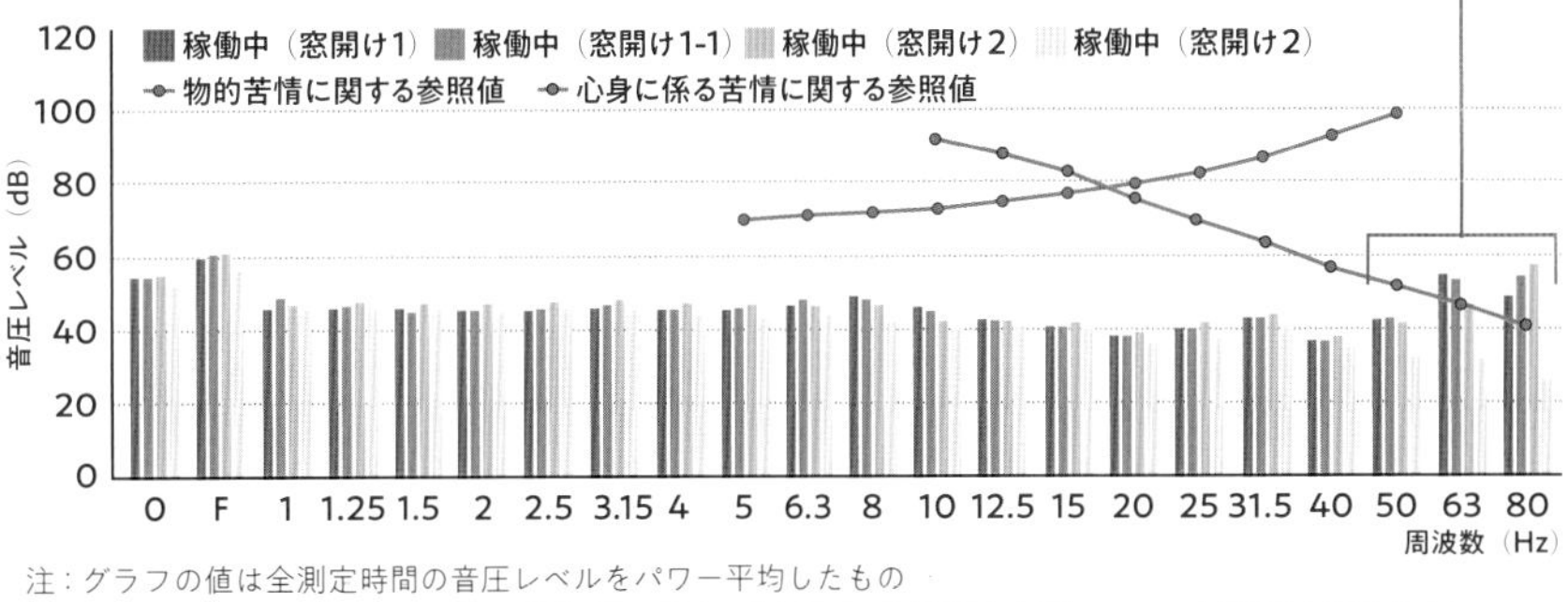

稼働中（窓開け1）
稼働中（窓開け1-1）
稼働中（窓開け2）
稼働中（窓開け2）
物的苦情に関する参照値
心身に係る苦情に関する参照値
音圧レベル（dB）
120
100
80
60
40
20
0
0 F 1 1.25 1.5 2 2.5 3.15 4 5 6.3 8 10 12.5 15 20 25 31.5 40 50 63 80
周波数（Hz）

注：グラフの値は全測定時間の音圧レベルをパワー平均したもの

「松戸市における家庭用ヒートポンプ給湯機の騒音・低周波音・振動測定事例について」（松戸市資料より）

図5 耐震に配慮したエコキュートの工夫

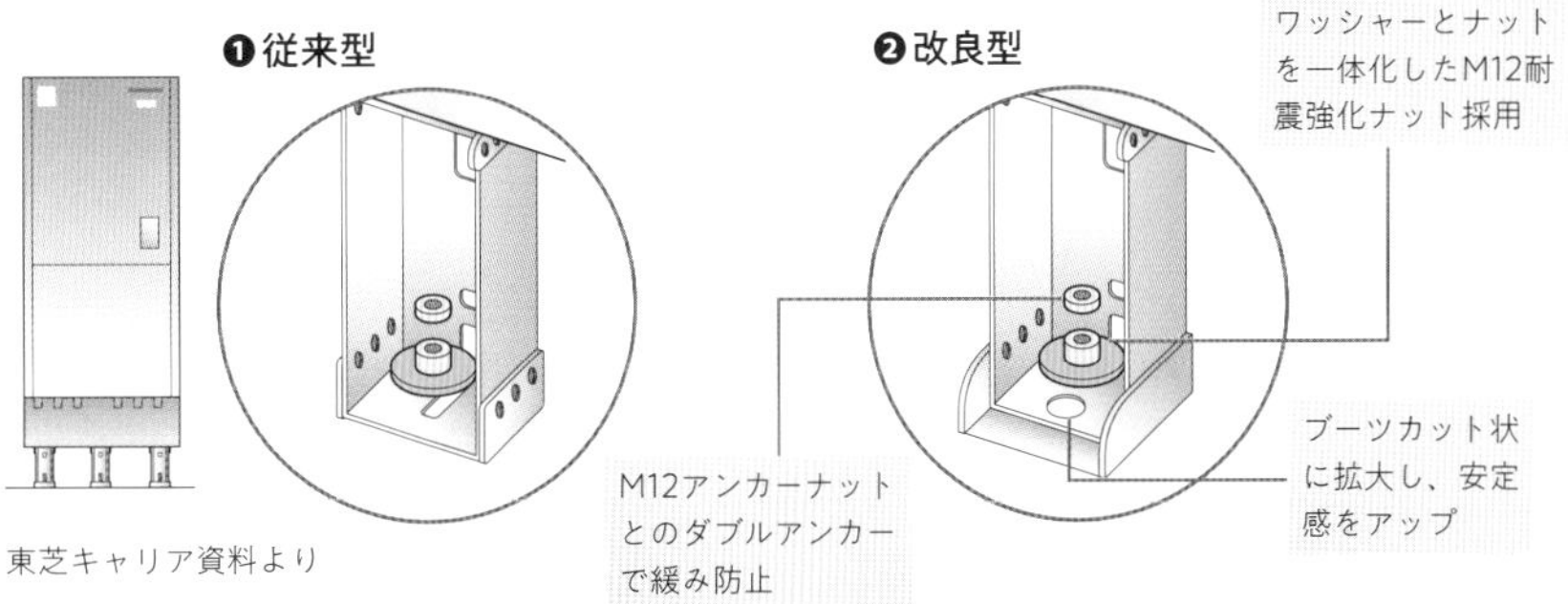

❶従来型
❷改良型
ワッシャーとナットを一体化したM12耐震強化ナット採用
ブーツカット状に拡大し、安定感をアップ
M12アンカーナットとのダブルアンカーで緩み防止

東芝キャリア資料より

どはそれらに準ずる。違うのはドレン配管が必要になるというくらいである。

エコキュートについては、事前に知っておくべきことがいくつかある。まず、カタログに示されたCOP値は貯湯槽の放熱によるロスを含んでいないこと、そしてヒートポンプ単体でもカタログ値に及ばないケースが少なくないことである。特に冬季はくっきりと効率が落ちる。

もう1つの注意点は湯切れである。湯切れを起こすと深夜帯以外の高い電気代を払ってお湯を沸かすことになる。光熱費が嵩むだけではなく、使用感を損なうことからクレームになる可能性がある。入浴回数が多かったり、食器をお湯で手洗いする家庭などは大き目の貯湯槽を選んだほうが無難だ。

そして騒音である。エコキュートの室外機の動作音は40dB前後と受忍限度の目安値を下回るが、動くのは23時以降の深夜帯である。設置場所によっては隣家のクレームとなる。配置も念入りに検討したい。

あとはタンクの耐震性である。先の東日本大震災では貯湯槽が多数倒れた。基礎の問題と固定方法の問題の両方があったようだが、固定方法については対策を施したメーカーもある。基礎の仕様を含めて念入りに検討したい。

「太陽熱給湯器」はガスと連携して使用

太陽熱給湯器が「もとがとれる」設備であることや、省CO_2の効果が高いことは専門家の間で広く知られている。一方で、悪質な訪問販売が社会問題化した経緯などから消費者の認知度は高くない。

ただし、太陽熱温水器自体は進化して使いやすいものになっている。現在の主流は集熱面と貯湯槽を分離したタイプである。集熱面は屋根に置かれる。そして貯湯槽は地面に設置される。このことで漏水のリスクはかなり減り、メンテナンスも楽になった。そうしたシステムに給湯器を連携させる。湯温が低いと自動的に加熱されるので使用感としては通常のガス器具と変わらなくなる。

現在ではガス給湯器との組み合わせのほか、エコキュートと組み合わせた製品もある。また温水式床暖房などにも使える多機能型としても進化している。ただし、「もとをとる」という視点からい

POINT

- 太陽熱給湯器は総じてCO_2削減効果と省エネ効果が高い
- シンプルなスタンダードタイプの方が回収期間は短くなる
- 集熱版・タンク分離型にエコジョーズを連携させるのがお勧め
- 多機能型は2世帯住宅や床暖房などお湯をたくさん使う家に向く

図1 太陽熱給湯器はエネルギー削減効果が高い

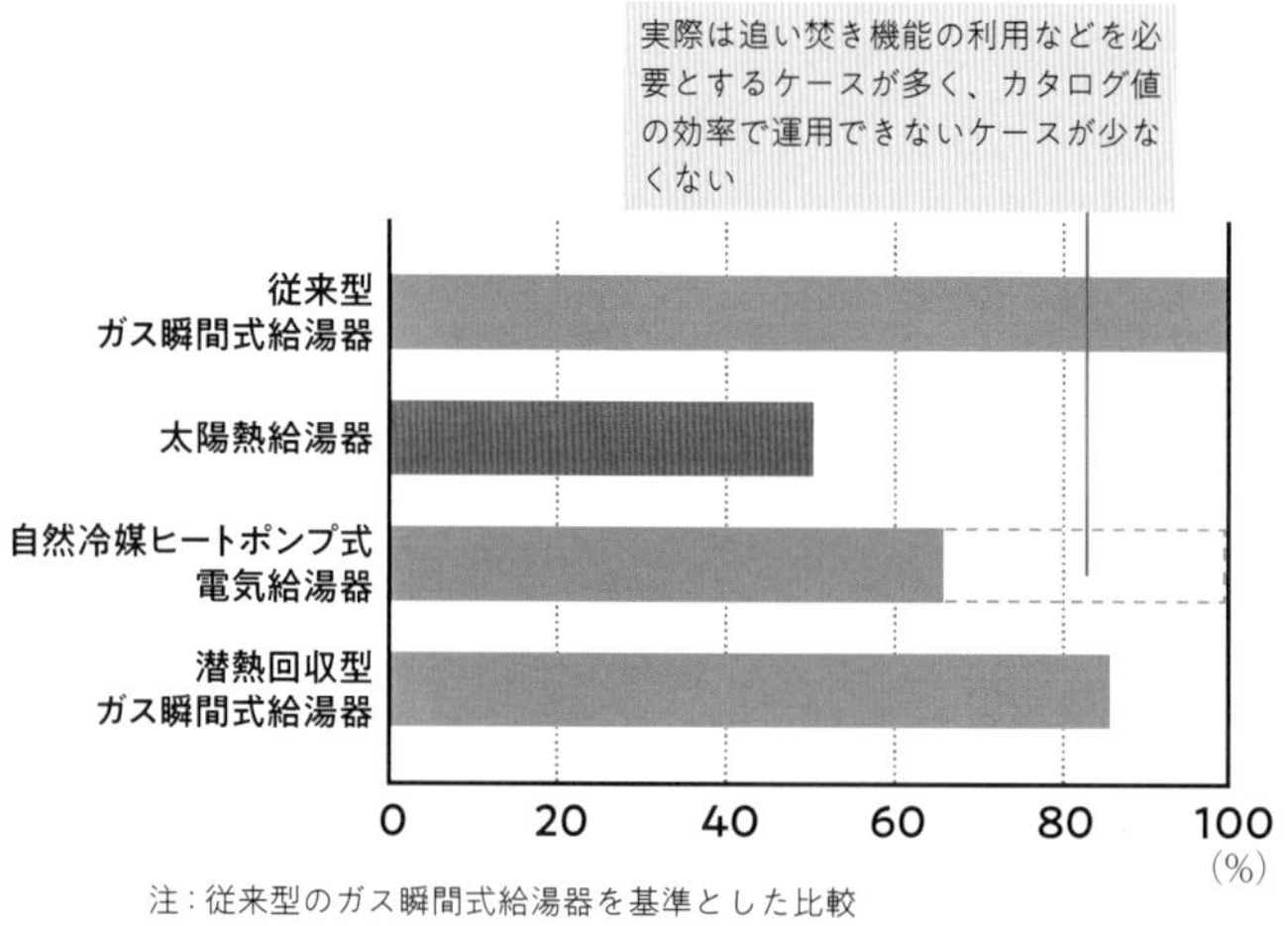

実際は追い焚き機能の利用などを必要とするケースが多く、カタログ値の効率で運用できないケースが少なくない
従来型
ガス瞬間式給湯器
太陽熱給湯器
自然冷媒ヒートポンプ式
電気給湯器
潜熱回収型
ガス瞬間式給湯器
0
20
40
60
80
100
(%)

注：従来型のガス瞬間式給湯器を基準とした比較
太陽熱給湯器は潜熱回収型ガス給湯器をバックアップボイラーとした場合
「住宅にかかわる省エネルギー手法の可能性」(桑沢保夫)より

図2 多機能タイプの仕組み

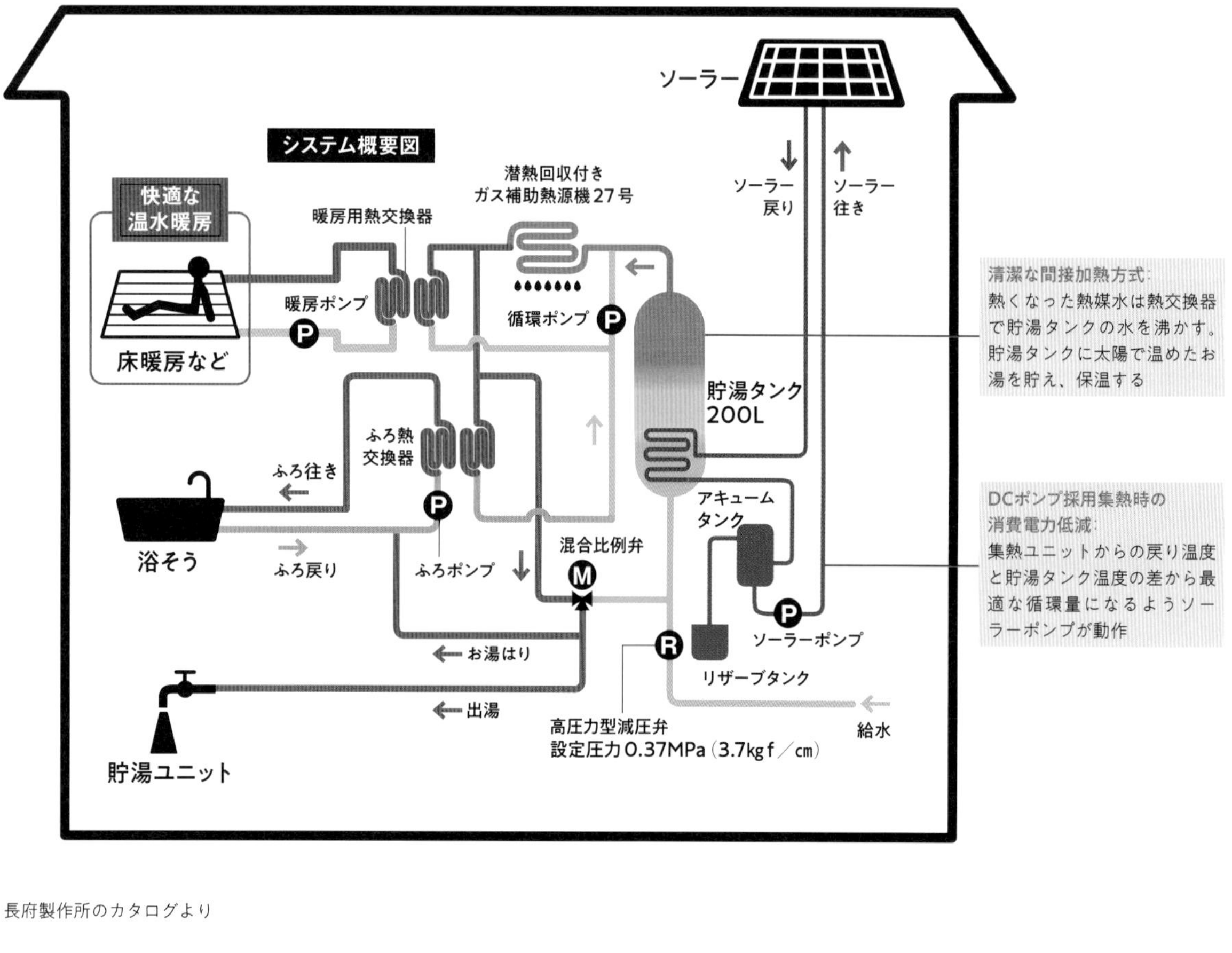

ソーラー
システム概要図
潜熱回収付き
ガス補助熱源機27号
ソーラー
戻り
ソーラー
往き
快適な
温水暖房
暖房用熱交換器
暖房ポンプ
循環ポンプ
床暖房など
清潔な間接加熱方式：
熱くなった熱媒水は熱交換器で貯湯タンクの水を沸かす。貯湯タンクに太陽で温めたお湯を貯え、保温する
貯湯タンク
200L
ふろ熱
交換器
ふろ往き
アキューム
タンク
DCポンプ採用集熱時の
消費電力低減：
集熱ユニットからの戻り温度と貯湯タンク温度の差から最適な循環量になるようソーラーポンプが動作
浴そう
ふろ戻り
ふろポンプ
混合比例弁
ソーラーポンプ
お湯はり
リザーブタンク
出湯
給水
高圧力型減圧弁
設定圧力0.37MPa（3.7kgf／㎠）
貯湯ユニット

長府製作所のカタログより

くと、表2のようにシンプルな機器が有利だ。なお、メンテナンスを考えると、代理店などが各地にあるメーカーを第一選択肢として考えるのが無難である。

表1 太陽熱給湯器にはいろいろある
(太陽熱給湯器の価格と設備費用一覧)

	循環方式	機能	給湯量(ℓ)	ユニット	機器価格(万円)	概要
スタンダードタイプ	自然循環	−	200〜280	一体型	15〜30	補助熱源接続可
スタンダードタイプ	自然・水道直結	−	170	一体型	20〜30	
スタンダードタイプ	強制・水道直結	−	200	一体型	30〜35	
スタンダードタイプ	強制・水道直結	−	300	分離型(※)	40〜80	
多機能タイプ	強制・水道直結	補助熱源内蔵	200	分離型(※)	80〜90	ガス24号
多機能タイプ	強制・水道直結	ヒートポンプ内蔵	460	分離型(※)	100〜120	深夜電力使用

※:分離型の給湯量はタンク容量。設置費用には、屋根の補強、コンクリート基礎は含まない
(財)経済調査会ホームページより

表2 太陽熱給湯器はエネルギー削減効果が高い

新築住宅(4人世帯)	1次エネルギー消費量(MJ)	CO_2排出量(kg)	CO_2排出制限量(kg)※	CO_2排出量削減率(%)	機器コスト(円)	年間エネルギーコスト(円)	10年間のエネルギーコスト(円)	10年間の総コスト(円)	年間エネルギーコスト節約額(円)	投資回収年数(年)
従来型ガス給湯器	19,529	874	0	−	339,944	58,182	581,816	921,759	0	−
太陽熱給湯器スタンダードタイプ(補助熱源:潜熱回収型給湯器)	11,922	530	344	−39	648,754	36,269	362,686	10,114,140	21,913	14
太陽熱給湯器多機能タイプ(補助熱源:潜熱回収型給湯器)	7,486	379	495	−57	1,075,478	25,634	256,345	1,331,823	32,547	23
太陽熱給湯器多機能型(給湯器一体型)	13,559	606	269	−31	832,300	40,720	407,197	1,239,497	17,462	28
自然冷媒ヒートポンプ給湯器	13,559	641	233	−27	833,168	14,720	140,619	973,787	44,120	11
潜熱回収型給湯器	17,400	793	81	−9	380,728	53,083	530,831	911,559	5,098	8

太陽熱給湯器のCO_2削減効果は非常に高い

年間のエネルギーコストも深夜電力利用のエコキュートほどではないがかなり割安になる

表3 参考:値引率を25%とした場合の投資回収年数

	機器コスト(円)	投資額(円)	節約額(円)	投資回収年数(年)
太陽熱給湯器スタンダードタイプ(補助熱源:潜熱回収型給湯器)	486,565	231,608	21,913	11
太陽熱給湯器多機能型(補助熱源:潜熱回収型給湯器)	806,608	551,651	32,547	17
太陽熱給湯器スタンダードタイプ(給湯器一体型)	624,225	369,267	17,462	21
自然冷媒ヒートポンプ給湯器	624,876	369,918	44,120	8
潜熱回収型給湯器	285,546	30,588	5,098	6

太陽熱温水器はシンプルで安価な構造のもののほうが回収期間は短い

上表は定価ベースの試算なのでこの表のほうが実際の償却年数に近い

家庭における給湯設備の比較調査報告書(九都県市首脳会議環境問題対策委員会地球温暖化対策特別部会)

「オールLED」でほぼ問題なし

表1 住宅の白熱電球はすべてLEDに置き換え可能

照明の種類	LED電球	蛍光ランプ	白熱電球	蛍光灯シーリングライト	LEDシーリングライト
明るさ（lm）	825	810	800	4,900	5,000
消費電力（W）	9.2	12	60	55	74
発行効率(lm／W)	90	68	13	89	68
寿命（時間）	40,000	6,000	1,000〜2,000	12,000	40,000
照明価格（円程度）	3,000	700	100	7,000	25,000
電気代（円）［1年間·8時間／日］	620	850	4,030	3,693	4,969
総コスト（円）［4万時間］	11,475	16,170	57,790	68,089	93,068

電気=W数／1,000×点灯時間（時間）×23円
総コスト=4万時間利用した場合の電気代と照明価格の合計
電球タイプは発熱電球60Wをベースに同等な明るさのLED電球、蛍光ランプを選択
シーリングライトも、比較のため同等な明るさの蛍光灯、LED照明を選択

シーリングライトなどの強い光の製品は、汎用品だとまだ蛍光灯が有利

約13年間の使用でLEDのほうが5,000円安上がりになる

表2 LED照明の課題① 光色と演色性合

光色タイプ	演色性（平均演色評価数）	効率（光出力）の比較
白色タイプ 色温度：約5,000K	Ra70程度	100にした場合
	Ra80程度	約90
	Ra90程度	約75
電球色タイプ 色温度：約3,000K	Ra70程度	約70
	Ra80程度	約65
	Ra90程度	約55

電球色タイプは効率と演色性ともに低めになる。実物で明るさの感じを確認したほうが無難

「LED 照明器具に関する課題と施工標準化の検討報告」（一般社団法人日本電設工業協会・技術安全委員会）より

図1 高演色性LED照明器具の演色評価数グラフ

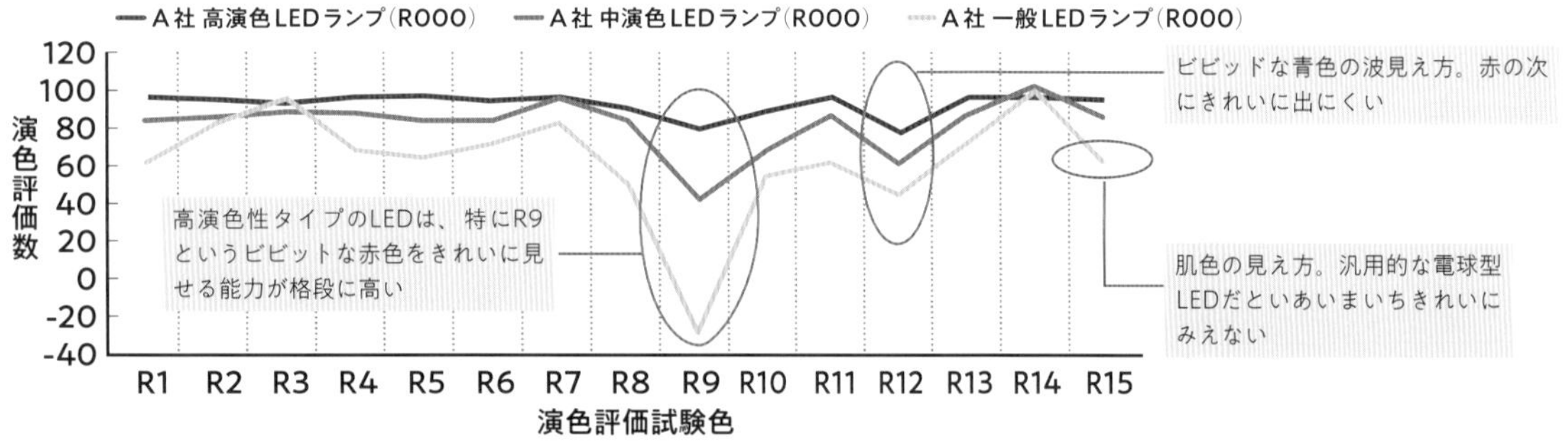
A社 高演色LEDランプ（R000）
A社 中演色LEDランプ（R000）
A社 一般LEDランプ（R000）
120
100
80
60
40
20
0
-20
-40
演色評価数
R1 R2 R3 R4 R5 R6 R7 R8 R9 R10 R11 R12 R13 R14 R15
演色評価試験色
ビビッドな青色の波見え方。赤の次にきれいに出にくい
高演色性タイプのLEDは、特にR9というビビットな赤色をきれいに見せる能力が格段に高い
肌色の見え方。汎用的な電球型LEDだといあいまいちきれいにみえない

「LED 照明器具に関する課題と施工標準化の検討報告」（一般社団法人日本電設工業協会・技術安全委員会）より

白熱灯60W以下の光源をLEDにすれば照明エネルギーは半減する。LEDの弱点は演色性。汎用型だとハロゲンランプのような色彩表現は難しい。もう1つが配光性。比較的前面にしか光が飛ばず、灯りを楽しむ照明にはやや不向き。また横方向に漏れる光がなく、壁面への光がやや少なく、妙にさっぱりとした雰囲気になる。いずれも照明計画や機器選定で解決できる。

POINT

白熱電球や電球型白熱灯との比較では確実に省エネ

汎用品のシーリングライトではまだ蛍光灯が省エネ

汎用品のシーリングライトではまだ蛍光灯が省エネ

光が広がらないので明るさ感を意識的に補う必要あ

表3 電球型LEDの適合表

調光器	人感センサー回路	非常用照明器具誘導灯	HID器具	ダウンライト			密閉器具			屋外器具
				断熱材なし	断熱材施工	球・反射板狭隙間	完全密閉	密閉に近い	浴室	
△（調光可能タイプのみ対応）	△（一部使用できない機器あり）	×（消防法による）	×	○	×（電球型LEDが放熱できず短寿命になる）	○	○	○	○（防湿構造の器具を用いる）	×（雨や水滴、結露による故障の可能性あり）

表4 電球型LEDの明るさにはバラつきがある

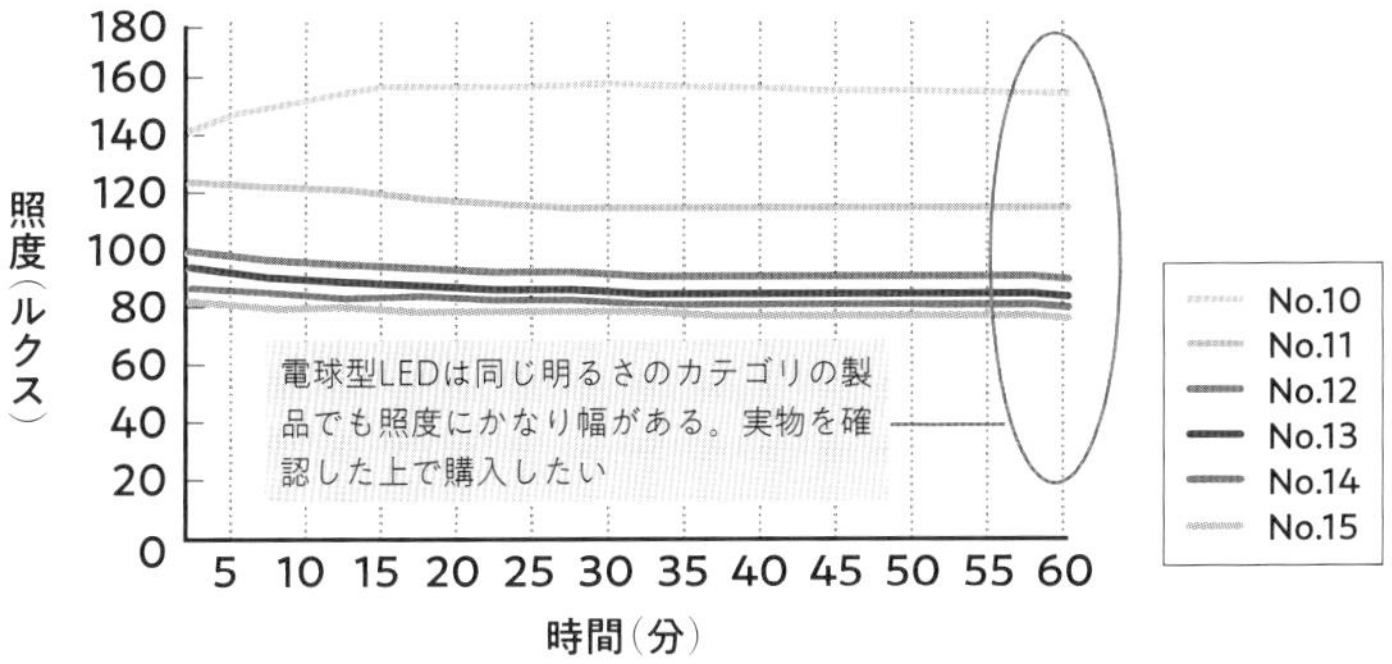
照度（ルクス）
180
160
140
120
100
80
60
40
20
0
5 10 15 20 25 30 35 40 45 50 55 60
時間（分）
No.10
No.11
No.12
No.13
No.14
No.15
電球型LEDは同じ明るさのカテゴリの製品でも照度にかなり幅がある。実物を確認した上で購入したい

「家庭用電球の商品テスト結果」（石川県消費者生活支援センター）より

図2 LED照明の課題② 配光性

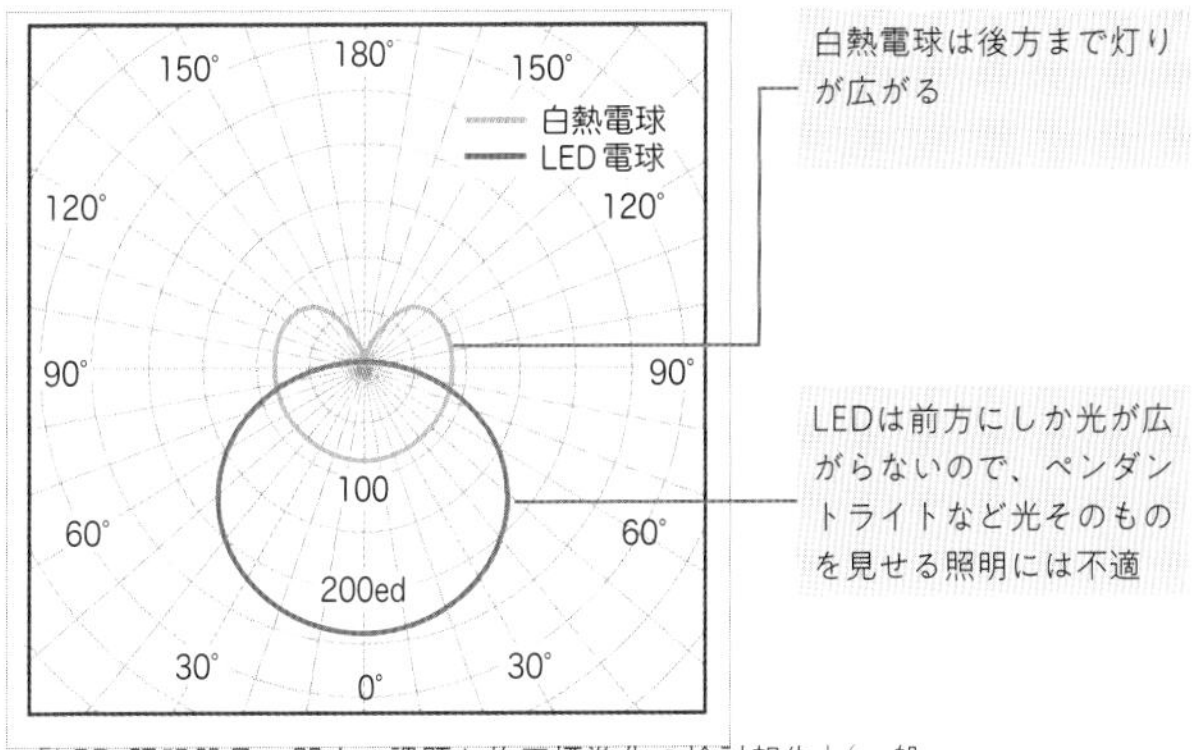
180°
150°
150°
120°
120°
90°
90°
60°
60°
30°
30°
0°
100
200ed
白熱電球
LED電球
白熱電球は後方まで灯りが広がる
LEDは前方にしか光が広がらないので、ペンダントライトなど光そのものを見せる照明には不適

「LED照明器具に関する課題と施工標準化の検討報告」（一般社団法人日本電設工業協会・技術安全委員会）より

図3 交換可能なLEDモジュールへ

❶遠藤照明の手法

❷パナソニックの手法

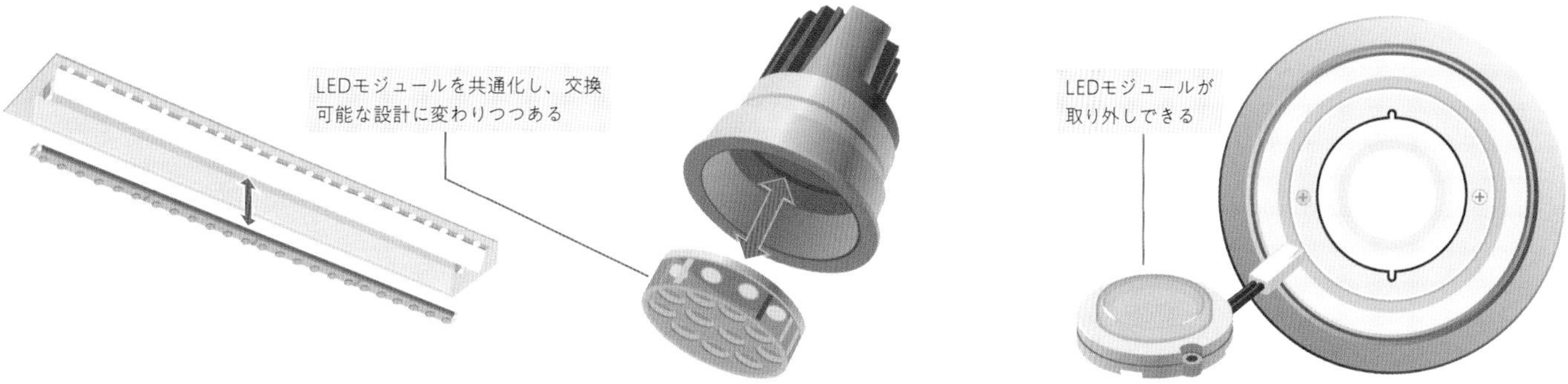
LEDモジュールを共通化し、交換可能な設計に変わりつつある
LEDモジュールが取り外しできる

図4 LED主体の照明計画の考え方

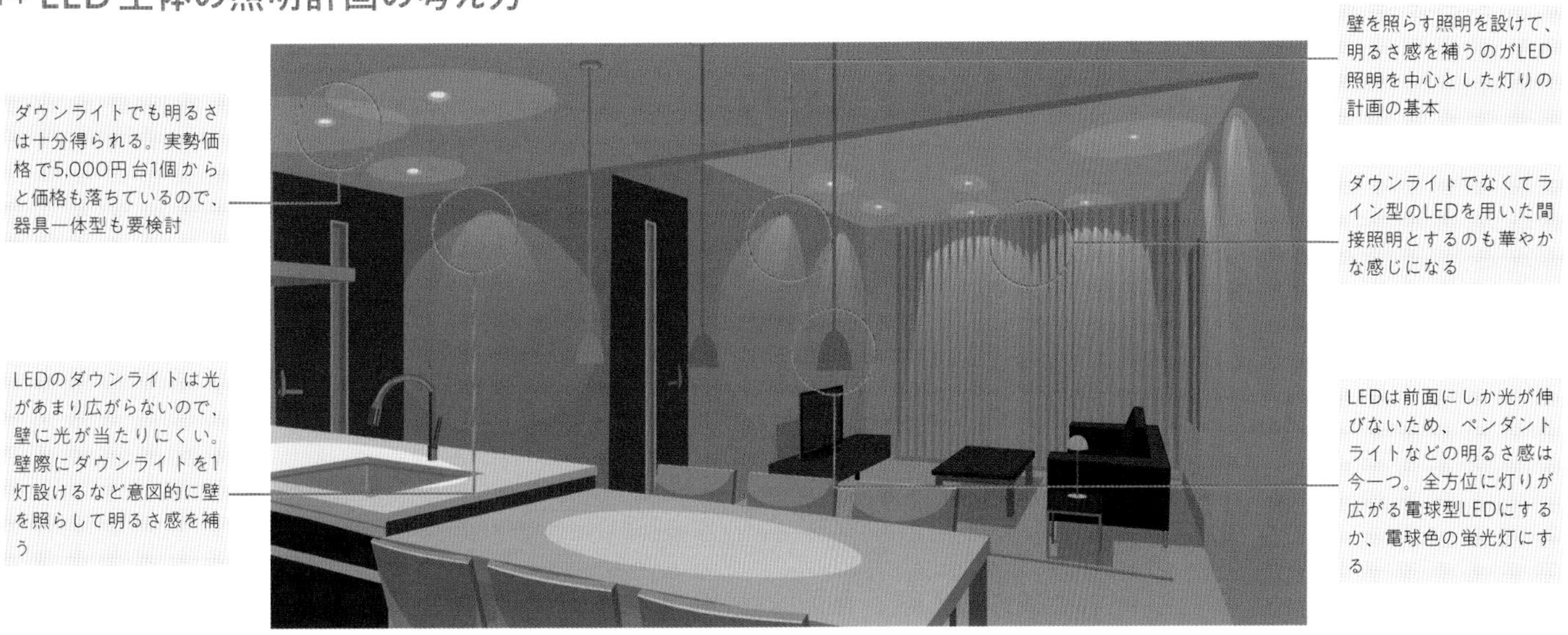
ダウンライトでも明るさは十分得られる。実勢価格で5,000円台1個からと価格も落ちているので、器具一体型も要検討
LEDのダウンライトは光があまり広がらないので、壁に光が当たりにくい。壁際にダウンライトを1灯設けるなど意図的に壁を照らして明るさ感を補う
壁を照らす照明を設けて、明るさ感を補うのがLED照明を中心とした灯りの計画の基本
ダウンライトでなくてライン型のLEDを用いた間接照明とするのも華やかな感じになる
LEDは前面にしか光が伸びないため、ペンダントライトなどの明るさ感は今一つ。全方位に灯りが広がる電球型LEDにするか、電球色の蛍光灯にする

「太陽光発電」はおトクだが注意点も多い

表1 製品の価格イメージ（2023年5月）

メーカー	品番	パネル	1kwあたりの価格	
カナディアンソーラー	CS3LA-300MS	単結晶	164,000円	中国の後発メーカーがやはり安価
東芝	SPR-X21-265	単結晶	269,500円	
ソーラーフロンティア	SF185-S	化合物系	203,500円	国産だと化合物系の価格が安い。ただし効率が落ちるので、屋根面積を必要とする
パナソニック	P252 α Plus	単結晶＋薄膜	200,000円	人気HITシリーズも競走で価格がだいぶ下がってきた

表1 太陽光発電システムに必要な設備と価格（2021年）

	1kW相場価格	3kW相場価格	5kW相場価格	
太陽光パネル	17.1万円	51.3万円	85.5万円	メーカーによって価格差あり。中国製は安価で、日本製は高価な傾向あり
パワーコンディショナー	4.2万円	12.6万円	21万円	メーカーによっては単体（3kW）で10万円を切る商品もあり
架台	2.1万円	6.3万円	10.5万円	屋根の形状や工法によって価格差あり。屋根の状況やパネルのメーカーによっては架台が不要な場合も
設置工事費	6.6万円	19.8万円	33万円	屋根の形状や工法、パネルの反射光・パワーコンディショナーの騒音などの近隣対策などによって価格上昇する場合もあり
その他	電力会社や国への申請、補助金の対象となればその申請費用、保証費用、諸経費、消費税などの項目が費用に加算されることも多い。また、リフォームの場合、新築工事より工事が複雑になるため、価格がやや高くなる傾向がある。一方で業者内の競争のあり、数万円の値引きもよく行われる			

出典：東京電力エナジーパートナーHP

太陽光発電の価格は国際的なメガソーラーの需給バランスに左右される。欧米のメガソーラー市場が拡大し、そこに中国メーカーが売り込みをかけた。これで一気に価格は下がった。

また日本の家庭用ソーラーの価格が、２０１１年より目に見えて落ち始め、昨今では四半期ごとにじわじわ下落している。

この結果、太陽光発電システムの価格は安価な中国製品などを中心に20万〜30万円ほどで提供されている（表1）。

経済産業省のデータによると、太陽光発電の設置費用は２０２１年で、１kWあたりおよそ28万円（新築の場合）となっている（表2）。

一般的に住宅に載せるとして、３kWで84万、５kWで１４０万円となる。なお、２０１２年は１kWあたり平均43万円。仮に容量５kWの太陽光発電の導入を想定すると、’12年の設置費用は２１５万円。つまり約75万円も安くなっている。

太陽光発電システムは量産する

POINT

- 4kWかつ36万円／kW以下なら10年で償却する
- 潜在クレームが多いので業者選定と事前説明に配慮
- メーカー・業者選びはメンテナンスも重視する
- 工事内容を把握して工程とコストをスリム化する

表3 日本で入手可能な住宅用太陽光パネルの主要メーカー（50音順）

メーカー名	製品名	種類	製造
エクソル	XLM120-380L	単結晶シリコン	OEM
カナディアンソーラー	CS3L	単結晶シリコン	輸入
京セラ	RoofleX	単結晶シリコン	国内（モジュール組立てのみ）
シャープ	BLACKSOLAR	単結晶シリコン	国内（モジュール組立てのみ）
ソーラーフロンティア	SOLAR FRONTIER	化合物系（CIS）	国内生産（宮崎県）
長州産業	Gシリーズ［プレミアムブルー］	シリコン系ヘテロ結合	国内生産（山口県）
ネクストエナジー	NER108M410B-MD	単結晶シリコン	OEM
ハンファQセルズ	Q.PEAK DUO-G11	単結晶シリコン	輸入

出典：各メーカーの公開情報をもとに編集部が作成

表4 経済産業省が定める利回り（2020～2023年度）

		（参考）2020年度	（参考）2021年度	（参考）2022年度	2023年度
FIT調達価格		21円/kWh	19円/kWh	17円/kWh	16円/kWh
資本費	システム費用	29.0万円/kW	27.5万円/kW	25.9万円/kW	2022年度の想定値を据え置き
運転維持費		0.30万円/kW/年	2020年度の想定値を据え置き	2020年度の想定値を据え置き	2022年度の想定値を据え置き
設備利用率		13.70%	2020年度の想定値を据え置き	2020年度の想定値を据え置き	2022年度の想定値を据え置き
余剰買電比率		70%	2020年度の想定値を据え置き	2020年度の想定値を据え置き	2022年度の想定値を据え置き
自家消費分の便益		26.33円/kWh	26.44円/kWh	26.44円/kWh	26.34円/kWh
調達期間終了後の売電価格		9.3円/kWh	9.0円/kWh	9.0円/kWh	9.5円/kWh
利回り（税引前） 法人税などの税引前の内部収益率		3.20%	2020年度の想定値を据え置き	2020年度の想定値を据え置き	2022年度の想定値を据え置き
調達期間		10年間	10年間	10年間	10年間

1：経済産業省「令和4年度以降の調達価格等に関する意見」より抜粋
2：太陽光発電（10kW未満）に限り、当該調達価格に消費税相当額を含むものとする
3：2022年度は、FIT制度のみ認められる大賞とし、FIP制度が認められる対象としない

ほどに価格は下がるため、すでにグリッドパリティに到達しており、系統から電力を買うよりも発電コストが安くなっているのが現状である。

10年で回収可能

建て主に太陽光発電の導入を勧めるときには、どれくらいの期間で導入コストを回収できるのか、具体的なシミュレーションを示して説明すれば、同意を得られやすい。

現状の制度では、最初の10年はFIT（再生可能エネルギーの固定価格買取制度）を利用して売電し、その後は余剰買取制度を利用して売電できる。売電価格は下がっているが、初期費用が下がり電気代が上がっているため、導入コストを140万円、パネルの使用期間を30年間とした場合、10年で投資資金を回収し、残りの20年間はパワコン交換などのわずかなメンテナンス費だけで約500kWh／年確保できる。なお、売電価格は経産省が3.2％の利回りを考慮して決定されており、そもそも損しないような仕組みになっているのだ（表4）。

図1 建て主が得られる経済メリットの平均値

1年分

自家消費		売電		太陽光メリット
6.1万円	＋	**12.7**万円	＝	**18.8**万円

調査対象：2019年1月～12月に入居の35邸（福岡・熊本・佐賀、省エネ基準6・7地域）
データ収集期間：2020年10月～'21年9月
階数：平屋・2階建　**平均延床面積**：116.63㎡（約35.2坪）
平均U_A値：0.42　**平均搭載容量**：7.28kW

※オール電化物件に限る　※節電金額＝自家発電量×電力量料金単価26.42円（九州電力 電力量料金単価 従量電灯B 23.6円＋再エネ賦課金3.36円）　※買電量、買電金額、売電量は九州電力開示データ　※本データの売電価格については、売電価格（17円/kWh）にて試算（2022年度売電価格）

主な工事内容

［太陽電池設置工事］

太陽電池モジュールを屋根に設置する工事。人件費や工事の車両維持費、工具代なども含んだ材工一式で表示。主にパネル枚数（kW数）と架台の台数で金額が変動する。また瓦屋根は手間がかかるので増額となる

［システム電気工事］

パワーコンディショナやモニタ、CTセンサを設置・配線接続する工事（非常用コンセントも含まれる）。工事の車両維持費や工具代のほか電材費も含んだ材工一式で表示されることが多い

［分電盤改良工事］

分電盤部分に太陽光発電専用ブレイカーを設置する工事。売電メーターの取付けベース設置も含む（売電メーターそのものは工事後に電力会社が設置）

［売電メーター］

電力会社に支払う売電メーターの取付け工事（施工は東京電力）

［電力会社申請手数料］

電力会社の窓口への申請作業。申請書類作成作業も含む

［現場調査費］

見積り内容や周辺状況

［連系検査立会費］

電力会社による太陽光発電連系検査への立ち会い
工事は数回に分かれるが、所要時間が短いものも多いので、ほかの電気工事などと工程を合わせて余計な手間が発生しないように段取りする。そのことで工事費も圧縮できる

表5 工事内容を把握して適正な金額で発注する

（太陽光発電の見積りの例）

	品名・作業名	単価（円）	数量	金額（円）
システム機器費	①太陽電池モジュール	42,000	22枚	924,000
	②設置架台	78,000	1式	78,000
	③接続箱	40,000	1台	40,000
	④パワーコンディショナ	162,000	1台	162,000
	⑤モニター	30,000	1台	30,000
工事費	太陽電池設置工事費	140,000	1式	140,000
	電気工事費	80,000	1式	80,000
	足場設置費	96,000	1式	96,000
	電気メーター代	25,000	1台	25,000
消費税				78,750
計				1,653,750

工事費：作業内容と人工を知り、適正な価格で発注する

足場設置費：急勾配の場合に用いるが、新築の場合は屋根工事などの足場を代用できる

電気工事費：ここに含まれる作業内容や手続きをよく理解し、ほかの電気工事と上手に組み合わせて手配することでコストダウンを図る

図2 クレーム予防をしっかりしておく

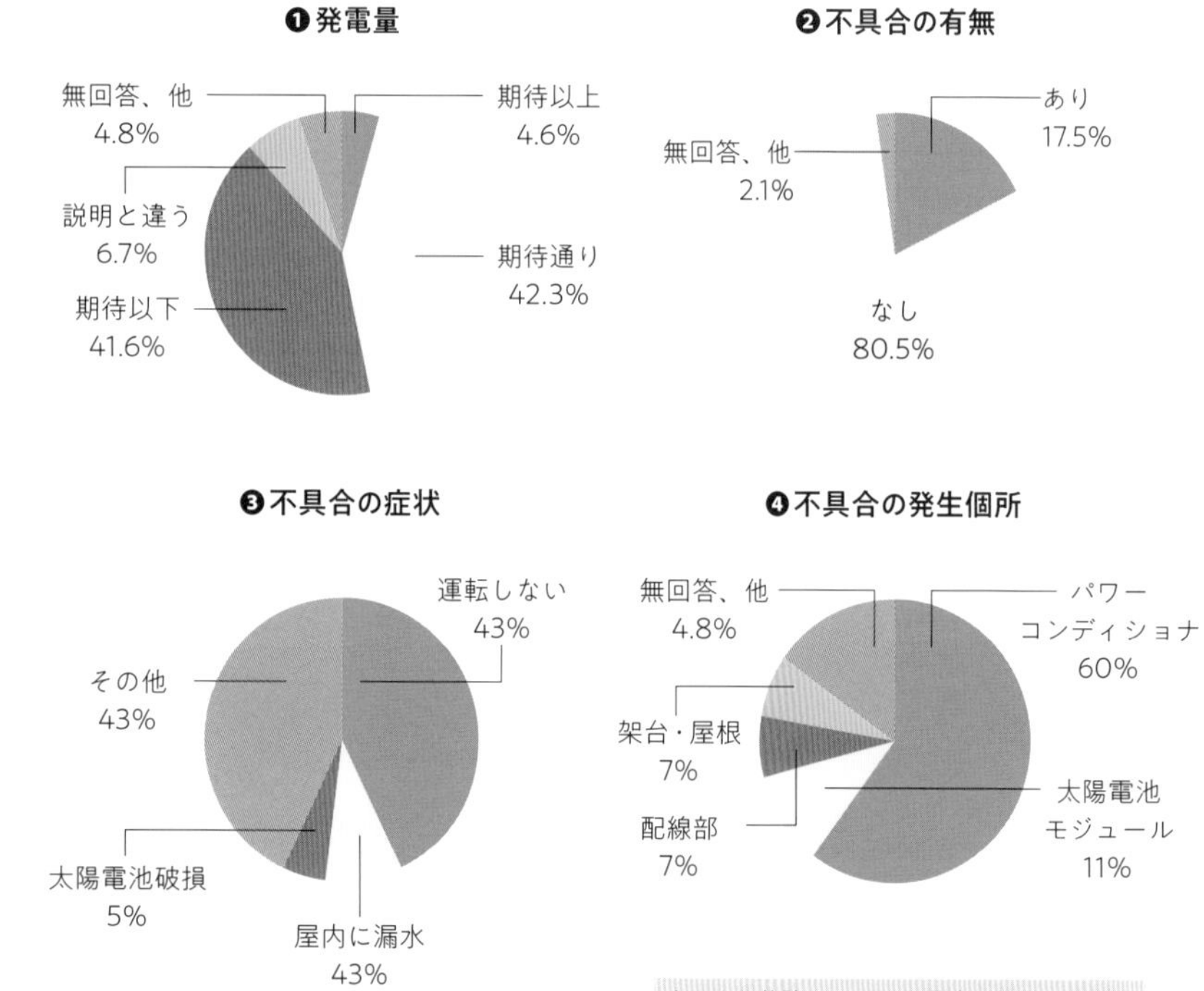

❶発電量
無回答、他 4.8%
期待以上 4.6%
説明と違う 6.7%
期待通り 42.3%
期待以下 41.6%
❷不具合の有無
あり 17.5%
無回答、他 2.1%
なし 80.5%
❸不具合の症状
運転しない 43%
その他 43%
太陽電池破損 5%
屋内に漏水 43%
❹不具合の発生個所
無回答、他 4.8%
パワーコンディショナ 60%
架台・屋根 7%
配線部 7%
太陽電池モジュール 11%

注 583人を対象にしたアンケートによる調査
「住宅用施工ガイドラインの解説」
（太陽光発電協会住宅部会・岸添 義彦）より

よくある故障としては、電流が集中しすぎて発熱するのを防ぐ安全回路が壊れ、発電効率が下がるというもの。こうした目視では判断できない故障を見つけ出すのは難しい

蓄電池導入はどう考えるべきか

FIT終了後、太陽光の電力を自家消費する選択肢を取るとすると、蓄電池や太陽光連動型エコキュートなどを導入する、またはEVで活用するなどの手段が考えられる。現在、蓄電池は約75万円（4kWh）程度。太陽光発電の導入コスト150万円（同上）に蓄電池75万円を加えた場合、回収に25年かかる試算となり、耐用年数を考えると経済メリットは少ない。経済産業省の蓄電池の目標価格は2030年で7万円/kWhを目指しているので、経済性を考えるなら10年間のFIT終了後に蓄電池を導入するのが現実的だろう。

メンテナンスが大切

製品選定は公称の効率と実績データを見比べて決める。現在はネットでさまざまな地域の個人邸のデータを見られる。また発電量は環境依存性が高いので、日射量や気温などの状況が近いエリアのデータが参考になる。なお、性能だけでいえば中国製も国産品と遜色はない。

意外に知られていないが、太陽光発電はクレームや故障が少なくない（図2）。そうした意味では依頼先の選定が大切だ。きちんとした施工体制とメンテナンス体制をもった専門工事業者を選定したい。現状では工務店側に太陽光発電の工事に対して知識がないところが多いので、工事内容や工事費に対する検証ができていない。工事内容を理解したうえで合理的に工程を組めば、設置費用はさらに下がる可能性がある。

4

ゼロエネを実現した住宅事例

ゼロエネルギー住宅とは実際にはどういうものなのだろうか。

ここでは長年ゼロエネ住宅を手がける西方氏設計の実例の詳細を紹介する。

すべてに矩計図や平面図、各種データを添付し、
どのような仕様と納まりでゼロエネを達成しているのかを分かるようにしている。

また、一部の実例ではシミュレーションやプランニング、施工の詳細まで言及している。

太陽光発電は屋根だけでなく壁にも設置している。積雪が多い地域の場合、積雪により発電量が減る屋根より、積雪の心配がなく雪からの反射光も期待できる壁に設置したほう有利である

事例1 月寒西モデルハウス

設計：西方設計／実施設計・施工：棟晶

CO_2 を減らし続ける LCCM住宅

札幌市の工務店のモデルハウス。住宅はモデルハウスとして短期間使用した後、速やかに売り切ることを前提に計画されたため、魅力的な価格や立地で販売することが求められた。そのため、設備や外構も含む販売価格（建物）2500万円程度を想定、立地も地下鉄も通る緑豊かな住宅エリアである札幌市豊平区月寒地区が選ばれた。

断熱性能は、外皮平均熱貫流率（U_A値）＝0・15W／㎡K、熱損失係数（Q値）＝0・76W／㎡K。現行省エネ基準を大幅にクリアする超高性能住宅だ。省エネ基準の2地域である札幌でこのレベルの性能であれば、11月くらいまでは暖房が必要なく、12～3月くらいであっても晴れの日であれば日中の

基本スペック

部位	断熱仕様	部位面積A（㎡）	熱貫流率U（W／㎡K）	係数H（－）	熱損失A・U・H（W／K）	熱損失係数Q（W／㎡K）	その他スペック
屋根	吹付現場発泡ウレタン 426㎜厚	21.18	0.104	1	2.210	0.022	U_A値0.15W／㎡K Q値0.76W／㎡K C値0.2㎠／㎡ U_A値0.15W／㎡K 暖房負荷54.5kWh／㎡ 冷房負荷4.1kWh／㎡ 日射取得熱353W
天井	ロックウール吹込み25K 600㎜厚	37.68	0.082	1	3.105	0.031	
外壁	押出法ポリスチレンフォーム断熱材3種aD 105+100+100㎜	175.22	0.096	1	16.790	0.168	
床	吹付現場発泡ウレタン 260㎜厚	15.73	0.181	1	2.845	0.028	
基礎（立上り）	押出法ポリスチレンフォーム断熱材3種aD 100+100㎜	42.23	－	1	15.539	0.155	
基礎（底盤下）	押出法ポリスチレンフォーム断熱材3種aD 100㎜						
基礎（外壁）	押出法ポリスチレンフォーム断熱材3種aD 100+100㎜	1.46	0.107	1	0.156	0.002	
開口部	アルゴンガス入りLow-Eクワトロガラス+樹脂サッシ	25.03	－	1	18.792	0.188	
換気	フレクトウッズ社RDKR-KS	138.47	－	1	16.874	0.168	
相当延床面積		100.20	－	－	－	－	
住宅全体		－	－	－	**76.311**	**0.762**	

太陽の日差しによるダイレクトゲインによって、日中は家全体で暖房を必要としないで過ごすこともできる。

屋根は屋根形状に応じて断熱材を替えている。屋根の大半を占める陸屋根部分は、ロックウール25K600㎜厚を吹き込み、搭屋状の勾配屋根は施工上の理由からウレタンフォーム426㎜厚を現場発泡で施工している。壁は押出法ポリスチレンフォーム100㎜厚を柱間に充填し、その外側に付加断熱の下地を組んで同200㎜厚を施工、合計300㎜厚の超高断熱壁となっている。基礎は立上りの内外に防蟻剤入り押出法ポリスチレンフォーム100㎜厚を張り、基礎スラブ下には同100㎜厚を全面に敷き詰めている。

窓はすべてLIXILの樹脂サッシ＋アルゴンガス入りLow-Eクアトロ（4層）ガラスのプロトタイプを採用した。これは棟晶が開発にかかわったモデルで、この住宅で実験的に採用したもの。LIXILで発売されている5層ガラスの製品に比べて断熱性能はやや劣るものの、大幅な軽量化と日射取得率を達成している。なお、やや劣ると述べたが、平均U値＝0.65W／㎡K、国内メーカー品では抜きんでた数値であることに変わりない。

矩計図（S＝1：80）

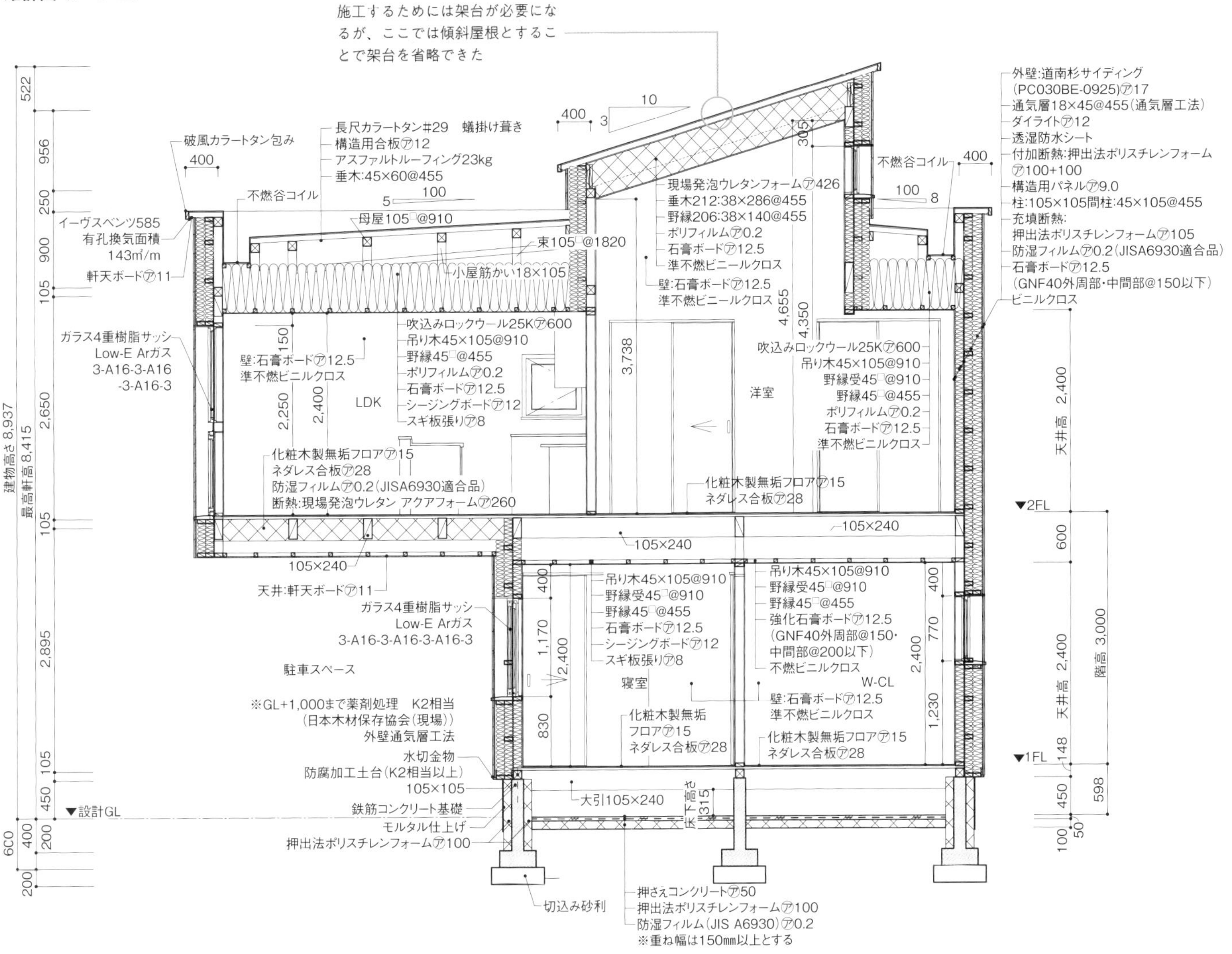

無落雪屋根に太陽光発電パネルを施工するためには架台が必要になるが、ここでは傾斜屋根とすることで架台を省略できた
破風カラートタン包み
長尺カラートタン#29 蟻掛け葺き
構造用合板㋐12
アスファルトルーフィング23kg
垂木:45×60@455
不燃谷コイル
母屋105□@910
束105□@1820
小屋筋かい18×105
イーヴスベンツ585
有孔換気面積
143㎠/m
軒天ボード㋐11
現場発泡ウレタンフォーム㋐426
垂木212:38×286@455
野縁206:38×140@455
ポリフィルム㋐0.2
石膏ボード㋐12.5
準不燃ビニールクロス
壁:石膏ボード㋐12.5
準不燃ビニールクロス
外壁:道南杉サイディング
(PC030BE-0925)㋐17
通気層18×45@455(通気層工法)
ダイライト㋐12
透湿防水シート
付加断熱:押出法ポリスチレンフォーム
㋐100+100
構造用パネル㋐9.0
柱:105×105間柱:45×105@455
充填断熱:
押出法ポリスチレンフォーム㋐105
防湿フィルム㋐0.2(JISA6930適合品)
石膏ボード㋐12.5
(GNF40外周部・中間部@150以下)
ビニルクロス
ガラス4重樹脂サッシ
Low-E Arガス
3-A16-3-A16
-3-A16-3
吹込みロックウール25K㋐600
吊り木45×105@910
野縁45□@455
ポリフィルム㋐0.2
石膏ボード㋐12.5
シージングボード㋐12
スギ板張り㋐8
壁:石膏ボード㋐12.5
準不燃ビニルクロス
LDK
洋室
吹込みロックウール25K㋐600
吊り木45×105@910
野縁受45□@910
野縁45□@455
ポリフィルム㋐0.2
石膏ボード㋐12.5
準不燃ビニルクロス
化粧木製無垢フロア㋐15
ネダレス合板㋐28
防湿フィルム㋐0.2(JISA6930適合品)
断熱:現場発泡ウレタン アクアフォーム㋐260
化粧木製無垢フロア㋐15
ネダレス合板㋐28
105×240
105×240
105×240
▼2FL
天井:軒天ボード㋐11
ガラス4重樹脂サッシ
Low-E Arガス
3-A16-3-A16-3-A16-3
駐車スペース
吊り木45×105@910
野縁受45□@910
野縁45□@455
石膏ボード㋐12.5
シージングボード㋐12
スギ板張り㋐8
寝室
化粧木製無垢
フロア㋐15
ネダレス合板㋐28
吊り木45×105@910
野縁受45□@910
野縁45□@455
強化石膏ボード㋐12.5
(GNF40外周部@150・
中間部@200以下)
不燃ビニルクロス
W-CL
壁:石膏ボード㋐12.5
準不燃ビニルクロス
化粧木製無垢フロア㋐15
ネダレス合板㋐28
※GL+1,000まで薬剤処理 K2相当
(日本木材保存協会(現場))
外壁通気層工法
水切金物
防腐加工土台(K2相当以上)
105×105
鉄筋コンクリート基礎
モルタル仕上げ
押出法ポリスチレンフォーム㋐100
大引105×240
床下高さ315
▼1FL
▼設計GL
切込み砂利
押さえコンクリート㋐50
押出法ポリスチレンフォーム㋐100
防湿フィルム(JIS A6930)㋐0.2
※重ね幅は150㎜以上とする
建物高さ8,937
最高軒高8,415
天井高 2,400
階高 3,000

配置図・平面図（S＝1：200）

1階

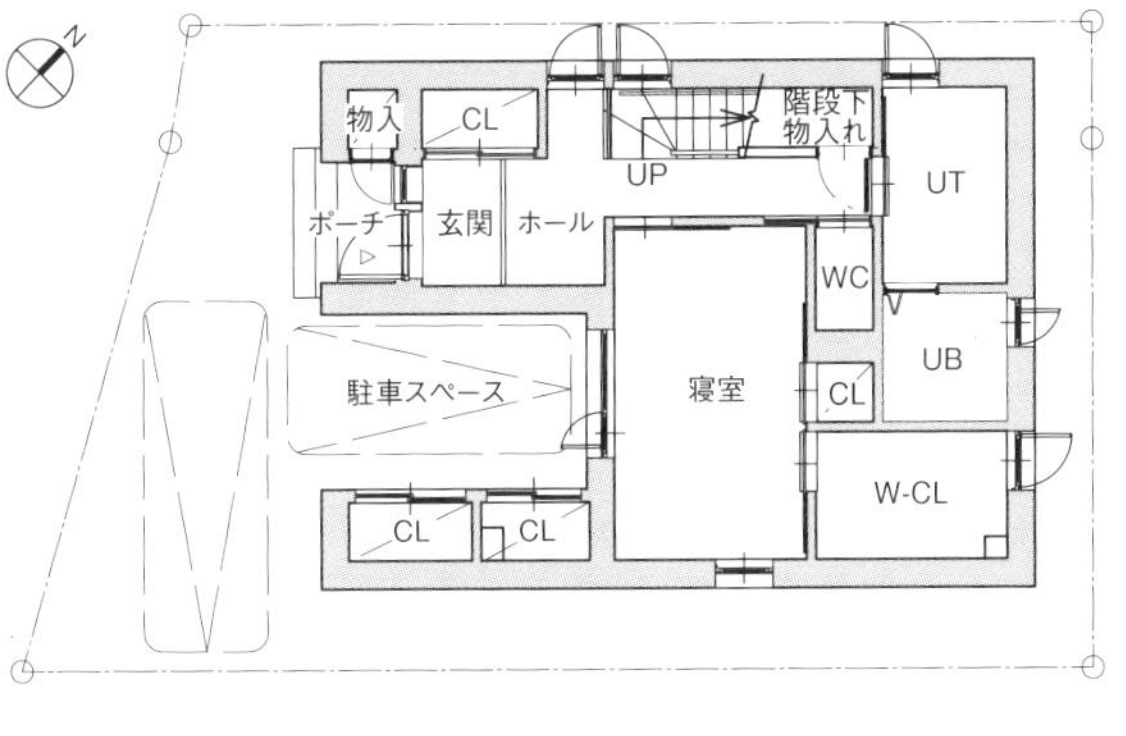

物入
CL
階段下物入れ
UP
UT
ポーチ
玄関
ホール
WC
UB
駐車スペース
寝室
CL
W-CL
CL
CL

2階

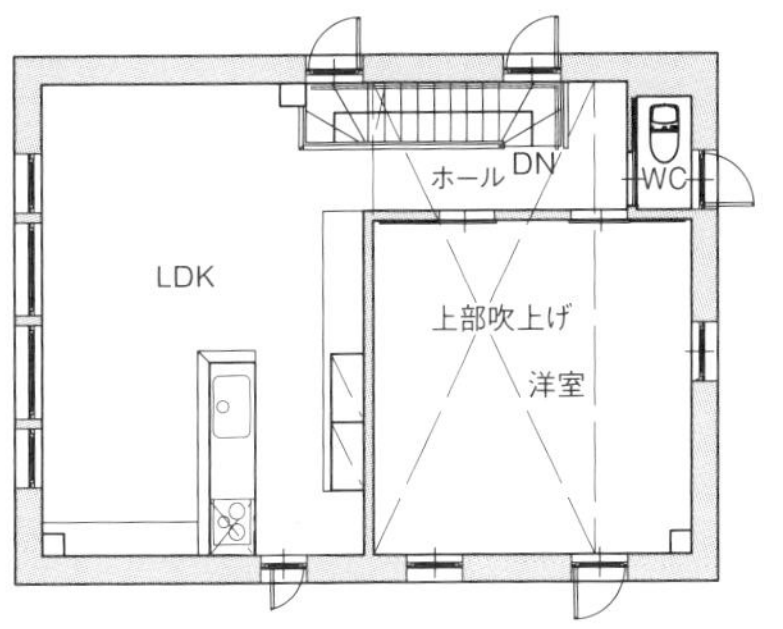

ホール
DN
WC
LDK
上部吹上げ
洋室

DATA

構造：木造2階建て
敷地面積：114.30㎡
1階床面積：56.31㎡
2階床面積：57.97㎡
延床面積：114.28㎡

リビング窓断面図（S＝1：20）

縦断面

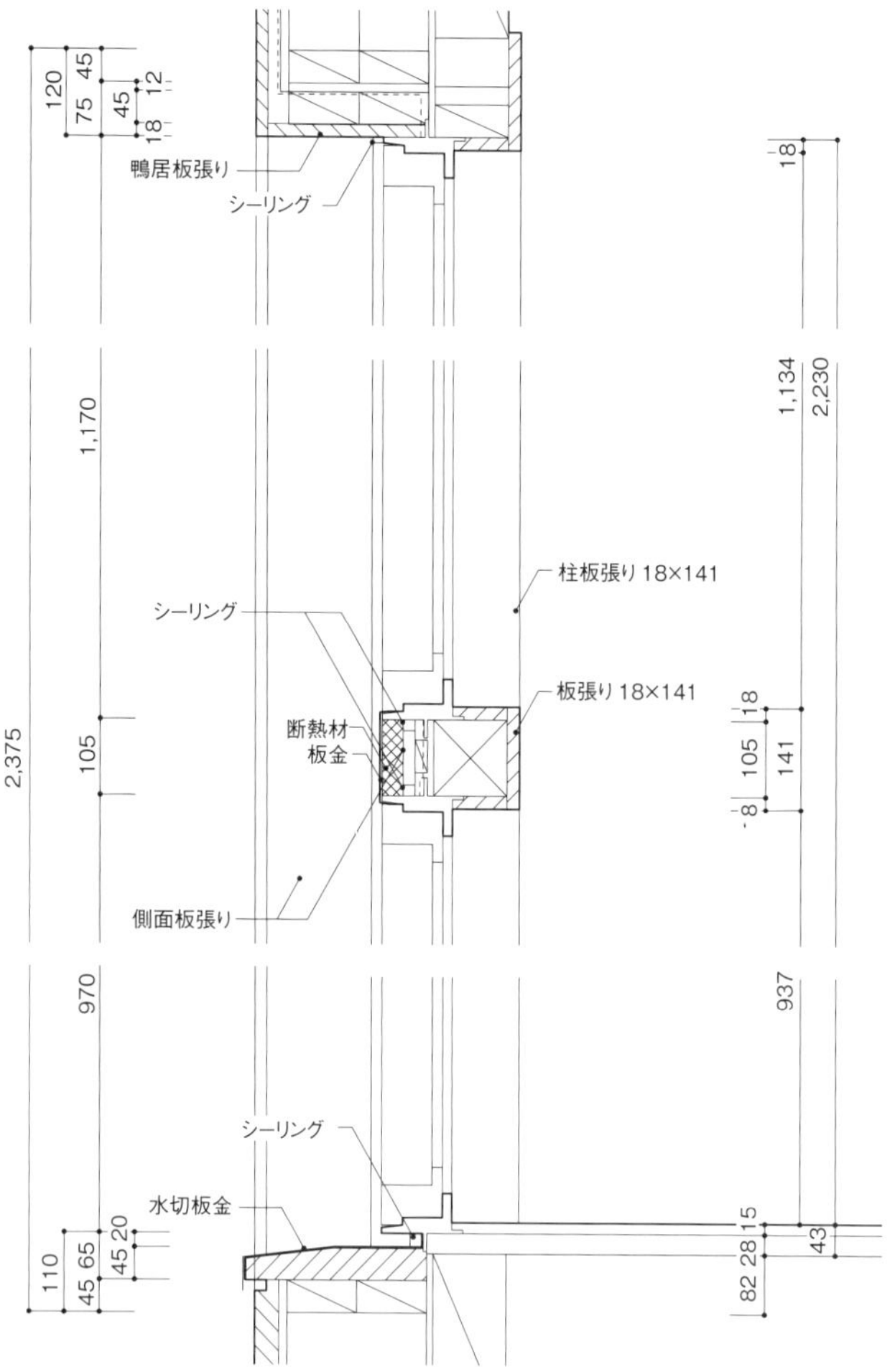
鴨居板張り
シーリング
柱板張り 18×141
シーリング
板張り 18×141
断熱材
板金
側面板張り
シーリング
水切板金
120
75
45
12
45
18
1,170
2,375
105
970
110
45
65
45
20
18
1,134
2,230
18
105
141
8
937
15
82
28
43

平断面

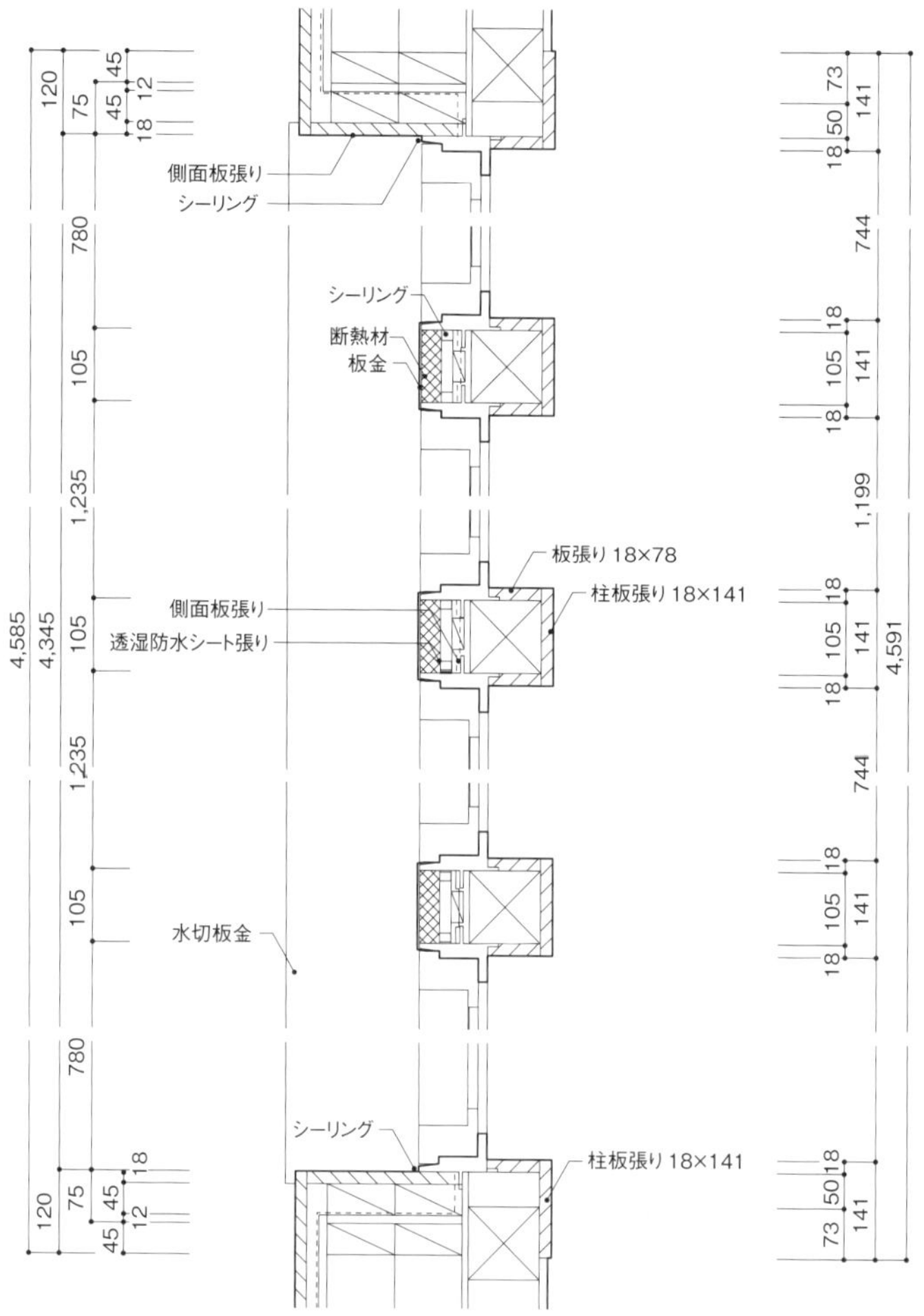
側面板張り
シーリング
シーリング
断熱材
板金
板張り 18×78
柱板張り 18×141
側面板張り
透湿防水シート張り
水切板金
シーリング
柱板張り 18×141
4,585
4,345
120
75
45
12
18
780
105
1,235
105
1,235
105
780
73
50
18
141
744
18
105
141
1,199
4,591

また、玄関にも棟晶が開発にかかわったLIXILのプロトタイプの断熱ドアを採用。玄関ドア周囲のパッキンに断熱・気密対策の工夫が加えられており、熱貫流率もUf値0.6〜0・65（Ug値0.45〜0.5）と極めて高い。

冷暖房は、1階の天井裏に設置したアメニティエアコン1台で家全体をまかなう。アメニティエアコンはダクトと組み合わせて各部屋を冷暖房する空調設備で、通常のエアコンの全室冷暖房に比べ、家全体をムラなく冷やしたり温めたりすることができる。特に閉鎖的な間取りや、大きな吹抜けが取れない間取りなどでは効果的だ。

また、ダクト配管を利用して、浴室の水蒸気をダクトに送り込めるようにしている。超高断熱住宅では冬期に室内の湿度が下がり、過乾燥になることが多いため、冬期に限り、浴室の水蒸気を各部屋に拡散させて、室内の過乾燥を抑えている。なお、フレクト社の熱交換換気システムを採用したのも、同社の換気ダクトがアルミ製で水蒸気の通過に耐えられると考えた。

この住宅では太陽光発電パネルが8.7kW施工されている。この太陽光発電パネルで大半の電気設備のエネルギーをまかなえる。将来的に大容量の蓄電池を導入できたら、電力会社から電気を買わずに自給自足できる「オフグリッド」が可能なように計画されている。ちなみに、壁にも発電パネルを設置していますが、これは屋根に雪が積もった状態でも発電できるように配慮したものだ。

超高断熱の性能をもちながら、自然素材を多用し、さらに太陽光発電などでエネルギーの自給自足も可能にしたLCCM住宅（Life Cycle Carbon Minus：太陽光発電などの再生可能エネルギーの創出により、ライフサイクル全体でのCO_2収支をマイナスにする住宅）。

外壁の断熱材の原寸の模型：熱伝導率0.022W／m·K押出法ポリスチレンフォーム「ミラフォーム®Λ（ラムダ）」が3枚の合計厚さ300㎜、高性能グラスウール厚600㎜に相当する

2階の居間：窓はLIXILのUw値0.65W／㎡Kの樹脂4枚ガラス。建築はU_A値0.14W／㎡K、Q値0.78W／㎡Kである

光熱費シミュレーション結果

あなたの家の年間ランニングコスト　17,721 円

物件名	月寒西モデルハウス ME
有効床面積	88.71

▌概算光熱費 支払料金(税込)

平均月額	¥16,625
年額	¥199,496

◆太陽光売電の収入　※売電単価30円/KWh

平均月額	¥15,148
年額	¥181,774

▌用途別 (月平均)

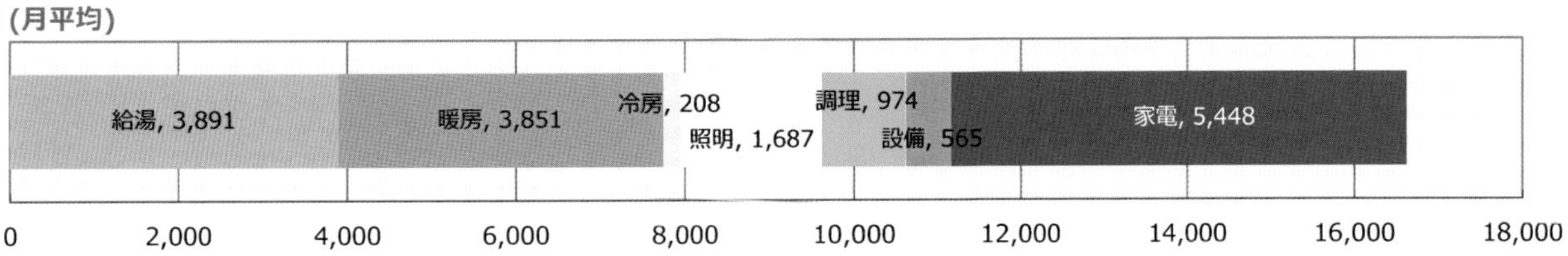

給湯, 3,891
暖房, 3,851
冷房, 208
照明, 1,687
調理, 974
設備, 565
家電, 5,448
0
2,000
4,000
6,000
8,000
10,000
12,000
14,000
16,000
18,000

▌燃料別 (年間)

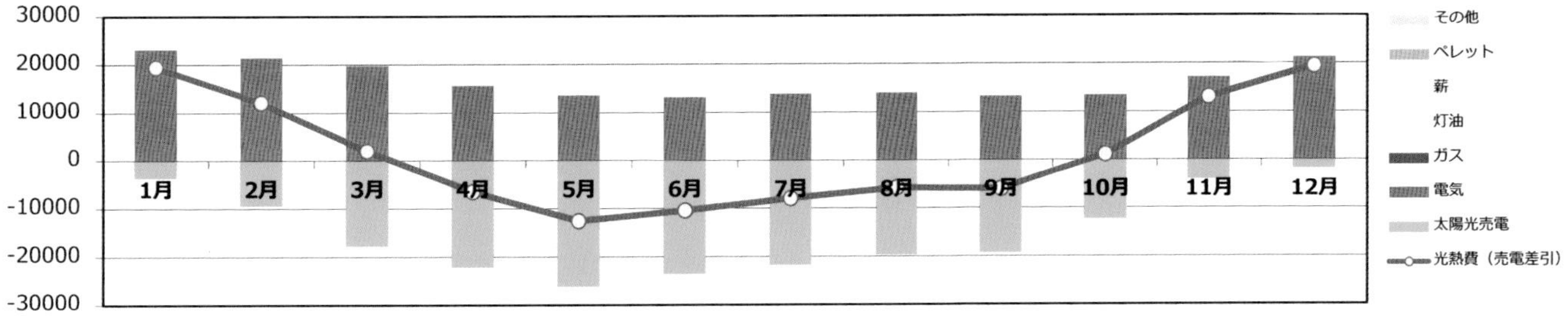

30000
20000
10000
0
-10000
-20000
-30000
1月
2月
3月
4月
5月
6月
7月
8月
9月
10月
11月
12月
その他
ペレット
薪
灯油
ガス
電気
太陽光売電
光熱費（売電差引）

	年間使用量	年間料金
電気(kWh)	7378.7	¥199,496
ガス(m^3)	0.0	¥0
灯油(Liter)	0.0	¥0
薪(Kg)	0.0	¥0
ペレット(Kg)	0.0	¥0

太陽光発電量[kWh/年]	6975
売電率(自動計算)	86.9%
ｺｰｼﾞｪﾈ自家発電[kWh]	0

【計算条件】

「建もの燃費ナビ」の計算条件と計算結果に基づき、全館に対して必要な空調（室温 及び 湿度制御<絶対湿度13g/Kg以下>）が24h365日、行われる想定での光熱費です。生活の仕方により、実際の光熱費と大きく異なる

光熱費計算：月寒西モデルハウス　新築工事　170307_北海道【光熱費】ドリ

ダクトが給気･排気ともにある熱交換換気+冷暖房システム

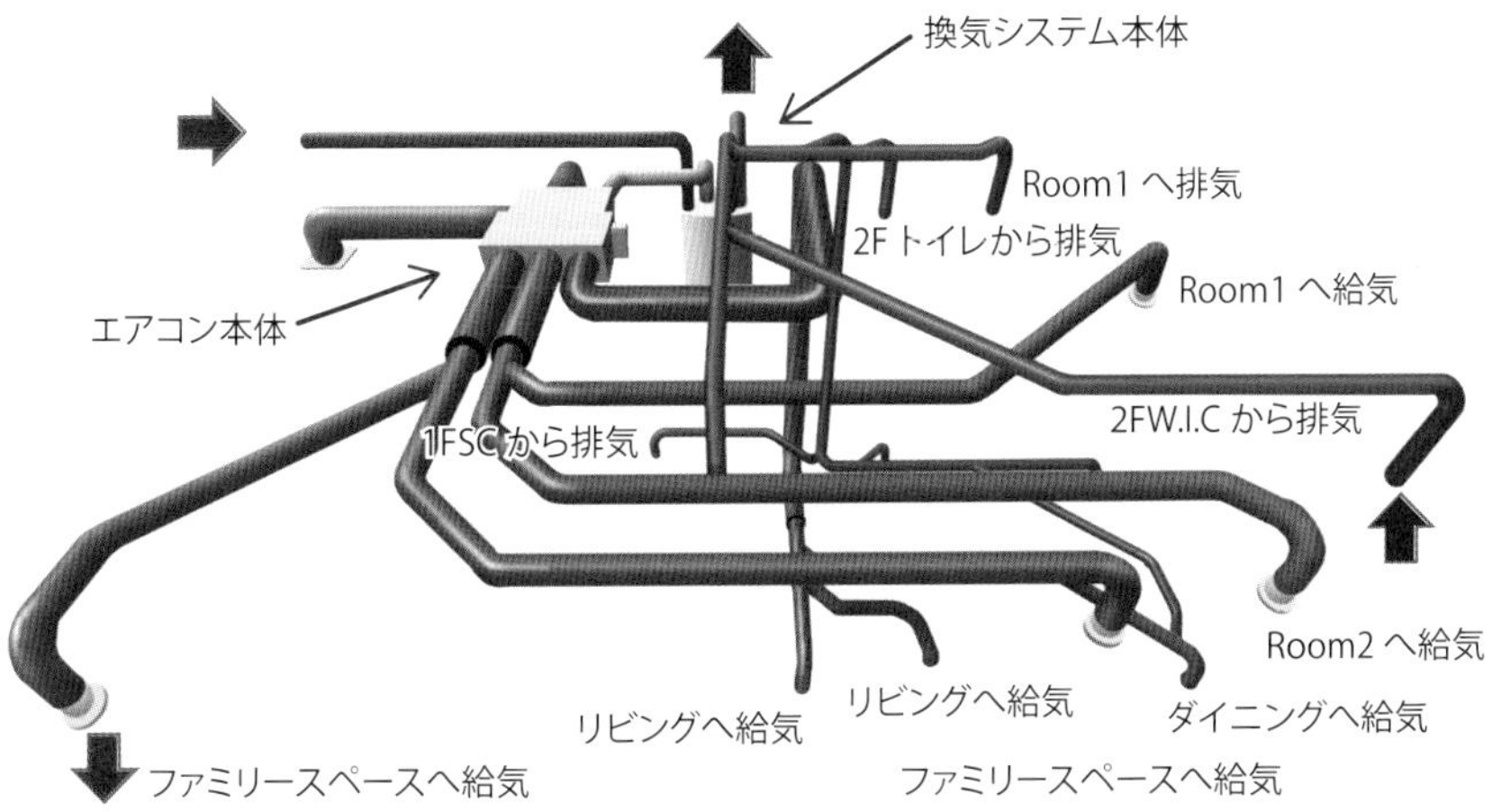

換気システム本体
Room1 へ排気
2F トイレから排気
Room1 へ給気
エアコン本体
2FW.I.C から排気
1FSC から排気
Room2 へ給気
リビングへ給気
リビングへ給気
ダイニングへ給気
ファミリースペースへ給気
ファミリースペースへ給気

各室の給気･排気のダクトがフルに配管されている熱交換換気＋冷暖房システム。ダクト内の汚染がない、メンテナンスができれば優れた方式だ。ダクトの直径が150㎜と太く金属のスパイラル管などでダクト内の汚染の危険度が少ないです。壁掛けで前面のパネルのビスを抜くことで取り除かれ、フィルターの掃除や交換やメンテナンスがしやすい

出典：ガデリウス

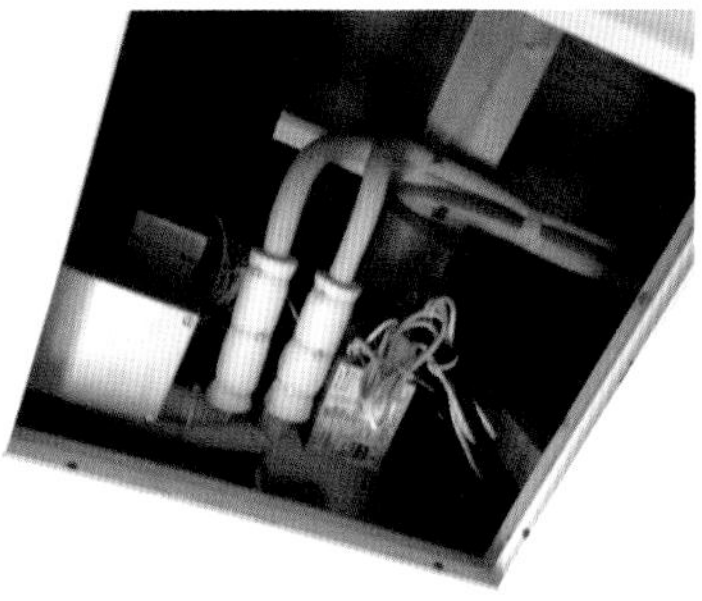

ダイキンのダクトエアコン。下の写真の全熱熱交換換気システムと連結している。各所にダクトで暖房冷房＋換気が行われる

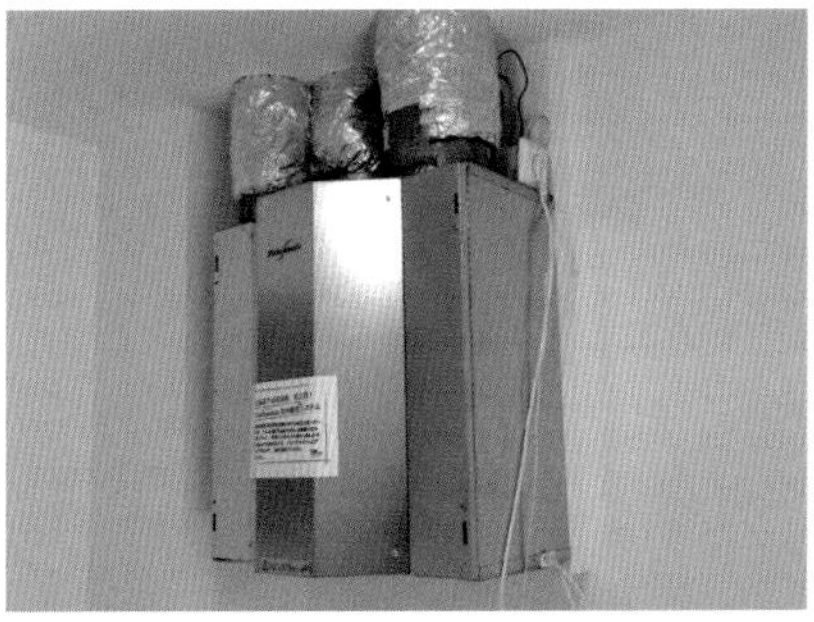

ガデリウス・フレクトウッズの全熱熱交換換気システムのRDKRを使用。熱交換素子が特殊樹脂コーティングされたアルミ製なので湿気や匂いに強く、浴室やトイレの換気もシステムに組み込める

大きなカーテンウォールのガラスとフレームは熱損失が少なく、冷輻射やコールドドラフトを感じない。ガラスの日射取得率は高く、12月と1月の日射が極小期でも日射取得で暖房負荷の低減に役立っている。屋根一体型のタニタハウジングウェアの太陽光発電は母家も含めるとLCAがマイナスになる

事例1 Q1.0住宅モデル能代

西方設計／施工：池田建築店

シンプル設備の大きな窓をもつ家

２０１６年着工、同年末に完成したモデル住宅。秋田県能代市の市街地の、比較的ゆったりとした区画に戸建住宅が立ち並ぶ場所にあり、角地で北と東に道路、南に隣家、西に筆者の自宅があったため、南側に庭を取り、そこに大きな窓を開けて日射を確保するような間取りとした。

断熱性能に関しては、外皮平均熱貫流率（U_A値）＝０.28Ｗ／㎡K、熱損失係数（Ｑ値）＝０.98Ｗ／㎡Kの超高断熱仕様となっている。当初はこれ以上の断熱性能も考えたが、厳冬期の平均気温がマイナス0.5℃程度で冬の日射量が少ない秋田県では、これ以上断熱性能を上げても費用対効果のメリットが少ないため、この断熱性能とした。冬の平均気温がより低い地域、も

基本スペック

部位	断熱仕様	部位面積A（㎡）	熱貫流率U（W／㎡K）	係数H（−）	熱損失A·U·H（W／K）	熱損失係数Q（W／㎡K）	その他スペック
屋根	高性能グラスウール24K 120＋286㎜厚	67.56	0.098	1	6.614	0.050	U_A値0.28W／㎡K
外壁	高性能グラスウール24K 120＋235㎜厚	153.67	0.130	1	19.908	0.150	Q値0.98W／㎡K、
基礎（立上り）	ビーズ法PSF1号（旧JIS:特号）60＋60㎜厚	66.25	−	1	22.321	0.168	C値0.2㎠／㎡
基礎（土間下）	ビーズ法PSF1号（旧JIS:特号）60㎜						暖房負荷18.2kWh／㎡、
開口部	超高性能アルミサッシ地窓＋SPG3 窓枠 Uf値=0.85W／㎡K 窓ガラス Ug値=0.75W／㎡K G値=0.69	47.38	−	1	44.483	0.336	暖房消費一次エネルギー 18.2kWh／㎡（=COP2.7） 冷房負荷3.8kWh／㎡ 冷房消費一次エネルギー 2.6kWh/㎡（COP=4）
換気	パッシブ換気	93.624	0.350	1	32.768	0.247	日射取得熱1,070W
相当延床面積		132.5	−	−	-	-	自然温度差10.71℃
住宅全体		−	−	−	**126.095**	**0.952**	

平面図（S＝1：200）

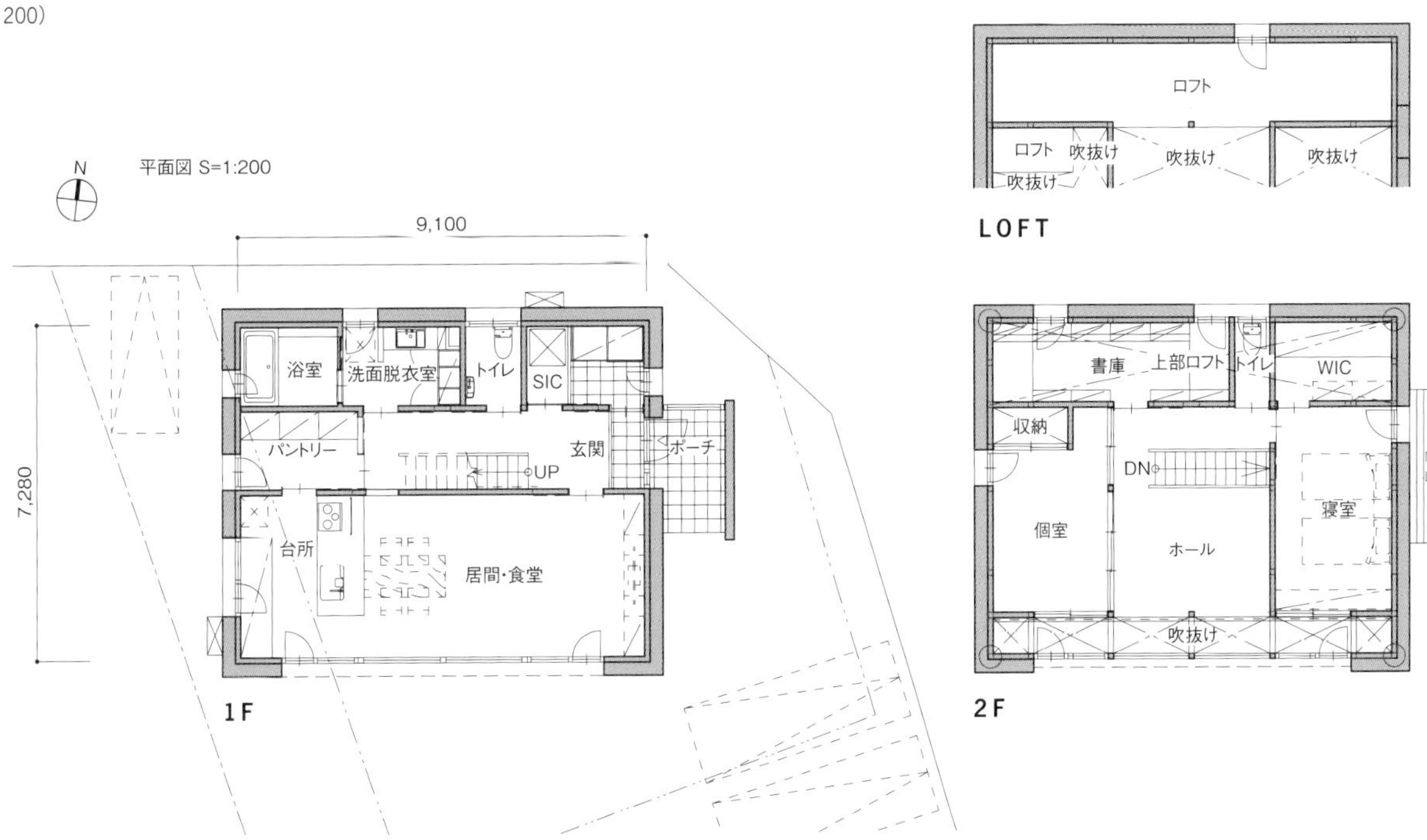

N
平面図 S=1:200
9,100
7,280
浴室
洗面脱衣室
トイレ
SIC
パントリー
UP
玄関
ポーチ
台所
居間・食堂
1F
ロフト
ロフト
吹抜け
吹抜け
吹抜け
吹抜け
LOFT
書庫
上部ロフト
トイレ
WIC
収納
DN
個室
ホール
寝室
吹抜け
2F

矩計図（S＝1：60）

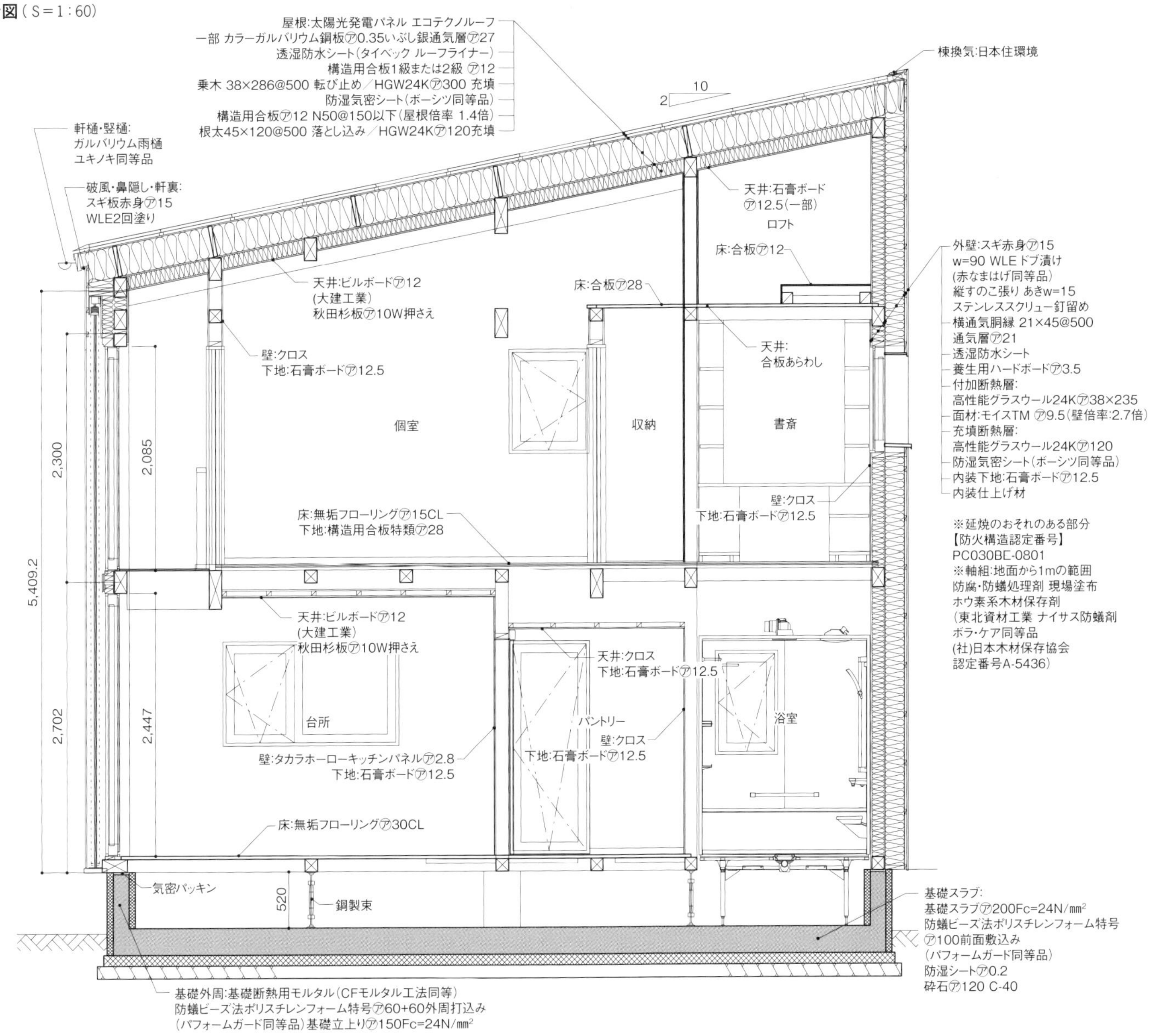

屋根:太陽光発電パネル エコテクノルーフ
一部 カラーガルバリウム鋼板㋐0.35いぶし銀通気層㋐27
透湿防水シート(タイベック ルーフライナー)
構造用合板1級または2級 ㋐12
垂木 38×286@500 転び止め／HGW24K㋐300 充填
防湿気密シート(ポーシツ同等品)
構造用合板㋐12 N50@150以下(屋根倍率 1.4倍)
根太45×120@500 落とし込み／HGW24K㋐120充填
棟換気:日本住環境
10
2
軒樋・竪樋:
ガルバリウム雨樋
ユキノキ同等品
破風・鼻隠し・軒裏:
スギ板赤身㋐15
WLE2回塗り
天井:石膏ボード
㋐12.5(一部)
ロフト
床:合板㋐12
床:合板㋐28
天井:ビルボード㋐12
(大建工業)
秋田杉板㋐10W押さえ
天井:
合板あらわし
壁:クロス
下地:石膏ボード㋐12.5
個室
収納
書斎
外壁:スギ赤身㋐15
w=90 WLEドブ漬け
(赤なまはげ同等品)
縦すのこ張り あきw=15
ステンレススクリュー釘留め
横通気胴縁 21×45@500
通気層㋐21
透湿防水シート
養生用ハードボード㋐3.5
付加断熱層:
高性能グラスウール24K㋐38×235
面材:モイスTM ㋐9.5(壁倍率:2.7倍)
充填断熱層:
高性能グラスウール24K㋐120
防湿気密シート(ポーシツ同等品)
内装下地:石膏ボード㋐12.5
内装仕上げ材
2,300
2,085
5,409.2
壁:クロス
下地:石膏ボード㋐12.5
床:無垢フローリング㋐15CL
下地:構造用合板特類㋐28
※延焼のおそれのある部分
【防火構造認定番号】
PC030BE-0801
※軸組:地面から1mの範囲
防腐・防蟻処理剤 現場塗布
ホウ素系木材保存剤
(東北資材工業 ナイサス防蟻剤
ボラ・ケア同等品
(社)日本木材保存協会
認定番号A-5436)
天井:ビルボード㋐12
(大建工業)
秋田杉板㋐10W押さえ
天井:クロス
下地:石膏ボード㋐12.5
台所
パントリー
浴室
2,702
2,447
壁:クロス
壁:タカラホーローキッチンパネル㋐2.8
下地:石膏ボード㋐12.5
下地:石膏ボード㋐12.5
床:無垢フローリング㋐30CL
気密パッキン
520
鋼製束
基礎スラブ:
基礎スラブ㋐200Fc=24N/mm²
防蟻ビーズ法ポリスチレンフォーム特号
㋐100前面敷込み
(パフォームガード同等品)
防湿シート㋐0.2
砕石㋐120 C-40
基礎外周:基礎断熱用モルタル(CFモルタル工法同等)
防蟻ビーズ法ポリスチレンフォーム特号㋐60+60外周打込み
(パフォームガード同等品)基礎立上り㋐150Fc=24N/mm²

冬、晩秋、早春には外付ブラインドを収納ボックスに収納し、大窓で日射取得を大きくし暖房負荷を減らす。オーバーヒートする場合は外付けブラインドのスラットの向きで日射取得調整をする

外付けブラインドのスラットを水平にすると、冬は日射取得するが、夏には直達日射を遮蔽する。また、室内から外が見えるが外からは室内は見えない。南側に道路がある場合はプライバシー確保が有効である

外付けブラインドのスラットを内側に倒すとライトシェルフになる。冬の曇天でも室内にスラットの反射光を取り込み明るい。夏はスラットを外側に傾斜することで、直達日射日射ばかりでなく天空日射も日射遮蔽できる。ガラスの室内側表面温度は2℃から3℃違い猛暑日には有効である

床下エアコン暖房期。対面の白い部分がエアコンの吹出し口で温度が31℃以上ある。床下の室温は25℃前後だが、赤い梁下で29.8℃、床板の下面で27℃前後ある。青い部分は低温に思えるが24℃以上あり結露のおそれはない

手前にガラリ戸がついた床下エアコンの収納家具にエアコンが収まっている。エアコンの上端と床板上端を揃えるのは、エアコンの吹出しの制御板を水平に保ち温風を抵抗なく遠くまで流すためである

床下エアコンの設置。前面のスギ床板は3枚あり一枚一枚取り外しができ、簡単にエアコンの洗浄やメンテナンスができる

しくは冬の日射量が望める地域では、断熱性能をさらに高めるメリットがある。

外壁は「秋田赤ナマハゲ杉板」。木材保護塗料「ウッドロングエコ」にどぶ漬けした同材をファサード・ラタンで張っている。ファサード・ラタンは、外壁をすのこ状に目透かしで張ることで外壁気や壁内の熱の排出を促す工法だが、下地の外壁防水層が露出するため、「ウートップ　サーモファサード」のような耐紫外線に優れた透湿防水シートが必須となる。

南面の大開口のFIX窓部分には、シンガポールのセーフティーガラス社の「スーパーパッシブガラス3」（SPG3）を押し縁納めとし、開閉できる1・2階部分の両端には、同ガラス+ライコのアルミ中層断熱サッシを使用した。スーパーパッシブガラス3はアルゴンガス入りLow-Eトリプルガラスで、熱貫流率（Ug値）は0.75W／㎡K、日射取得率（g値）は0.69。特筆すべきはその日射取得性能で、Low-Eトリプルガラスでこのg値はかなり高いといえる。またライコは、ドイツのアルミサッシを製造するメーカーで、アルミサッシの耐久性への評価が高まるヨーロッパで注目されており、今回試験的に使用した。

南面開口部断面詳細図(S=1:10)

FIX部縦断面

地窓部縦断面

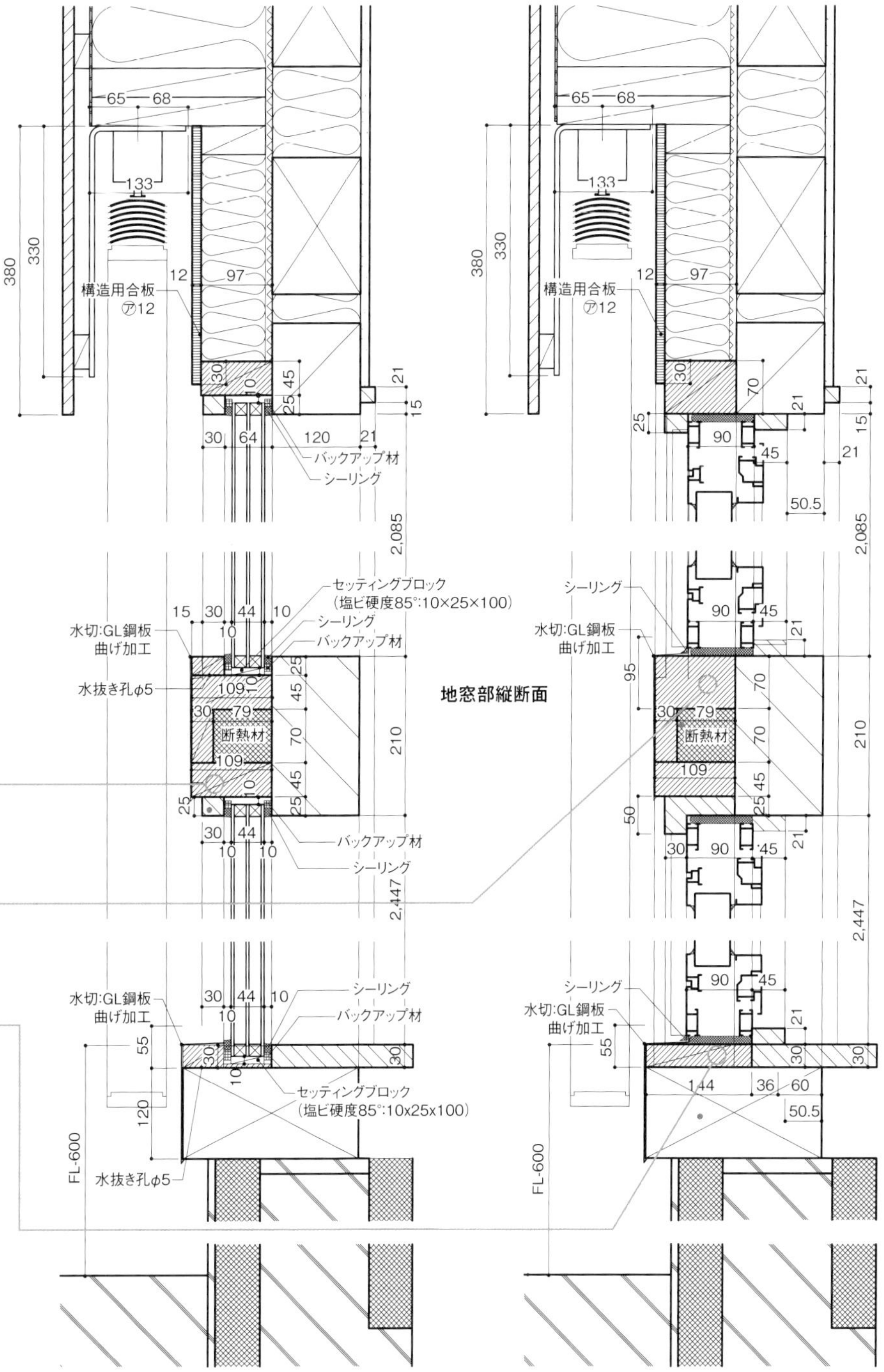
構造用合板
㋐12
水切:GL鋼板
曲げ加工
水抜き孔φ5
断熱材
バックアップ材
シーリング
セッティングブロック
(塩ビ硬度85°:10×25×100)
FL-600
2,085
2,447
380
330
133
65
68
12
97

FIXのトリプルガラスは押縁納めとしている

2つの窓の中央の幕板(窓台)部分は、断熱材を充填して断熱補強している

重量のあるトリプルガラスを受けるので、幅のある土台を使用

FIX・地窓部横断面(S=1:10)

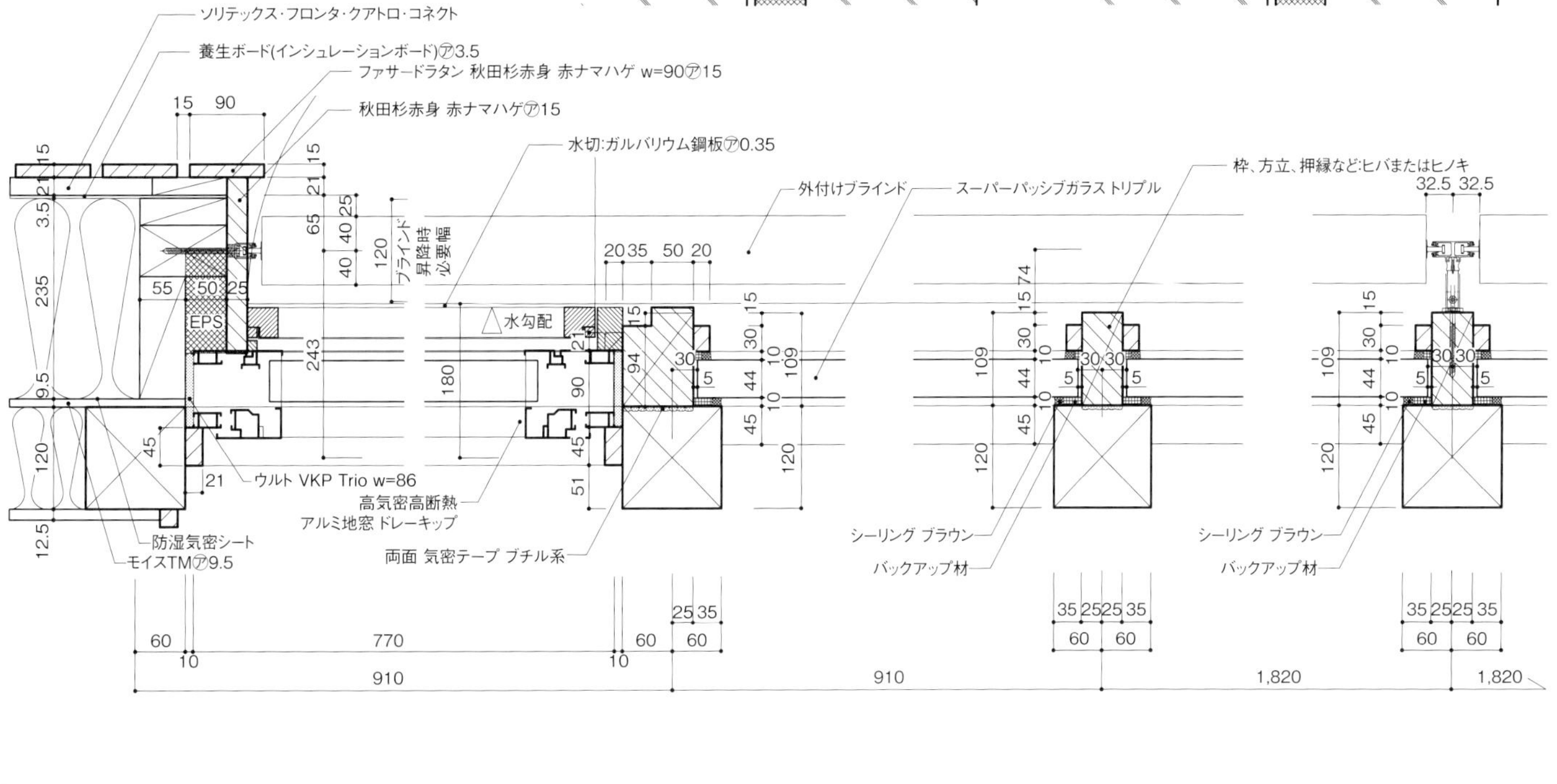
ソリテックス・フロンタ・クアトロ・コネクト
養生ボード(インシュレーションボード)㋐3.5
ファサードラタン 秋田杉赤身 赤ナマハゲ w=90㋐15
秋田杉赤身 赤ナマハゲ㋐15
水切:ガルバリウム鋼板㋐0.35
外付けブラインド
スーパーパッシブガラス トリプル
枠、方立、押縁など:ヒバまたはヒノキ
昇降時必要幅
EPS
水勾配
ウルト VKP Trio w=86
高気密高断熱
アルミ地窓 ドレーキップ
両面 気密テープ ブチル系
防湿気密シート
モイスTM㋐9.5
シーリング ブラウン
バックアップ材
910
910
1,820
1,820
770

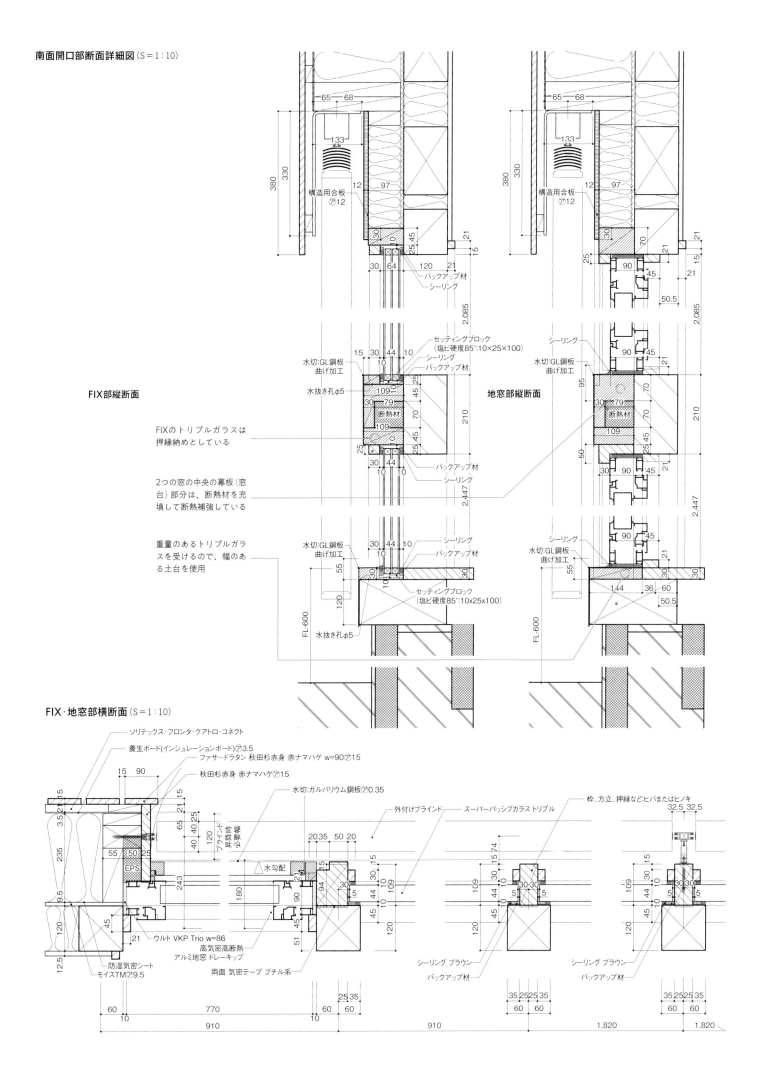

玄関戸・ポスト断面詳細図
（S＝1:10・1:40）

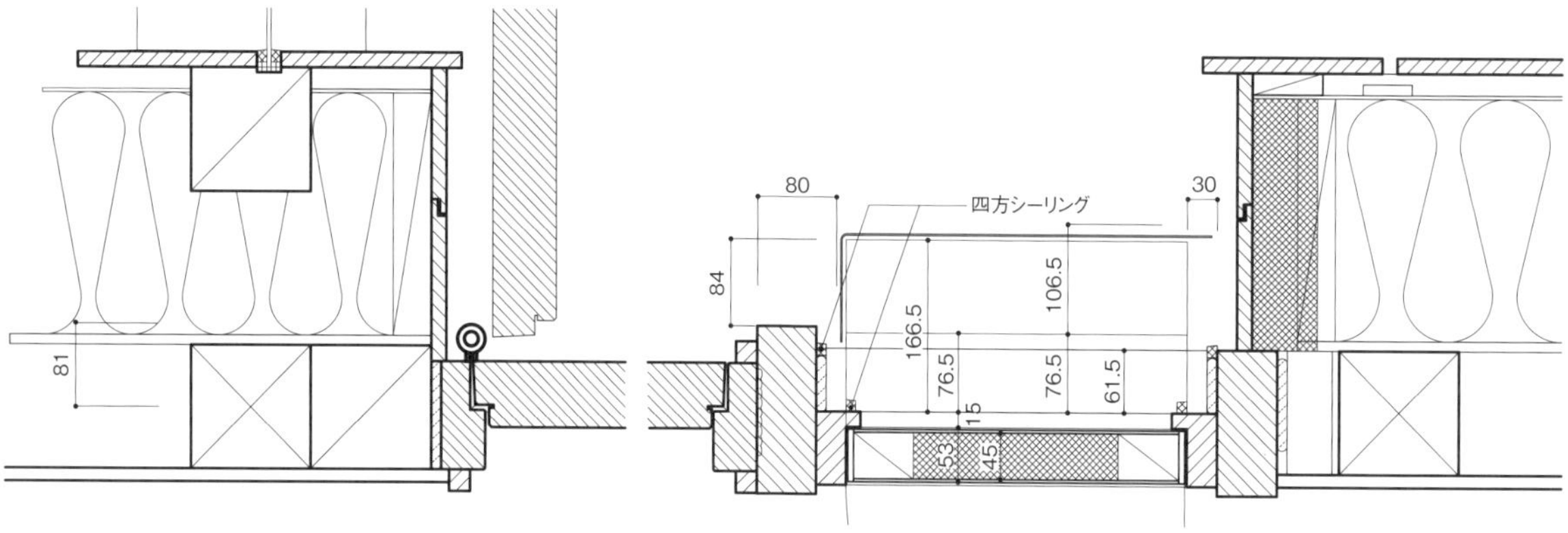
80
30
四方シーリング
84
166.5
106.5
76.5
76.5
61.5
15
53
45
81

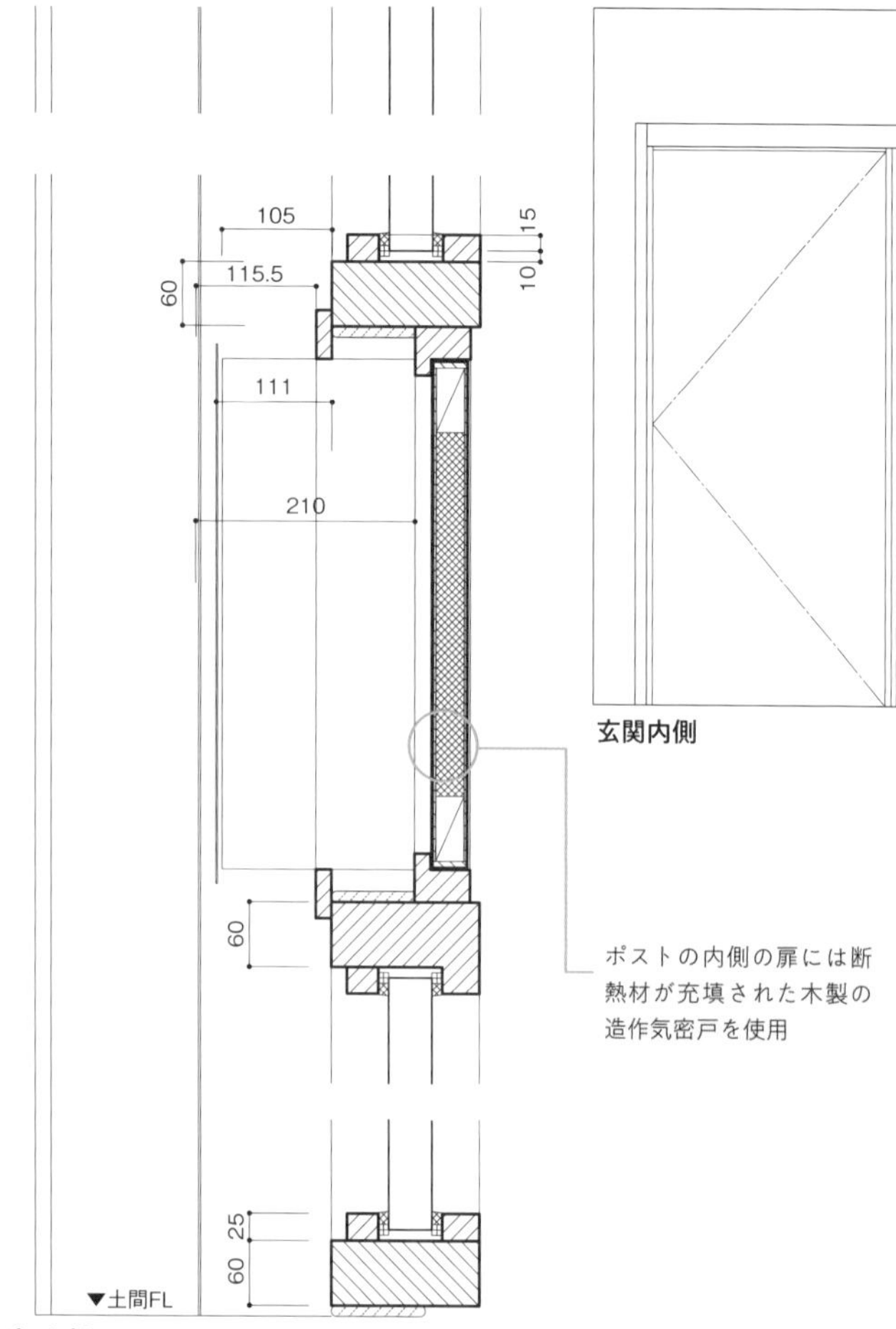
105
15
115.5
10
60
111
210
60
25
60
▼土間FL
ポストの内側の扉には断
熱材が充填された木製の
造作気密戸を使用

ポスト部

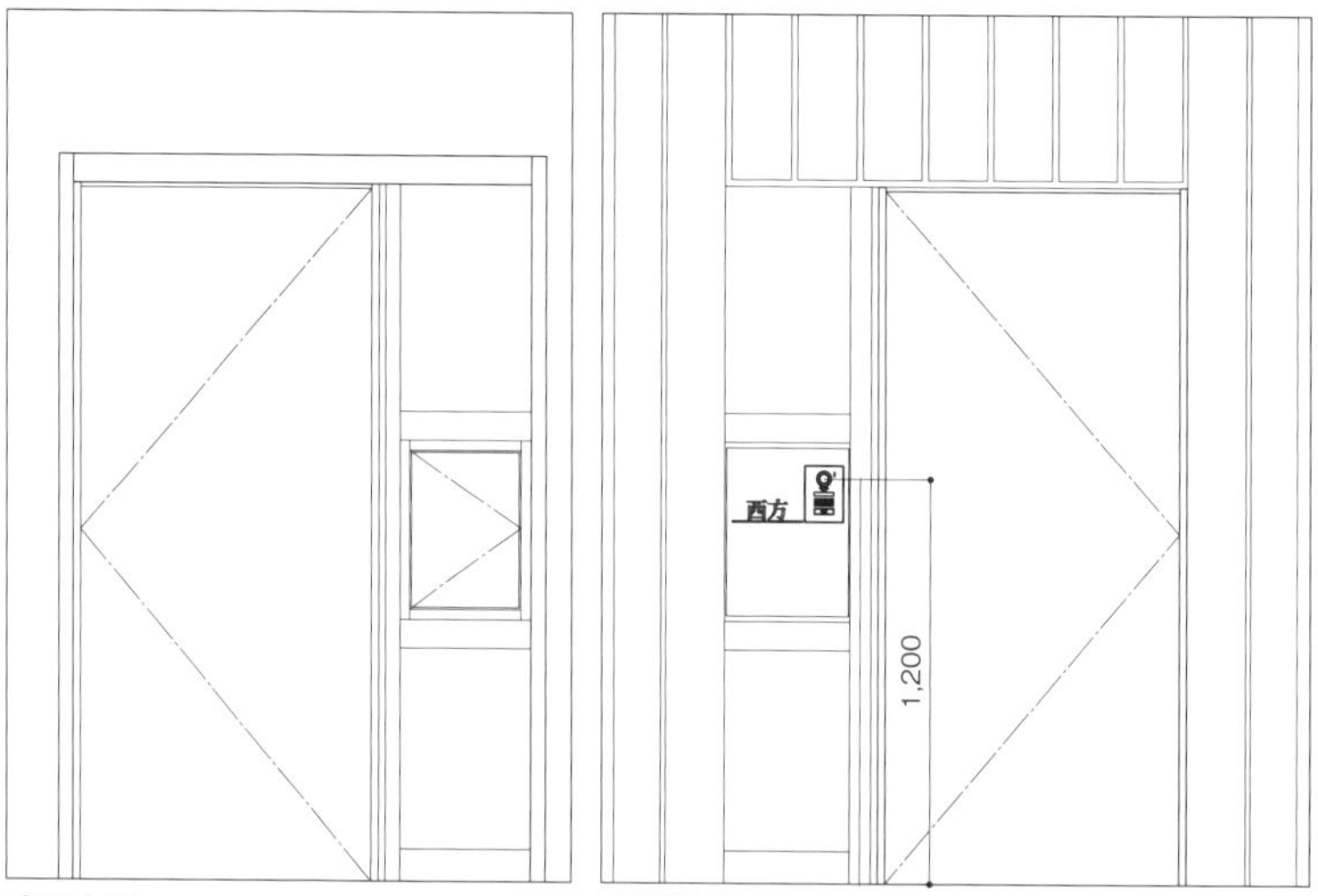
西方
1.200

玄関内側　　玄関外側

図面の玄関を室内側から見る。ガデリウス社の木製断熱ドア（熱貫流率U値＝0.9W／㎡K）を使用

また、この窓には日射遮蔽対策として全面に、外付けブラインド「ヴァレーマ」を設置している。夏や日射の多い日などはオーバーヒートしないように、日射量をこの外付けブラインドでコントロールしている。

屋根には太陽光発電パネルとして「エコテクノルーフ」を設置した。これは屋根材一体型の太陽光発電パネルで、パネル自体が屋根材を兼ねるものだが、さらに防火地域などで使用できる飛び火認定を取得しており、特別な下地などの必要はない。また、通常の屋根材と同じように扱えるため、屋根材やルーフィング材を支持部材などが貫通する心配もなく、漏水の心配も極めて少ない。

今回は、10kWほどの容量の太陽光発電パネルを設置したが、予想では81977MJ程度の発電量が考えられ、予想される年間消費エネルギー量67143MJを差し引くと収支がゼロ以上となり、実際にも「ゼロエネルギー」が達成できると考えている。最初の冬からエネルギー収支は現状プラスで推移しており、余剰エネルギーは売電している。

暖房は1階の床下に設置されたエアコン1台（8〜10畳用）で家全体をまかなっている。この家では、設備もできるだけシンプルにということで、換気設備もパッシ

太陽光発電の売電･消費料金

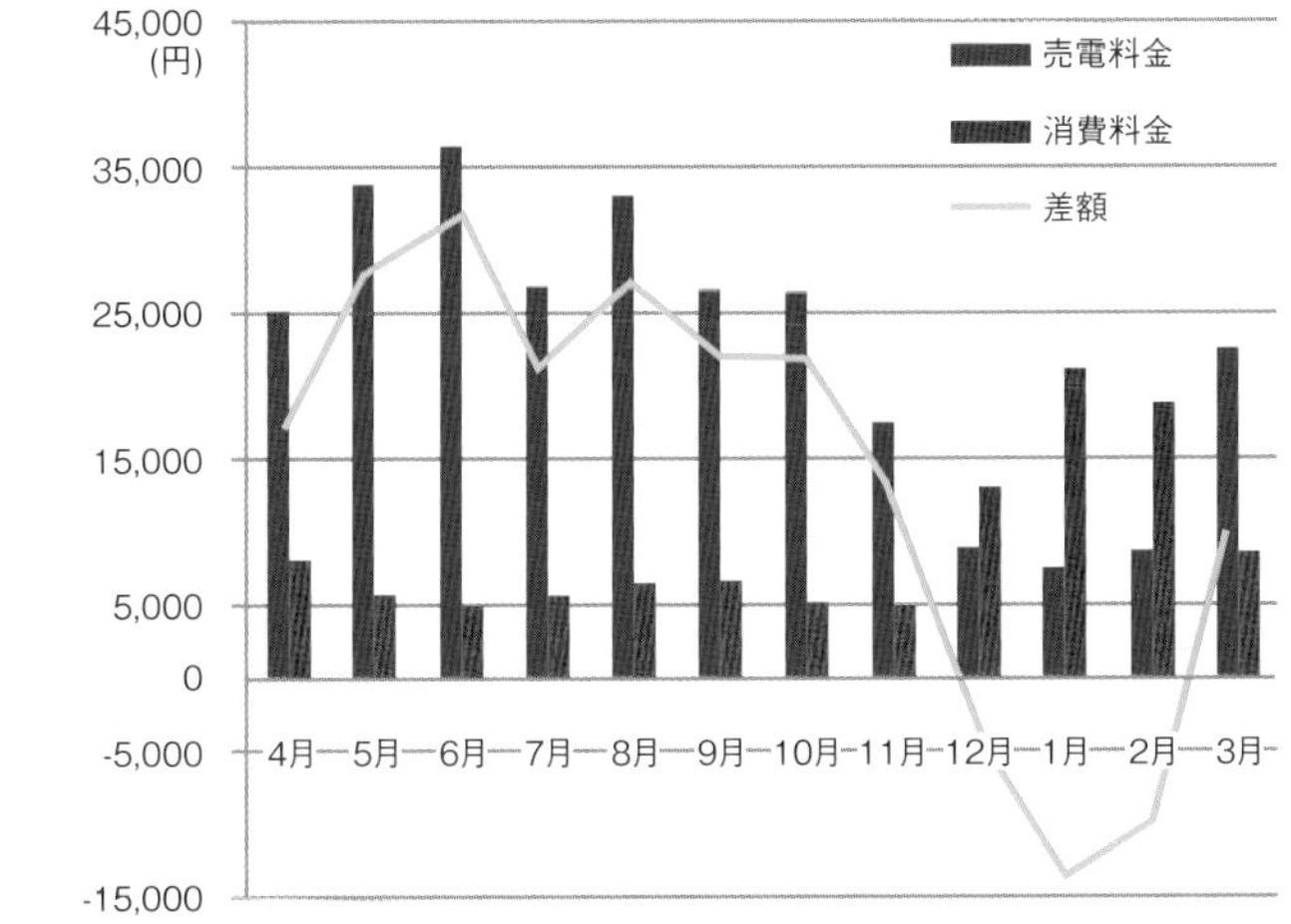

太陽光発電の売電･消費量

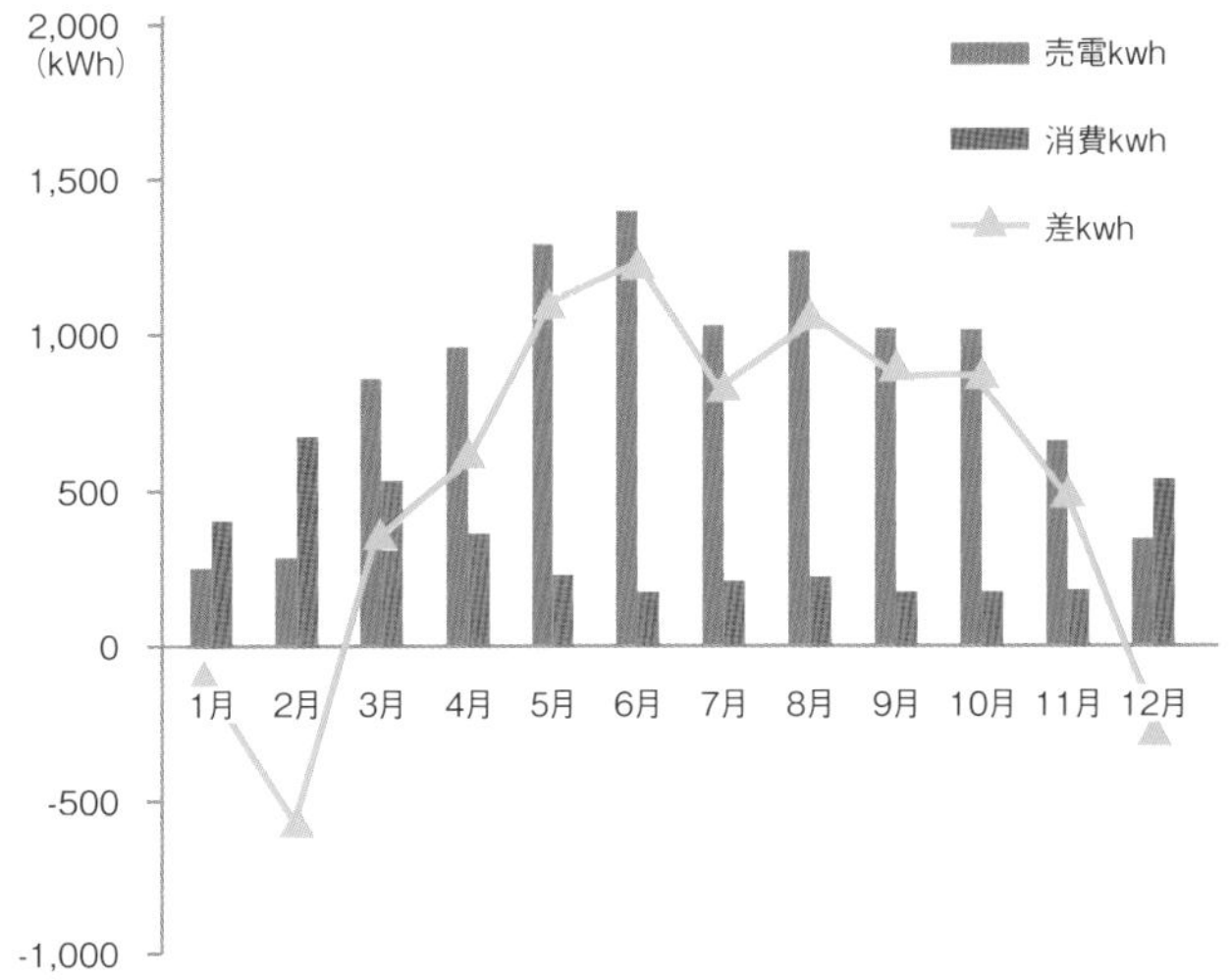

この家の太陽光発電10kWの2020年4月～2021年3月の1年間の収支。売電価格は27円／kWh。この1年間では、売電料金が273,166円、消費電力が116,060円、差額が＋157,106円。月で見ると12月、1月、2月は赤字になるが、これは極端に日射が少ない日本海側はよく見られる。この赤字をどう補填するかは今後の検討課題だが、高額な蓄電池やオフグリットでなく、地域のほかの自然エネルギーとネットワークを考えたい。

一次エネルギー計算結果

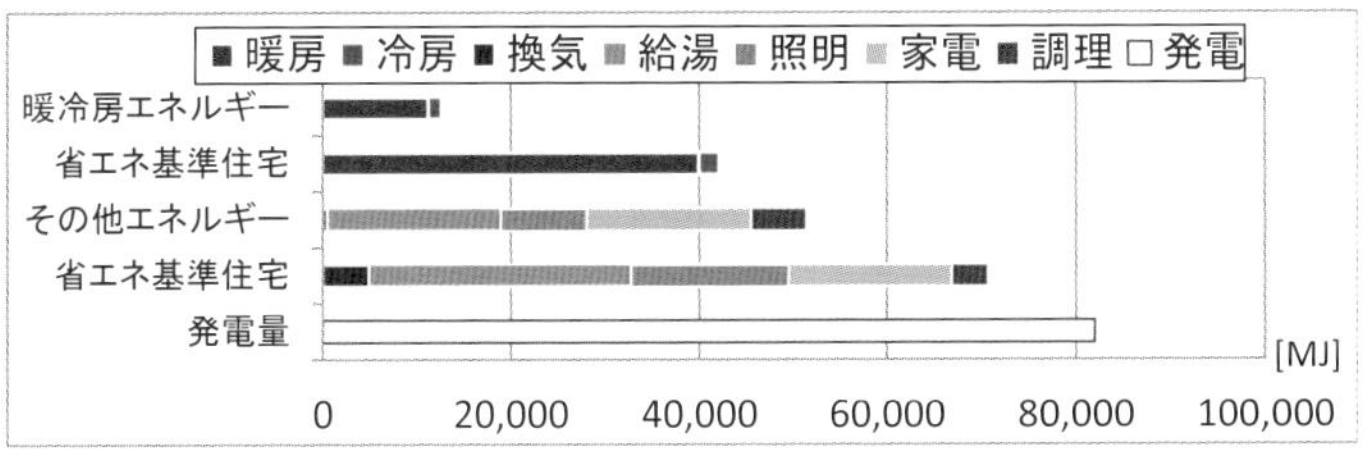

住宅の省エネ性能

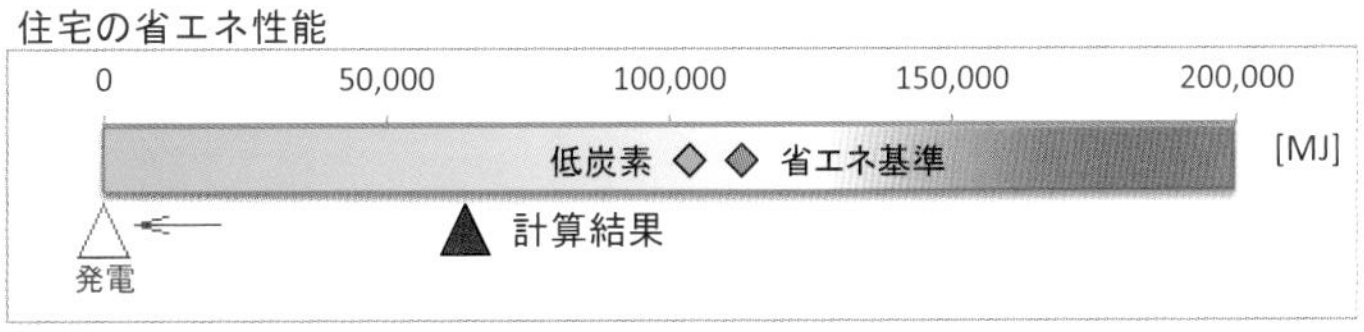

右図の表の数値をグラフ化したもの。1段目の項目の暖冷房エネルギーと3段目の項目のその他エネルギーを足したものが、全一次消費エネルギーの64,523MJである。1段目の項目は太陽光発電量の81,977MJになる。下のグラフの発電の△は0の位置が実際はマイナス17,454MJになる。

	当該住宅［MJ］	省エネ基準住宅［MJ］	低炭素住宅［MJ］	エネルギー価格［円］	
				当該住宅	省エネ基準住宅
暖房	11,695	39,948	35,953	35,940	122,764
冷房	1,328	2,181	1,963	4,061	6,703
換気	518	4,952	4,456	1,591	15,220
給湯	20,701	27,795	25,016	172,508	231,625
照明	9,041	16,763	15,087	27,791	51,526
家電	17,388	21,211	21,211	65,289	65,198
調理	3,852				
合計	64,523	112,849	103,686	198,330	346,873
発電	81,977			226,760	

ZEHの一次消費エネルギーには家電と調理が入らないが、当該住宅は全項目の一次消費エネルギーが64,523MJで太陽光発電の81,977MJより少ないので、ゼロエネルギー住宅である。差は17,454MJになる。実際の売電は約28万円／年で買電は約12万円である。

ブ（自然）換気と非常にシンプルなものとした。したがって、エアコンも1階の床下から基礎全体、そして室内に放熱され、家全体を温めるようになっている。そのため、南面の大きな窓廻りに吹抜けを設けたり、部屋の建具の上に欄間を設けたりするなど、設計上の工夫を行っている。なお、外から入ってくる冷たい空気がエアコンの熱ですぐに温められるように、自然換気の給気孔もエアコンの近くに設置した。

現状はエアコンを低速運転しながら1日中ほとんど温度差のない空間で快適に生活できている。個人的にはお風呂の快適性が格段に向上しており、浴室内も常に暖かいため、体を洗うなどの作業も快適で、浴槽の温度も下がりにくく、ついつい長湯をしてしまうそうだ。夏は日射遮蔽と室内の熱の効果的な排出によって、エアコンなしで過ごしている。もちろん、今後の猛暑のことを考え、2階天井にエアコンのダクトスペースは設けている。

総2階＋切妻屋根でヒートロスが少ない。南西の黒いガラス張りの壁は大工施工の手づくりの太陽熱集熱壁。屋根の上には太陽熱給湯パネルを設置

事例3 **Jパッシブハウス臥竜山の家**

設計：西方設計／基本計画：室蘭工業大学鎌田研究室

太陽熱を活用するJパッシブハウス

Jパッシブハウスとは日本型のパッシブハウスで、Q1.0住宅ーX3に相当する。

本事例はQ1プロジェクトの一つだが、クラスがQ1.0住宅ーX4であるので、省エネ基準の暖房消費一次エネルギーの1／10になる。表に示す断熱仕様と、高効率な熱交換換気システムや日射熱集熱壁を採用することで、年間を通して快適な室内環境を実現。東京で建てれば無暖房住宅とすることも可能である。

基本スペック

部位	断熱仕様	部位面積A（㎡）	熱貫流率U（W／㎡K）	係数H（－）	熱損失A・U・H（W／K）	熱損失係数Q（W／㎡K）	その他スペック
屋根	高性能グラスウール24K400㎜厚	74.07	0.10	1	7.44	0.05	U_A値0.29W／㎡K Q値0.66W/㎡K C値0.10㎠/㎡ 暖房負荷8.16kWh/㎡ 暖房消費1次エネルギー8.16kWh/㎡(＝COP2.7) μ値0.048 日射取得熱473W 自然温度差12.09℃
外壁	高性能グラスウール24K200＋32K30㎜厚	137.29	0.18	1	24.61	0.17	
基礎	押出法ポリスチレンフォーム3種100㎜厚＋ ビーズ法ポリスチレンフォーム特種100㎜厚	–	–	1	10.66	0.07	
基礎（スラブ下）	ビーズ法ポリスチレンフォーム特種50㎜厚						
開口部	アルゴンガス封入Low-Eトリプルガラス入り木製サッシ　ほか	34.20	–	1	37.77	0.26	
換気	スティーベル製熱交換換気（熱効率0.85）	147.30	–	1	13.41	0.09	
相当延床面積		147.30	–	1	–	–	

矩計図（S＝1:80）

DATA
所在地：秋田県能代市
規模：木造2階建て
建築面積：79.47㎡（24.03坪）
延床面積：168.32㎡（50.91坪）
施工：池田建築店

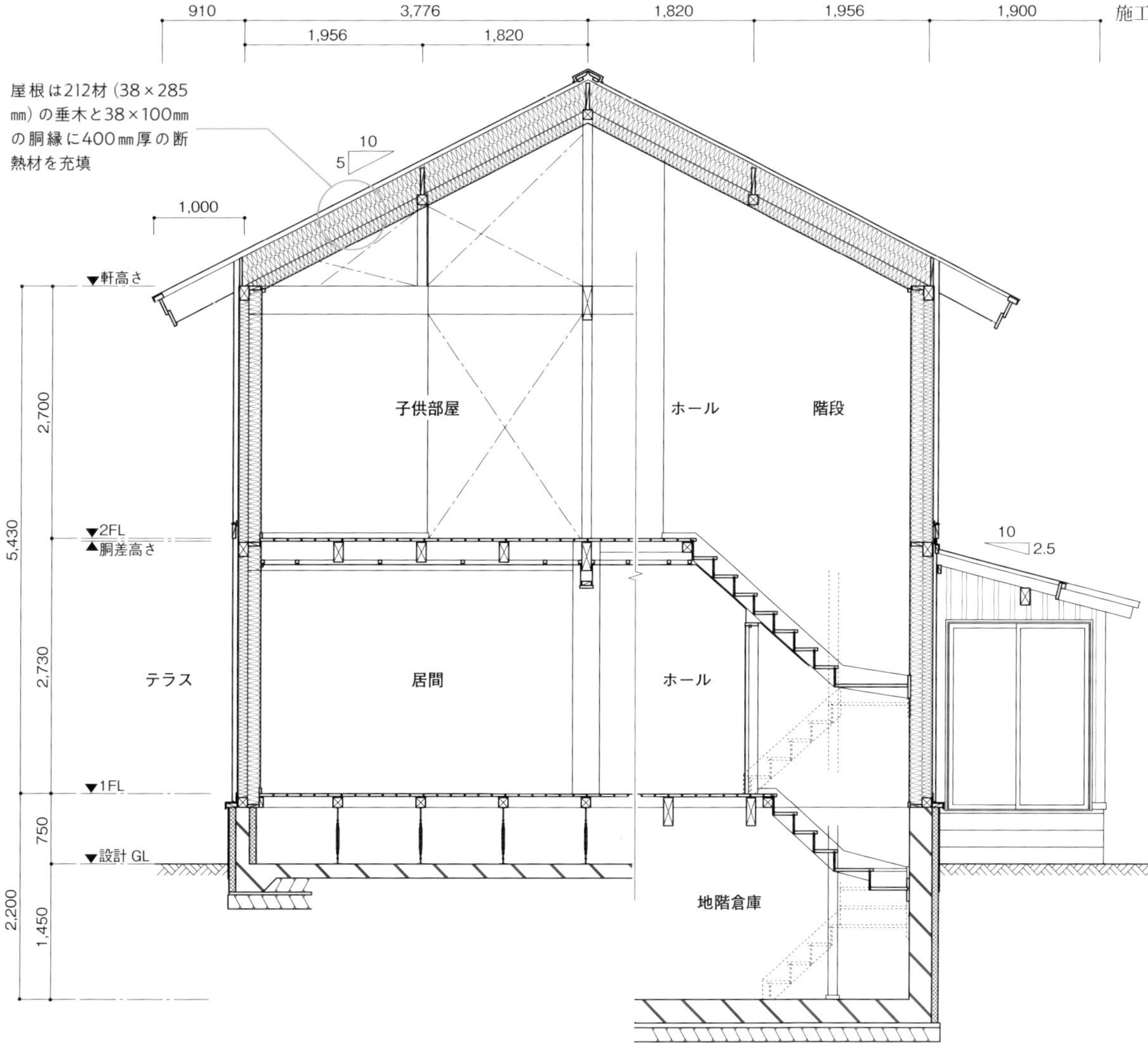

910
3,776
1,820
1,956
1,900
1,956
1,820
屋根は212材（38×285㎜）の垂木と38×100㎜の胴縁に400㎜厚の断熱材を充填
10
5
1,000
▼軒高さ
2,700
5,430
▼2FL
▲胴差高さ
2,730
▼1FL
750
▼設計 GL
2,200
1,450
子供部屋
ホール
階段
10
2.5
テラス
居間
ホール
地階倉庫

平面図（S＝1:250）

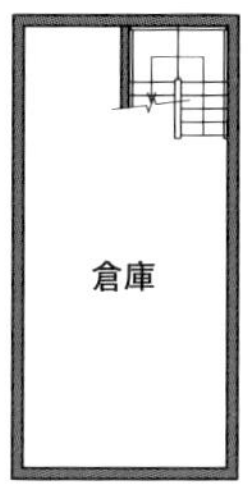

倉庫

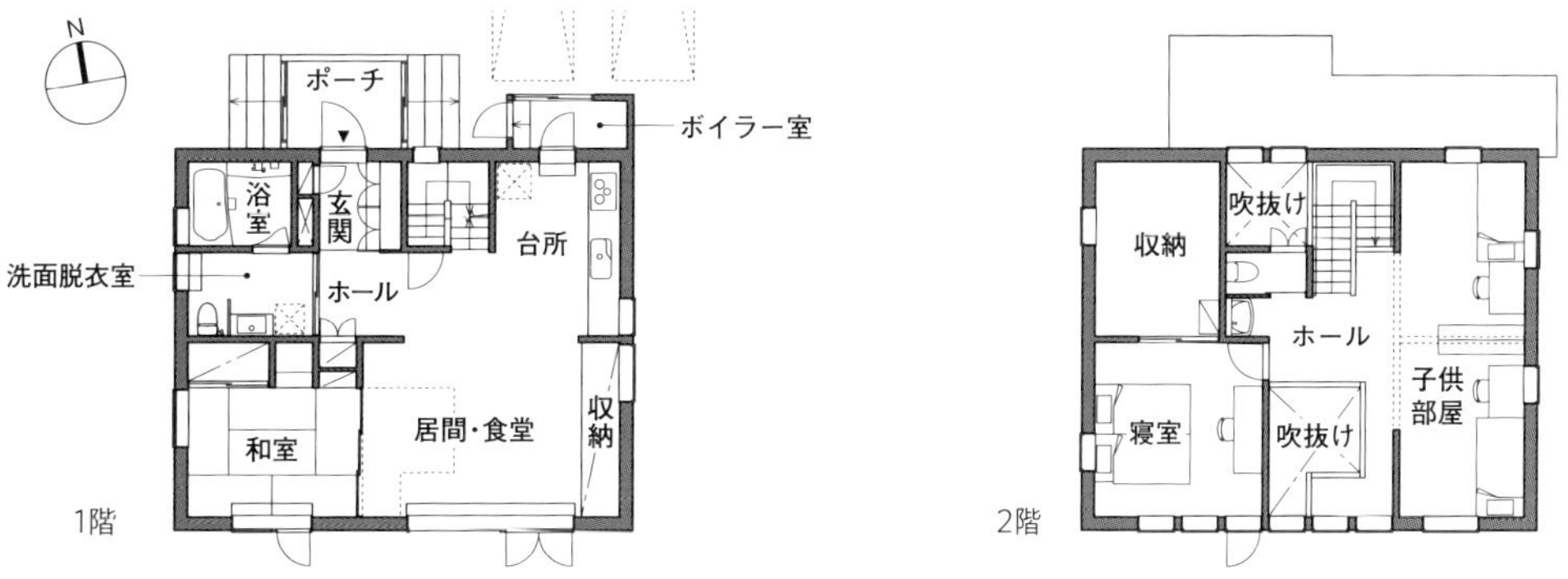

N
ポーチ
ボイラー室
浴室
玄関
台所
洗面脱衣室
ホール
和室
居間・食堂
収納
1階
収納
吹抜け
ホール
子供部屋
寝室
吹抜け
2階

立面図（S＝1:250）

熱交換換気システムの仕組み

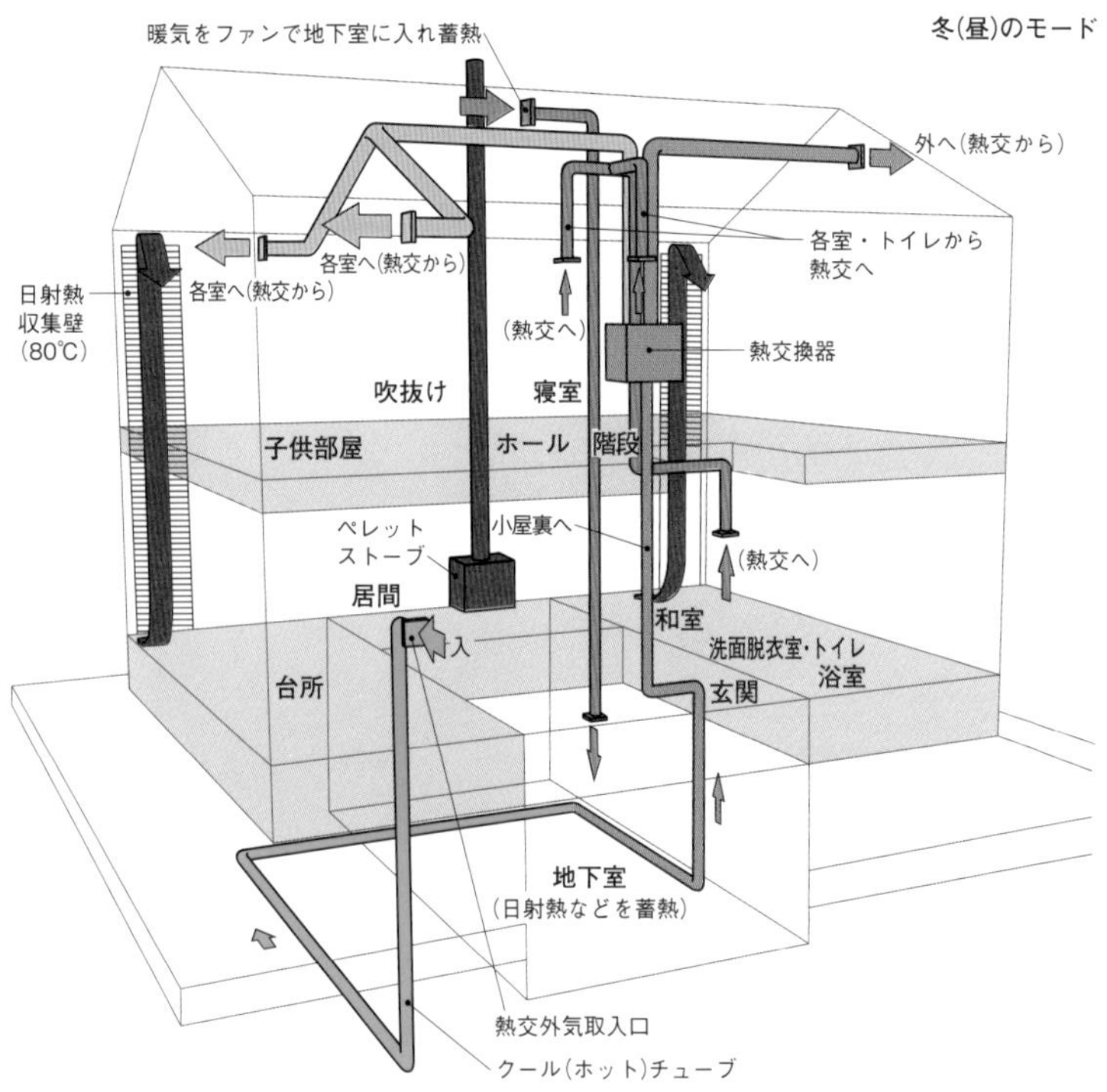

断熱材を厚くし、窓にはアルゴンガス入りLow-Eトリプルガラスを採用してQ値1.0K／㎡W未満を実現した高断熱住宅では、換気で失う熱量の割合が大きいため、高効率な熱交換換気システムを採用するなどの工夫が有効になる。本事例では省エネ性に優れたスティーベル製の熱交換換気システムを採用している。

冬季の場合、導入した外気はクール（ホット）チューブを通って地熱で暖められ、失われる熱量はさらに半分になる。

また、太陽日射があるときには、日射熱集熱壁によって70～80℃に暖められた暖気が室内に入る。勾配天井の三角部分の頂部に溜まった暖気を地下室にファンとダクトで降ろし、コンクリート部分と地面に蓄熱する。それとともに1・2階全体を暖める。

日射が1日に20分前後しかないような真冬の3カ月間は、暖房が必要な場合にはペレット・薪兼用ストーブで朝夕それぞれ1時間ほど暖をとるだけで、家全体を十分に暖められる。勾配天井頂部に溜まった余分な熱は、地下室にファンで降ろし、コンクリート部分と地面に蓄熱する。

ちなみに、ストーブは鍋ややかんをかけてお湯を沸かすことができるので、この蒸気によって室内の乾燥を柔らげることが可能である。

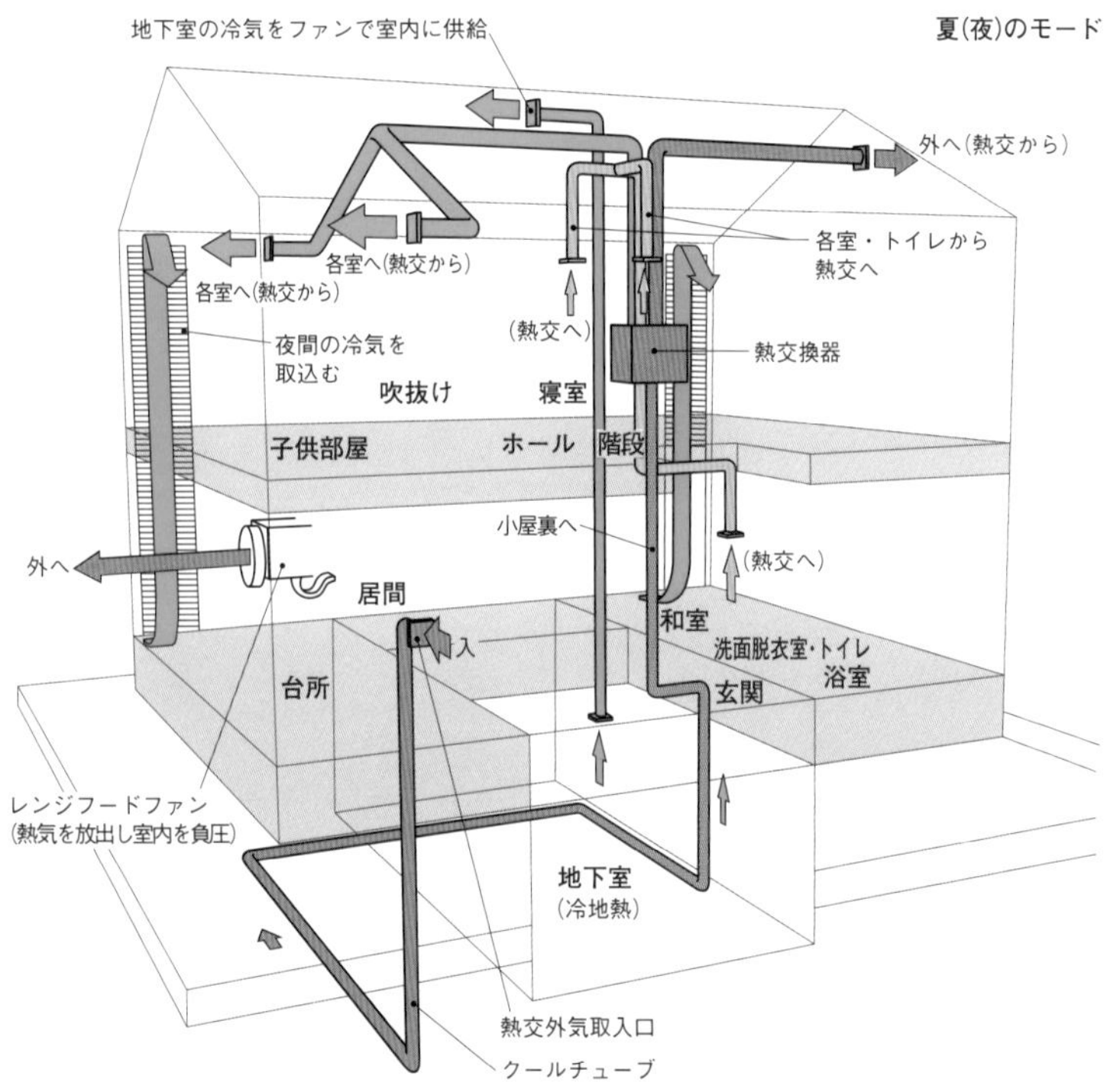

夏季の場合は、クールチューブを通して外気を導入することで、温度の低い地熱によって外気が冷やされる。また、地下室の冷気を上階にファンで流すことで冷房代わりとしている。

住まい手が在宅のときは窓を開けるが、留守のときには1階の小窓から風を入れ、2階の切妻頂部の窓から吐き出す縦型通風を行うことで、防犯にも配慮している。

さらに、本建物は国道に直接面しているため、騒音対策から夏でも夜は窓を締めっ放しになるが、レンジフードファンを回すことで室内が負圧になり、夜の涼気が日射熱集熱壁を通して室内に導入される。その涼気が日中まで保たれるので、室内は涼しい。

スティーベル製の熱交換換気システム。熱効率90％、消費電力30w／hで省エネ性に優れる

12月中旬から3月中旬までは、工務店の加工場で捨てられる端材の秋田スギをバイオマス燃料としたペレット・薪兼用ストーブを使っている（それ以外の月は日射熱で十分であるため、暖房は不要）。

秋田スギの端材は、1シーズンで105㎜角・長さ180㎜×540本＝1.07㎥（12尺柱で27本分相当）を消費する。これを1シーズン当たりの灯油消費量に換算し、灯油ストーブを使用した場合と比較してみると、

1.07㎥×1,460kWh／㎥＝1,562kWh→灯油156ℓ分に相当

1日6本：0,0119㎥／日×1,460kWh／㎥＝17.37kW／日h＝ 灯油1.7ℓ／日

→51ℓ／月、204ℓ／シーズン

Qペックスで計算（能代市）

FF ボイラー：一冬の暖房用エネルギー＝1,407kWh＝147ℓ

煙突付きストーブ：2,106kWh＝220ℓ

1給湯に用いる屋根の太陽熱集熱器
2その下の屋根内側には、垂木間に高性能グラスウール24K 400㎜厚が充填されている
3外壁の断熱工事。1枚目となる高性能グラスウール24K 100㎜厚を施工しているところ
4外壁にはさらに高性能グラスウール24K 100＋32K 30㎜を付加し、合計230㎜にする
5壁厚200㎜の壁の中には、100㎜厚の断熱材が2枚（＝200㎜）入っている
6～8壁太陽熱集熱器6の温度は70℃。集熱器の頂部から室内に自然対流によって外気が取り込まれ、切り妻屋根の内部空間の3角部分頂部に溜まる。それを地下室7にファン8で降ろし蓄熱する

屋根からの落雪を考えて南北に傾斜した切妻屋根とし、南面には太陽光発電パネルを載せている。庇は長く1,500㎜とし、大きな窓の夏の日射遮蔽を行うことで冷房負荷を小さくしている

事例4 秋田飯島の家

設計：西方設計／施工：池田建築店

暖冷房地中熱ヒートポンプのゼロエネルギーの家

住まい手の高齢化に備え、従来の寒い家を燃費が少なく暖かく涼しい平屋に建て替えた。暖冷房費を少なくするために地中熱源ヒートポンプを利用。冬の効率が空気熱源より優れる。エネルギー消費量が大きい給湯は、太陽光発電対応のヒートポンプ給湯器で賄っている。太陽光発電（トリナ・ソーラー）は8kWを設置。設計値で年間72562MJ程度の発電量に対し、予想される年間消費一次エネルギー（家電を含む）が59868MJとなるゼロエネルギー住宅を超えたプラスエネルギー住宅である。

基本スペック

部位	断熱仕様	部位面積A（㎡）	熱貫流率U（W／㎡K）	係数H（－）	熱損失A・U・H（W／K）	熱損失係数Q（W／㎡K）	外皮熱損失A・U・H（W／K）	その他スペック
屋根	高性能グラスウール20K105＋210㎜	117.58	0.124	1	14.619	0.130	14.619	U_A値：0.25W／㎡K
外壁	高性能グラスウール20K105＋210㎜	127.18	0.194	1	24.720	0.220	24.720	Q値：1.01W／㎡K
基礎（立上り）	ビーズ法ポリスチレンフォーム1号60＋60㎜	112.62	－	1	31.037	0.276	31.037	C値：0.1cm／㎡
基礎（底盤）	ビーズ法ポリスチレンフォーム1号50㎜	－	－	－	－	－	－	暖房負荷：37.9 kWh／㎡
開口部	トリプルシャノンⅡx	26.76	－	1	26.434	0.235	26.434	冷房負荷：3.2kWh／㎡
換気	熱交換換気システム AVH-95 サベスト	40.8	0.35	1	14.279	0.127	－	暖房一次消費エネルギー：9.5kWh／㎡
熱損失合計					111.09	－	96.81	冷房一次消費エネルギー：1.4kWh／㎡
延床面積／外皮表面積					－	112.62	384.14	ηAH：1.0　ηAC：0.7 日射取得熱暖房期：234W 冷房期：307W
熱損失係数／外皮平均熱貫流率					－	0.986	0.252	自然温度差暖房期：6.68　冷房期：7.33 太陽光発電一次エネルギー：72,562MJ

矩計図（S＝1:80）

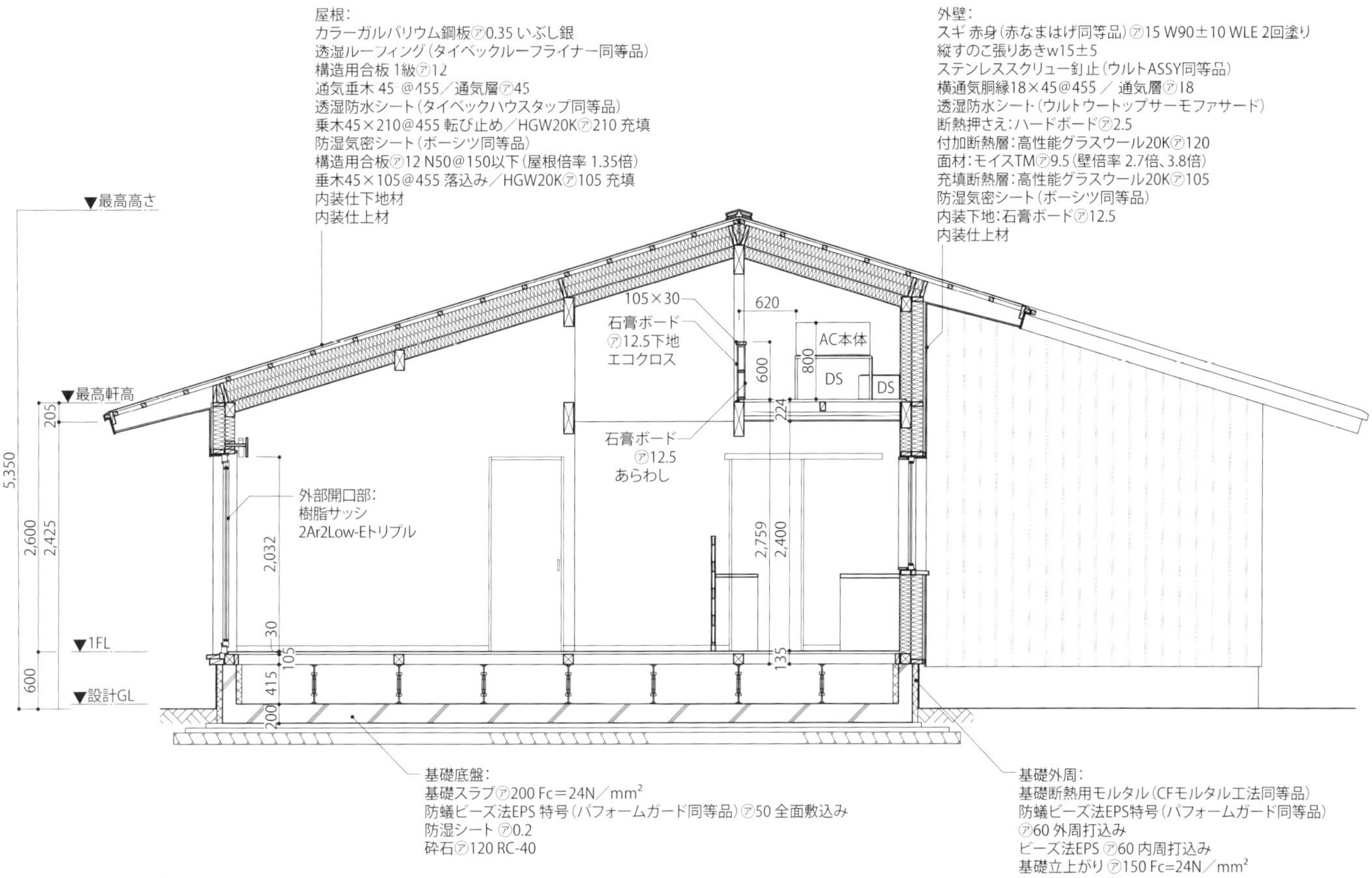
屋根：
カラーガルバリウム鋼板㋐0.35 いぶし銀
透湿ルーフィング（タイベックルーフライナー同等品）
構造用合板 1級㋐12
通気垂木 45 @455／通気層㋐45
透湿防水シート（タイベックハウスタップ同等品）
乗木45×210@455 転び止め／HGW20K㋐210 充填
防湿気密シート（ボーシツ同等品）
構造用合板㋐12 N50@150以下（屋根倍率 1.35倍）
垂木45×105@455 落込み／HGW20K㋐105 充填
内装仕下地材
内装仕上材
外壁：
スギ 赤身（赤なまはげ同等品）㋐15 W90±10 WLE 2回塗り
縦すのこ張りあきw15±5
ステンレススクリュー釘止（ウルトASSY同等品）
横通気胴縁18×45@455 ／ 通気層㋐18
透湿防水シート（ウルトウートップサーモファサード）
断熱押さえ：ハードボード㋐2.5
付加断熱層：高性能グラスウール20K㋐120
面材：モイスTM㋐9.5（壁倍率 2.7倍、3.8倍）
充填断熱層：高性能グラスウール20K㋐105
防湿気密シート（ボーシツ同等品）
内装下地：石膏ボード㋐12.5
内装仕上材
▼最高高さ
▼最高軒高
▼1FL
▼設計GL
105×30
石膏ボード
㋐12.5下地
エコクロス
620
AC本体
800
DS
DS
600
224
石膏ボード
㋐12.5
あらわし
外部開口部：
樹脂サッシ
2Ar2Low-Eトリプル
5,350
205
2,600
2,425
2,032
30
2,759
2,400
600
105
415
200
135
基礎底盤：
基礎スラブ㋐200 Fc＝24N／mm^2
防蟻ビーズ法EPS 特号（パフォームガード同等品）㋐50 全面敷込み
防湿シート ㋐0.2
砕石㋐120 RC-40
基礎外周：
基礎断熱用モルタル（CFモルタル工法同等品）
防蟻ビーズ法EPS特号（パフォームガード同等品）
㋐60 外周打込み
ビーズ法EPS ㋐60 内周打込み
基礎立上がり ㋐150 Fc=24N／mm^2

平面図（S＝1:200）

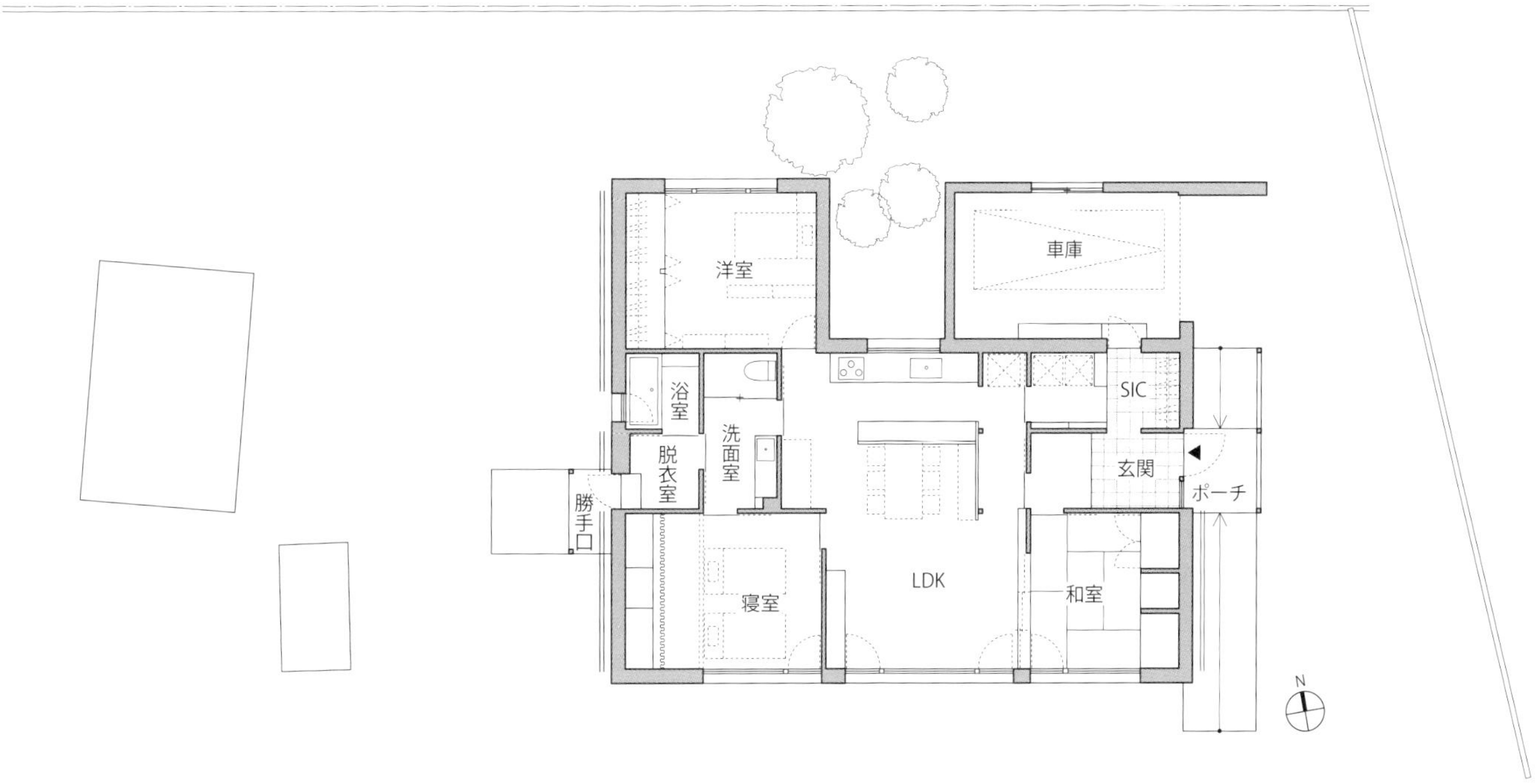
洋室
車庫
浴室
洗面室
脱衣室
SIC
玄関
ポーチ
勝手口
寝室
LDK
和室
N

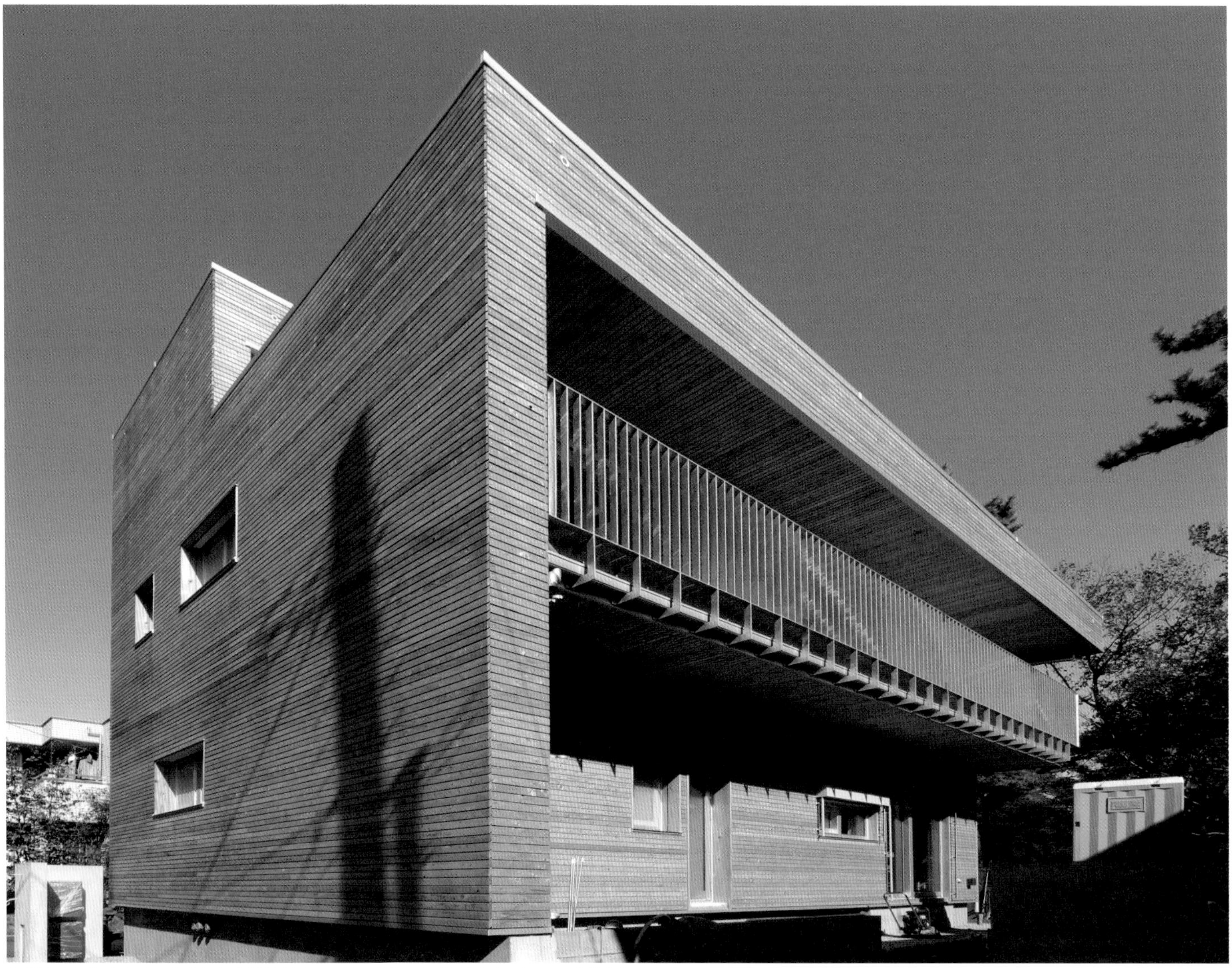

外壁は小幅板をすのこ張りにした遮熱壁「ファサードラタン」に覆われている。木造らしからぬマッシブな表現が新鮮

事例5 **Jパッシブハウスさいたま**

設計：西方設計／内装設計：OKUTA

最先端パッシブ技術を集積した無暖房住宅

埼玉県・大宮に建つ専用住宅である。断熱や日射取得、遮熱に関する最新の技術を取り入れている。

日射を最大限に取得することで暖房負荷がほぼゼロになっており、Q値は0・73W／㎡k、U_A値は0・30W／㎡kである。ここまで断熱性能を高くすると夏のオーバーヒート対策が必要になるが、ルーフバルコニーによる日射遮蔽や、ファサードラタンの外壁、外付けブラインドなどを組み合わせることで、夏期にも快適な環境が確保されている。

基本スペック

部位	断熱仕様	部位面積A（㎡）	熱貫流率U（W／㎡K）	係数H（−）	熱損失A・U・H（W／K）	熱損失係数Q（W／㎡K）	その他スペック
天井	吹込みセルロースファイバー300㎜厚	75.36	0.11	1	8.518	0.047	U_A値：0.30W／㎡K Q値0.73W/㎡K C値0.15㎝2/㎡ UA値=0.30W/㎡K 暖房負荷0.3kWh/㎡ 暖房消費一次エネルギー 0.30kWh/㎡（COP3.0） 冷房負荷12.9kWh/㎡ 冷房消費一次エネルギー 8.60kWh/㎡（COP4.5）
外壁	吹込みセルロースファイバー250㎜厚	185.38	0.14	1	25.528	0.139	
外壁B	高性能グラスウール24K120＋130㎜厚	0	0.19	1	0	0	
階間部	吹込みセルロースファイバー250㎜厚	19.93	0.14	1	2.744	0.015	
階間部B	高性能グラスウール24K120＋130㎜厚	0	0.2	1	0	0	
基礎	ビーズ法ポリスチレンフォーム50＋50㎜厚	−	−	1	3.095	0.017	
開口部	木製サッシ（U値0.85）ほか	51	−	1	41.837	0.229	
換気	換気回数0.5回／時（70％熱交換換気）	468.11	−	1	30.662	0.168	
相当延床面積		183.01	−	1	−	−	
住宅全体		−	−	−	112.385	0.614	

矩計図（S＝1:80）

DATA

所在地：さいたま市
規模：木造2階建て
建築面積：91.57㎡（27.69坪）
延床面積：155.68㎡（47.09坪）
施工：OKUTA

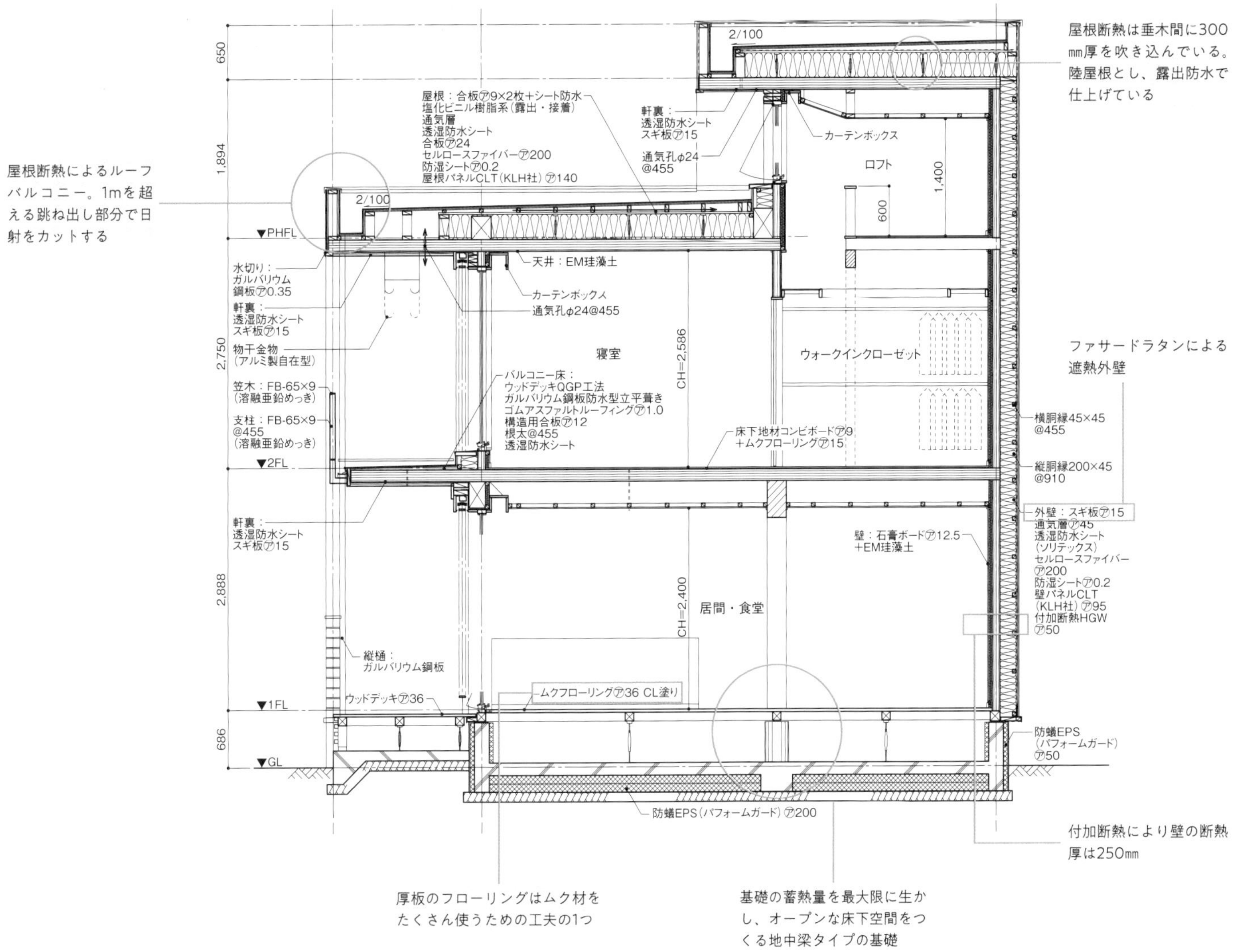

650
1,894
2,750
2,888
686
▼PHFL
▼2FL
▼1FL
▼GL
2/100
2/100
屋根断熱によるルーフバルコニー。1mを超える跳ね出し部分で日射をカットする
屋根：合板㋐9×2枚＋シート防水
塩化ビニル樹脂系（露出・接着）
通気層
透湿防水シート
合板㋐24
セルロースファイバー㋐200
防湿シート㋐0.2
屋根パネルCLT（KLH社）㋐140
軒裏：
透湿防水シート
スギ板㋐15
通気孔φ24
@455
カーテンボックス
屋根断熱は垂木間に300㎜厚を吹き込んでいる。陸屋根とし、露出防水で仕上げている
ロフト
1,400
600
天井：EM珪藻土
カーテンボックス
通気孔φ24@455
水切り：
ガルバリウム
鋼板㋐0.35
軒裏：
透湿防水シート
スギ板㋐15
物干金物
（アルミ製自在型）
寝室
CH=2,586
ウォークインクローゼット
ファサードラタンによる遮熱外壁
笠木：FB-65×9
（溶融亜鉛めっき）
支柱：FB-65×9
@455
（溶融亜鉛めっき）
バルコニー床：
ウッドデッキQGP工法
ガルバリウム鋼板防水型立平葺き
ゴムアスファルトルーフィング㋐1.0
構造用合板㋐12
根太@455
透湿防水シート
床下地材コンビボード㋐9
＋ムクフローリング㋐15
横胴縁45×45
@455
縦胴縁200×45
@910
外壁：スギ板㋐15
通気層㋐45
透湿防水シート
（ソリテックス）
セルロースファイバー
㋐200
防湿シート㋐0.2
壁パネルCLT
（KLH社）㋐95
付加断熱HGW
㋐50
軒裏：
透湿防水シート
スギ板㋐15
壁：石膏ボード㋐12.5
＋EM珪藻土
居間・食堂
CH=2,400
縦樋：
ガルバリウム鋼板
ウッドデッキ㋐36
ムクフローリング㋐36 CL塗り
防蟻EPS
（パフォームガード）
㋐50
防蟻EPS（パフォームガード）㋐200
付加断熱により壁の断熱厚は250㎜
厚板のフローリングはムク材をたくさん使うための工夫の1つ
基礎の蓄熱量を最大限に生かし、オープンな床下空間をつくる地中梁タイプの基礎

平面図（S＝1:300）

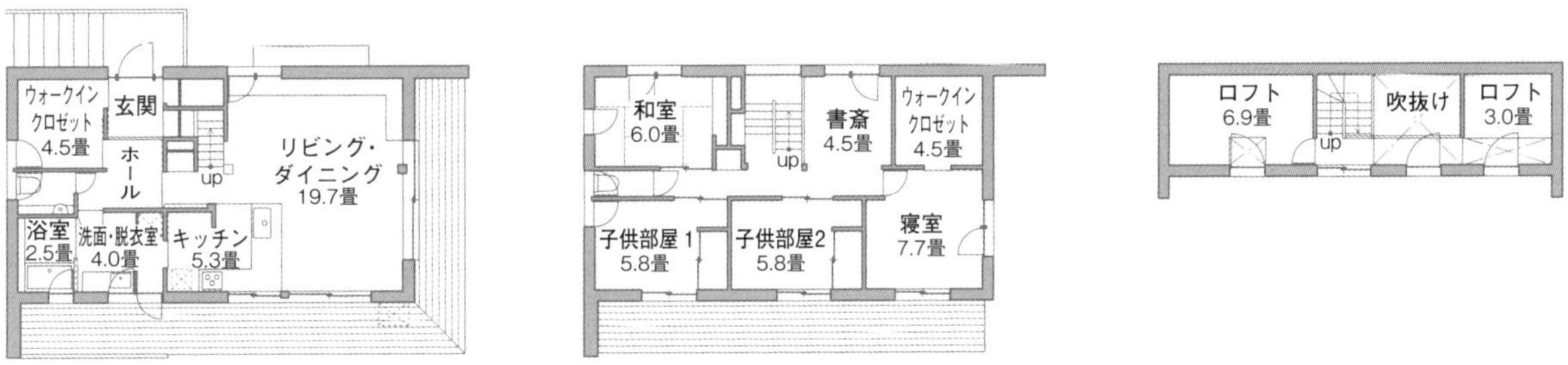

ウォークイン
クロゼット
4.5畳
玄関
ホール
up
リビング・
ダイニング
19.7畳
浴室
2.5畳
洗面・脱衣室
4.0畳
キッチン
5.3畳
和室
6.0畳
up
書斎
4.5畳
ウォークイン
クロゼット
4.5畳
子供部屋 1
5.8畳
子供部屋2
5.8畳
寝室
7.7畳
ロフト
6.9畳
up
吹抜け
ロフト
3.0畳

立面図（S＝1:300）

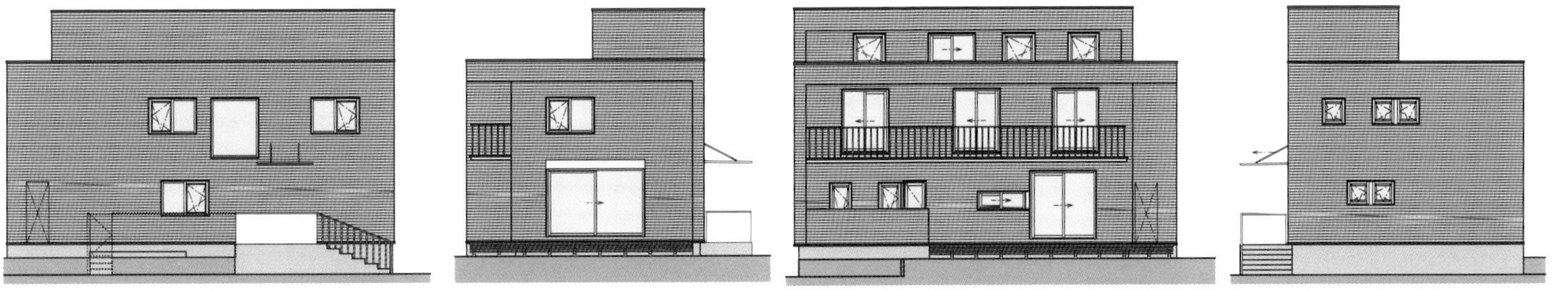

1基礎の底盤のコンクリートを打ち終わる
2底盤下の断熱材は防蟻押出し法ポリスチレンフォーム厚さ200㎜
3外壁の断熱材はセルロースファイバー厚さ200㎜なので、窓は熱橋を少なくするのに奥まって設置する
4外装がファサード・ラタンの外壁の原寸模型

一次エネルギー計算結果

	当該住宅［MJ］	省エネ基準住宅［MJ］	低炭素住宅［MJ］	エネルギー価格［円］	
				当該住宅	基準住宅
暖　房	152	28,433	25,590	480	89,521
冷　房	4,320	10,763	9,687	13,279	33,084
換　気	13,464	6,618	5,956	41,384	20,341
給　湯	19,130	27,810	25,029	65,968	95,899
照　明	7,432	14,596	13,136	22,843	44,864
家　電	17,388	21,211	21,211	62,963	65,198
調　理	3,096				
合　計	64,982	109,431	100,609	199,740	336,367
発　電	88,706	―	―	245,397	―

ZEHの一次消費エネルギーには家電と調理が入らないが、当該住宅は全項目の一次消費エネルギーが64,523MJで太陽光発電の81,977MJより少ないので、ゼロエネルギー住宅である。差は17,454MJになる。実際の売電は約28万円／年で買電は約12万円である。

仕様概要

天井：吹込みセルローズファイバー 350㎜
外壁：木材1種 105㎜＋吹込みセルローズファイバー 250㎜
基礎：ビーズ法PSF特号 50&50㎜
暖房設備：ヒートポンプ 効率3
換気設備：壁付け式第一種
照明設備（主居室）：白熱灯なし
サッシ：木1（日本製）
ガラス：トリプル2Ar2LowE12
※窓は南面1窓を表示
冷房設備：ルームエアコン 効率4.5
給湯設備：ガス給湯機
太陽光発電：10kW

5

6

7

8

9

10

11

12

5紫外線に強く、厚くて弾力性に富む超耐候性の透湿・防水シートのソリテックスWAを耐水石膏ボードに貼る　6配管で貫通される部分は防水テープで補修する　7通気層の上に耐久性が大きい赤身のスギをスノコ状に張ったファサード・ラタン。外壁の日射遮蔽になる　8屋上の10kW太陽光発電パネル　91階開口部の上には2階のルーフバルコニーがせり出し、日射を遮る。さらに外付けブラインドが各窓に取り付けられ、徹底した日射遮蔽対策がとられている　10南側と東西の窓には日射遮蔽の外付けブラインドが取り付く　11日射取得を追求し、リビングは2面に大きな窓を設けている。U値0.8W/㎡・Kのトリプルガラスが入った国産木製サッシを採用している　12階段はペントハウスの階段で屋上に出る

1南西（道路）側から見た外観。外壁全面には秋田杉が張られている。外壁の窓から取り入れられた外気は、一番高い位置にある小屋裏部屋の窓から排出される。バルコニー手摺には太陽熱給湯パネルが設置されている
2南側から見たpassivhaus大宮堀の内の外観。サンルームに面した大きな窓には外付け電動ブラインドが設置されている（写真提供：OKUTA）

事例6 **passivhaus大宮堀の内**

設計：西方設計／内装設計：OKUTA

太陽熱だけで暖かい高性能パッシブハウス

さいたま市の閑静な住宅地に建ち、世界最高水準のドイツのパッシブハウスの基準をクリアする住宅である。住宅メーカーOKUTAが施工やインテリアなどの面で協力している。

6地域ながら、壁を付加断熱、窓も木製・樹脂サッシ＋Low-Eトリプルガラスを標準とし、高い断熱性能を達成。エアコン1台で家中を温めるほか、天気のよい冬などは窓からの日射熱でエアコンいらずで過ごすことができる。

基本スペック

部位	断熱仕様	部位面積A（㎡）	熱貫流率U（W／㎡K）	係数H（−）	熱損失A・U・H（W／K）	熱損失係数Q（W／㎡K）	その他スペック
屋根	吹込みセルローズファイバー 391㎜厚	104.34	0.126	1	13.143	0.070	U_A値0.31W/㎡K Q値0.83W/㎡K C値0.18㎠/㎡ 暖房負荷4.7kWh/㎡ 暖房消費1次エネルギー4.7kWh/㎡（＝COP2.7） 冷房負荷（必須期間）14Wh/㎡ 冷房消費一次エネルギー9.45kWh/㎡（＝COP4） 日射取得熱（冬期）1,133W 自然温度差（冬期）12.94℃
外壁	吹込みセルローズファイバー 200㎜+100㎜厚	185.74	0.153	1	28.333	0.151	
基礎（立ち上がり）	ビーズ法ポリスチレンフォーム特号 100㎜厚	92.95	−	1	23.377	0.125	
基礎（底盤下）	ビーズ法ポリスチレンフォーム特号 100㎜厚 全面敷込						
開口部	樹脂サッシ 南：Krガス入り Low-E ペアガラス 断熱型 他：2Krガス入り 2Low-E トリプルガラス 木製サッシ2Arガス入り 2Low-E トリプルガラス	69.45	−	1	73.520	0.392	
換気	熱交換換気システム SE200RS	47.6	−	1	16.659	0.089	
相当延床面積		**122.56**	−	−		**187.57**	
住宅全体		−	−	−	155.03	**0.827**	

矩計図(S＝1:80)

DATA

所在地：さいたま市
規模：木造2階建て
建築面積：96.61㎡(28.62坪)
延床面積：82.59㎡(55.25坪)
施工：OKUTA

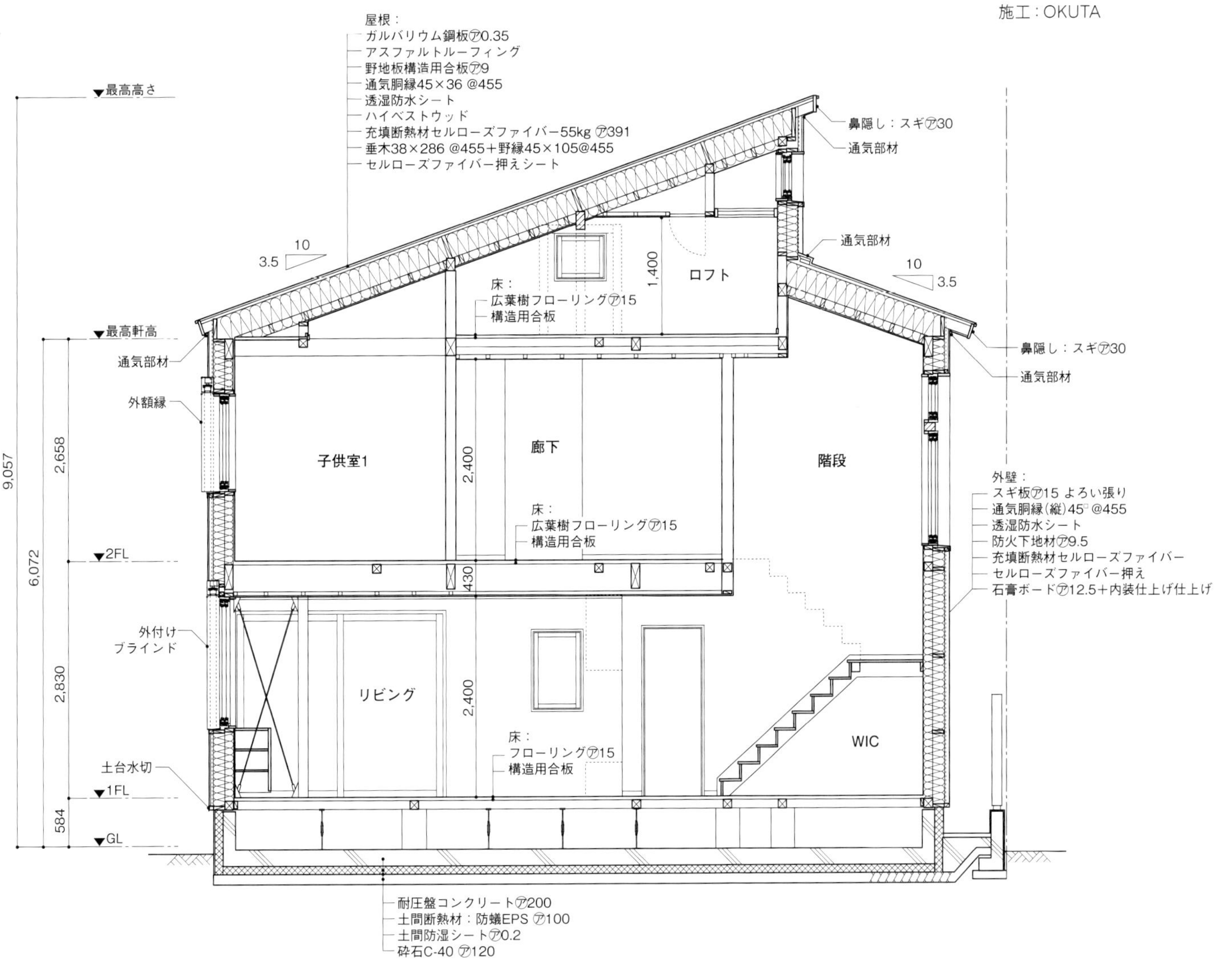
屋根：
ガルバリウム鋼板㋐0.35
アスファルトルーフィング
野地板構造用合板㋐9
通気胴縁45×36 @455
透湿防水シート
ハイベストウッド
充填断熱材セルローズファイバー55kg ㋐391
垂木38×286 @455＋野縁45×105@455
セルローズファイバー押えシート
最高高さ
鼻隠し：スギ㋐30
通気部材
10
3.5
1,400
ロフト
床：
広葉樹フローリング㋐15
構造用合板
最高軒高
通気部材
外額縁
子供室1
廊下
階段
2,400
9,057
2,658
6,072
2FL
床：
広葉樹フローリング㋐15
構造用合板
430
外壁：
スギ板㋐15 よろい張り
通気胴縁(縦)45□ @455
透湿防水シート
防火下地材㋐9.5
充填断熱材セルローズファイバー
セルローズファイバー押え
石膏ボード㋐12.5＋内装仕上げ仕上げ
外付け
ブラインド
2,830
リビング
2,400
WIC
床：
フローリング㋐15
構造用合板
土台水切
1FL
584
GL
耐圧盤コンクリート㋐200
土間断熱材：防蟻EPS ㋐100
土間防湿シート㋐0.2
砕石C-40 ㋐120

平面図(S＝1:200)

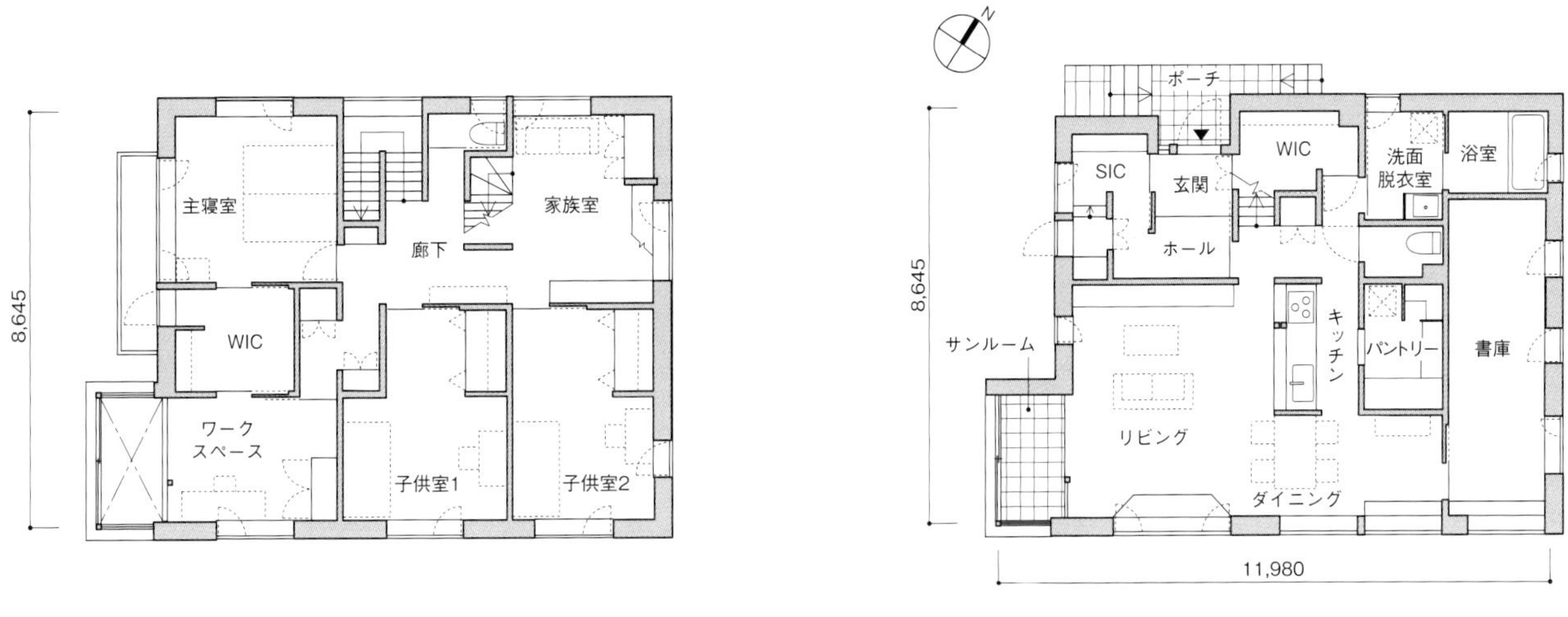
主寝室
廊下
家族室
WIC
ワーク
スペース
子供室1
子供室2
8,645
N
ポーチ
SIC
玄関
WIC
洗面
脱衣室
浴室
ホール
キッチン
パントリー
書庫
サンルーム
リビング
ダイニング
8,645
11,980

1掘り込みがなく凸凹がない平坦な砂利地業で、敷き固めた地盤の強度を損なわない
2配筋された扁平基礎梁は底盤のコンクリートに埋め込まれる単純な基礎断熱
310kWの太陽光発電パネル。太陽熱給湯パネルはバルコニーの手摺に取り付く
4外壁の原寸模型。厚さ300㎜のセルロースファイバーが1回で充填される

一次エネルギー計算結果

	当該住宅[MJ]	省エネ基準住宅[MJ]	低炭素住宅[MJ]	エネルギー価格[円]	
				当該住宅	基準住宅
暖　房	152	28,433	25,590	480	89,521
冷　房	4,320	10,763	9,687	13,279	33,084
換　気	13,464	6,618	5,956	41,384	20,341
給　湯	19,130	27,810	25,029	65,968	95,899
照　明	7,432	14,596	13,136	22,843	44,864
家　電	17,388	21,211	21,211	62,963	65,198
調　理	3,096				
合　計	**64,982**	**109,431**	**100,609**	**199,740**	**336,367**
発　電	**88,706**	–	–	**245,397**	–

太陽光発電は88,706MJ、冷暖房＋換気＋給湯＋照明＋家電＋調理などの合計一次消費エネルギーは23,724MJである。太陽光発電は一次消費エネルギーの1.36倍あり、64,982MJのプラスエネルギー住宅である。暖房は省エネ基準住宅の5.34%、冷房は40.13%である。給湯はガスのコージェネレーションで省エネ基準住宅の68.79%である。

仕様概要

天井：吹込みセルローズファイバー 350㎜
外壁：木材 1種 105㎜ + 吹込みセルローズファイバー 300㎜
基礎：ビーズ法PSF特号 50&50㎜
暖房設備：ヒートポンプ 効率3
換気設備：壁付け式第一種
照明設備(主居室)：白熱灯なし
サッシ：木1(日本製)＋PVC2クリプトン2LowE12（トリプルシャノン）
ガラス：トリプル2Ar2LowE12
※窓は南面1窓を表示
冷房設備：ルームエアコン 効率4.5
給湯設備：ガス給湯機
太陽光発電：10kW

6

5

7

9

8

5南東・南西の角の吹き抜けたサンルーム。冬期は日射取得熱をし、床はダイレクトゲインのタイルで蓄熱をする。夏期は外付けブラインドで日射遮蔽を行う

6食堂から居間越しにサンルームを眺める

72階の家事室からサンルームを見下ろす

8床下暖房用のエアコンと収納ボックス

9ロフトのトップサイドライト。明かり取りとともに縦方向の重力通風を行う

10南東部分の外付けブラインド

11外装は赤ナマハゲ秋田杉板ウッドロングエコ塗り

11

10

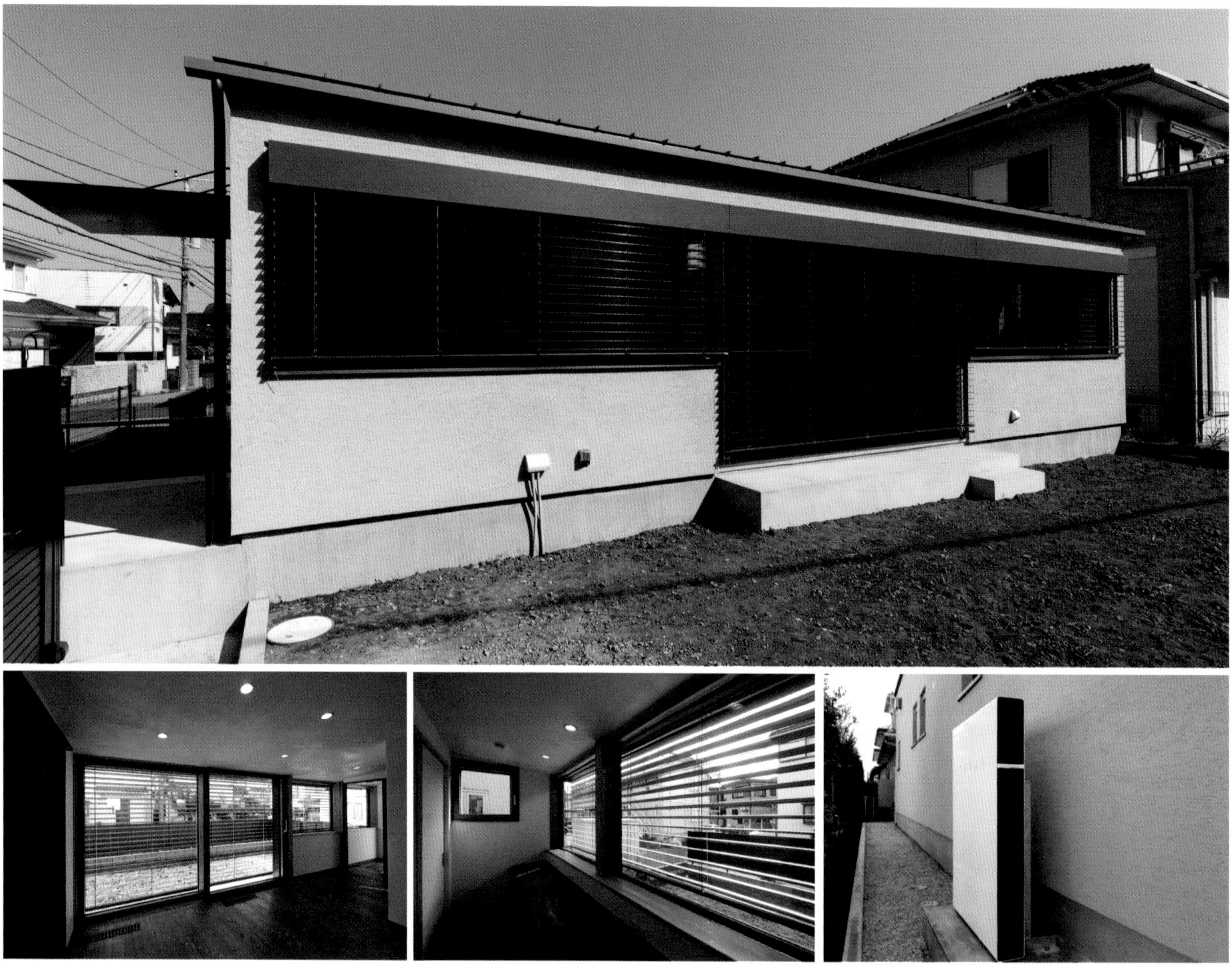

大窓は暖房負荷に有利だが冷房負荷には不利。したがって、外付けブラインドで夏の直達日射と天空日射を遮蔽した。右下写真はテスラの蓄電池

事例7 佐倉の家

設計：西方設計／施工：OKUTA

コンパクトな平屋のパッシブハウス

小さな平屋と大窓の組み合わせはパッシブハウスに不利であるが、断熱性能や日射遮蔽など細かな工夫で暖冷房負荷を削減。窓、土台、桁廻りなども納まりを工夫している。空調はエアコンと第一種全熱熱交換換気システムが一体になった高性能なゼンダーとしている。

太陽光発電（カナディアン・ソーラー）は5kWを設置。設計値で年間47780MJ程度の発電量に対し、予想される年間消費一次エネルギー（家電を含む）が27360MJとなるプラスエネルギー住宅である。

基本スペック

部位	断熱仕様	部位面積A（㎡）	熱貫流率U（W／㎡K）	係数H（－）	熱損失A・U・H（W／K）	熱損失係数Q（W／㎡K）	その他スペック
屋根	ビーズ法ポリスチレンフォーム（EPS）100㎜＋セルロースファイバー400㎜	97.1	0.088	1	8.550	0.061	U_A値：0.27W／㎡K Q値：1.13W／㎡K
外壁	EPS100㎜＋セルロースファイバー120㎜	88.9	0.185	1	16.450	0.153	C値：0.1cm／㎡
外壁B	EPS150㎜＋セルロースファイバー120㎜	14.9	0.149	1	2.220	0.050	暖房負荷：8.14kWh／㎡
基礎（立上り）	ビーズ法ポリスチレンフォーム1号75＋50㎜	120.2	－	1	46.920	0.170	冷房負荷：21.33kWh／㎡
基礎（底盤）	ビーズ法ポリスチレンフォーム1号75㎜	－	－	1	－	－	暖房一次消費エネルギー：8.14kWh／㎡
開口部	造作カーテンウォール（SmartWin）	21.8	－	1	15.480	0.183	冷房一次消費エネルギー：14.4kWh／㎡
換気	ヒートポンプ式全熱交換換気システム"	－	－	1	－	0.126	η AH：0.9　η AC：0.7
延床面積		－	－	－	－	77.9㎡	日射取得熱暖房期：461W
熱損失合計		－	－	－	**89.62**	－	自然温度差暖房期：10.44℃ 太陽光発電：5kW

矩計図（S＝1:60）

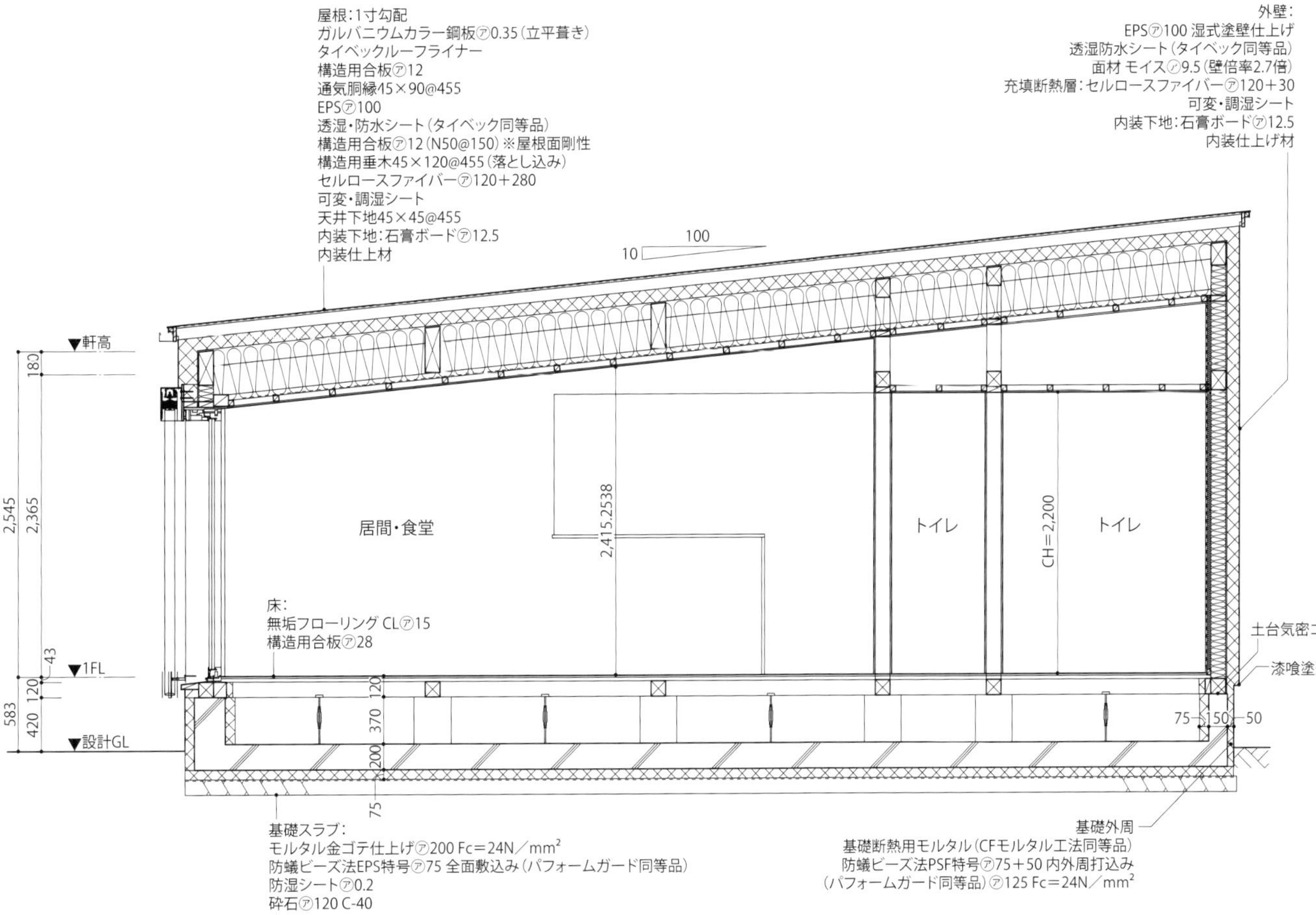

屋根：1寸勾配
ガルバニウムカラー鋼板㋐0.35（立平葺き）
タイベックルーフライナー
構造用合板㋐12
通気胴縁45×90@455
EPS㋐100
透湿・防水シート（タイベック同等品）
構造用合板㋐12（N50@150）※屋根面剛性
構造用垂木45×120@455（落とし込み）
セルロースファイバー㋐120＋280
可変・調湿シート
天井下地45×45@455
内装下地：石膏ボード㋐12.5
内装仕上材
外壁：
EPS㋐100 湿式塗壁仕上げ
透湿防水シート（タイベック同等品）
面材 モイス㋐9.5（壁倍率2.7倍）
充填断熱層：セルロースファイバー㋐120＋30
可変・調湿シート
内装下地：石膏ボード㋐12.5
内装仕上げ材
10
100
▼軒高
180
2,545
2,365
居間・食堂
2,415.2538
トイレ
CH＝2,200
トイレ
床：
無垢フローリング CL㋐15
構造用合板㋐28
土台気密ゴム
漆喰塗込み
43
▼1FL
120
583
420
▼設計GL
120
370
200
75
75
150
50
基礎スラブ：
モルタル金ゴテ仕上げ㋐200 Fc＝24N／mm²
防蟻ビーズ法EPS特号㋐75 全面敷込み（パフォームガード同等品）
防湿シート㋐0.2
砕石㋐120 C-40
基礎外周
基礎断熱用モルタル（CFモルタル工法同等品）
防蟻ビーズ法PSF特号㋐75＋50 内外周打込み
（パフォームガード同等品）㋐125 Fc＝24N／mm²

平面図（S＝1:200）

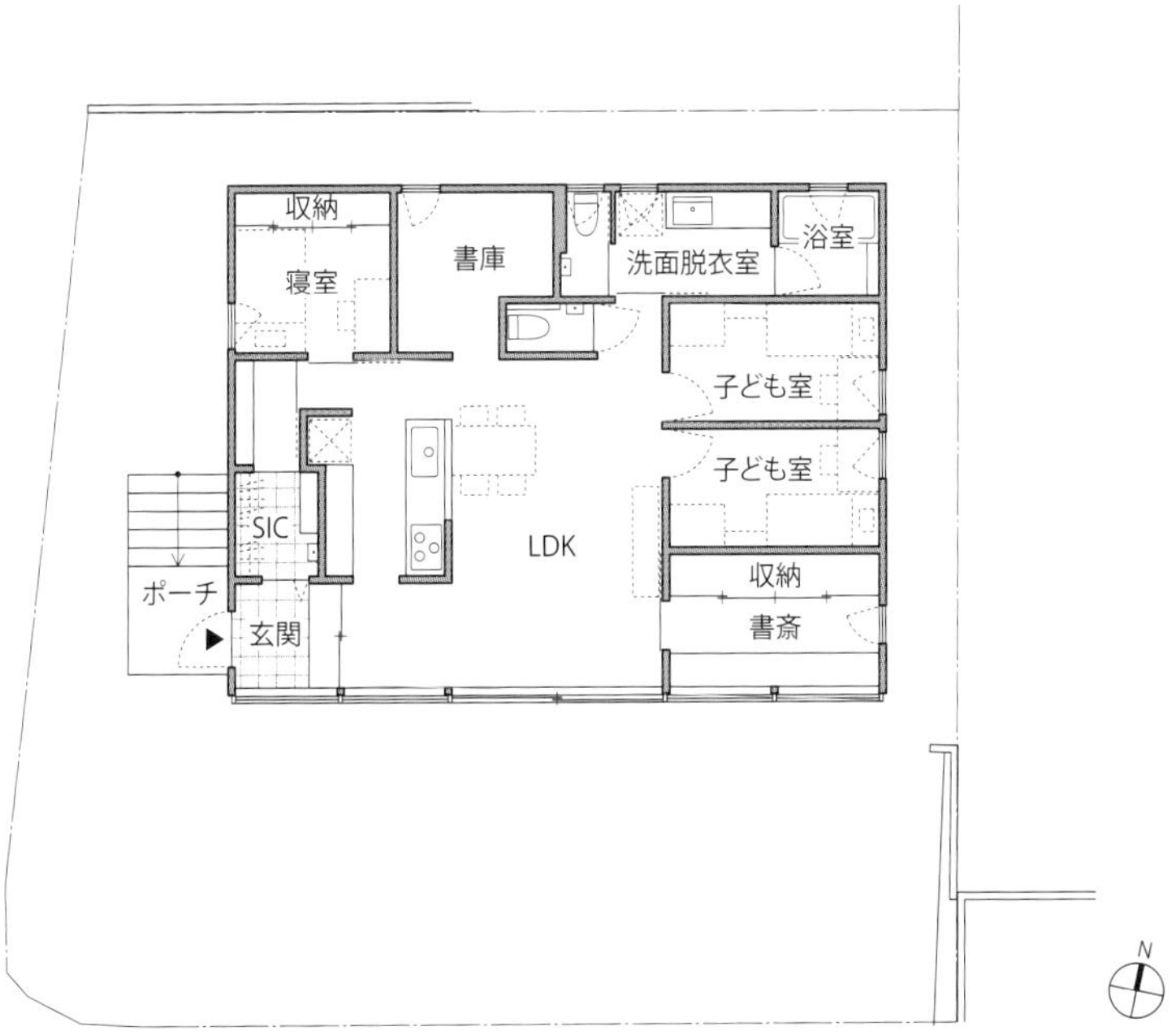

収納
寝室
書庫
洗面脱衣室
浴室
子ども室
子ども室
SIC
LDK
収納
書斎
ポーチ
玄関
N

冷暖房換気一体型ゼンダー

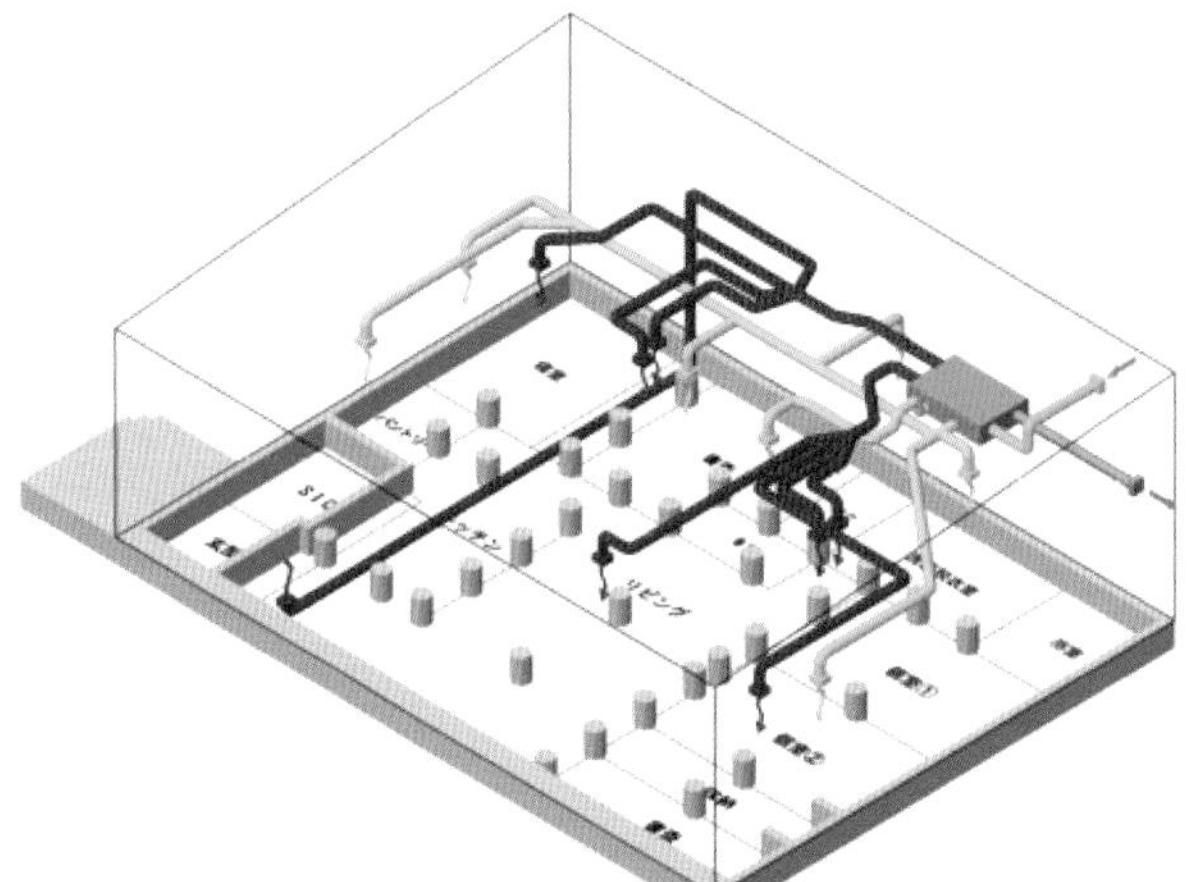

冷暖房エアコンの室内機と一種全熱熱交換換気が1つの箱に入った一体のシステムとダクトの配管の概念図。換気扇本体からの2本のダクトは外部同一面ではない。北面の給気ダクトの長さと外部東面への排気ダクトの長さはより短いほうが効率はよい。

西に45度振るかたちで建てられており、南東側の隣地境界線は近く、南西側は新幹線が通る線路があるため視界が開けている。したがって、南西側に窓を集中させている

事例8 秋田檜山の家

設計：西方設計／施工：池田建築店

西に45度振った ゼロエネルギーの家

若い夫婦と子供のための住宅。開口部の形状を活かし土間をL型に配置し、採光と蓄熱を行う。屋根には、屋根材一体型の太陽光発電（カナメソーラー）を7.67kW設置。建物の向きの関係で太陽光発電パネルも西に45度振っているため、設計値で年間64079MJ程度の発電量と真南よりやや少ない。

一方、予想される年間消費一次エネルギー（家電を含む）が59743MJと創エネが消費エネルギーを上回るゼロエネルギー住宅である。

また、主な居室の冷暖房として、2階廊下に設けたエアコンを採用することで、ZEH（ゼロエネルギー住宅）の条件を達成している。

基本スペック

部位	断熱仕様	部位面積A（㎡）	熱貫流率U（W／㎡K）	係数H（－）	熱損失A·U·H（W／K）	熱損失係数Q（W／㎡K）	その他スペック
屋根	高性能グラスウール20K105+210㎜厚	55.06	0.124	1	6.846	0.073	U_A値：0.31W／㎡K Q値：1.00W／㎡K C値：0.26cm／㎡ 暖房負荷：21.83kWh／㎡ 冷房負荷：8.84kWh／㎡ 暖房一次消費エネルギー：21.83kWh／㎡ 冷房一次消費エネルギー：16kWh／㎡ ηAH：2.1 ηAC：1.5 日射取得熱暖房期：479W　冷房期：307W 自然温度差暖房期：9.21℃　冷房期：7.33 太陽光発電一次エネルギー：64,079MJ 計算はQPEX
外壁	高性能グラスウール20K105+105㎜厚	127.62	0.19	1	24.226	0.527	
基礎（立上り）	ビース法PSF特号60+60㎜厚	55.06	–	1	16.896	0.179	
基礎（底盤下）	ビーズ法PSF特号60㎜厚						
開口部	アルゴンガス入り2Low-Eトリプルガラス+樹脂サッシ	39	–	1	39.758	0.421	
換気	ガデリウス・インダストリー株式会社RDKR	28.34	0.35	1	9.921	0.105	
相当延床面積		94.37	–	–	–	–	
住宅全体		–	–	–	**97.65**	**1.035**	

矩計図（S＝1:80）

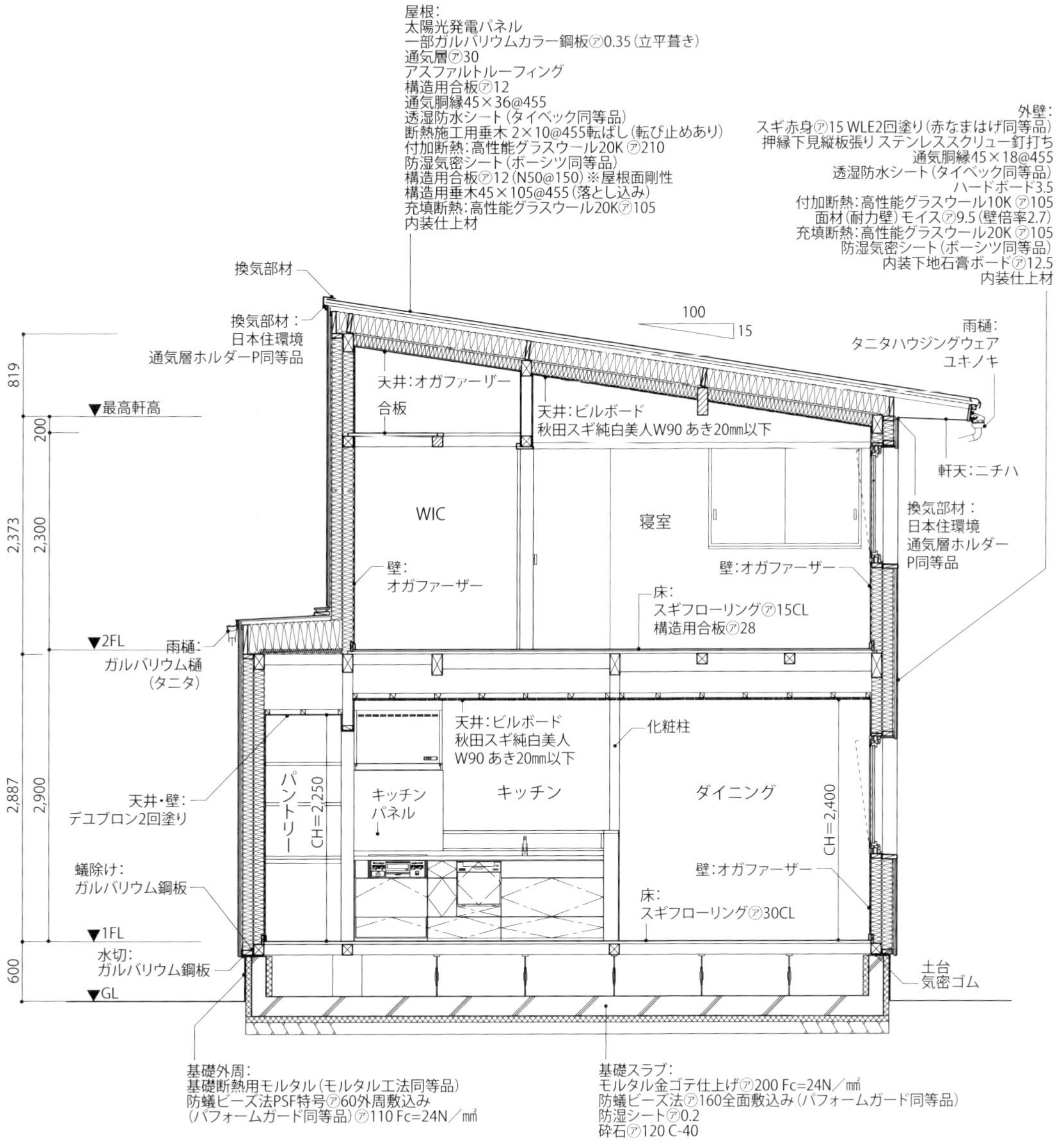
屋根：
太陽光発電パネル
一部ガルバリウムカラー鋼板㋐0.35（立平葺き）
通気層㋐30
アスファルトルーフィング
構造用合板㋐12
通気胴縁45×36@455
透湿防水シート（タイベック同等品）
断熱施工用垂木 2×10@455転ばし（転び止めあり）
付加断熱：高性能グラスウール20K ㋐210
防湿気密シート（ポーシツ同等品）
構造用合板㋐12（N50@150）※屋根面剛性
構造用垂木45×105@455（落とし込み）
充填断熱：高性能グラスウール20K㋐105
内装仕上材
外壁：
スギ赤身㋐15 WLE2回塗り（赤なまはげ同等品）
押縁下見縦板張り ステンレススクリュー釘打ち
通気胴縁45×18@455
透湿防水シート（タイベック同等品）
ハードボード3.5
付加断熱：高性能グラスウール10K ㋐105
面材（耐力壁）モイス㋐9.5（壁倍率2.7）
充填断熱：高性能グラスウール20K ㋐105
防湿気密シート（ポーシツ同等品）
内装下地石膏ボード㋐12.5
内装仕上材
換気部材
換気部材：
日本住環境
通気層ホルダーP同等品
100
15
雨樋：
タニタハウジングウェア
ユキノキ
819
▼最高軒高
200
2,373
2,300
天井：オガファーザー
合板
天井：ビルボード
秋田スギ純白美人W90 あき20㎜以下
WIC
寝室
軒天：ニチハ
換気部材：
日本住環境
通気層ホルダー
P同等品
壁：
オガファーザー
壁：オガファーザー
床：
スギフローリング㋐15CL
構造用合板㋐28
▼2FL
雨樋：
ガルバリウム樋
（タニタ）
天井：ビルボード
秋田スギ純白美人
W90 あき20㎜以下
化粧柱
2,887
2,900
天井・壁：
デユブロン2回塗り
パントリー
CH＝2,250
キッチン
パネル
キッチン
ダイニング
CH＝2,400
蟻除け：
ガルバリウム鋼板
壁：オガファーザー
床：
スギフローリング㋐30CL
▼1FL
水切：
ガルバリウム鋼板
600
▼GL
土台
気密ゴム
基礎外周：
基礎断熱用モルタル（モルタル工法同等品）
防蟻ビーズ法PSF特号㋐60外周敷込み
（パフォームガード同等品）㋐110 Fc=24N／㎟
基礎スラブ：
モルタル金ゴテ仕上げ㋐200 Fc=24N／㎟
防蟻ビーズ法㋐160全面敷込み（パフォームガード同等品）
防湿シート㋐0.2
砕石㋐120 C-40

平面図（S＝1:200）

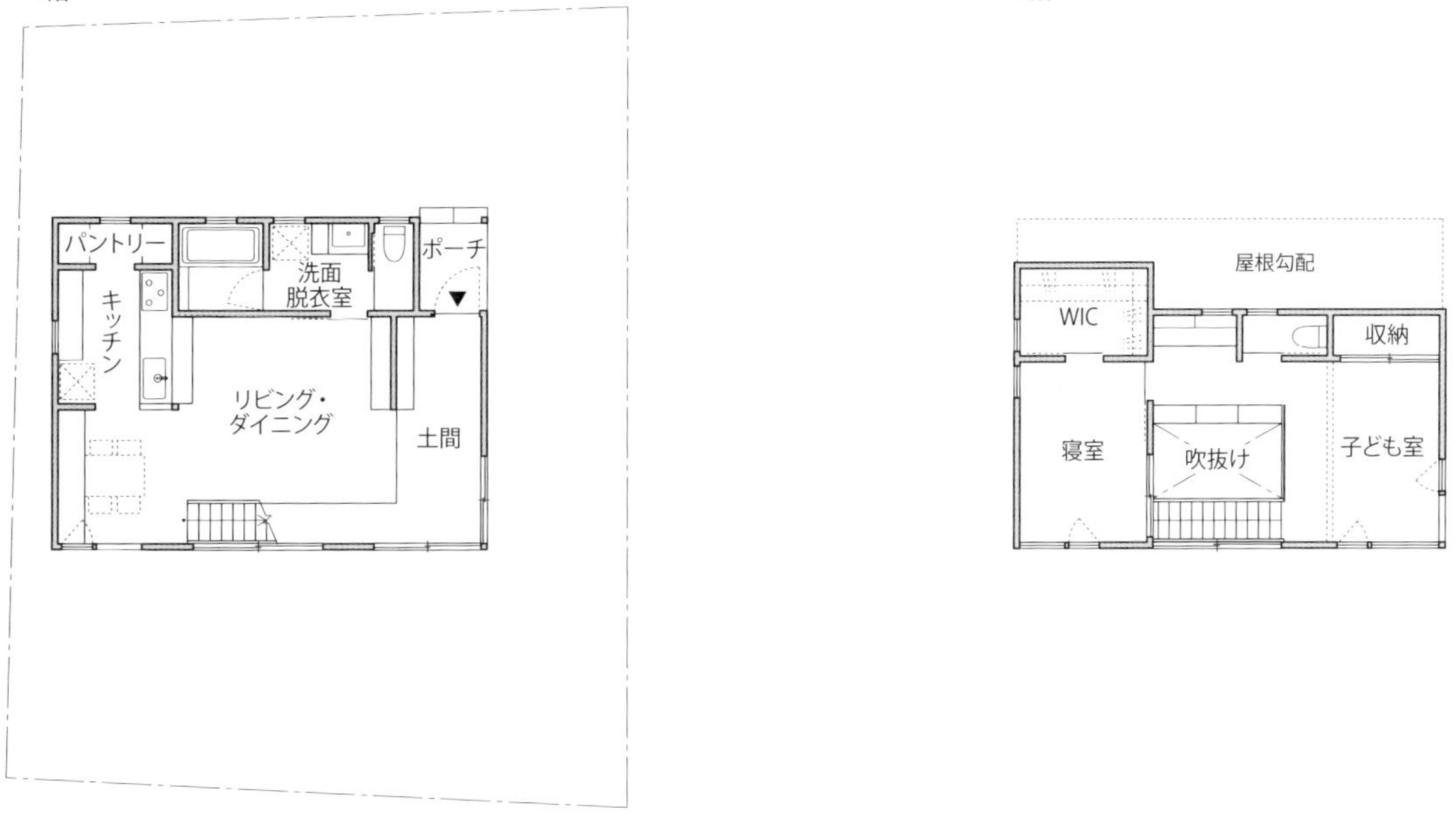
1階
パントリー
洗面
脱衣室
ポーチ
キッチン
リビング・
ダイニング
土間
2階
屋根勾配
WIC
収納
寝室
吹抜け
子ども室

南側に総２階建ての家が隣接しており、１階には日射取得が望めない。したがって、居間を２階にし、その屋根に10KWの屋根一体型の太陽光発電パネルを載せている

事例9 **能代松長布の家**

設計：西方設計／施工：池田建築店

屋根一体型
太陽光発電パネルの
ZEH住宅

197・94㎡（約60坪）の大きな家である。屋根一体型太陽光発電パネルの「エコテクノルーフ」（タニタハウジングウェア）を採用。飛び火認定の太陽光発電パネル設置のアルミの金具は通常の屋根の通気垂木を兼用し、アルミの兼用部材は軀体の屋根の野地板・透湿・防水ルーフィング（ルーフライナー）の上に設置されているなど合理的に施工されている。

太陽光発電は10kWを設置。設計値で年間９５５４２MJの発電量に対し、予想される年間消費一次エネルギー（家電を含まない）が８８３０９MJとなるＺＥＨ住宅である。

基本スペック

部位	断熱仕様	部位面積A（㎡）	熱貫流率U（W／㎡K）	係数H（－）	熱損失A･U･H（W／K）	熱損失係数Q（W／㎡K）	その他スペック
屋根	高性能グラスウール24K200㎜	133.13	0.222	1	29.577	0.149	U_A値：0.51W／㎡K Q値：1.27W／㎡K C値：0.5cm／㎡ 暖房負荷：45.9kWh／㎡ 暖房一次消費エネルギー：45.9kWh／㎡ ηAH：1.5 ηAC：1.3 日射取得熱暖房期：444W 自然温度差暖房期：5.41℃ 太陽光発電一次エネルギー：95,542MJ 消費一次エネルギー（家電を含まない）：88,309MJ
外壁	高性能グラスウール24K120㎜	183.21	0.354	1	64.839	0.328	
基礎（立上り）	ビーズ法ポリスチレンフォーム1号60㎜	106.04	－	1	37.170	0.188	
基礎（底盤）	ビーズ法ポリスチレンフォーム1号50㎜	－	－	1	－	－	
開口部	APW330	50.06	－	1	105.507	0.533	
換気	熱交換換気システム FY-12VBD1A	42.86	0.350	1	15.000	0.076	
延床面積		－	－	－	－	197.94	
熱損失合計		－	－	－	157.68	－	

1階は和室と寝室と子供室と水廻りと車庫、2階はLDKの家。大窓には1･2階とも障子が設置されている

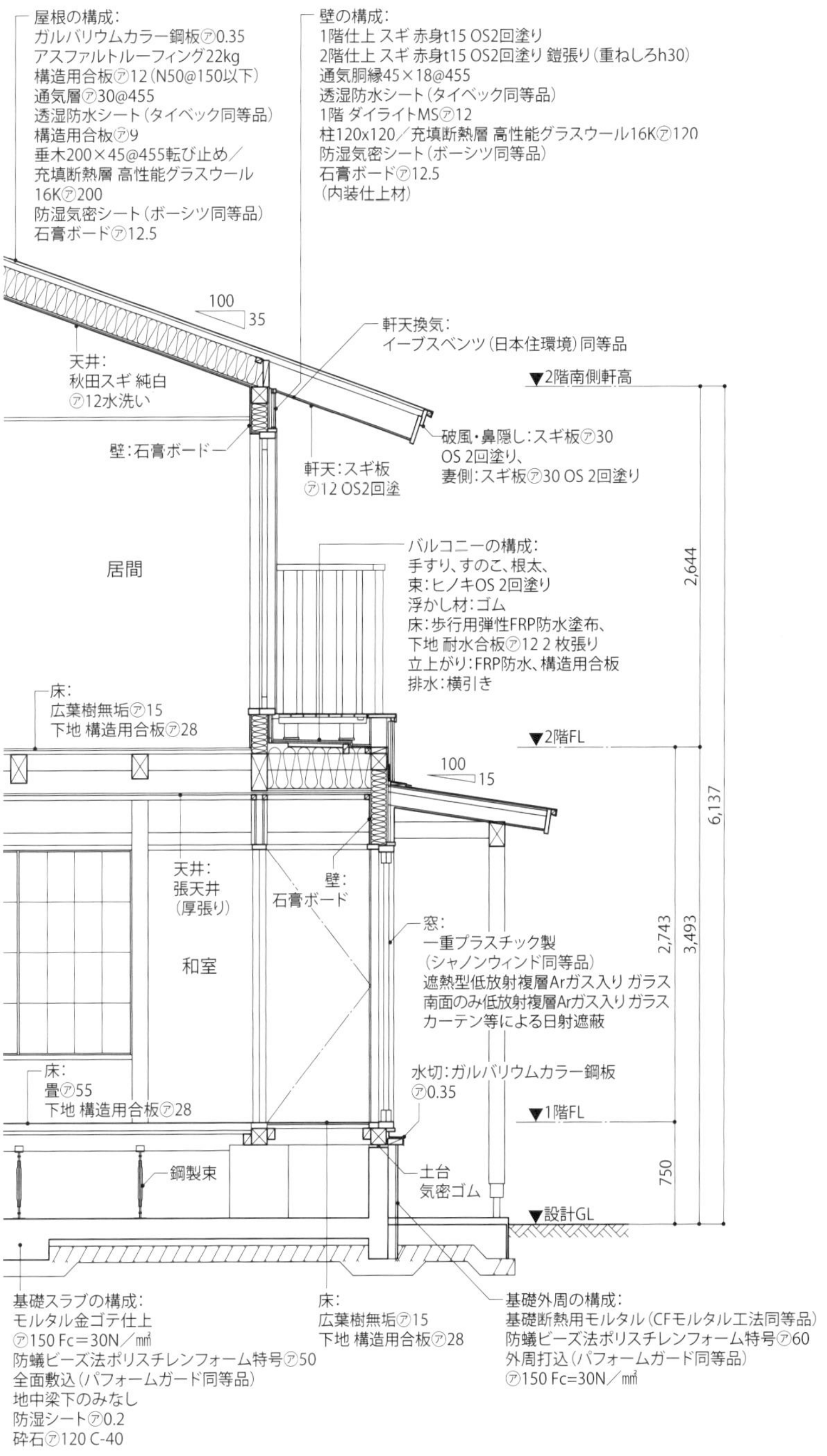

屋根の構成：
ガルバリウムカラー鋼板㋐0.35
アスファルトルーフィング22kg
構造用合板㋐12（N50@150以下）
通気層㋐30@455
透湿防水シート（タイベック同等品）
構造用合板㋐9
垂木200×45@455転び止め／
充填断熱層 高性能グラスウール
16K㋐200
防湿気密シート（ボーシツ同等品）
石膏ボード㋐12.5
壁の構成：
1階仕上 スギ 赤身t15 OS2回塗り
2階仕上 スギ 赤身t15 OS2回塗り 鎧張り（重ねしろh30）
通気胴縁45×18@455
透湿防水シート（タイベック同等品）
1階 ダイライトMS㋐12
柱120x120／充填断熱層 高性能グラスウール16K㋐120
防湿気密シート（ボーシツ同等品）
石膏ボード㋐12.5
（内装仕上材）
100
35
軒天換気：
イーブスベンツ（日本住環境）同等品
天井：
秋田スギ 純白
㋐12水洗い
▼2階南側軒高
壁：石膏ボード
軒天：スギ板
㋐12 OS2回塗
破風・鼻隠し：スギ板㋐30
OS 2回塗り、
妻側：スギ板㋐30 OS 2回塗り
居間
バルコニーの構成：
手すり、すのこ、根太、
束：ヒノキOS 2回塗り
浮かし材：ゴム
床：歩行用弾性FRP防水塗布、
下地 耐水合板㋐12 2 枚張り
立上がり：FRP防水、構造用合板
排水：横引き
2,644
床：
広葉樹無垢㋐15
下地 構造用合板㋐28
▼2階FL
100
15
6,137
天井：
張天井
（厚張り）
壁：
石膏ボード
和室
窓：
一重プラスチック製
（シャノンウィンド同等品）
遮熱型低放射複層Arガス入り ガラス
南面のみ低放射複層Arガス入り ガラス
カーテン等による日射遮蔽
2,743
3,493
床：
畳㋐55
下地 構造用合板㋐28
水切：ガルバリウムカラー鋼板
㋐0.35
▼1階FL
鋼製束
土台
気密ゴム
750
▼設計GL
基礎スラブの構成：
モルタル金ゴテ仕上
㋐150 Fc＝30N／㎟
防蟻ビーズ法ポリスチレンフォーム特号㋐50
全面敷込（パフォームガード同等品）
地中梁下のみなし
防湿シート㋐0.2
砕石㋐120 C-40
床：
広葉樹無垢㋐15
下地 構造用合板㋐28
基礎外周の構成：
基礎断熱用モルタル（CFモルタル工法同等品）
防蟻ビーズ法ポリスチレンフォーム特号㋐60
外周打込（パフォームガード同等品）
㋐150 Fc=30N／㎟

平面図（S＝1:200）

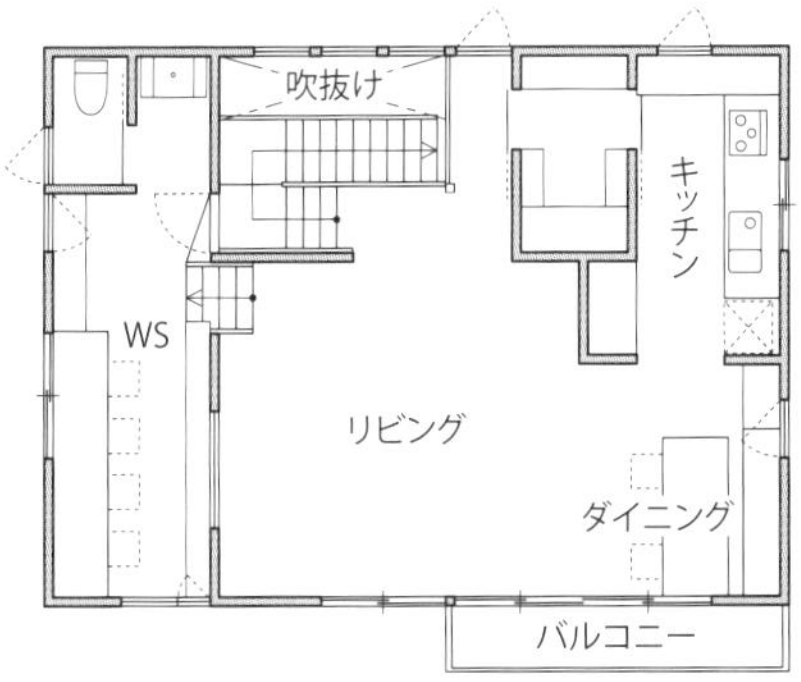

吹抜け
キッチン
WS
リビング
ダイニング
バルコニー

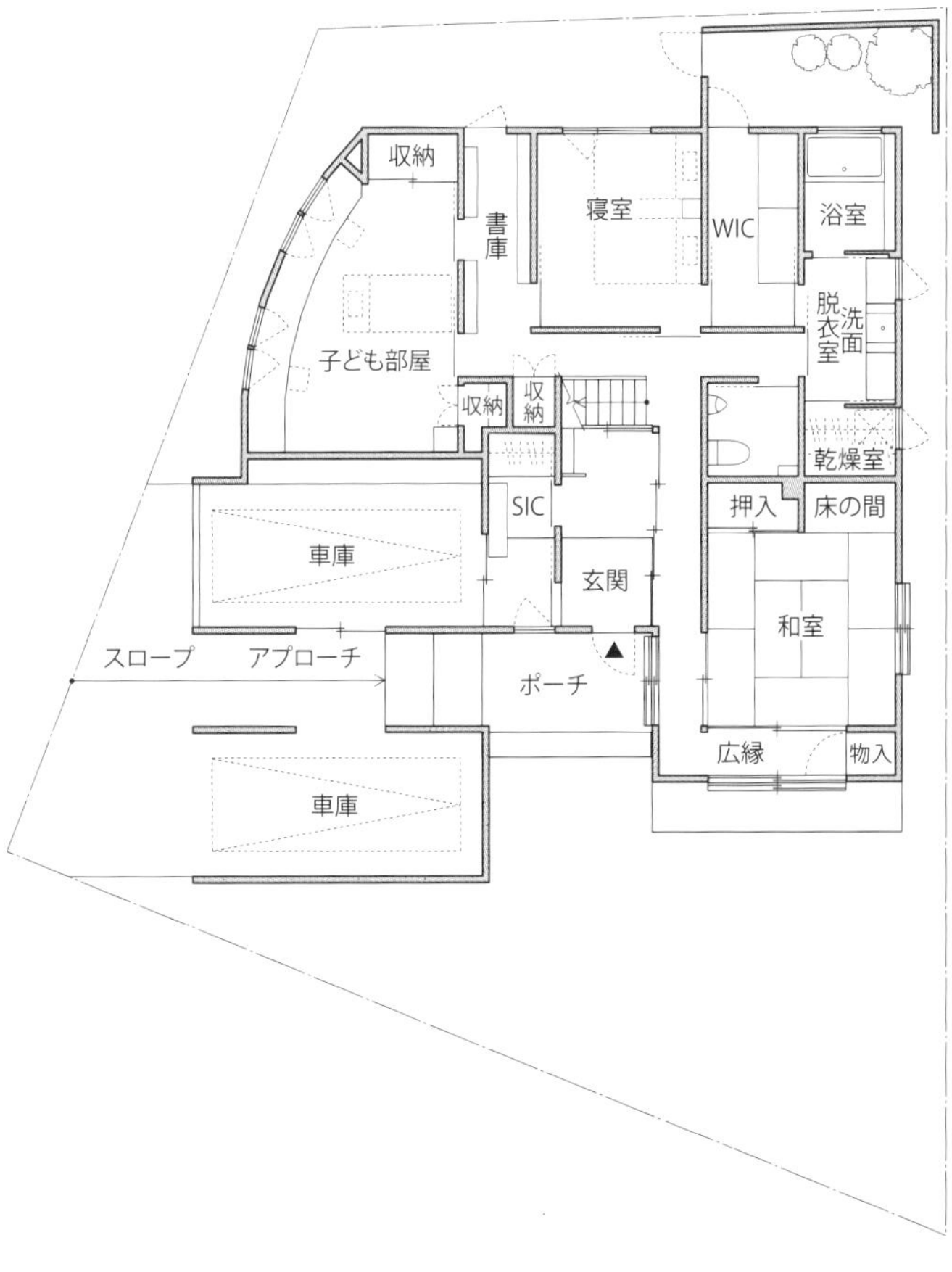

収納
書庫
寝室
WIC
浴室
子ども部屋
脱衣室
洗面
収納
収納
乾燥室
SIC
押入
床の間
車庫
玄関
和室
スロープ
アプローチ
ポーチ
広縁
物入
車庫

ロフトがある居間は2階で、片流れの屋根には太陽光発電パネルが設置されている

南面の隣家は敷地が高いうえに総2階建てなので1階は日射取得が望めない。したがって、2階に大窓を用意して日射取得するとともに、吹抜けをつくって1階のLDKに日射を下ろしている

事例10 保土ヶ谷の家

設計：西方設計／施工：小林材木店

見晴らしのよい大窓をもつ家

リビングを据えた家

2015年の秋に、横浜市保土ヶ谷区の丘陵地を造成した宅地に建てられた住宅で、若い夫婦と小さな子ども2人の4人家族が住む。建て主は高台の見晴らしのよいこの土地を気に入って購入。それから建築家を探し、何十人にも会ったうえで最終的に私のところにたどり着いた。エコロジーで省エネ性に優れた「木の家」をつくっている点を評価してくださっ

基本スペック

部位	断熱仕様	部位面積A（㎡）	熱貫流率U（W／㎡K）	係数H（－）	熱損失A·U·H（W／K）	熱損失係数Q（W／㎡K）	その他スペック
屋根	高性能グラスウール24K300㎜厚	74.45	0.141	1	10.468	10.468	U_A値：0.38W／㎡K
外壁	高性能グラスウール24K100＋100㎜厚	180.15	0.217	1	39.146	39.146	Q値：1.11W／㎡K
外壁（一部）	ビーズ法ポリスチレンフォーム特種100㎜厚	5.32	0.307	1	1.634	1.634	C値：0.38cm／㎡
基礎（立上り）	ビーズ法ポリスチレンフォーム特種100㎜厚	－	－	1	18.543	18.543	暖房負荷：7.7kWh／㎡ 暖房一次消費エネルギー：7.7kWh／㎡
基礎（底盤下）	ビーズ法ポリスチレンフォーム特種100㎜厚	－	－	1			ηAH：2.6 ηAC：1.6
開口部	アルゴンガス入りLow-E複層ガラス＋樹脂サッシ（一部：真空Low-Eトリプルガラス＋樹脂サッシ）	41.26	－	1	66.313	66.313	日射取得熱暖房期：611W 自然温度差暖房期：8.03℃
換気	マーベックス製熱交換換気システム	427.36	－	1	20.808	－	太陽光発電一次エネルギー：MJ
相当延床面積		142.43	－	－	－	－	消費一次エネルギー（家電を含まない）：MJ
住宅全体		－	－	－	**1.102**	**0.364**	

矩計図（S＝1:60）

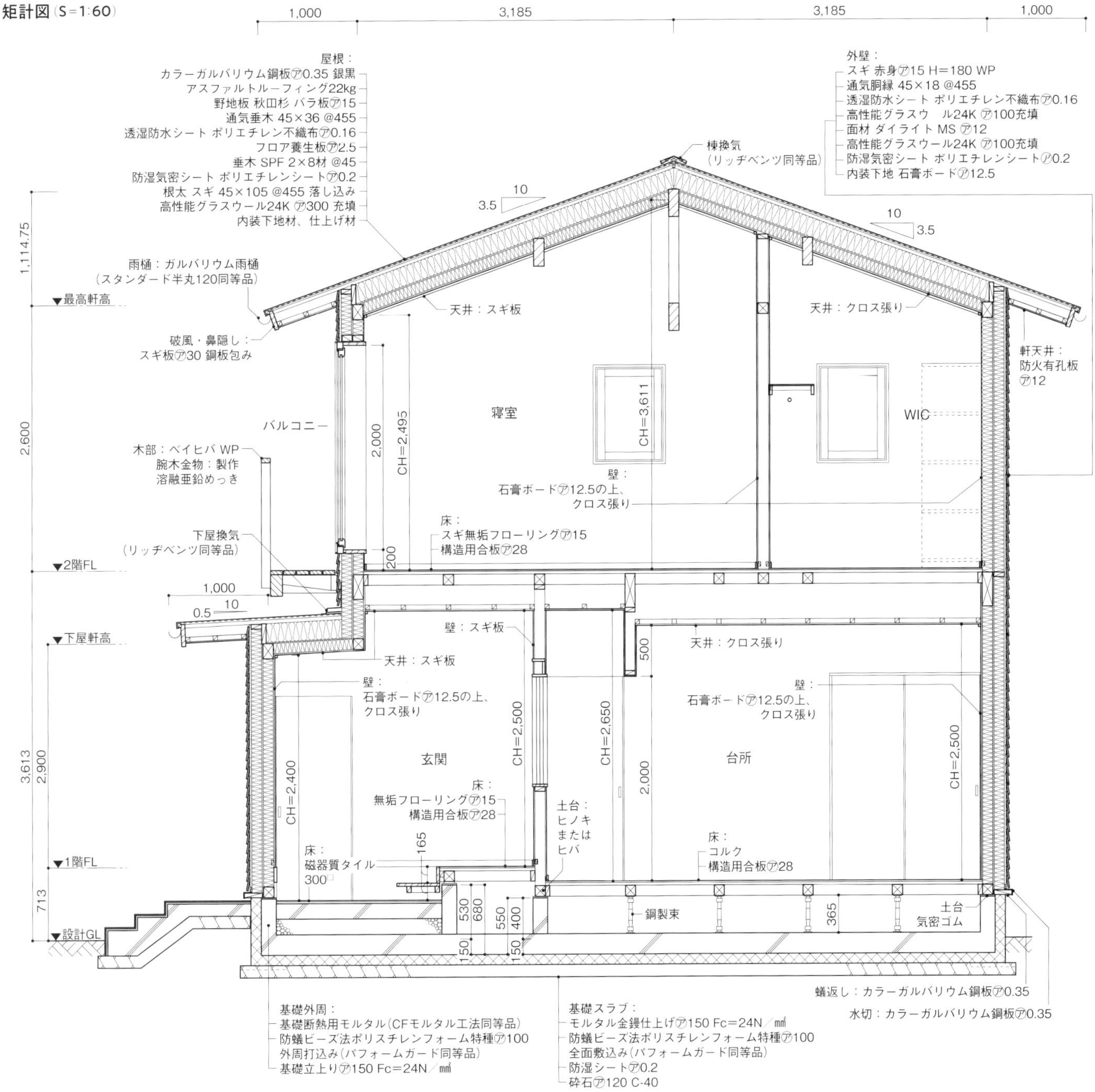
1,000
3,185
3,185
1,000
屋根：
カラーガルバリウム鋼板㋐0.35 銀黒
アスファルトルーフィング22kg
野地板 秋田杉 バラ板㋐15
通気垂木 45×36 @455
透湿防水シート ポリエチレン不織布㋐0.16
フロア養生板㋐2.5
垂木 SPF 2×8材 @45
防湿気密シート ポリエチレンシート㋐0.2
根太 スギ 45×105 @455 落し込み
高性能グラスウール24K ㋐300 充填
内装下地材、仕上げ材
棟換気
（リッチベンツ同等品）
外壁：
スギ 赤身㋐15 H＝180 WP
通気胴縁 45×18 @455
透湿防水シート ポリエチレン不織布㋐0.16
高性能グラスウール24K ㋐100充填
面材 ダイライト MS ㋐12
高性能グラスウール24K ㋐100充填
防湿気密シート ポリエチレンシート㋐0.2
内装下地 石膏ボード㋐12.5
10
3.5
10
3.5
1,114.75
雨樋：ガルバリウム雨樋
（スタンダード半丸120同等品）
最高軒高
天井：スギ板
天井：クロス張り
破風・鼻隠し：
スギ板㋐30 鋼板包み
軒天井：
防火有孔板
㋐12
寝室
WIC
CH＝3,611
バルコニー
2,000
CH＝2,495
2,600
木部：ベイヒバ WP
腕木金物：製作
溶融亜鉛めっき
壁：
石膏ボード㋐12.5の上、
クロス張り
床：
スギ無垢フローリング㋐15
構造用合板㋐28
下屋換気
（リッチベンツ同等品）
200
2階FL
1,000
10
0.5
下屋軒高
壁：スギ板
500
天井：クロス張り
天井：スギ板
壁：
石膏ボード㋐12.5の上、
クロス張り
壁：
石膏ボード㋐12.5の上、
クロス張り
3,613
2,900
CH＝2,400
玄関
CH＝2,500
CH＝2,650
2,000
台所
CH＝2,500
床：
無垢フローリング㋐15
構造用合板㋐28
土台：
ヒノキ
または
ヒバ
165
床：
磁器質タイル
300
1階FL
床：
コルク
構造用合板㋐28
713
設計GL
530
680
550
400
鋼製束
365
土台
気密ゴム
150
150
蟻返し：カラーガルバリウム鋼板㋐0.35
水切：カラーガルバリウム鋼板㋐0.35
基礎外周：
基礎断熱用モルタル（CFモルタル工法同等品）
防蟻ビーズ法ポリスチレンフォーム特種㋐100
外周打込み（パフォームガード同等品）
基礎立上り㋐150 Fc＝24N／㎟
基礎スラブ：
モルタル金鏝仕上げ㋐150 Fc＝24N／㎟
防蟻ビーズ法ポリスチレンフォーム特種㋐100
全面敷込み（パフォームガード同等品）
防湿シート㋐0.2
砕石㋐120 C-40

平面図（S＝1:200）

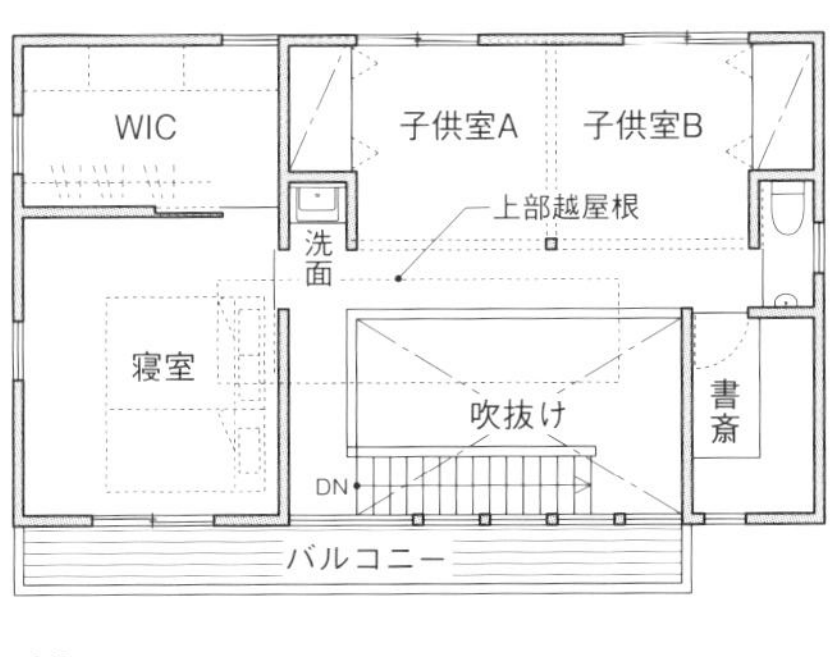
WIC
子供室A
子供室B
上部越屋根
洗面
寝室
吹抜け
書斎
DN
バルコニー

2F

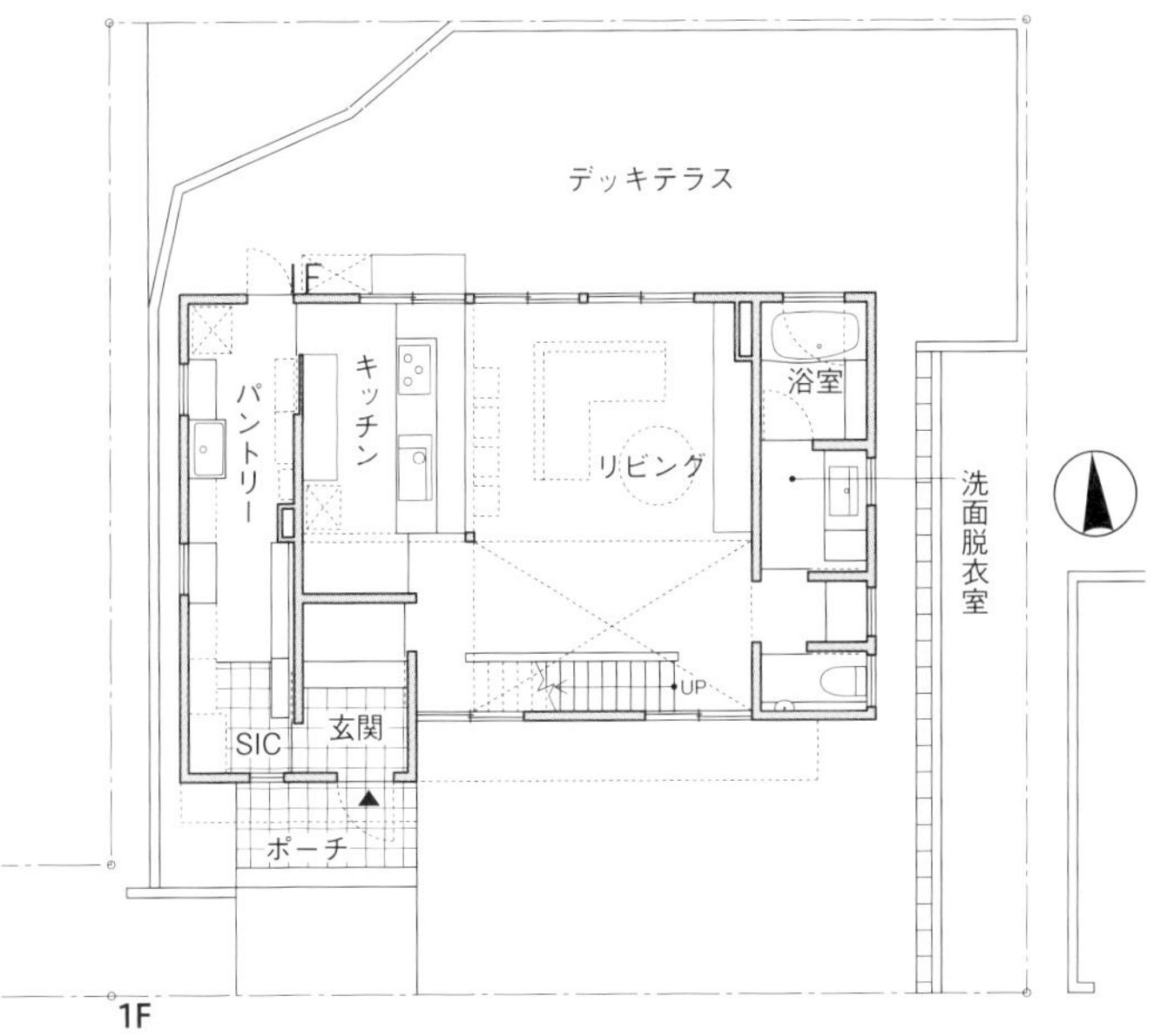
デッキテラス
キッチン
パントリー
リビング
浴室
洗面脱衣室
UP
SIC
玄関
ポーチ

1F

越屋根断面図（S=1:25）

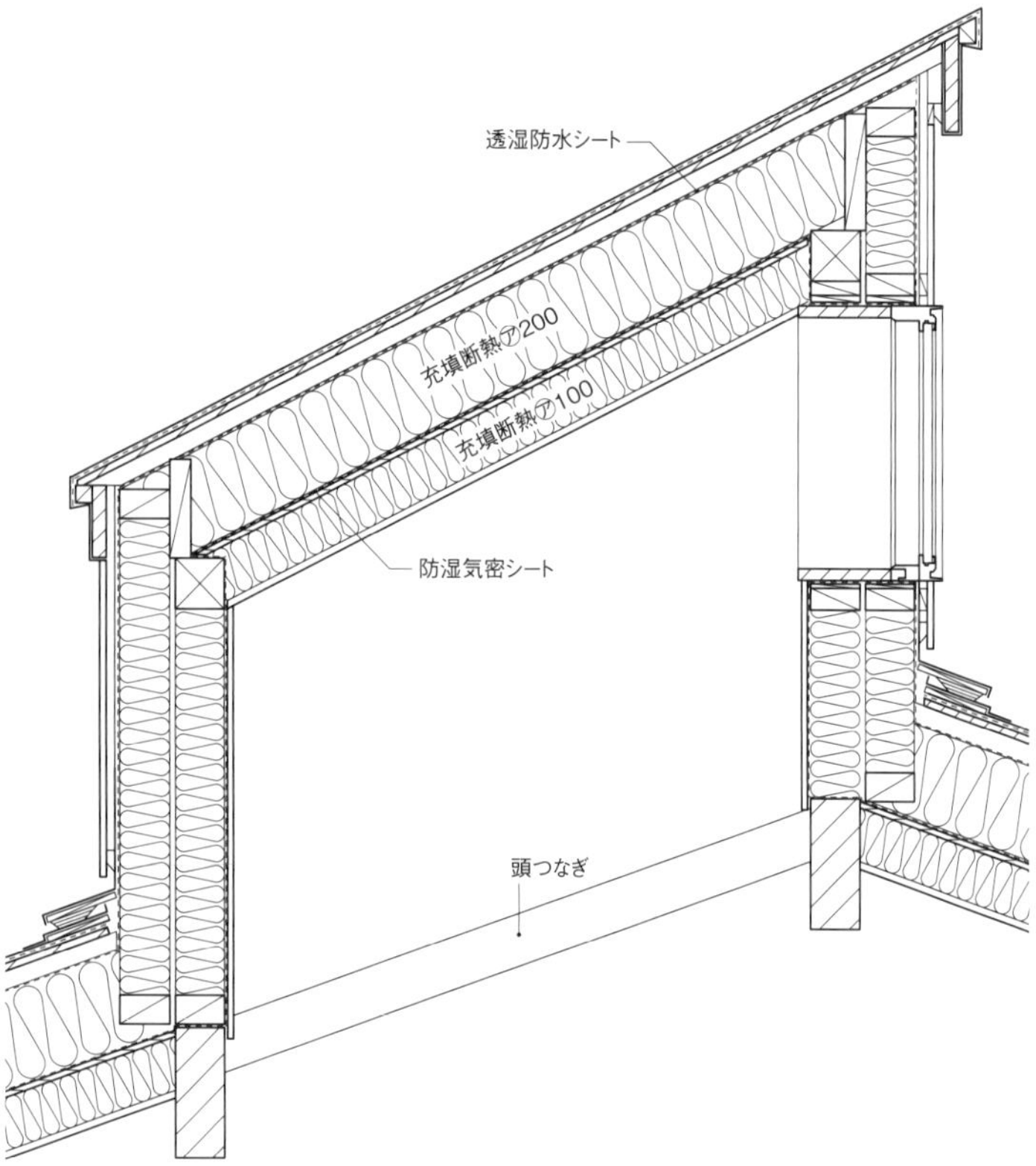

透湿防水シート
充填断熱㋐200
充填断熱㋐100
防湿気密シート
頭つなぎ

熱損失の面ではマイナスになるが、敷地の北側は眺望に優れているので、1階に大窓と広いウッドデッキを設けた

北側の大窓をLDKから見る。この大窓によって断熱仕様の割にU_A値0.38W／㎡K（Q値1.11W／㎡K）と数値が低くなってしまった

外壁出隅・入隅平面図
（S=1:10）

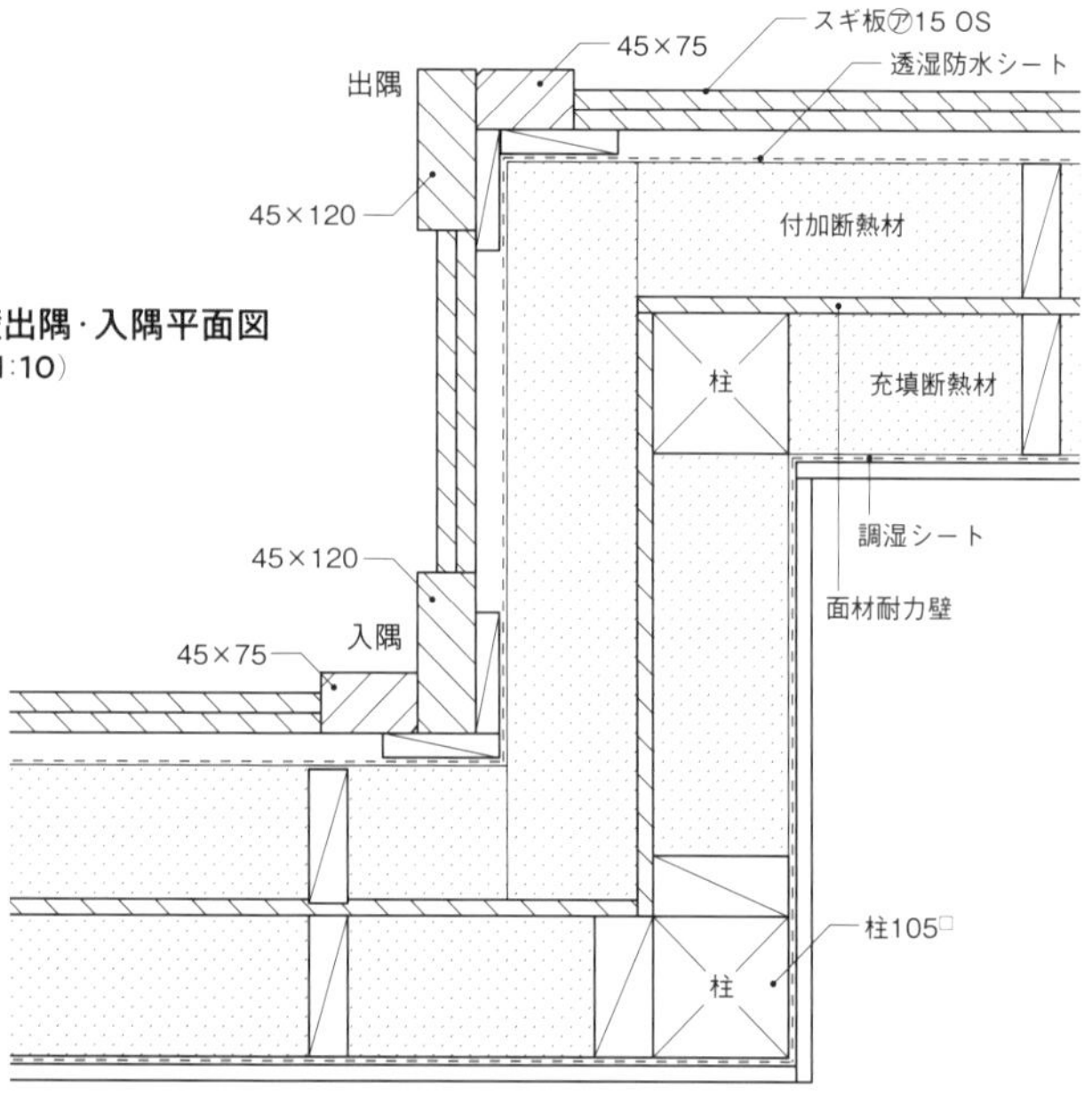

スギ板㋐15 OS
45×75
透湿防水シート
出隅
45×120
付加断熱材
柱
充填断熱材
調湿シート
面材耐力壁
45×120
入隅
45×75
柱105□
柱

たようだ。

プランに関して建て主は、リビング（居間）を暮らしの中心にしたい、そのためにできるだけスペースを大きく取りたいという希望をもっていたため、1階の面積の大半をリビングに割くとともに、ダイニングをカウンター形式にすることで省略したり、外側に大きなデッキテラスを設けたりするなどして、リビング空間を広々と使えるようにした。もちろん、北側の眺望を生かすために、リビングの北側には引違い窓を多数設置した。

また、1階の台所の奥にパントリーを設け、玄関とつなげることで、買ってきた食材や生活用品などをそのまま搬入・収納できるようにした。家事動線に無駄がないように、奥さまが作業するための机や、洗濯機なども設置している。また、リビングの下に大きな地下収納スペースを設け、大きな荷物などを収納できるようにしている。

2階は個室中心の構成だが、子どもが小さいため子供室はつくらず、セカンドリビングとして活用している。

断熱+日射遮蔽に配慮した温暖地の超高断熱住宅

断熱性能に関しては、住宅の名にQ1.0と謳っているように、熱損失係数（Q値）＝11W／Kの超高断熱住宅である。

屋根は184㎜の成のある垂木（2×8材）の間に高性能グラスウール24K200㎜厚を充填し、その内側に防湿気密シートを施工、さらに垂木に合わせて根太45×105㎜を組んでその間に同24K100㎜厚を充填した。壁は同24K100㎜厚を充填し、その外側に同24K100㎜厚の付加断熱を行っている。

基礎は立上りの外側に防蟻剤入りのビーズ法ポリスチレンフォーム100㎜厚を張り、スラブ下には全面に同100㎜厚を敷き

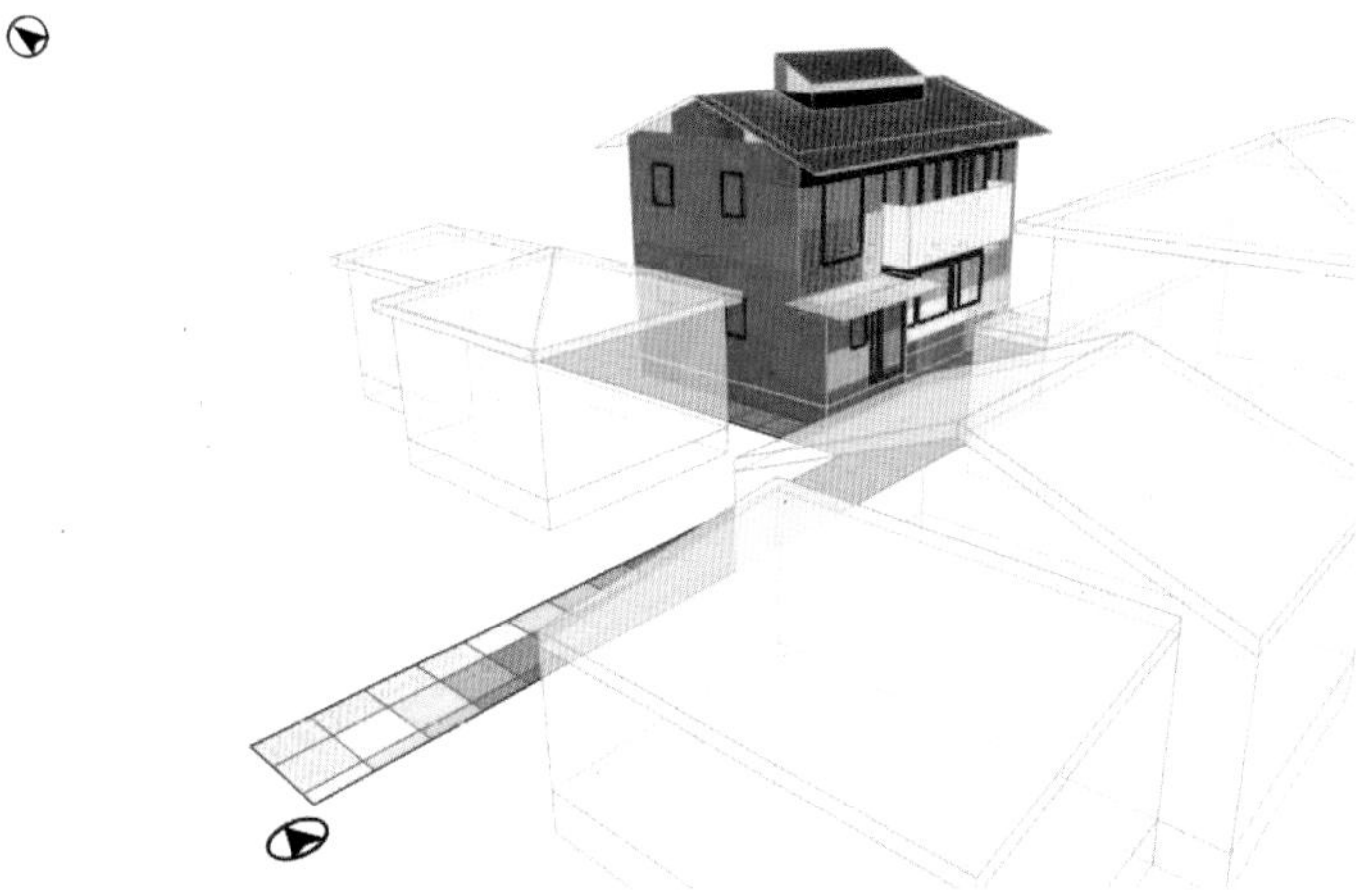

「ホームズ君」による冬の日当りシミュレーション。南に隣接する家によって、1階に十分な日射が望めないことが分かる。2階は日射取得が十分にできるので大窓を設置

床下エアコン収納造作家具の断面詳細図（S=1:20）

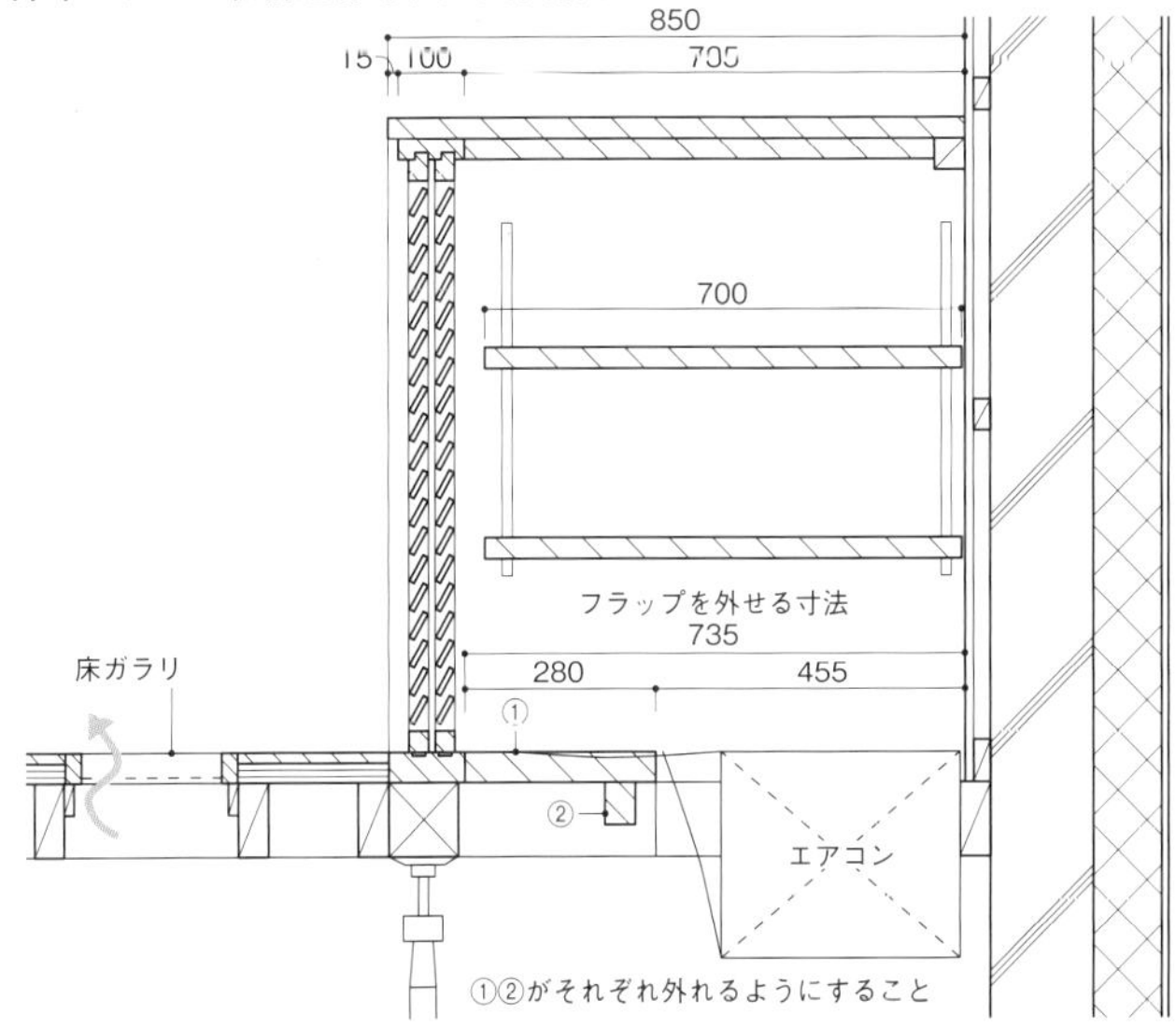

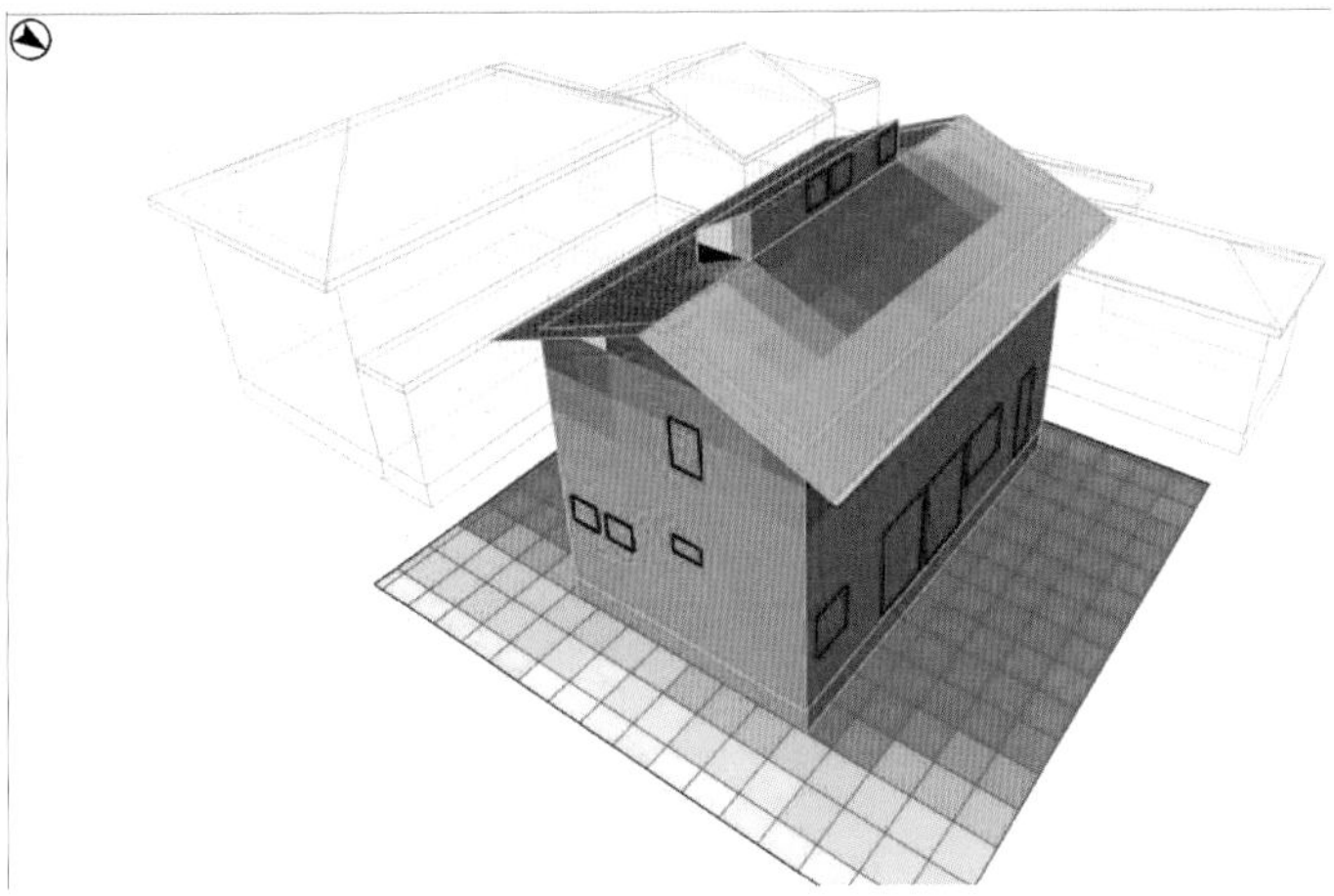

「ホームズ君」による冬の日当りシミュレーションを北側から見る。北側は当然ながら有効な日射取得はできないが、景観が優れているので大窓を設置

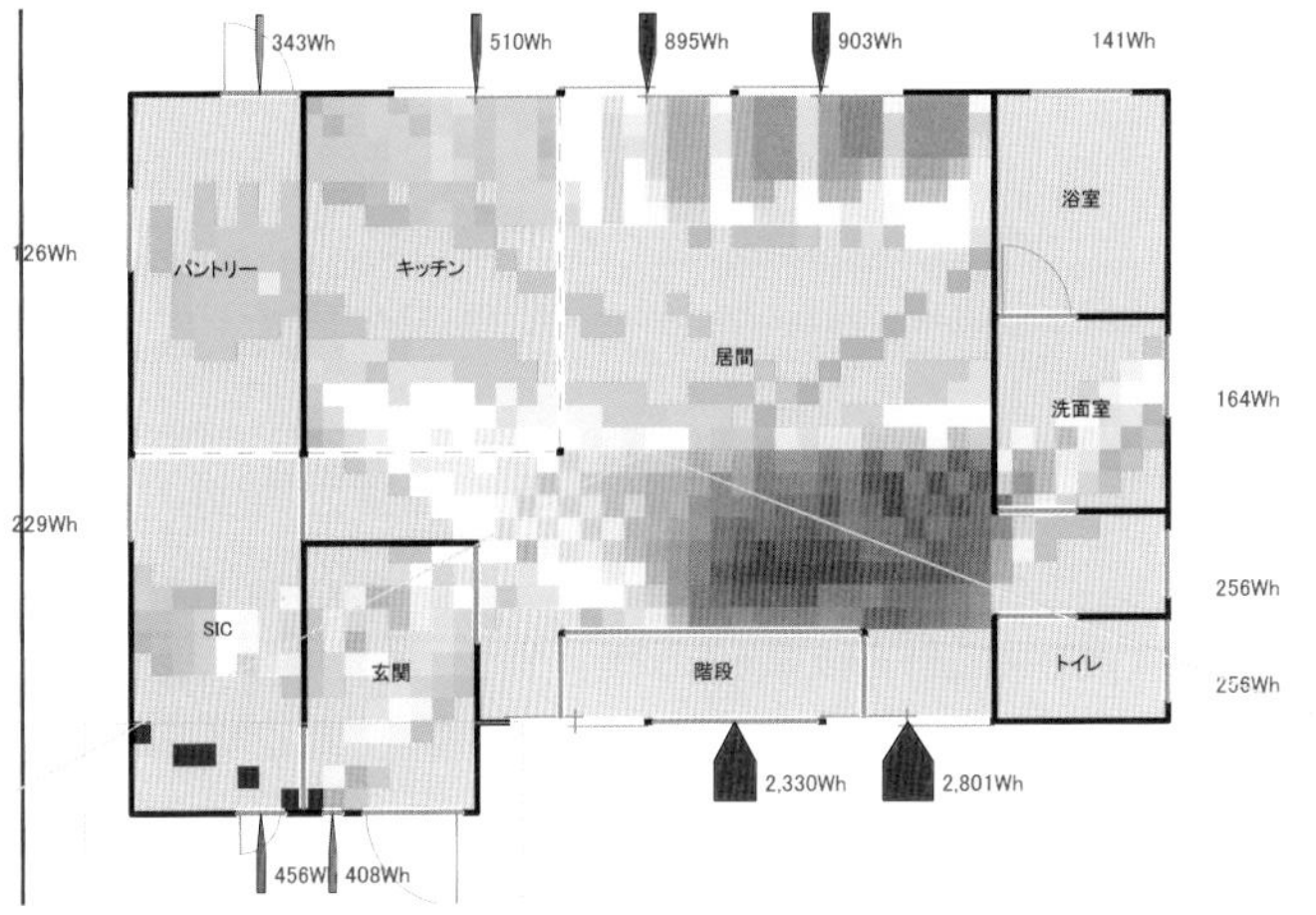

「ホームズ君」による冬の日当りシミュレーション。南面の2階の大窓から吹き抜け部分に日射が十分に入り、1階の居間に降り注いでいる

詰めた。

ほとんどの窓はYKK APの「APW330」（樹脂サッシ＋アルゴンガス入りLow-E複層ガラス）または同製品の防火窓を採用したが、リビングの3間分の引違い窓や一番高い場所に設置された換気用の窓には、「APW330」の特別仕様である真空Low-Eトリプルガラスに変更している。

また、2階のバルコニーに出る引違い窓はとFIX窓エクセルシャノンの「樹脂製防火窓TypeEC」（樹脂サッシ＋アルゴンガス入りLow-E複層ガラス）を3間分採用した。浴室ではハーフユニットのヒノキ板張りの壁に合わせて、アルスの「夢まど」のドレーキップ（木製サッシ＋Low-Eトリプルガラス）の防火窓を採用した。

なお、熱貫流率（U値）はAPW330が1.90W／㎡K、APW330（真空Low-Eトリプルガラス）が1.20W／㎡K、エクセルシャノンの樹脂製防火窓が1.56W／㎡K、夢まど1.70W／㎡Kである。

ちなみに南面の窓には外付けブラインドを設置し、夏は閉めて日射を遮蔽、冬は開けて日射取得を促すことで、冷暖房エネルギーの削減に貢献する。

玄関ドアには最近の事例でよく採用しているスウェーデン製の木製ドア（ガデリウス）を選択。U値は0.93W／㎡Kだ。

熱交換換気システムにはマーベックスの「澄家ECOスーパーハイブリッドシステム」を採用。顕熱交換率84％の性能をもち、外気温に応じて第1種換気と第3種換気が自動で切り替わるため、省エネ性に優れる。

神奈川県では珍しい全室冷暖房

冷暖房を賄うのは床下に設置したエアコン1台。暖房時は、エアコンによって温められた空気が、床や造付け家具、階段の蹴込みなどに設けられたガラリから室内に流れ込み、家全体を暖かくする。冷房時は、同様にエアコンによって床下に溜められた冷たい空気を給気専用換気扇で2階居室に引っ張り上げ、そこから家全体に落としていく。ただし、涼しさの感じ方には個人差もあるので、必要に応じて2階階段付近に補助エアコンを設置できるようにしている。

神奈川ではまだ珍しい全室暖房。大きな吹抜けをもつ家の隅々までやんわりと暖かく、冬でも天気のよい日はエアコンの稼働機会も少ないとのことだ。早くも、Q1住宅の快適性を実感していただいているようである。

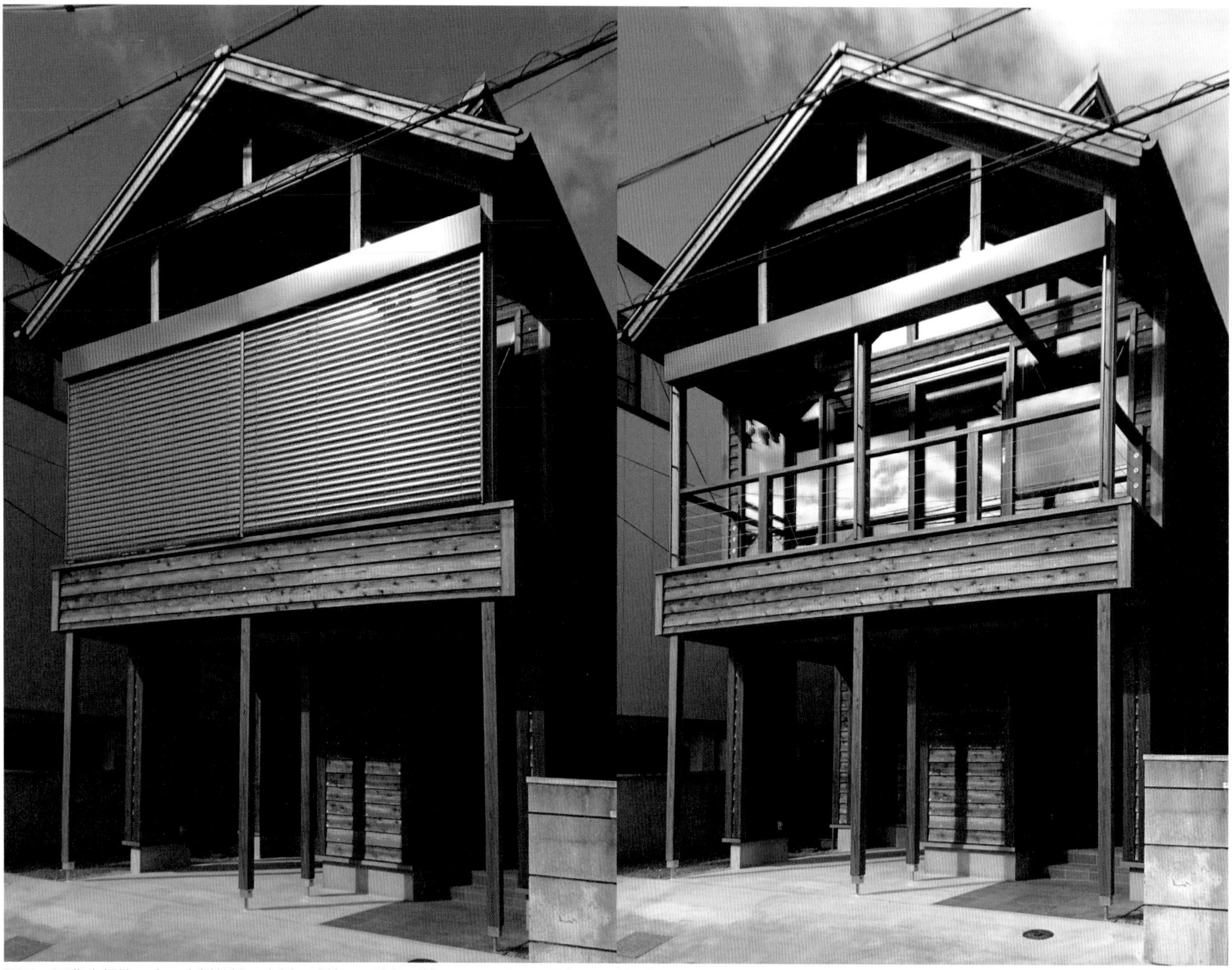

ZEH・Q1住宅姫路の家の東側外観。南側に隣接して建物が建っているため、屋根で日射取得を行う。左写真は外付けブラインドを閉じた状態

事例11 ZEH・Q1.0住宅姫路の家

設計：西方設計

太陽熱を効率的に活用したZEH住宅

Q1.0住宅であり、ZEH基準もクリアした住宅である。性能はQ1.0住宅X—3に相当する。

本事例は姫路市の住宅密集地にあり、屋根以外の日射取得があまり期待できないので、屋根面に設置したエコテクノルーフ（屋根一体型太陽光発電システム）で、エネルギーを創出したり、太陽熱給湯などを行ったりするほか、屋根裏側で暖められた熱とエアコンなどと組み合わせて家全体を温めるようにしている。

基本スペック

部位	断熱仕様	部位面積A（㎡）	熱貫流率U（W／㎡K）	係数H（－）	熱損失A・U・H（W／K）	熱損失係数Q（W／㎡K）	その他スペック
屋根	高性能グラスウール24K 105＋300㎜厚	79.68	0.102	係数	8.100	0.066	UA値0.33W/㎡K Q値1.14W/㎡K C値0.4㎠/㎡ 暖房負荷3.71kWh/㎡ 暖房消費1次エネルギー3.71kWh/㎡（＝COP2.7） μ値0.33 日射取得熱1,126W 自然温度差12.1℃ 太陽光発電：5.85kW
外壁	高性能グラスウール24K 120＋120㎜厚	168.61	0.184	1	31.053	0.253	
床	高性能グラスウール24K 330＋70㎜厚	17.39	0.101	1	1.755	0.014	
基礎（立ち上がり）	ビーズ法PSF特号 60㎜+60㎜厚	53	－	1	16.169	0.132	
基礎（底盤下）	ビーズ法PSF特号 100㎜厚		－	1			
開口部	APW430、エリートフェンスター、造作カーテンウォール	53.14	－	1	65.807	0.537	
換気	熱交換換気システム 澄家ECO-S	49.39	－	1	17.285	0.141	
相当延床面積		122.56	－	1		122.56	
住宅全体		－	－	－	**140.17**	**1.144**	

矩計図（S＝1:80）

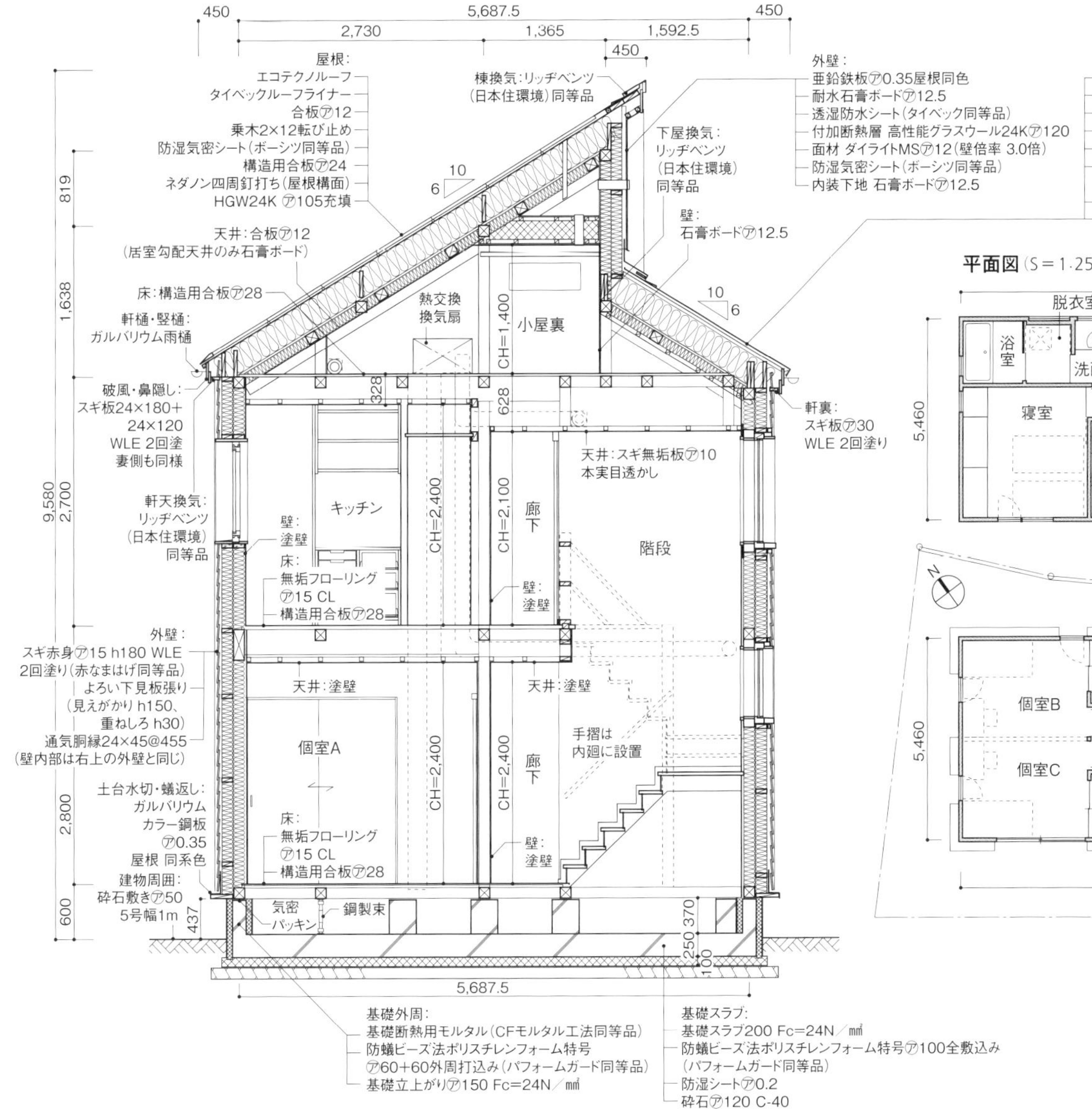
450
5,687.5
450
2,730
1,365
1,592.5
450
屋根：
エコテクノルーフ
タイベックルーフライナー
合板㋐12
乗木2×12転び止め
防湿気密シート（ボーシツ同等品）
構造用合板㋐24
ネダノン四周釘打ち（屋根構面）
HGW24K ㋐105充填
棟換気：リッヂベンツ
（日本住環境）同等品
下屋換気：
リッヂベンツ
（日本住環境）
同等品
壁：
石膏ボード㋐12.5
外壁：
亜鉛鉄板㋐0.35屋根同色
耐水石膏ボード㋐12.5
透湿防水シート（タイベック同等品）
付加断熱層 高性能グラスウール24K㋐120
面材 ダイライトMS㋐12（壁倍率 3.0倍）
防湿気密シート（ボーシツ同等品）
内装下地 石膏ボード㋐12.5
屋根：
カラーガルバリウム鋼板㋐0.35いぶし銀横葺き
アスファルトルーフィング 22kg
合板㋐12
通気垂木45×36@350
透湿防水シート（タイベック同等品）
乗木 2×12@455転び止め／
HGW24K ㋐300充填
防湿気密シート（ボーシツ同等品）
構造用合板㋐24 ネダノン四周釘打ち
（屋根構面）
天井：合板㋐12
（居室勾配天井のみ石膏ボード）
床：構造用合板㋐28
軒樋・竪樋：
ガルバリウム雨樋
破風・鼻隠し：
スギ板24×180＋
24×120
WLE 2回塗
妻側も同様
軒天換気：
リッヂベンツ
（日本住環境）
同等品
熱交換
換気扇
小屋裏
CH=1,400
328
628
軒裏：
スギ板㋐30
WLE 2回塗り
天井：スギ無垢板㋐10
本実目透かし
キッチン
壁：
塗壁
床：
無垢フローリング
㋐15 CL
構造用合板㋐28
CH=2,400
CH=2,100
廊下
階段
壁：
塗壁
外壁：
スギ赤身㋐15 h180 WLE
2回塗り（赤なまはげ同等品）
よろい下見板張り
（見えがかり h150、
重ねしろ h30）
通気胴縁24×45@455
（壁内部は右上の外壁と同じ）
天井：塗壁
天井：塗壁
個室A
CH=2,400
CH=2,400
廊下
手摺は
内廻に設置
土台水切・鑓返し：
ガルバリウム
カラー鋼板
㋐0.35
屋根 同系色
建物周囲：
砕石敷き㋐50
5号幅1m
床：
無垢フローリング
㋐15 CL
構造用合板㋐28
壁：
塗壁
気密
パッキン
鋼製束
819
1,638
9,580
2,700
2,800
600
437
370
250
100
5,687.5
基礎外周：
基礎断熱用モルタル（CFモルタル工法同等品）
防蟻ビーズ法ポリスチレンフォーム特号
㋐60＋60外周打込み（パフォームガード同等品）
基礎立上がり㋐150 Fc=24N／㎟
基礎スラブ：
基礎スラブ200 Fc=24N／㎟
防蟻ビーズ法ポリスチレンフォーム特号㋐100全敷込み
（パフォームガード同等品）
防湿シート㋐0.2
砕石㋐120 C-40

DATA

所在地：兵庫県姫路市
規模：木造2階建て
建築面積：76.60㎡（23.17坪）
延床面積：142.97㎡（43.24坪）
施工：ミヤホーム

平面図（S＝1:250）

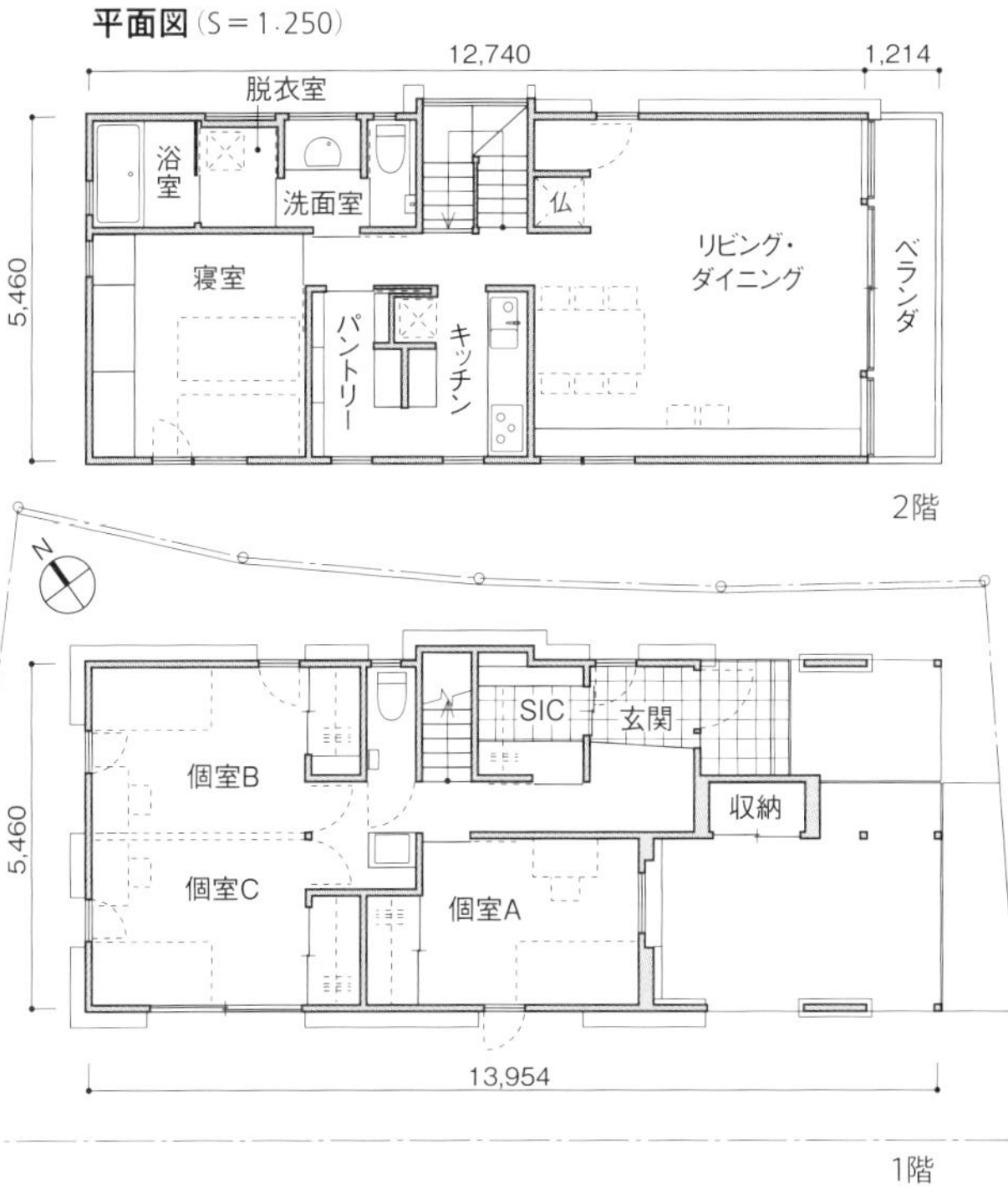
12,740
1,214
脱衣室
浴室
洗面室
仏
寝室
パントリー
キッチン
リビング・
ダイニング
ベランダ
5,460
2階
SIC
玄関
収納
個室B
個室C
個室A
5,460
13,954
1階

省エネ基準一次エネルギー消費量算定方法による計算結果

床面積	主たる居室	その他の居室	非居室	合計
	62.11㎡	43.06㎡	28.98㎡	28.98㎡
省エネ地域区分／年間日射地域区分	6地域/A		4区分	

（4）住宅の一次エネルギー消費量（1戸当り）	基準一次エネルギー消費量	設計一次エネルギー消費量
暖房設備一次エネルギー消費量	27,610MJ／（戸・年）	13,810MJ／（戸・年）
冷房設備一次エネルギー消費量	6,786MJ／（戸・年）	6,826MJ／（戸・年）
換気設備一次エネルギー消費量	5,006MJ／（戸・年）	8,327MJ／（戸・年）
照明設備一次エネルギー消費量	16,335MJ／（戸・年）	8,819MJ／（戸・年）
給湯設備一次エネルギー消費量	25,091MJ／（戸・年）	35,384MJ／（戸・年）
合計	80,828MJ／（戸・年）①	73,166MJ／（戸・年）②
太陽光発電等による発電量 総発電量		89,067MJ／（戸・年）③

コージェネレーションシステムによる発電量

太陽光発電等による発電量 評価量	26,925MJ／（戸・年）	③'

エネルギー削減量、エネルギー削減率の計算結果
（ゼロ・エネルギーの評価）

基準エネルギー消費量			80,828MJ／（戸・年）	④：①
省エネ量		A（基本仕様）	34,587MJ／（戸・年）	⑤：④－②＋③'
		B（空気集熱式太陽熱利用）		⑥：※併用不可
		c（太陽光発電）	62,142MJ／（戸・年）	⑦：③－③'
		小計	96,729MJ／（戸・年）	⑧：⑤＋⑦
一次エネルギー消費量等の評価結果	全体としての評価結果	エネルギー消費量	-15,901MJ／（戸・年）	⑨：④－⑧
		エネルギー消費削減量	96,729MJ／（戸・年）	⑩：⑧
		エネルギー削減率（R）	119.7%	⑪：⑩÷④×100
	太陽光発電を除く評価結果	エネルギー消費削減量	34,587MJ／（戸・年）	⑫：⑤
		エネルギー削減率（RO）	42.8%	⑬：⑫÷④×100

ロフトの1／3の西南部分が冷房用エアコンと熱交換換気扇の置き場とチャンバーになっている。南西と南東の大窓には日射遮蔽の外付けシェードが設置されている

事例12 徳島北島の家

設計：西方設計／施工：森の家工務店

UA値0.24の四国の涼しい家

古い母屋の南西側に増築した家が冷房しても暑く、我慢できなくなった建て主が古い母屋を涼しい家に建替えを依頼。そこで屋根や外壁の断熱を適切に施工し、室内表面温度を低くするのに加え、窓の日射遮蔽、一種全熱熱交換換気システムで高温多湿な室内空気を室外に排出し、高温多湿な外気を入れないなどの対策を施した住宅を計画した。1階のほとんどの面積は4台の駐車スペースで、ほかは玄関・階段・物置である。暖房用エアコンは1階の玄関部分に設置されている。

基本スペック

部位	断熱仕様	部位面積A（㎡）	熱貫流率U（W／㎡K）	係数H（－）	熱損失A・U・H（W／K）	熱損失係数Q（W／㎡K）	その他スペック
屋根	高性能グラスウール20K105＋210㎜	125.71	0.124	1	15.630	0.153	UA値：0.24W／㎡K Q値：0.71W／㎡K C値：0.2cm／㎡ 暖房負荷：8.36kWh／㎡ 冷房負荷：12.33 kWh／㎡ 暖房一次消費エネルギー：8.36kWh／㎡ ηAH：1.0　ηAC：0.9 日射取得熱暖房期：300W 自然温度差暖房期：8.82℃ 計算はQPEX
外壁	高性能グラスウール20K120＋120㎜	152.17	0.167	1	25.433	0.250	
床	高性能グラスウール20K420㎜	68.73	0.106	1	7.313	0.072	
基礎（立上り）	ビーズ法ポリスチレンフォーム1号60＋60㎜	8.28	－	1	4.909	0.048	
基礎（底盤）	ビーズ法ポリスチレンフォーム1号60㎜	－	－	1	－	－	
開口部	APW430、APW330、エルスターX	24.52	－	1	35.445	0.239	
換気	熱水蒸気回収型全熱RDKR	36.4	0.350	1	12.740	0.099	
延床面積		－	－	－	－	101.85㎡	
熱損失合計		－	－	－	**60.41**	－	

矩計図（S＝1:80）

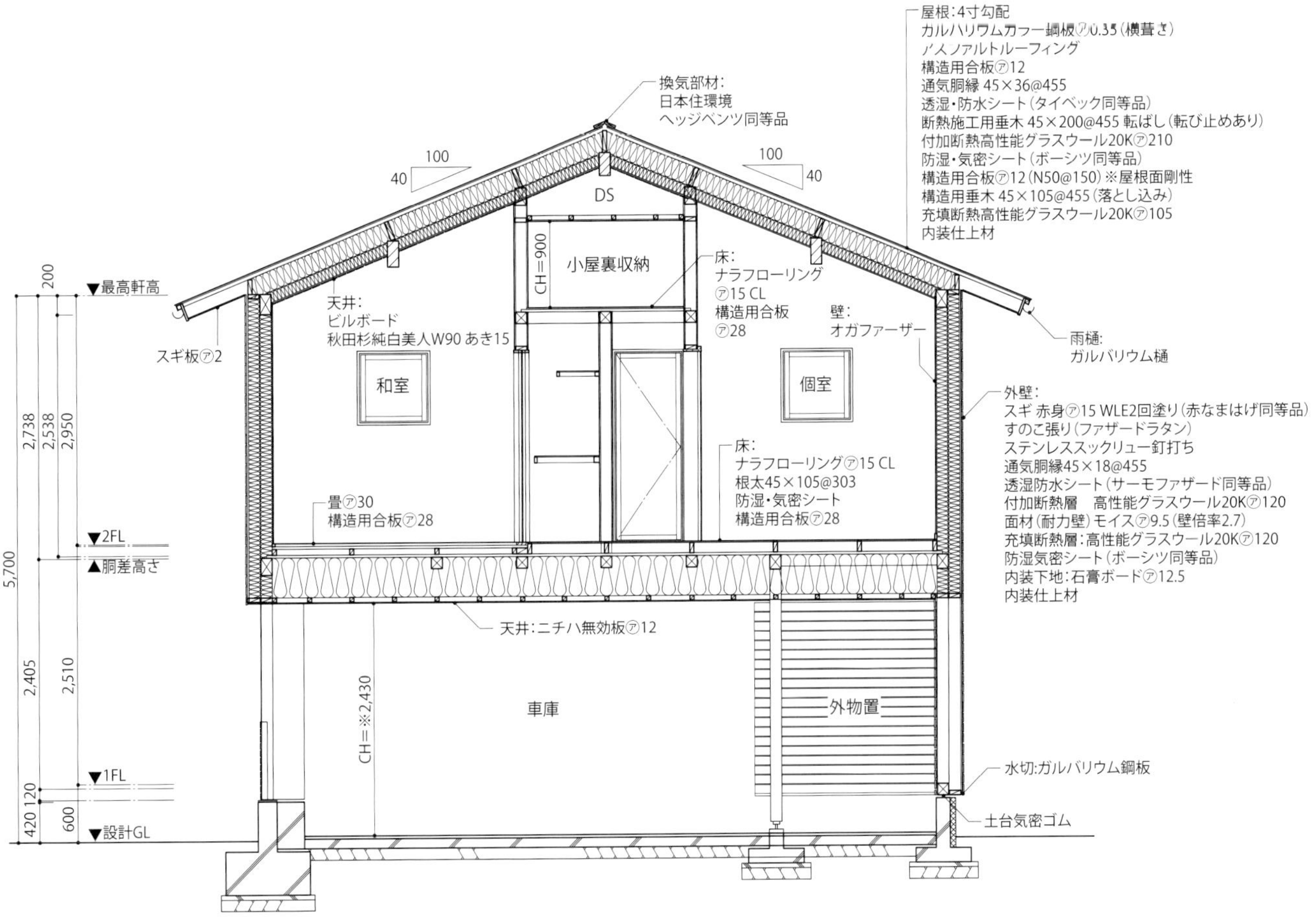
屋根：4寸勾配
ガルバリウムカラー鋼板㋐0.35（横葺き）
アスファルトルーフィング
構造用合板㋐12
通気胴縁 45×36@455
透湿・防水シート（タイベック同等品）
断熱施工用垂木 45×200@455 転ばし（転び止めあり）
付加断熱高性能グラスウール20K㋐210
防湿・気密シート（ボーシツ同等品）
構造用合板㋐12（N50@150）※屋根面剛性
構造用垂木 45×105@455（落とし込み）
充填断熱高性能グラスウール20K㋐105
内装仕上材
換気部材：
日本住環境
ヘッジベンツ同等品
100
40
100
40
DS
小屋裏収納
CH＝900
床：
ナラフローリング
㋐15 CL
構造用合板
㋐28
壁：
オガファーザー
天井：
ビルボード
秋田杉純白美人W90 あき15
和室
個室
雨樋：
ガルバリウム樋
スギ板㋐2
200
▼最高軒高
2,738
2,538
2,950
5,700
床：
ナラフローリング㋐15 CL
根太45×105@303
防湿・気密シート
構造用合板㋐28
畳㋐30
構造用合板㋐28
▼2FL
▲胴差高さ
外壁：
スギ 赤身㋐15 WLE2回塗り（赤なまはげ同等品）
すのこ張り（ファザードラタン）
ステンレススックリュー釘打ち
通気胴縁45×18@455
透湿防水シート（サーモファザード同等品）
付加断熱層　高性能グラスウール20K㋐120
面材（耐力壁）モイス㋐9.5（壁倍率2.7）
充填断熱層：高性能グラスウール20K㋐120
防湿気密シート（ボーシツ同等品）
内装下地：石膏ボード㋐12.5
内装仕上材
天井：ニチハ無効板㋐12
2,405
2,510
CH＝※2,430
車庫
外物置
水切：ガルバリウム鋼板
▼1FL
420
120
600
▼設計GL
土台気密ゴム

平面図（S＝1:200）

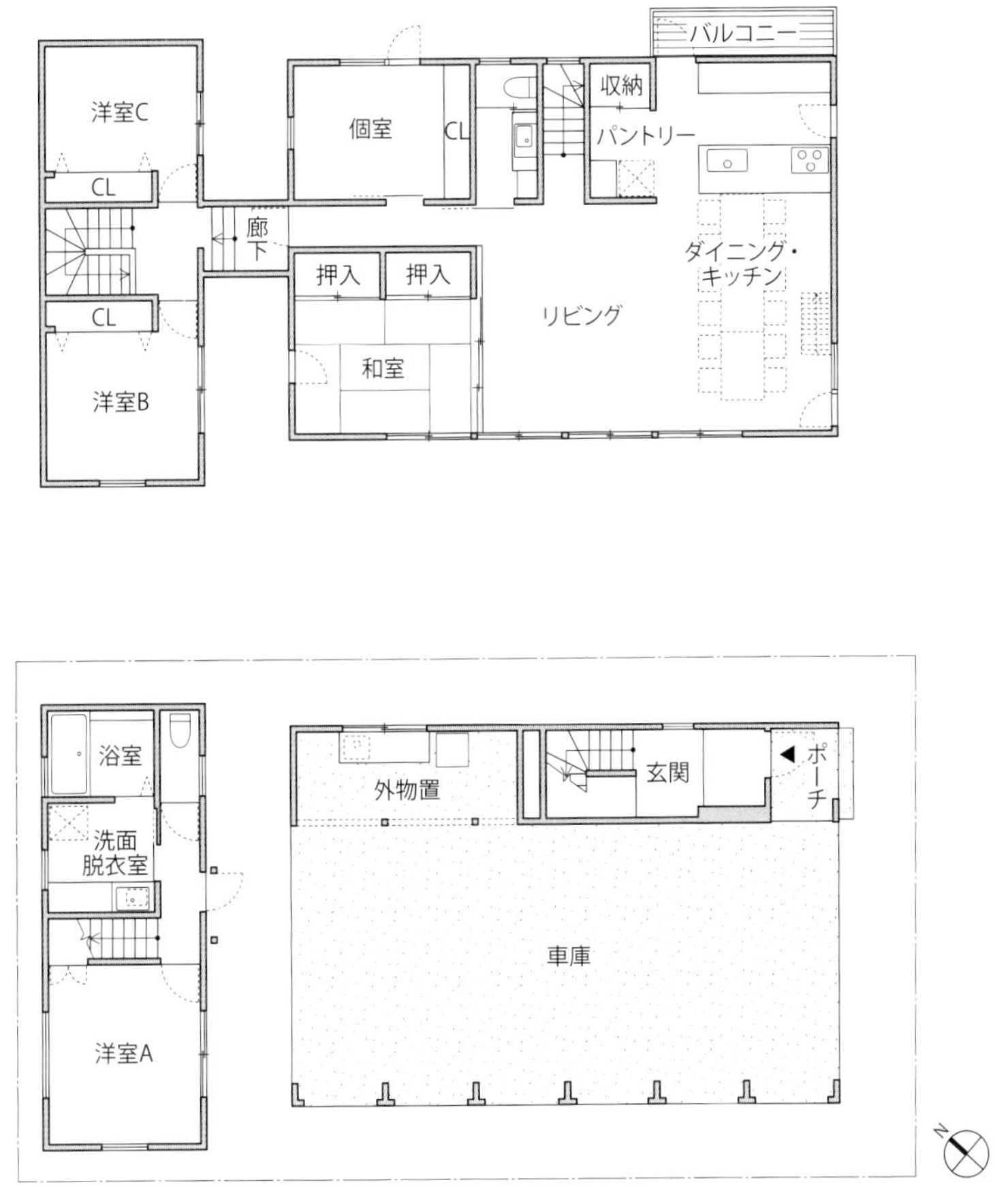
バルコニー
洋室C
CL
個室
CL
収納
パントリー
廊下
押入
押入
ダイニング・キッチン
リビング
CL
和室
洋室B
浴室
洗面
脱衣室
外物置
玄関
ポーチ
車庫
洋室A
N

大きなカーテンウォールの窓は高性能な木製サッシ「スマートウィン」で。ガラスは日射取得が大きく熱損失が少ないサンゴバンECLAZ。夏は外付けブラインドで日射遮蔽を行う

この家の特徴は大きなカーテンウォール。道路や隣家に面した3方を壁で囲み、南面は大きく開くことで日射取得とともに季節ごとに変換する庭の景色を室内に取り込んでいる。周囲の外壁より熱損失が大きいガラスの巨大なカーテンウォールだが、躯体全体の性能を上げることで、U_A値0・24W／㎡K（Q値0・71W／㎡K）を保てている。カーテンウォールの日射取得量が熱損失の2.5倍もあり熱収支が優れているため、暖房負荷は極めて少ない15・7kWh／㎡である。

事例13 秋田東通の家

設計：西方設計／施工：志村建設

高性能カーテンウォールを生かした家

基本スペック

部位	断熱仕様	部位面積A（㎡）	熱貫流率U（W／㎡K）	係数H（－）	熱損失A・U・H（W／K）	熱損失係数Q（W／㎡K）	その他スペック
屋根	高性能グラスウール20K105＋210㎜	67.23	0.124	1	8.359	0.061	U_A値：0.27W／㎡K Q値：0.77W／㎡K C値：0.2cm／㎡ 暖房負荷：15.7kWh／㎡ 冷房負荷：6.45 kWh／㎡ 暖房一次消費エネルギー：15.7kWh／㎡ ηAH：0.7　ηAC：0.6 日射取得熱暖房期：502W 自然温度差暖房期：11.19℃ 暖房設備容量：1,740W 冷房設備容量：1,850W 計算はQPEX
外壁	高性能グラスウール20K105＋90㎜	102.38	0.205	1	20.957	0.153	
外壁B	高性能グラスウール20K105＋210㎜	52.34	0.130	1	6.805	0.050	
基礎（立上り）	ビーズ法ポリスチレンフォーム1号50＋50㎜	68.35	－	1	23.268	0.170	
基礎（底盤）	ビーズ法ポリスチレンフォーム1号 50㎜						
開口部	造作カーテンウォール（SmartWin）、APW430	37.26	－	1	25.094	0.183	
換気	熱水蒸気回収型全熱RDKR	49.28	0.350	1	17.249	0.126	
延床面積		－	－	－	－	136.9㎡	
熱損失合計		－	－	－	**101.73**	－	

矩計図（S＝1:80）

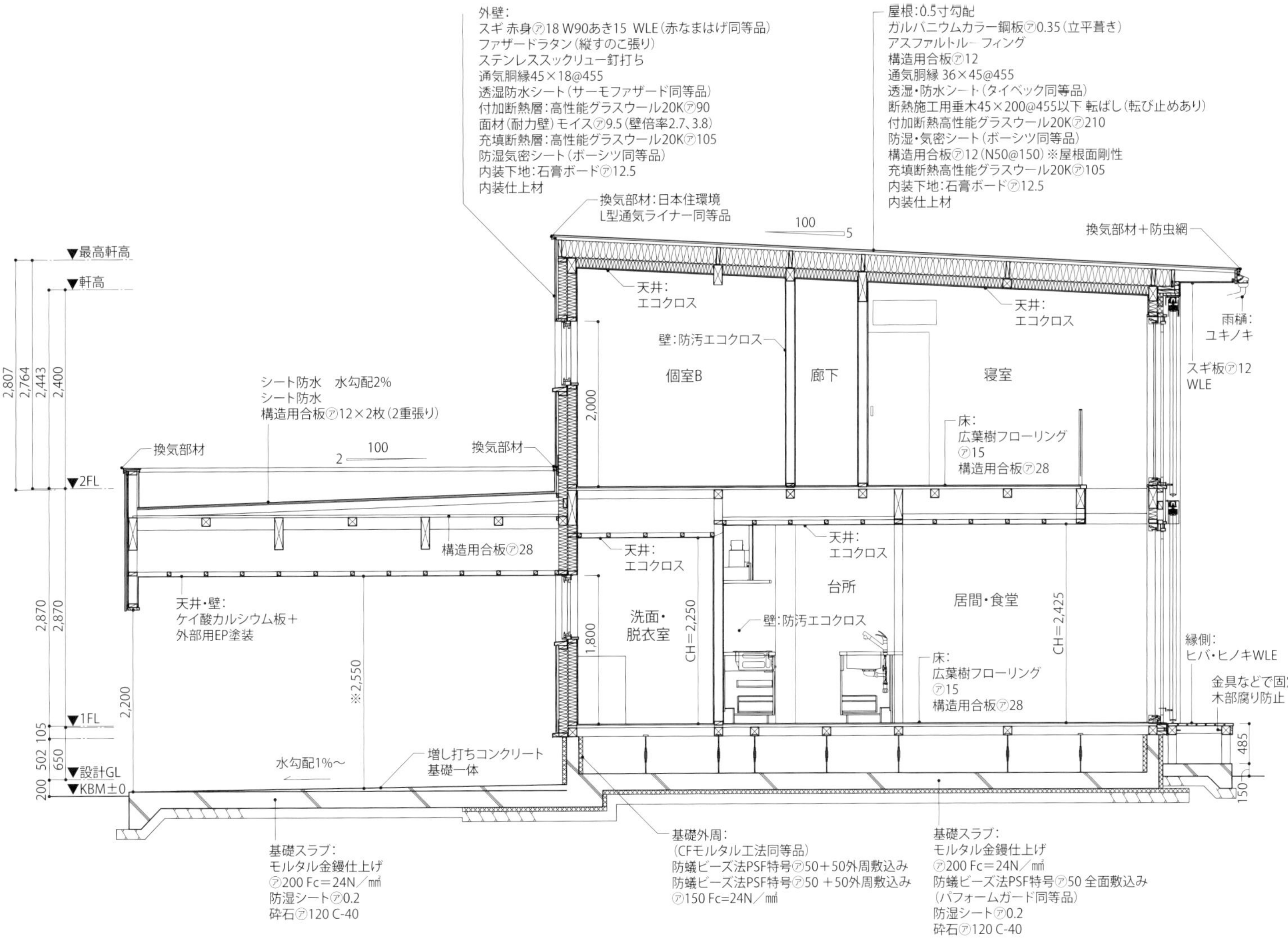
外壁：
スギ 赤身㋐18 W90あき15 WLE（赤なまはげ同等品）
ファザードラタン（縦すのこ張り）
ステンレススックリュー釘打ち
通気胴縁45×18@455
透湿防水シート（サーモファザード同等品）
付加断熱層：高性能グラスウール20K㋐90
面材（耐力壁）モイス㋐9.5（壁倍率2.7、3.8）
充填断熱層：高性能グラスウール20K㋐105
防湿気密シート（ボーシツ同等品）
内装下地：石膏ボード㋐12.5
内装仕上材
換気部材：日本住環境
L型通気ライナー同等品
屋根：0.5寸勾配
ガルバニウムカラー鋼板㋐0.35（立平葺き）
アスファルトルーフィング
構造用合板㋐12
通気胴縁 36×45@455
透湿・防水シート（タイベック同等品）
断熱施工用垂木45×200@455以下 転ばし（転び止めあり）
付加断熱高性能グラスウール20K㋐210
防湿・気密シート（ボーシツ同等品）
構造用合板㋐12（N50@150）※屋根面剛性
充填断熱高性能グラスウール20K㋐105
内装下地：石膏ボード㋐12.5
内装仕上材
換気部材＋防虫網
100
5
▼最高軒高
▼軒高
天井：
エコクロス
壁：防汚エコクロス
天井：
エコクロス
雨樋：
ユキノキ
個室B
廊下
寝室
スギ板㋐12
WLE
2,807
2,764
2,443
2,400
シート防水　水勾配2%
シート防水
構造用合板㋐12×2枚（2重張り）
2,000
床：
広葉樹フローリング
㋐15
構造用合板㋐28
換気部材
100
2
換気部材
▼2FL
構造用合板㋐28
天井：
エコクロス
天井：
エコクロス
台所
居間・食堂
天井・壁：
ケイ酸カルシウム板＋
外部用EP塗装
2,870
2,870
洗面・
脱衣室
CH＝2,250
壁：防汚エコクロス
CH＝2,425
縁側：
ヒバ・ヒノキWLE
1,800
床：
広葉樹フローリング
㋐15
構造用合板㋐28
金具などで固定
木部腐り防止
2,200
※2,550
▼1FL
105
502
650
▼設計GL
200
▼KBM±0
水勾配1%～
増し打ちコンクリート
基礎一体
485
150
基礎スラブ：
モルタル金鏝仕上げ
㋐200 Fc＝24N／㎟
防湿シート㋐0.2
砕石㋐120 C-40
基礎外周：
（CFモルタル工法同等品）
防蟻ビーズ法PSF特号㋐50＋50外周敷込み
防蟻ビーズ法PSF特号㋐50 ＋50外周敷込み
㋐150 Fc=24N／㎟
基礎スラブ：
モルタル金鏝仕上げ
㋐200 Fc＝24N／㎟
防蟻ビーズ法PSF特号㋐50 全面敷込み
（パフォームガード同等品）
防湿シート㋐0.2
砕石㋐120 C-40

平面図（S＝1:200）

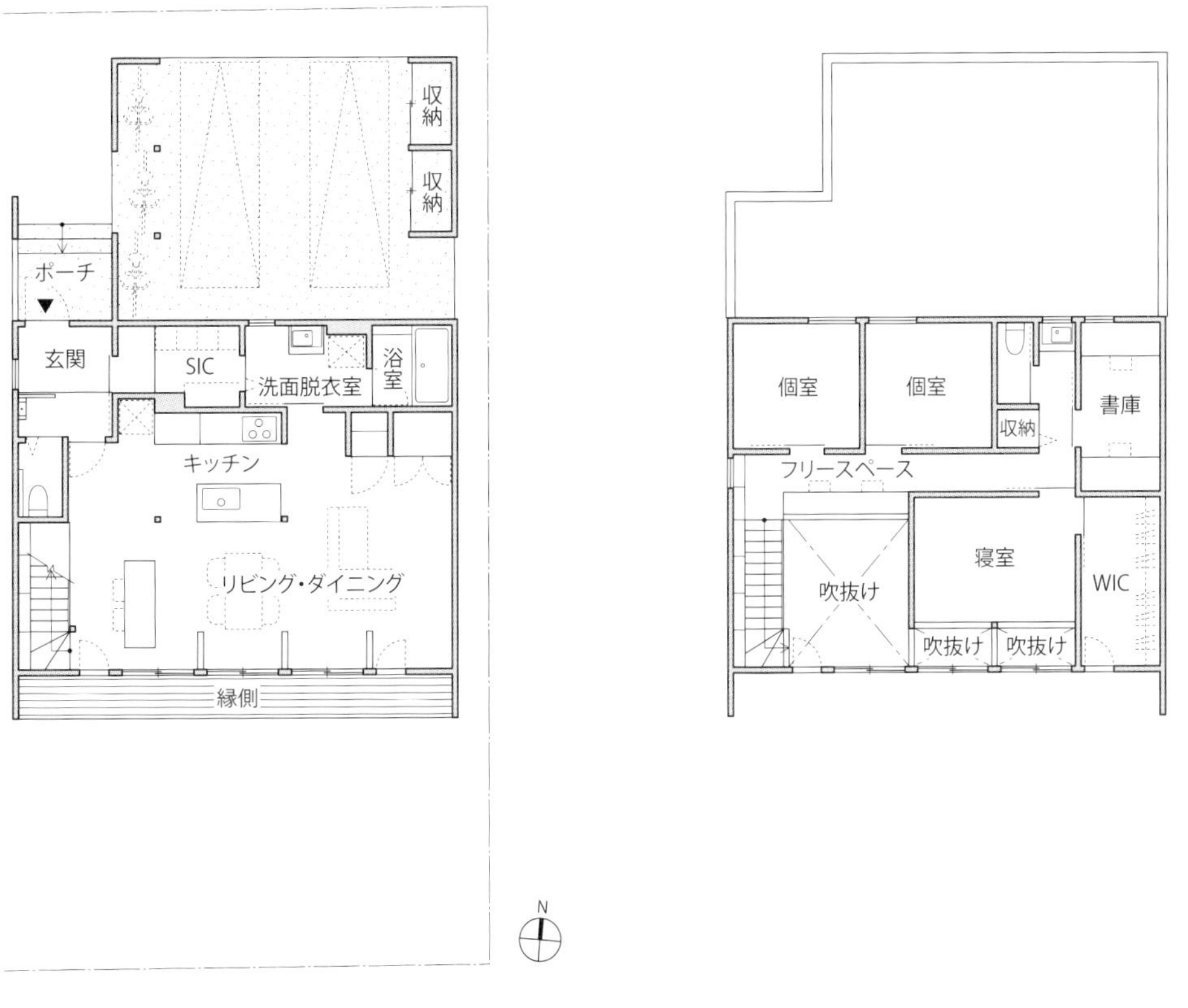
収納
収納
ポーチ
玄関
SIC
洗面脱衣室
浴室
キッチン
リビング・ダイニング
縁側
個室
個室
収納
書庫
フリースペース
寝室
吹抜け
WIC
吹抜け
吹抜け
N

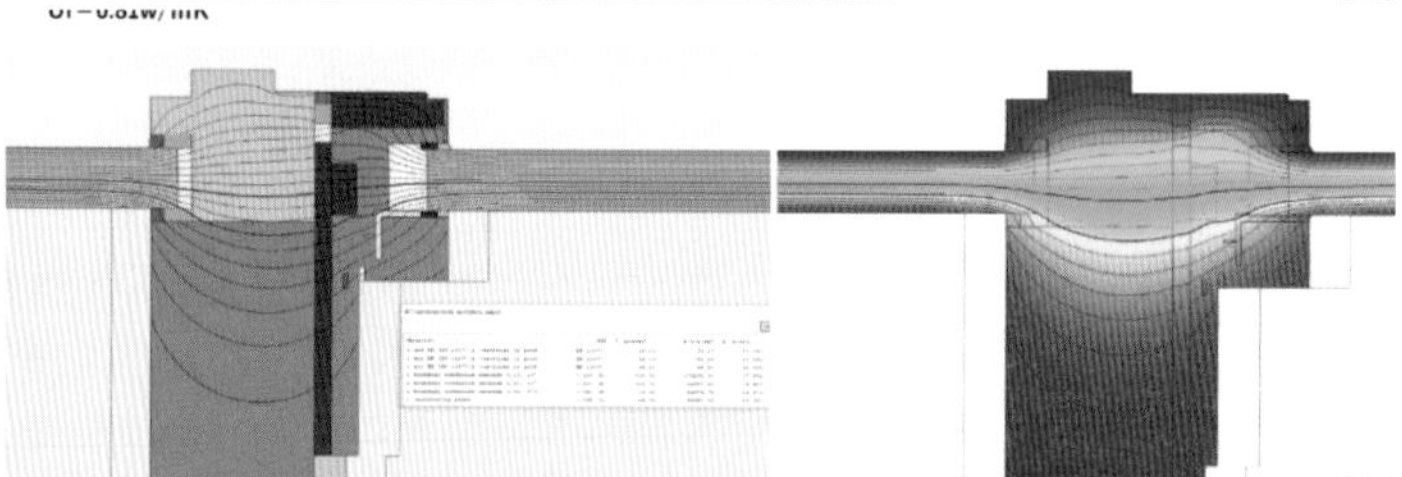

1夏はカーテンウォールの外付けブラインドを閉じ、直達日射と天空日射を遮蔽する
2冬は外付けブラインドを上部の収納ボックスに収納し、カーテンウォールを全開する
3前面道路側の外観。玄関戸と車庫が位置している。窓は控えめ
4外付けブラインドを写真の位置まで降ろし、外部の雑踏を見えなくし庭の緑だけ見えるようにした
5木製サッシのスマートウィンのトリプルガラスECLAZの室内側表面温度測定の様子。外気温が-5℃の時に19.4℃と高く、ガラスに近づいても冷たさを感じない
6スマートウィンと造作FIXの温度分布をシミュレーションで確認
7外気温がマイナス5℃の地吹雪の時でさえ冷輻射とコールドドラフトを感じない

監修・執筆

西方里見（西方里見）

1951年秋田県能代市に生まれる。'75年室蘭工業大学建築工学科を卒業後、青野環境設計研究所を経て、'81年西方設計工房設立。'93年西方設計に組織変更し、現在に至る。2004 年地域の設計組合「設計チーム木」を結成。1980 年代より海外の住宅を定期的に視察し、そのアイデアを日本の風土や気候に合わせて実際の住宅に応用、数多くの住宅や公共建築物などを設計している。「建築知識」誌2013年3 月号企画「日本の住宅を変えた50 人＋ α 」選出。

主な建築賞に、サステナブル住宅賞国土交通大臣賞、東北建築賞作品賞（設計チーム木）、JIA環境建築賞優秀賞（設計チーム木）ほか。

主な著書に『最高の断熱・エコハウスをつくる方法』『プロとして恥をかかないためのゼロエネルギー住宅のつくり方』（ともにエクスナレッジ刊）など。

本書は「建築知識ビルダーズNo.09」および

『プロとして恥をかかないためのゼロエネルギー住宅のつくり方　省エネ新基準・ZEH対応版』

の内容を大幅に見直し、加筆、修正を加えたものです。

エネルギー価格高騰に備える

ゼロエネルギー住宅のつくり方 最新版

2023年9月19日　初版第1刷発行

著　者　西方里見

発行者　澤井聖一

発行所　株式会社エクスナレッジ

〒106-0032 東京都港区六本木7-2-26

https://www.xknowledge.co.jp/

問合せ先

販売　Tel 03-3403-1321 Fax 03-3403-1829

編集　Tel 03-3403-1343 Fax 03-3403-1828

info@xknowledge.co.jp